Kalss

Erbrecht und Stiftungsrecht

Wien 2025

facultas

Autorin:

Univ.-Prof. Dr. Dr. h.c. Susanne Kalss, LL.M. (Florenz)
Wirtschaftsuniversität Wien – Institut für Unternehmensrecht

Bibliografische Information Der Deutschen Nationalbibliothek

Die Deutsche Nationalbibliothek verzeichnet diese Publikation in der Deutschen Nationalbibliografie; detaillierte bibliografische Daten sind im Internet über http://dnb.d-nb.de abrufbar.

1. Auflage 2025

facultas Universitätsverlag, Stolberggasse 26, 1050 Wien, Österreich
www.facultas.at, office@facultas.at

Satz: Wandl Multimedia-Agentur
Printed in the EU
ISBN 978-3-7089-2665-0

Vorwort

Dieses Werk (Stand September 2025) dient als begleitende Unterlage für den Teil des Erb- und Stiftungsrechts der Lehrveranstaltung „Erbrecht und Familienrecht" im Masterstudium Wirtschaftsrecht an der Wirtschaftsuniversität Wien. Das Werk ist zur gezielten Begleitung der Lehrveranstaltung und zur Prüfungsvorbereitung in sechs Einheiten gegliedert.

Das Erbrecht besteht in seinen Grundzügen seit Inkrafttreten des ABGB 1812. Die Erbrechtsreform 2015 (Erbrechts-Änderungsgesetz 2015, BGBl I 87/2015) hat aber gerade im Pflichtteilsrecht spürbare Änderungen bewirkt. Sie stärkt das gesetzliche Erbrecht des Ehegatten und eingetragenen Partners, räumt dem Lebensgefährten bestimmte erbrechtliche Ansprüche ein, sieht eine Abgeltung für Pflegeleistungen an den Erblasser vor seinem Ableben in Form eines Vermächtnisses zugunsten naher Angehöriger vor und legt schließlich einheitliche Verjährungsregelungen für erbrechtliche Ansprüche fest. Die Rechtsprechung hat zahlreiche offene Fragen zur neuen Rechtslage bereits einer Klärung zugeführt. Die Hinweise darauf sollen auch verdeutlichen, dass die maßgeblichen Rechtsfragen nicht mit den Ausführungen dieses Werks enden; sie sind auch eine Anregung für die weiterführende Beschäftigung mit einzelnen Fragen.

Herr Dr. Christopher Cach (nunmehr Notarsubstitut) und Herr Dr. Christoph Klampfl haben für dieses Werk wichtige Vorarbeiten geleistet, wofür ich ihnen hier noch einmal sehr herzlich danke. Ebenso bedanke ich mich bei Frau Dr. Veronika Kubasta, Frau Sarah Anna Fernbach, LL.M., und Frau Kristina Harrer, LL.B., BSc, die an der Aktualisierung des Textes mitgearbeitet haben.

Der erbrechtliche Inhalt der Master-Lehrveranstaltung erfasst die Grundlagen des Erbrechts, eine knappe Darstellung der Unternehmensnachfolge, die an die Vorkenntnisse aus dem Bachelorstudium anknüpft, und schließlich eine kurze Darstellung des Privatstiftungsrechts mit seinen Auswirkungen auf das Erbrecht und als Alternative zum Erbrecht. Die Verbindungen zum allgemeinen Schuldrecht werden ebenso verdeutlicht wie jene zum Gesellschaftsrecht.

Das vorliegende Werk soll die Grundlage der Lehrveranstaltung „Erbrecht und Familienrecht" so darstellen, wie es den Bedürfnissen der Studierenden des Wirtschaftsrechts entspricht. Zu diesem Zweck werden Übungsfälle, die zur Prüfungsvorbereitung dienen, sowie Musterexemplare letztwilliger Verfügungen am Ende des Werkes abgebildet. Letztere sollen den Studierenden verschiedene Gestaltungsmöglichkeiten nahebringen, die in der Praxis tatsächlich Verwendung finden. Sie sollen auf die Fälle und Praxisbeispiele neugierig machen, die im Unterricht diskutiert, gestaltet und gelöst werden.

Univ.-Prof. Dr. Dr. h.c. Susanne Kalss, LL.M. (Florenz)

Gesamtüberblick

Inhaltsverzeichnis

1. EINHEIT
Allgemeiner Teil und gesetzliche Erbfolge

I. Einleitung

Die zentrale Aufgabe des Erbrechts liegt in der Regelung der **Weitergabe des Vermögens** des Verstorbenen (somit jener Person, deren Vermögen nach ihrem Ableben geordnet werden soll oder die bereits verstorben ist) an seine **Nachkommen**, seinen **Ehegatten** bzw **eingetragenen Partner** und seine **nahen Verwandten**. Der Kreis der (gesetzlich) erbberechtigten Personen und deren Rechte wurden vom Gesetzgeber schrittweise erweitert, so wurden 1989 uneheliche Kinder mit ehelichen Kindern gleichgestellt, 2004 und 2015 wurde das gesetzliche Erbrecht des Ehegatten zu Lasten bestimmter Angehöriger erweitert und 2010 wurden eingetragene Partner den Ehegatten gleichgestellt. 2015 wurde der Lebensgefährte – in eingeschränktem Rahmen – in das österreichische gesetzliche Erbrecht aufgenommen (siehe S 29).

Das Erbrecht sichert die Möglichkeit, Eigentum und Vermögen über die Lebensdauer einer Person hinaus zu gestalten.

In einer liberalen Wirtschaftsverfassung sind alle Vermögensgegenstände und Güter offen für das private Eigentum. Das Erbrecht baut auf einer **umfassenden Eigentumsordnung** und der vollen Privatautonomie auf; das Eigentum soll in der freien Disposition des jeweils Berechtigten sein. Das Erbrecht ist von zwei Grundprinzipien geprägt, nämlich von

- der **Freiheit** des Verstorbenen, dass er in Fortsetzung der Eigentums-, Verpflichtungs- und Verfügungsfreiheit auch **Vermögensrechte** über den Tod hinaus **frei** gestalten kann (Testierfreiheit als Ausfluss der Privatautonomie), und
- der **Bindung** des Erblassers seiner **Familie** gegenüber (Prinzip der Familienerbfolge). Das Erbrecht erfüllt unter diesem Aspekt soziale Aufgaben des Familienrechts und ist mit diesem Rechtsgebiet eng verbunden. Dies zeigt sich darin, dass das gesetzliche Erbrecht der typischen Vorstellung eines durchschnittlichen Erblassers folgt und das Vermögen des Erblassers seinen Angehörigen zuteilt. Macht der Erblasser von seiner Testierfreiheit Gebrauch und errichtet eine letztwillige Anordnung, wird diese durch das **Pflichtteilsrecht** insoweit eingeschränkt, als ein bestimmter Teil des Vermögens den Kindern und dem Ehegatten bzw eingetragenen Partner des Erblassers zukommen muss.

Das Erbrecht verfolgt – anders als das Stiftungsrecht – **nicht** das Ziel, ein bestimmtes **Vermögen zusammenzuhalten**, vielmehr zielt es auf die **Verteilung des Vermögens** an die Familie oder an die vom Erblasser bestimmten Personen ab. Das Erbrecht sorgt für die **Weitergabe** und die Verteilung des Vermögens des Erblassers an seine Rechtsnachfolger. Das Erbrecht hat die Gestaltungsprinzipien der völligen Freiheit der Dispositionsbefugnis des Erblassers über sein Vermögen (Privatautonomie) mit der

Bindung des Vermögens an die Familie und der notwendigen Bedachtnahme auf die Familie zu verbinden.

Das Erbrecht hat eine sichere und klare Vermögensnachfolge zu leisten. Die **dynamischen Familienstrukturen**, bedingt etwa durch eine hohe Scheidungsrate sowie die Verbreitung der Patchwork-Familie mit Kindern aus unterschiedlichen Lebenspartnerschaften, verlangen Anpassungsfähigkeit und Weiterentwicklung der zugrundeliegenden Prinzipien. Das Erbrecht hat die Vermögensverteilung für diese Situationen in sachgerechter Weise zu sichern.

Da Österreich und ein Großteil Europas eine lange Phase ohne Krisen erlebten, konnte vielfach ansehnliches Vermögen aufgebaut werden. Die Weitergabe von Vermögen nach dem Tod ist nicht nur Angelegenheit von wenigen reichen Personen, sondern betrifft **einen großen Teil der Bevölkerung**. Die zu vererbenden Vermögensgegenstände stammen aus einer breiten Masse von kleinen und mittleren Unternehmen, gewerblichen und handwerklichen Betrieben, Einzelhändlern, Freiberuflern, Angestellten und Arbeitern.

Parallel zum Vermögen steigt die Bedeutung des Erbrechts für **rechts- und wirtschaftsberatende Berufe**. Das Erbrecht und die Vermögens- und Unternehmensweitergabe sind wichtige Spezialmaterien für Anwältinnen und Anwälte sowie Wirtschaftstreuhänder und Steuerberater geworden. Die Vermögensberater bei Kreditinstituten, Versicherungen, Anlagegesellschaften bedürfen erbrechtlicher Kenntnisse, zumal vielfach „unerfahrene“ Erben plötzlich Finanzanlageangelegenheiten zu besorgen haben.

Seit 4.12.2017 können sowohl zwei Personen verschiedenen Geschlechts als auch gleichgeschlechtliche Paare eine **Ehe** eingehen oder eine **eingetragene Partnerschaft** begründen.[1] **§ 744 Abs 1 ABGB** bestimmt, dass Ehegatten bzw eingetragene Partner neben den Verwandten ein eigenes originäres gesetzliches Erbrecht haben, sofern zum Zeitpunkt des Todes die Ehe bzw eingetragene Partnerschaft aufrecht ist (siehe im Detail S 28).

Der **Lebensgefährte** des Erblassers ist seit 1.1.2017 Bestandteil des österreichischen Erbrechts. Der Lebensgefährte wird an mehreren Stellen berücksichtigt, ua im Bereich der Erbunwürdigkeitsgründe (§ 541 Z 1 ABGB), der Enterbungsgründe (§ 770 Z 2 ABGB), der Zeugenbefangenheit (§ 588 ABGB) sowie bei der Einräumung des Pflegevermächtnisses (§ 677 Abs 3 ABGB) und des gesetzlichen Vorausvermächtnisses gem § 745 Abs 2 ABGB. Ähnlich wie bei einer Ehe wird bei Auflösung einer Lebensgemeinschaft im Zweifel gem § 725 ABGB angenommen, dass eine testamentarische Anordnung zugunsten des vormaligen Lebensgefährten wegfällt. Zudem hat der Lebensgefährte ein eigenes originäres gesetzliches Erbrecht, das aber nur dann besteht, wenn der Erblasser keine letztwillige Verfügung errichtet hat und keine gesetzlichen Erben (Verwandte, Ehegatte bzw eingetragener Partner) vorhanden sind (§ 748 ABGB). Ziel der Reform 2015 war es, gerade unverheirateten Lebenspartnern, die zu Lebzeiten an die Errichtung eines Testaments nicht gedacht haben, die Möglichkeit zu geben einen erbrecht-

[1] VfGH 4.12.2017, G 258-259/2017-9.

lichen Anspruch zu erhalten, bevor allfällig eingesetzte Vermächtnisnehmer oder der Bund ihre Ansprüche durchsetzen (**außerordentliches Erbrecht des Lebensgefährten als gesetzliches Erbrecht im letzten Rang**).

Der Gesetzgeber wollte mit der Reform 2015 bestimmten gesellschaftlichen Entwicklungen (Patchwork-Familien, Zunahme nichtehelicher Lebensgemeinschaften) Rechnung tragen.

Auch Änderungen im Bereich des Familienrechts haben Auswirkungen auf das Erbrecht:

- Das **Fortpflanzungsmedizinrechts-Änderungsgesetz 2015 (FMedRÄG 2015)** hat neue rechtliche Rahmenbedingungen für die medizinisch unterstützte Fortpflanzung geschaffen und die abstammungsrechtlichen Regelungen des ABGB erweitert, sodass als Eltern nicht nur ein verschiedengeschlechtliches Paar qualifiziert ist, sondern auch zwei Mütter, die in einer eingetragenen Partnerschaft leben, gegenüber dem Kind erbberechtigt sind und umgekehrt.
- Seit 1.1.2016 ist es möglich, dass gleichgeschlechtliche Paare, die in einer eingetragenen Partnerschaft leben, gemeinsam ein Kind adoptieren, sodass erbrechtliche Wirkungen zwischen den gleichgeschlechtlichen Wahleltern (Adoptiveltern) und dem Wahlkind (Adoptivkind) begründet werden.

II. Grundsätze des Erbrechts

1. Die Verlassenschaft

Gem § 531 ABGB ist die **Verlassenschaft** „der **Inbegriff der Rechte und Verbindlichkeiten** eines Verstorbenen, soweit sie nicht höchstpersönlicher Art sind“. Zur Verlassenschaft gehören demnach bewegliche und unbewegliche sowie körperliche und unkörperliche Sachen, die auf die Erben übergehen.

> ***Beispiel:*** *Peter verstirbt bei einem Verkehrsunfall. In seinem Vermögen befinden sich ein Bankkonto mit Einlage iHv EUR 8.000, ein Moped, eine Playstation, eine Mietvertragsposition als Mieter, Hausrat, Dokumente sowie Schulden in Höhe von EUR 1.200 aus einer früheren Mopedreparatur und Internetbestellungen von Kleidungsstücken. All diese Aktiv- und Passivposten bilden die Verlassenschaft von Peter, die durch Einantwortung in Gesamtrechtsnachfolge auf den bzw die Erben übertragen wird.*
>
> *Die Verlassenschaft stellt eine eigene unkörperliche Sache dar. In der Zeit zwischen Erbfall und Einantwortung ist der Erblasser nicht mehr und sind die Erben noch nicht Träger des Vermögens. In diesem Zeitraum die Verlassenschaft selbst juristische Person und Träger des Vermögens.*

Welche Rechte und Pflichten in persönlichen Verhältnissen gegründet und daher nicht Teil der Verlassenschaft sind, geht aus § 531 ABGB nicht hervor. Im Gesetz verstreut finden sich aber einzelne Bestimmungen, die die Vererblichkeit bzw Unvererblichkeit von Rechten und Pflichten regeln (so etwa §§ 1070, 1074, 364c ABGB).

Nicht vererblich sind zB ein akademischer Grad, Amts- und Berufstitel oder die Arbeitnehmerstellung aus einer unselbstständigen Erwerbstätigkeit.

Die Vererblichkeit von Rechten und Pflichten muss nicht immer einheitlich geregelt sein, vielmehr kann für verschiedene Berechtigte und Verpflichtete desselben Rechts bzw derselben Pflicht Unterschiedliches gelten. So kann zB ein Recht mit dem Tod des Verpflichteten untergehen (**passiv unvererblich**), hingegen bei Tod des Berechtigten auf dessen Erben übergehen (**aktiv vererblich**). Zum Teil sind die Bestimmungen über die Vererblichkeit zwingend, zum Teil kann vertraglich anderes vereinbart werden.

Beispiel: *Das Vorkaufsrecht – etwa für den Erwerb einer Liegenschaft – erlischt bei Tod des Vorkaufsberechtigten (aktiv unvererblich); eine abweichende Vereinbarung ist unwirksam. Bei Tod des Vorkaufsverpflichteten kann das Vorkaufsrecht (dh die Verpflichtung = Andienungspflicht) aber auf dessen Erben übergehen (passiv vererblich).*

Gehen die Rechte und Pflichten nicht auf die Erben über, muss dies nicht zwangsläufig bedeuten, dass sie erlöschen. Für bestimmte Rechte und Pflichten gibt es nämlich eine eigene **Sonderrechtsnachfolge**, die nicht den Regeln des Erbrechts folgt. Dazu zählen unter anderem das Fortbetriebsrecht, Ansprüche gegen den Sozialversicherungsträger und das Eintrittsrechts nach § 14 MRG (siehe S 7 f).

Die Verlassenschaft des Erblassers kann öffentliche und private Rechte und Pflichten enthalten.

A. Öffentliche Rechte und Pflichten

Öffentliche Rechte und Pflichten sind **in der Regel** höchstpersönlich und daher **unvererblich**. Sie werden in diesem Fall nicht Teil der Verlassenschaft. So kann etwa das Wahlrecht oder das Recht zur Führung eines akademischen Titels nicht auf die Erben übergehen.

Allerdings gibt es auch öffentliche Rechte und Pflichten, die ausnahmsweise auf die Erben übergehen können:

a) Gewerbeberechtigung (Fortbetriebsrecht)

Gewerbeberechtigungen sind persönliche Rechte, welche grundsätzlich nicht vererblich sind (§ 38 GewO). Jedoch regeln die §§ 8, 41 GewO das sog Fortbetriebsrecht (= **Sonderrechtsnachfolge**). Das ist das Recht, einen Gewerbebetrieb auf Grund einer Gewerbeberechtigung einer anderen Person fortzuführen. Dieses Recht kommt bei Tod des Gewerbeinhabers

- der Verlassenschaft nach dem Gewerbeinhaber,
- dem überlebenden Ehegatten und
- den Kindern und Wahlkindern (bis zur Vollendung des 24. Lebensjahres) des verstorbenen Gewerbeinhabers zu.

Voraussetzung für das Fortbetriebsrecht des Ehegatten und der Kinder sowie Wahlkinder ist, dass der Gewerbebetrieb aufgrund einer Rechtsnachfolge von Todes wegen oder einer Schenkung auf den Todesfall ganz oder teilweise auf eine oder mehrere Personen übergegangen ist.

Das Fortbetriebsrecht der Verlassenschaft entsteht mit dem Ableben des Gewerbeinhabers. Das Fortbetriebsrecht des überlebenden Ehegatten und der Kinder sowie Wahlkinder entsteht mit dem Zeitpunkt, in dem das Fortbetriebsrecht der Verlassenschaft endet. Gibt es mehrere Personen, also sowohl einen fortbetriebsberechtigten Ehegatten als auch fortbetriebsberechtigte Kinder sowie Wahlkinder, steht ihnen das Recht gemeinsam zu. Es entsteht automatisch (**ex lege**), allerdings kann innerhalb eines Monats nach Entstehung darauf verzichtet werden (§ 43 GewO).

b) Sozialversicherung

Beitragsguthaben: Wurde eine fällige Leistung des Sozialversicherungsträgers vor dem Tod des Anspruchsberechtigten noch nicht ausgezahlt, so bestimmt § 107a ASVG folgendes (= Sonderrechtsnachfolge): Bestimmte Angehörige sind – soweit sie mit den Anspruchsberechtigten zum Zeitpunkt seines Todes **in häuslicher Gemeinschaft gelebt** haben – bezugsberechtigt. Dabei kommt das **Bezugsrecht** (nacheinander!) dem Ehegatten, den leiblichen Kindern, den Wahlkindern (adoptierten Kindern), den Stiefkindern, den Eltern und schließlich den Geschwistern zu. Sind mehrere (Wahl-)Kinder, Eltern oder Geschwister vorhanden, so sind sie zu gleichen Teilen bezugsberechtigt. Nur wenn solche nahen Angehörigen nicht vorhanden sind, ist die Verlassenschaft nach dem Versicherten bzw dessen Erben bezugsberechtigt.

Wurde allerdings das Guthaben bereits zu Lebzeiten an den Erblasser ausbezahlt, kommt es zu keiner Sonderrechtsnachfolge; dieses Guthaben ist Teil der Aktiva in der Verlassenschaft. § 107a ASVG kommt in diesem Fall nicht zur Anwendung.

Beitragsschulden: Hat der Sozialversicherungsträger zu Lebzeiten des Erblassers eine Forderung gegen diesen als Beitragsschuldner, so wird diese Forderung zunächst gegen die Verlassenschaft und schließlich gegen den oder die eingeantworteten Erben geltend gemacht.

c) Sonstige Rechte und Pflichten

Steuerschulden sind nach § 19 BAO vererblich, gerichtlich oder verwaltungsbehördlich verhängte Freiheits- und Geldstrafen sind dagegen nicht vererblich (vgl § 411 StPO; § 173 FinStrG).

B. Private Rechte und Pflichten

Im Gegensatz zu öffentlichen Rechten und Pflichten sind private Rechte und Pflichten – soweit ihnen ein Vermögenswert zukommt und sie keine höchstpersönlichen Rechte und Pflichten sind – **grundsätzlich vererblich**. Allerdings wird teilweise die (aktive und/oder passive) Unvererblichkeit gesetzlich angeordnet. So etwa beim Wiederkaufsrecht (§ 1070 ABGB), beim Vorkaufsrecht (§ 1074 ABGB) sowie beim Veräußerungs- und Belastungsverbot (§ 364a ABGB). Auch Persönlichkeits- und Familienrechte (zB elterliche Obsorge gem § 158 ABGB) sind unvererblich. Ausnahmsweise ist der Anspruch auf Aufteilung des ehelichen Gebrauchsvermögens bzw der ehelichen Ersparnisse (§§ 81 ff EheG) aktiv vererblich, wenn dies vertraglich vereinbart wurde; eine Zahlungsverpflichtung ist allerdings passiv unvererblich.

Im Folgenden werden spezifische Rechte und Pflichten des Privatrechts aus erbrechtlicher Sicht dargestellt.

a) Unterhalt

Das **Recht auf Unterhalt** ist grundsätzlich unvererblich; bereits fällige Unterhaltsansprüche sind aber vererblich.

Die **Unterhaltspflicht** ist hingegen zum Teil vererblich. Man unterscheidet in diesem Zusammenhang zwischen der

- Unterhaltspflicht der **Eltern** gegenüber ihren Kindern: Nach § 233 ABGB geht die Schuld eines Elternteils, seinem Kind Unterhalt zu leisten, bis zum Wert der Verlassenschaft auf seine Erben über. Nach Abzug aller Erblasser- und Erbgangsschulden (siehe S 134) wird daher die Unterhaltsleistung vom verbliebenen Vermögen berechnet. Die Unterhaltspflicht besteht nur, solange in der Verlassenschaft Aktiva vorhanden sind; dies gilt unabhängig davon, welche Erbantrittserklärung abgegeben worden ist (begrenzte Haftung). Der Unterhaltsanspruch besteht bis zum Zeitpunkt der voraussichtlichen Selbsterhaltungsfähigkeit des Kindes.
- Unterhaltspflicht des **Ehegatten bzw eingetragenen Partners** bei aufrechter Ehe/Partnerschaft: Gem § 747 ABGB hat der überlebende Ehegatte bzw eingetragene Partner nach dem Ableben des Unterhaltsverpflichteten einen neuen originären Anspruch auf Unterhalt gegen die Verlassenschaft (bzw nach Einantwortung gegen die Erben) in Form einer Geldrente. Voraussetzung ist allerdings, dass die Ehe bzw eingetragene Partnerschaft zum Zeitpunkt des Todes aufrecht war. Die Haftung der Verlassenschaft (bzw der eingeantworteten Erben) ist bis zum Wert der Verlassenschaft begrenzt. Der Unterhaltsanspruch besteht zudem nur, solange sich der überlebende Ehegatte bzw eingetragene Partner nicht wiederverheiratet oder eine neue eingetragene Partnerschaft eingegangen ist. Wurde der überlebende Ehegatte bzw eingetragene Partner rechtmäßig enterbt (siehe S 111 ff) oder erbunwürdig gegenüber dem Verstorbenen, besteht kein Unterhaltsanspruch gem § 747 ABGB; eventuell kann allerdings ein notwendiger Unterhalt gem § 777 ABGB bestehen.

- Unterhaltspflicht zwischen **geschiedenen Ehegatten bzw ehemaligen eingetragenen Partnern**: Nach § 78 EheG bzw § 23 Abs 4 EPG geht die nacheheliche Unterhaltspflicht des Erblassers auf die Erben über.

b) Schuldverträge

Die Rechtsstellung aus Schuldverträgen ist – soweit nicht höchstpersönlich – **grundsätzlich vererblich**. Das gilt auch für Dauerschuldverhältnisse. Allerdings können Dauerschuldverhältnisse aus wichtigem Grund aufgelöst werden, wobei der Tod nicht ohne weiteres einen solchen wichtigen Grund darstellt. Es ist vielmehr jeweils vom Einzelfall abhängig, ob der Tod ein wichtiger Grund ist. Vereinzelt finden sich auch im Gesetz Regelungen, die ausdrücklich die Auflösung im Todesfall ermöglichen. So etwa bei Miet-, Versicherungs- und Arbeitsverträgen.

- **Bestandverträge (Mietverträge und Pachtverträge)**

Nach **§ 1116a ABGB** wird der Bestandvertrag durch den Tod eines Vertragsteils nicht aufgehoben, dh das Vertragsverhältnis läuft grundsätzlich mit der Verlassenschaft bzw den Erben als Gesamtrechtsnachfolger weiter. Der Vertrag stellt ein vererbliches Vermögensobjekt dar und bleibt daher grundsätzlich bestehen.

§ 1116a ABGB sieht allerdings ein besonderes Kündigungsrecht vor. Stirbt der Mieter, können seine Erben sowie der Vermieter den Mietvertrag ohne Rücksicht auf die vereinbarte Vertragsdauer unter Einhaltung der gesetzlichen Kündigungsfristen auflösen. Diese Bestimmung ist dispositiv, daher können die Parteien eine andere Vereinbarung treffen. Stirbt der Vermieter, besteht ein derartiges Sonderkündigungsrecht nicht.

In bestimmten Fällen ist das Mietrechtsgesetz (MRG) auf einen Mietvertrag anzuwenden (vgl § 1 MRG). Das MRG sieht ebenso wie das ABGB vor, dass der Mietvertrag nicht mit dem Tod des Mieters aufgelöst wird. Vielmehr steht nahen Angehörigen des Erblassers (als Mieter) unter bestimmten Voraussetzungen ein Eintrittsrecht zu. Gem **§ 14 Abs 2 und Abs 3 MRG** treten automatisch bei Tod des Hauptmieters bestimmte – dem Erblasser nahestehenden Personen – in den Mietvertrag (unter Ausschluss der nach der allgemeinen Erbfolge zum Eintritt berufenen Erben) ein (Sonderrechtsnachfolge).[2] Die nach § 14 MRG Eintrittsberechtigten gehen demnach den Erben des Mieters vor. Sie können allerdings innerhalb von **14 Tagen** bekanntgeben, dass sie das Mietverhältnis nicht fortsetzen möchten (**vermuteter Eintritt mit Möglichkeit des Hinausoptierens**). Eintrittsberechtigt sind der Ehegatte, der Lebensgefährte, soweit dieser gleichzeitig mit dem Mieter in die Wohnung eingezogen ist oder darin mindestens drei Jahre mit dem Mieter im gemeinsamen Haushalt gewohnt hat, Verwandte in gerader Linie (einschließlich Wahlkinder) sowie Geschwister des Erblassers. Voraussetzung ist zudem, dass diese Personen ein **dringendes Wohnbedürfnis** haben und schon bisher **im gemeinsamen Haushalt mit dem verstorbenen Mieter** gewohnt haben. § 14 MRG ist eine zwingende Regelung und kann von den Vertragsparteien daher nicht abbedungen

[2] Vgl OGH 11.11.1998, 7 Ob 273/98t.

werden. Mit dem Eintrittsrecht soll das dringende Wohnbedürfnis haushaltszugehöriger naher Angehöriger gesichert werden. Den Erben soll aber auch nicht mehr weggenommen werden, als unbedingt nötig ist, weshalb die Rückforderung **nicht verbrauchter Erhaltungs- und Verbesserungskosten**, die vom Erblasser entrichtet wurden, der Verlassenschaft zukommt.

Kommt es zu keinem Eintritt (etwa, wenn es keine Eintrittsberechtigten gibt oder diese nicht von ihrem Eintrittsrecht Gebrauch machen), folgt das Mietverhältnis der allgemeinen Erbfolge und kann gekündigt werden. Im Rahmen des MRG ist eine Kündigung durch den Vermieter zwar nur unter bestimmten Voraussetzungen (§ 30 Abs 1 MRG) möglich, allerdings bestimmt § 30 Abs 2 Z 5 MRG, dass bei Fehlen eintrittsberechtigter Personen der Vermieter den Mietvertrag auflösen kann.

Der **Pachtvertrag** unterliegt ebenso wie der Mietvertrag grundsätzlich § 1116a ABGB. In bestimmten Fällen, wenn es sich etwa um einen Kleingarten gem § 1 Kleingartengesetz (KlGG) handelt (Schrebergarten), besteht ein besonderes Eintrittsrecht gem § 15 KlGG.

- **Versicherungsverträge**

Bereits entstandene Ansprüche aus einer Privatversicherung sind vererblich und fallen in die Verlassenschaft.

Ob das **ganze Versicherungsverhältnis** selbst übergeht, kommt auf die versicherte Gefahr an. So sind **Personenversicherungen** nicht vererblich, da die versicherte Gefahr mit dem Tod des Versicherungsnehmers erlischt. Der Übergang einer **Haftpflichtversicherung** wiederum hängt davon ab, ob die Versicherung **sach- oder personenbezogen** ist. Handelt es sich um eine personenbezogene Versicherung (zB Sporthaftpflichtversicherung), geht sie nicht auf die Erben über, da auch hier die versicherte Gefahr mit dem Tod wegfällt. Sachbezogene Haftpflichtversicherungen (zB Feuerversicherungen, Kfz-Haftpflichtversicherungen) sind hingegen vererblich, da der Erbe mit dem Übergang der Sache auch in die versicherte Gefahr eintritt. Besonderes gilt für **Lebens- und Unfallversicherungen**, wenn schon im Vertrag unmittelbar ein Begünstigter eingesetzt wurde (Bezugsrecht). In diesem Fall hat der Erblasser schon zu Lebzeiten bestimmt, wer die Versicherungssumme erhalten soll, weshalb die **Versicherungssumme** dann nicht in die Verlassenschaft fällt, sondern **dem namentlich genannten Begünstigten zukommt**. Lautet die Versicherungspolizze auf Überbringer oder auf Inhaber, so ist zu differenzieren: Wurde die Polizze bereits zu Lebzeiten des Erblassers von diesem an einen Dritten geschenkt und übergeben, dann ist der Versicherungserlös nicht nachlasszugehörig; andernfalls fällt der Versicherungserlös als Aktivum in die Verlassenschaft.

- **Arbeitsverträge**

Mit dem **Tod des Dienstnehmers** endet das Arbeitsverhältnis automatisch. Bereits entstandene Lohn- und Gehaltsansprüche (inkl Urlaubsgeld und Weihnachtsremunerationen) fallen der Verlassenschaft zu. Bereits erworbene Urlaubsansprüche werden mit dem Tod des Angestellten zu Geldansprüchen. Diese Urlaubsersatzleistung steht den Erben des Verstorbenen direkt zu und fällt daher nicht als Aktivum in die Verlassenschaft (§ 10 Abs 5 UrlG). Ob der Abfertigungsanspruch des Verstorbenen in die Verlassenschaft fällt, hängt davon ab, ob der Verstorbene zu Lebzeiten Anspruch auf Abfertigung „alt" (vgl § 23 Abs 6 AngG) oder Abfertigung „neu" (§ 14 BMSVG) hatte.

§ 23 Abs 6 AngG („Abfertigung alt") sieht vor, dass die unterhaltsberechtigten gesetzlichen Erben direkt einen Anspruch gegen den Arbeitgeber auf Auszahlung dieser Abfertigung haben. Die Höhe beträgt die Hälfte des gesetzlichen Anspruchs; als Grundlage für die Bemessung des Abfertigungsanspruches gilt das letzte Monat des Arbeitsverhältnisses. Hat der Arbeitnehmer keine unterhaltsberechtigte Person, besteht kein Anspruch. Eine Abfertigung „alt" fällt nie in die Verlassenschaft.

§ 14 Betriebliche Mitarbeiter- und SelbstständigenvorsorgeG (BMSVG) sieht für das System Abfertigung „neu" vor, dass die unterhaltsberechtigten gesetzlichen Erben einen Anspruch auf Auszahlung des bisher angelaufenen Abfertigungsbetrages (Abfertigungsanwartschaft) gegen die Mitarbeitervorsorgekasse haben. Wird dieser Anspruch nicht innerhalb der Frist von drei Monaten gegen die Mitarbeitervorsorgekasse geltend gemacht, fällt dieses Guthaben in die Verlassenschaft.

Mit **dem Tod des Dienstgebers** hingegen endet das Arbeitsverhältnis grundsätzlich nicht. Handelt es sich allerdings um ein solches Arbeitsverhältnis, das speziell die Person des Dienstgebers betrifft (zB 24-Stunden-Betreuung), erlischt das Arbeitsverhältnis mit dem Tod des Dienstgebers. Zum Teil wird aber auch ohne eine solche Bindung an den Dienstgeber ein Kündigungsrecht bejaht; die Einzelheiten sind jedoch umstritten.

c) Unternehmen und Gesellschaftsrechte

Einzelunternehmen natürlicher Personen sind grundsätzlich vererblich und fallen in die Verlassenschaft (in die Verlassenschaft fallen die einzelnen vererblichen Bestandteile wie zB Liegenschaften, Warenlager, good will usw; die Gewerbeberechtigung allerdings wird getrennt behandelt, siehe bereits zuvor).

Gesellschaftsrechte an einer **AG** und einer **GmbH** sind grundsätzlich vererblich. Gegenstand der Erbfolge ist der GmbH-Geschäftsanteil bzw die Aktien.

Die Rechte und Verbindlichkeiten eines **GesbR**-Gesellschafters sind nicht vererblich. Bei Tod eines **OG**-Gesellschafters wird die Gesellschaft – soweit nichts anderes vereinbart wurde – aufgelöst. Der Tod eines Komplementärs einer **KG** hat (so wie bei der OG) die Auflösung der Gesellschaft zur Folge. Hingegen löst der Tod des Kommanditisten die KG nicht auf; seine Stellung ist vererblich. Auch die Rechte des **stillen Gesellschafters** sind vererblich. Die **Rechte des Stifters**, die Privatstiftung zu gestalten (Änderungsrecht, Widerrufsrecht), gehen gem § 3 Abs 3 PSG nicht auf die Rechtsnachfolger über und sind daher unvererblich.

d) Der Leichnam

Die Rechtsnatur des Leichnams, also die Frage, ob der Leichnam eine Sache oder eine Person ist, ist strittig. Fest steht allerdings, dass der Leichnam nicht in die Verlassenschaft fällt und daher **nicht vererblich** ist. Über das **Schicksal des Leichnams** (zB die Art der Beisetzung) kann der Erblasser zu Lebzeiten verfügen (es bedarf hierzu keiner förmlichen Erklärung, uU wird auch der hypothetische Wille ermittelt). Bei Fehlen einer solchen Verfügung entscheiden die nächsten Angehörigen (unabhängig von Erbfolge), wobei dem überlebenden Ehegatten der Vorrang gebührt. Nur wenn keine Angehörigen vorhanden sind, entscheiden die Erben.

Nach §§ 5, 6 OTPG (Organtransplantationsgesetz) ist es zulässig, Verstorbenen **Organe** oder Organteile zu entnehmen, um das Leben eines anderen Menschen zu retten oder dessen Gesundheit wiederherzustellen. Die Entnahme ist nur dann unzulässig, wenn vor dem Tod des Verstorbenen dieser oder sein gesetzlicher Vertreter die **Organspende** ausdrücklich abgelehnt hat (Widerspruchsrecht).

e) Wohnungseigentumsrecht

Der Erblasser kann allein oder gemeinsam mit anderen Personen Eigentum an einer Liegenschaft haben. Stirbt der Erblasser, fällt eine solche Liegenschaft als Aktivum in die Verlassenschaft. Ein besonderer Fall ist das Wohnungseigentum gem Wohnungseigentumsgesetz 2002 (WEG 2002). Wohnungseigentum ist gem § 2 WEG das dem Miteigentümer einer Liegenschaft oder einer Eigentümerpartnerschaft eingeräumte dingliche Recht, ein Wohnungseigentumsobjekt ausschließlich zu nutzen und allein darüber zu verfügen.

Für den Fall, dass der **alleinige Wohnungseigentümer verstirbt**, fällt das Objekt in die Verlassenschaft und wird dem einzelnen Erben oder maximal zwei Erben gemeinsam im Rahmen der Begründung einer Wohnungseigentümerpartnerschaft mit der Einantwortung übertragen.

Verstirbt allerdings **einer von zwei Wohnungseigentümerpartnern**, so **wächst dem überlebenden Partner grundsätzlich der Anteil des Verstorbenen am Mindestanteil an**; das gemeinsame Wohnungseigentum geht von Gesetzes wegen unmittelbar ins Eigentum des überlebenden Partners über (§ 14 WEG). Der überlebende Partner, der den Anteil des Verstorbenen am Mindestanteil und Wohnungseigentum erwirbt, hat der Verlassenschaft nach dem Verstorbenen grundsätzlich die **Hälfte des Verkehrswerts** des Mindestanteils zu bezahlen (**Übernahmspreis**). Gem § 14 Abs 3 WEG muss der überlebende Partner, dem der Anteil anwächst, aber **keinen Übernahmspreis** an die Verlassenschaft leisten, wenn er der einzige Pflichtteilsberechtigte ist, die betroffene Wohnung der Befriedigung seines dringenden Wohnbedürfnisses dient und der Entfall des Übernahmspreises nicht dazu führt, dass die Verlassenschaft überschuldet ist. Gibt es hingegen neben dem Anwachsungsberechtigten noch mindestens einen weiteren Pflichtteilsberechtigten oder wäre die Verlassenschaft ohne Zahlung des Übernahmspreises überschuldet, muss ein überlebender Partner, der auf die Wohnung zur Befriedigung seines dringenden Wohnbedürfnisses angewiesen ist, nur einen **geminderten Übernahmspreis** bis zur Höhe eines **Viertels des Verkehrswerts** des Mindestanteils an die Verlassenschaft leisten.[3] Die Regelung will daher das Wohnen – bei Bedarf – leistbar halten.

Der Eigentumsübergang nach § 14 WEG tritt nicht ein, wenn der überlebende Partner innerhalb einer vom Verlassenschaftsgericht festzusetzenden angemessenen Frist entweder auf diesen Mindestanteil **verzichtet** oder mit den Erben des Verstorbenen unter Zustimmung der Pflichtteilsberechtigten eine **Vereinbarung** schließt, wonach der Anteil des Verstorbenen einer anderen Person zukommen soll. Die Parteien des Verfahrens können bereits zu Lebzeiten eine gesonderte Vereinbarung für den Übergang des Mindestanteils treffen (§ 14 Abs 5 WEG). Zudem kann gem § 14 Abs 4 WEG die Pflicht des überlebenden Partners zur Zahlung des Übernahmspreises durch letztwillige Verfügung des anderen Partners oder Schenkung auf den Todesfall **erlassen werden**.

f) Digitale Verlassenschaft

In den letzten Jahrzehnten sind die **Nutzung des Internets** und die damit verbundene Speicherung von Informationen bzw Daten auf Speicherchips (USB-Sticks, externe Festplatten) oder im Internet selbst in eigenen Datenspeicherungssystemen („Clouds“) ein wichtiger Bestandteil des Privatlebens und der Arbeitswelt geworden. Da diese Informationen im Eigentum der einzelnen Person stehen, stellt sich die Frage, ob sie auch Teil der Verlassenschaft und damit vererbbar sind.

Gegenstand der digitalen Verlassenschaft sind etwa das Eigentum an Datenträgern und EDV-Hardware, bestehende Rechtsverhältnisse mit Onlineprovidern oder Anbietern sozialer Netzwerke und Foren, Lichtbildrechte an digitalen Fotos, Nutzungsrechte an Musikwerken oder sonstigen schöpferischen Werken sowie schließlich Rechte an Domains und Websites.

Grundsätzlich sind die Rechte, die der digitalen Verlassenschaft zuzuordnen sind, als **der Verlassenschaft zugehörig** anzusehen, sodass Email-Accounts, Providerverträge oder Ansprüche auf Passwörter im Wege der Gesamtrechtsnachfolge auf die Erben übergehen. Vielfach werden aber vertragliche Sonderregelungen aus Anlass des Todes der Berechtigten geschaffen.[4] Sie gehen der gesetzlichen Regel vor, sofern sie nicht dem Gesetz – wegen Verstoßes gegen zwingende Bestimmungen oder Sittenwidrigkeit – widersprechen.

3 Zur Berechnung von Pflichtteilsansprüchen in diesen Fällen, vgl OGH 25.7.2024, 2 Ob 123/24p.

4 Vgl die grundlegende Entscheidung des deutschen BGH zur Vererblichkeit eines Vertrags über ein Benutzerkonto bei einem sozialen Netzwerk vom 12.7.2018, III ZR 183/17.

g) Weitere Rechte

Schadenersatzansprüche sind aktiv und passiv vererblich.

Vollmachten und Aufträge sind grundsätzlich unvererblich (§ 1022 S 1 ABGB). Allerdings muss der Machthaber bzw Beauftragte das Geschäft nach dem Tod des Machtgebers bzw Auftraggebers vollenden, wenn sich das angefangene Geschäft ohne offenbaren Nachteil der Erben nicht unterbrechen lässt oder, wenn die Vollmacht bzw der Auftrag auf den Todesfall erstreckt, somit durch rechtsgeschäftliche Erklärung anwendbar gemacht, wurde.

Immaterialgüterrechte, wie zB das Urheberrecht (§§ 19 Abs 1 Satz 2 und 23 Abs 1 UrhG), das Patentrecht (§ 33 Abs 1 PatG) oder das Musterrecht (§§ 5, 10 MuSchG) sind **vererblich**.

2. Das Erbrecht des Einzelnen

Stirbt eine Person, stellt sich die Frage nach dem Schicksal der Verlassenschaft, also ihrer Rechte und Pflichten. Insbesondere ist fraglich, ob und auf wen die Verlassenschaft übergeht. Mit diesen Fragen beschäftigt sich das Erbrecht.

Die Summe der Normen, die das Schicksal der Verlassenschaft nach dem Tod einer Person regeln, ist das **Erbrecht im objektiven Sinn**. Das Recht einer Person, etwas aus der Verlassenschaft zu erlangen, ist das **Erbrecht im subjektiven Sinn**. Es ist ein **absolutes Recht**, welches gegen jeden wirkt, der sich unberechtigt die Verlassenschaft aneignen will. Der Erbe darf die Erbschaft jedoch nicht eigenmächtig in Besitz nehmen, sondern erwirbt sie erst aufgrund des Verlassenschaftsverfahrens (Einantwortungsprinzip, siehe S 122).

Das subjektive Erbrecht ist **vererbbar** (Transmission, siehe S 16) und **veräußerlich** (Erbschaftskauf, siehe S 137 f).

Das Erbrecht im subjektiven Sinn tritt **erst nach dem Tod des Erblassers** ein (§ 536 Abs 1 ABGB). Vor diesem Zeitpunkt hat niemand ein Erbrecht. Diejenigen Personen, die als Erben in Frage kommen, haben bis zum Tod nur eine „**Erbaussicht**", welche aber keine gesicherte Rechtsposition verschafft. Der Erblasser kann nämlich bis zu seinem Tod neue Regelungen in Bezug auf seine Verlassenschaft treffen und auch bereits bestehende Verfügungen ändern. Die „Erbaussicht" ist daher nicht veräußerbar, dh ein potenzieller Erbe kann seine erwartete Erbschaft nicht verkaufen.

Erbringt jedoch jemand in Erwartung einer in Aussicht gestellten Erbschaft unentgeltliche Leistungen und tritt der mit der Leistung verfolgte Zweck (die Erbschaft zu erlangen) nicht ein, kann der Leistungserbringer Bereicherungsansprüche geltend machen. Es liegt ein Fall der „conditio causa data, causa non secuta" vor, auf den § 1435 ABGB analog anzuwenden ist. Als Beispiel in Betracht kommt die Erbringung einer Leistung in der Hoffnung, im Testament bedacht zu werden oder die Mitarbeit am elterlichen Hof in der Erwartung, diesen übertragen zu erhalten. Aufwendungen, die in Hinblick auf die Erbschaft gemacht wurden (etwa die Anschaffung von Maschinen für den Hof), werden jedoch nicht ersetzt. Die Rückfor-

derung der Leistung ist ausgeschlossen, wenn dem Leistungserbringer die Unerreichbarkeit des Zwecks im Vorhinein bekannt war.

Mit der Einantwortung erlischt das Erbrecht im subjektiven Sinn. Der Erbe wird **Gesamtrechtsnachfolger** gem § 532 S 2 ABGB (Universalsukzession). Der Erbe tritt in alle Rechte und Pflichten des Erblassers ein. Das Erbrecht im subjektiven Sinn ist unverjährbar. Allerdings verjährt die Erbschaftsklage innerhalb von **drei Jahren ab Kenntnis** der für das Bestehen des Anspruches maßgeblichen Tatsachen bzw **spätestens nach 30 Jahren** ab dem Tod des Erblassers (§ 1487a ABGB; siehe S 139).

Beispiel: *Über dreißig Jahre nach dem Tod des Erblassers taucht ein uneheliches Kind des Erblassers auf, dessen Existenz zuvor nicht bekannt war. Die Erbschaftsklage ist schon verjährt.*

Die Gesamtrechtsnachfolge ist von der erbrechtlichen **Einzelrechtsnachfolge** (Singularsukzession) zu unterscheiden. In diesem Fall werden Rechte oder einzelne Sachen der Verlassenschaft durch eine Person erworben, wenn der Erblasser in seiner letztwilligen Anordnung ein Vermächtnis (früher: Legat) anordnet und zusätzlich zu diesem erbrechtlichen Titel ein Modus der Übertragung für dieses Recht oder die Sache gesetzt wird.

3. Die Berufung zur Erbfolge

A. Die Voraussetzungen

Nicht jede beliebige Person kann nach dem Tod des Erblassers etwas aus der Verlassenschaft fordern. Es bedarf bestimmter Voraussetzungen als Erbe, die im Zeitpunkt des Erbanfalls vorliegen müssen und zu prüfen sind.

Die Erbrechtsvoraussetzungen sind demnach

- Das Vorliegen eines **Berufungsgrundes**
- Das Erleben des **Erbanfalls** (siehe S 14)
- Die **Erbfähigkeit** (siehe S 16 ff)
- Das Nichtvorliegen eines **Erbverzichts** (siehe S 20 ff)

B. Die Berufungsgründe

Um erben zu können, bedarf es eines bestimmten Grundes, der dazu berechtigt (**Erbrechtstitel**).

Gem § 533 ABGB kommen folgende Berufungsgründe in Betracht:

- **Erbvertrag** (siehe S 70 ff)
- **Testament** (siehe S 55 ff)
- **Gesetz** (siehe S 22 ff)

Im Rahmen der Berufungsgründe kommt dem Willen des Erblassers Vorrang zu. Der **Erbvertrag** stellt daher den **stärksten Berufungsgrund** dar, er geht dem Testament vor. Nur wenn kein Erbvertrag oder Testament (gewillkürte Erbfolge) vorliegt, kommt es zur gesetzlichen Erbfolge.

Die Berufungsgründe können allerdings **auch nebeneinander** bestehen (gemischte Erbfolge; § 534 ABGB). So etwa, wenn mittels gewillkürter Erbfolge nicht über die gesamte Verlassenschaft verfügt wird und der restliche Teil für die gesetzliche Erbfolge bleibt. Eine gemischte Erbfolge ergibt sich aber auch beim Erbvertrag, da sich der Erbvertrag nur auf drei Viertel der gesamten Verlassenschaft des Erblassers erstrecken darf.

In der Praxis ist – genau im Gegensatz zur gesetzlichen Rangfolge – die **gesetzliche Erbfolge der häufigste Berufungsgrund**, gefolgt vom Testament. Vom Erbvertrag wird nur selten Gebrauch gemacht.

C. Erleben des Erbanfalls

a) Allgemein

Gem § 536 Abs 1 ABGB ist der **Erbfall** der Zeitpunkt des Todes des Erblassers. Vom Erbfall ist der **Erbanfall** zu unterscheiden. Der Erbanfall bedeutet die **Entstehung des subjektiven Erbrechts** des Erben. In der Regel ist der Zeitpunkt des Erbanfalls mit jenem des Erbfalls ident. Wurde die Erbeinsetzung jedoch unter aufschiebender Bedingung gesetzt, entsteht das Erbrecht erst zum Zeitpunkt des Bedingungseintritts. Bei aufschiebender Befristung ist der Eintritt aber schon gewiss, sodass das Erbrecht sofort zum Todeszeitpunkt erworben wird. Erbe kann nur sein, wer den Erblasser überlebt.

Stirbt der potenzielle Erbe vor dem Erblasser, kann dieser das Erbrecht nicht erlangen und auch nicht auf seine Erben übertragen (keine Transmission, siehe S 16).

Grundsätzlich kann daher nur Erbe sein, **wer beim Erbanfall existiert**. Besonders verhält es sich in folgenden Fällen:

b) Kommorientenpräsumption (Vermutung des gleichen Todeszeitpunkts)

Gem § 11 TEG (Todeserklärungsgesetz) wird, wenn nicht bewiesen werden kann, dass von mehreren gestorbenen oder für tot erklärten Menschen der eine den anderen überlebt hat, vermutet, dass sie gleichzeitig verstorben sind. Die Verstorbenen, über deren Todeszeitpunkte Unklarheit herrscht, werden als „Kommorienten“ bezeichnet. Voraussetzung für die Anwendbarkeit der Gleichzeitigkeitsvermutung ist, dass der genaue Todeszeitpunkt von mehreren Gestorbenen nicht festgestellt werden kann. Die Vermutung des gleichzeitigen Versterbens führt dazu, dass sich die Kommorienten wechselseitig nicht beerben können. Die Kommorientenpräsumption soll Unklarheiten bei der Erbfolge vermeiden.

> ***Beispiel:*** *Roland und Cornelia sind gemeinsam mit dem PKW unterwegs, als sie in einen schweren Unfall mit Feuer verwickelt werden. Wer von den beiden zuerst gestorben ist, lässt sich nicht ermitteln. Es wird daher gem § 11 TEG angenommen, dass Roland und Cornelia*

gleichzeitig gestorben sind, sodass aufgrund von § 536 ABGB weder Roland von Cornelia noch Cornelia von Roland erben kann.

c) Nicht gezeugter oder ungeborener Erbe

Wurde eine Person im Zeitpunkt des Erbanfalls noch nicht gezeugt, kann diese mangels Existenz nicht Erbe einer Verlassenschaft sein. Setzt der Erblasser allerdings einen ungezeugten Erben in einer letztwilligen Verfügung ein, wird eine solche Anordnung in eine Nacherbschaft (siehe S 65 ff) umgedeutet. Einem schon gezeugten, aber **noch nicht geborenen Kind** (Nasciturus) fällt das Erbrecht – unter der **Bedingung der Lebendgeburt** – wie einem bereits geborenen Menschen an (§ 22 ABGB). Als Zeitpunkt der Zeugung gilt die Vereinigung von Samen- und Eizelle.

d) Medizinisch unterstützte Fortpflanzung

Gemäß § 1 FMedG handelt es sich bei der medizinisch unterstützten Fortpflanzung um die Anwendung medizinischer Methoden zur Herbeiführung einer Schwangerschaft auf andere Weise als durch Geschlechtsverkehr. Bei der künstlichen **Insemination** gem § 1 Abs 2 Z 1 FMedG wird die Eizelle korporal mit der Samenzelle vom Ehemann bzw Lebensgefährten (homologe Insemination) oder eines Dritten (heterologe Insemination) befruchtet. Ab erfolgreicher Einbringung des Samens wird von der Existenz des Kindes ausgegangen. Bei der **In-vitro-Fertilisation** wird die Befruchtung extrakorporal vorgenommen und der Embryo der Frau eingepflanzt; die Existenz des Kindes liegt bei Vereinigung von Ei- und Samenzelle in vitro vor (vgl § 1 Abs 2 Z 2-4 FMedG).

Zum jeweiligen Zeitpunkt des Beginns der Existenz (= des Lebens) des Kindes (= Zeugung) muss der Erblasser grundsätzlich noch leben, damit das Kind den Erbanfall erleben und ein Erbrecht erlangen kann, dh die künstliche Befruchtung ist grundsätzlich vor dem Erbfall notwendig. Kommt es erst nach dem Tod des Erblassers zur Existenzbegründung des Kindes (Zeugung als Beginn des Lebens) durch medizinisch unterstützte Fortpflanzung, ist das Kind zum Todeszeitpunkt noch nicht einmal gezeugt, existiert daher nicht und kann streng genommen kein Erbrecht erlangen. Es ist aber aus Billigkeitsgründen davon auszugehen, dass unter der Voraussetzung, dass das Kind als Kind des Samenspenders bzw der Eispenderin gilt, entsprechende Erb- bzw Pflichtteilsrechte erlangt.

e) Juristische Personen

Auch eine juristische Person muss beim Erbanfall existieren. Dies ist grundsätzlich ab vollendeter **Gründung bis zur Auflösung** gegeben. Befindet sich eine juristische Person erst im Gründungsstadium (= Vorgesellschaft), ist (in Analogie zu § 22 ABGB) eine Erbeinsetzung dennoch wirksam. Letztwillig errichtete Privatstiftungen (§ 8 PSG) befinden sich mit dem Erbfall im Gründungsstadium.

f) Transmission (Vererbung des schon entstandenen Erbrechts)

Stirbt der Erbe nach dem Erbanfall, aber **vor** Einantwortung, so geht sein Erbrecht auf **seine** (testamentarischen oder gesetzlichen) Erben über. Man spricht von **Transmission.** Es kommt somit zu einer Vererbung des Erbrechts (§ 537 ABGB). Vererbbar sind neben dem Erbrecht des Verwandten und des Ehegatten bzw eingetragenen Partners auch die Ansprüche des Vermächtnisnehmers und des Pflichtteilsberechtigten.

Den Erben, dessen Erbrecht vererbt wird, nennt man Transmittent. Den Erben des Transmittenten nennt man Transmissar.

> ***Beispiel:*** *Der Erblasser setzt Alvin zum Erben ein. Alvin stirbt nach dem Tod des Erblassers, aber vor Einantwortung. Alvin hat das Erbrecht erworben und kann es somit seinerseits bis zur Einantwortung an seine Erben weitervererben. In diesem Fall wäre Alvin der Transmittent, seine Erben wären die Transmissare.*

Die Transmission gilt nur bei Tod des Erben zwischen dem Tod des Erblassers und der Einantwortung. Vor dem Erbanfall ist eine Transmission ausgeschlossen, da der Erbe zu diesem Zeitpunkt nur eine bloße Erbaussicht aber keine gesicherte Rechtsposition hat. Nach Einantwortung ist eine Transmission ebenso ausgeschlossen, da der Erbe durch die Einantwortung bereits Eigentümer der vererbten Sachen und Rechte geworden ist. Dem Erbrecht ist durch die Einantwortung entsprochen worden und es erlischt.

Ersatzerbschaft vs Transmission: Stirbt der Erbe nach dem Tod des Erblassers aber **vor** Abgabe einer Erbantrittserklärung, handelt es sich um eine **Transmission im engeren Sinn**. Hat der Erblasser in einer letztwilligen Verfügung eine Ersatzerbschaft (siehe S 64 f) angeordnet, geht diese der Transmission vor und der vom Erblasser bestimmte Ersatzerbe kommt zum Zug. Stirbt der Erbe **nach** Abgabe der Erbantrittserklärung und vor Einantwortung, vererbt der Erbe das Erbrecht an seine Erben weiter, dies wird als **Transmission im weiteren Sinn** bezeichnet. Ein von einem Erblasser angeordnete Ersatzerbschaft kommt in diesem Fall nicht mehr zum Tragen und der Transmittent vererbt sein Erbrecht jedenfalls an seine Erben weiter (vgl § 537 Abs 2).

D. Erbfähigkeit

Gemäß § 538 ABGB ist die Erbfähigkeit einer Person gegeben, wenn diese rechtsfähig und erbwürdig ist. Die Erbfähigkeit ist daher die **Fähigkeit, Erbe zu sein**. Sie ist die erbrechtliche Erwerbsfähigkeit und ein Teil der Rechtsfähigkeit. Grundsätzlich kommt sie jeder (natürlichen oder juristischen) Person zu; sie ist Voraussetzung für jeden Erwerb von Todes wegen (Erwerb der Erbschaft, eines Vermächtnisses oder eines Pflichtteils). Nur wenn ein ausreichender Grund gem §§ 539-542 ABGB gegeben ist, liegt Erbunfähigkeit vor. Erbunfähige werden so behandelt, als ob sie nicht vorhanden wären und erhalten keinen Teil der Verlassenschaft. Die Erbunfähigkeit muss grundsätzlich **im Zeitpunkt des Erbanfalls** vorliegen. Eine später erlangte Erbfähigkeit ist unbeachtlich (§ 543 Abs 1 ABGB). Sehr wohl zu berücksichtigen sind aber Handlungen nach dem Ableben des Verstorbenen, die zu einer Erbunwürdigkeit führen (§ 539 ABGB).

> ***Beispiel:*** *Die Tochter Anita findet nach dem Ableben des Erblassers Emil ein Testament in dessen Wohnung, in dem der Sohn Bernd als alleiniger Erbe eingesetzt wurde. Anita zerreißt das Schriftstück und wirft es weg. Die Handlung, die zu einer Erbunwürdigkeit geführt hat, wurde nach dem Erbanfall gesetzt.*

Es wird zwischen absoluter und relativer Erbunfähigkeit unterschieden:

a) Absolute Erbunfähigkeit

Unter der absoluten Erbunfähigkeit versteht man die **Unfähigkeit, überhaupt erben zu können**. Absolut erbunfähig ist, wer gegenüber niemandem erben kann. Nach dem Prinzip der formellen Gegenseitigkeit (§ 33 S 2 ABGB) kann ein Ausländer absolut erbunfähig sein, wenn ein Österreicher nach dem Gesetz des Heimatstaates des Ausländers erbunfähig und damit schlechter gestellt ist als die eigenen Staatsbürger. Für EU-Ausländer hat das Prinzip keine Bedeutung, da es dem allgemeinen Diskriminierungsverbot (Art 18 AEUV) widerspricht.

b) Relative Erbunfähigkeit

Unter der relativen Erbunfähigkeit versteht man die **Unfähigkeit, etwas aus der Verlassenschaft einer bestimmten Person erwerben zu können**. Die §§ 539 – 541 ABGB regeln taxativ die Fälle, wann eine relative Erbunfähigkeit (Erbunwürdigkeit) gegeben ist.

Bei Vorliegen einer dieser schweren Verfehlungen gegen den Erblasser, dessen Verwandte oder den letzten Willen des Erblassers wird davon ausgegangen, dass der Erblasser bestimmten Personen nichts zukommen lassen will. Bei Vorliegen eines solchen Grundes ist der Erbunwürdige **von jedem Erwerb aus der Verlassenschaft ausgeschlossen**. Es ist dann weder ein Erwerb aufgrund des gesetzlichen noch aufgrund des gewillkürten Erbrechts oder des Pflichtteilsrechts möglich.

Die Erbunwürdigkeit wirkt von Gesetzes wegen, der Erblasser muss sie daher nicht geltend machen. Sie soll auch in jenen Fällen greifen, in denen der Erblasser vom Vorliegen eines Erbunwürdigkeitsgrundes nichts wusste. Die Erbunwürdigkeit kann von jedem geltend gemacht werden, der **am Wegfall des Unwürdigen ein rechtliches Interesse** hat. Wer sich auf einen Erbunwürdigkeitsgrund beruft, muss dessen Vorliegen beweisen.

Die einzelnen Erbunwürdigkeitsgründe werden in **zwei Gruppen** untergliedert, die absoluten und die relativen Erbunwürdigkeitsgründe. **Absolute Erbunwürdigkeitsgründe** sind die Gründe des § 539 ABGB und § 540 ABGB. Die absoluten Erbunwürdigkeitsgründe greifen unabhängig von der Möglichkeit des Verstorbenen jemanden zu enterben. Der Erbunwürdige bekommt keinen Teil der Verlassenschaft, außer der Erblasser hat ihm zu Lebzeiten verziehen (siehe S 19).

Absolute Erbunwürdigkeit liegt vor,

- wenn eine Person gegen den Erblasser oder gegen die Verlassenschaft eine **gerichtlich strafbare Handlung** begangen hat, die nur **vorsätzlich** begangen werden kann und mit **mehr als einjähriger Freiheitsstrafe bedroht** ist (§ 539 ABGB). Es geht darum, dass die Straftat mit mehr als einjähriger Freiheitsstrafe bedroht ist, das tatsächliche Strafausmaß (und ob es überhaupt zu einer Verurteilung kommt) ist hingegen nicht ausschlaggebend. Es kommt weiters auf eine Tat an, die gegen den Erblasser oder nach dessen Ableben gegen die Verlassenschaft begangen wurde. Der **Versuch** reicht für die Verwirklichung des Erbunwürdigkeitsgrunds aus.[5] Wird vom Versuch jedoch strafbefreiend zurückgetreten, bleibt die Erbwürdigkeit bestehen.[6]
- wenn eine Person eine **Verfehlung gegen den Willen** des Erblassers begeht (§ 540 ABGB). Dies liegt insbesondere bei Zwang oder betrügerischem Verleiten zur Erklärung des letzten Willens, beim Hindern an der Abgabe oder bei Abänderung des letzten Willens sowie bei Unterdrückung des letzten Willens (zB zerreißen, verbrennen) vor. Die Aufzählung ist nicht abschließend, auch die Unterschiebung oder die Fälschung des letzten Willens sowie die Unterdrückung eines formungültigen letzten Willens machen erbunwürdig. Voraussetzung ist jeweils, dass die Verfehlungen **vorsätzlich** begangen wurden. Das Verschweigen von Gegenständen der Verlassenschaft fällt nicht darunter, da nicht Vermögensinteressen von Erben oder Pflichtteilsberechtigten, sondern die Verfügungsfreiheit des Erblassers geschützt ist.

Die **relativen Erbunwürdigkeitsgründe** des § 541 ABGB greifen nur dann, wenn der Erblasser zu Lebzeiten keine Möglichkeit hatte, die Person, die den konkreten Erbunwürdigkeitsgrund gesetzt hat, zu enterben. Unmöglich ist es für den Erblasser dann, wenn er nicht mehr testierfähig oder aus faktischen Gründen wie der Unkenntnis daran gehindert war.

Relative Erbunwürdigkeit liegt vor,

- bei **Begehung einer gerichtlich strafbaren Handlung gegen „Angehörige“.** Ein Erbunwürdigkeitsgrund wird gem § 541 Z 1 ABGB gesetzt, wenn ein Erbe gegen den Ehegatten, eingetragenen Partner oder Lebensgefährten des Verstorbenen oder gegen dessen Verwandte in gerader Linie eine Straftat begeht, die nur vorsätzlich begangen werden kann und mit mehr als einjähriger Freiheitsstrafe bedroht ist. Unter „Verwandte in gerader Linie“ sind die Eltern (auch die Großeltern, und Urgroßeltern), die Kinder (auch Enkelkinder oder Adoptivkinder) erfasst. Das Gesetz sieht diese Personen als besonders zu schützende Bezugspersonen des Erblassers.
- **bei der Zufügung schweren seelischen Leids in verwerflicher Weise gegen den Verstorbenen.** Wenn ein Erbe den Verstorbenen vor seinem Ableben in einer Notsituation ohne Hilfe zurückgelassen hat, oder er von ihm verächtlich gemacht oder sonst in eine sehr missliche Lage gebracht wurde, wird dieser Erbunwürdigkeits-

[5] OGH 5.8.1999, 1 Ob 175/99p.
[6] OGH 24.4.2020, 2 Ob 100/19y.

grund gem § 541 Z 2 ABGB gesetzt. Dieses zugefügte schwere Leid muss objektiv nachvollziehbar sein und die Handlung muss gesellschaftlich verpönt sein. Maßgeblich ist daher nicht das rein subjektive Empfinden. Keinesfalls darf die konkrete Partnerwahl oder Berufswahl des Erben diesen Erbunwürdigkeitsgrund zur Folge haben.

- bei **gröblicher Vernachlässigung familienrechtlicher Pflichten** gegenüber dem Erblasser aus dem Rechtsverhältnis zwischen Eltern und Kind (§ 541 Z 3 ABGB). Erbunwürdig können demnach Eltern (zB wegen Verletzung der Obsorgepflicht) und Kinder (zB wegen Verletzung der Unterhaltspflicht) sein. Voraussetzung ist, dass die Pflichtverletzung vorsätzlich begangen wurde („gröbliche Vernachlässigung"). Zu den Eltern und Kindern zählen auch die Großeltern und Enkel.

Die Erbunwürdigkeitsgründe gem §§ 539 – 541 ABGB können durch **Verzeihung** beseitigt werden. Die Verzeihung bedarf keiner Form und ist auch konkludent möglich. Sie setzt aber voraus, dass dem Erblasser die Handlung des Erbunwürdigen bekannt war.

Eine konkludente Verzeihung liegt etwa dann vor, wenn der Erblasser in Kenntnis des Erbunwürdigkeitsgrundes den Unwürdigen zum Erben einsetzt.

Wirkungen: Wird ein **gesetzlicher** Erbe erbunwürdig, treten gem **§ 542 ABGB** die Nachkommen des Erbunwürdigen an dessen Stelle. Es handelt sich um einen Fall der „formellen Repräsentation", da es für das Eintrittsrecht der Nachkommen gem § 542 ABGB unerheblich ist, ob ihr erbunwürdiger Vorfahre noch lebt. Die Nachkommen sind eintrittsberechtigt, wenn ihnen bei Wegdenken des Erbunwürdigen ein gesetzliches Erbrecht zugekommen wäre.

> ***Beispiel:*** *Ernesto fügt im Rahmen eines Streits seinem Vater Willibald eine lebensgefährliche Körperverletzung zu und wird vom Gericht zu einer dreijährigen Freiheitsstrafe verurteilt. Kurz Zeit nach dieser Tat stirbt Willibald an seinen Verletzungen. Im Verlassenschaftsverfahren können neben der Ehegattin Karla auch Ernestos Bruder Andreas und Ernestos Kinder Franziska und Georgina ihr gesetzliches Erbrecht geltend machen. Die Erbunwürdigkeit des Ernesto wirkt sich nicht auf seine Nachkommen aus. Karla und Andreas erhalten jeweils 1/3 der Verlassenschaft, Franziska und Georgina erhalten jeweils 1/6 der Verlassenschaft.*

Wurde im Rahmen der **gewillkürten** Erbfolge ein durch eine letztwillige Verfügung bedachter Erbe erbunwürdig, greift § 542 ABGB nicht. In diesem Fall erben primär die Ersatzerben, sofern die letztwillige Verfügung solche vorsieht. Wurde eine solche Ersatzerbenregelung nicht getroffen, dann ist folgendermaßen zu unterscheiden:

- War der **Erbunwürdige ein Kind** des Erblassers, kommt die vermutete Ersatzerbschaft (stillschweigende Substitution) gem **§ 605 ABGB analog** zur Anwendung und die Enkelkinder des Erblassers (Nachkommen des Erbunwürdigen) treten an die Stelle des Erbunwürdigen.
- War die **erbunwürdige Person kein unmittelbarer Nachkomme** des Erblassers, folgt die Verteilung der Quote den Regeln der Anwachsung (§ 560 ABGB).

c) Erbfähigkeit bei Transmission?

Bei der Transmission, dh der Vererbung eines Erbrechts (siehe S 16), muss der Transmittent (= der vor Einantwortung verstorbene Erbe des Erblassers) gegenüber dem Erblasser und der Transmissar (= der Erbe des verstorbenen Transmittenten) gegenüber dem Transmittenten erbfähig sein. Erbunfähigkeit des Transmissars gegenüber dem Erblasser schadet grundsätzlich nicht, aber in der Lehre sind Ausnahmen anerkannt: Unterdrückt der Transmissar zB eine letztwillige Verfügung des Erblassers, die zu Lasten des Transmittenten geht, ist die Erbunwürdigkeit auch auf den Transmissar anzuwenden.

Beispiel: *Friederich verstirbt. Er hat Werner als seinen Alleinerben testamentarisch eingesetzt. Werner verstirbt noch bevor es zu einer Einantwortung kommt. Werner hat als Alleinerben seinen Freund Thomas testamentarisch eingesetzt. Es kommt daher zu einer Transmission: Friederich ist der Erblasser, Werner der Transmittent und Thomas der Transmissar. Grundsätzlich reicht es aus, dass Werner gegenüber Friederich und Thomas gegenüber Werner erbfähig sind. Stellt sich aber heraus, dass Thomas eine andere letztwillige Verfügung des Friederichs, in der dieser seiner Freundin Petra ein Vermächtnis versprochen und daher seinen Erben belastet hat, unterdrückt hat, kann Thomas das Erbrecht gemäß § 542 ABGB gegenüber Friederich nicht mehr erlangen.*

E. Erbverzicht

a) Allgemein

Der Erbverzicht ist ein **Vertrag** zwischen dem Erblasser und einem potenziellen Erben, mit dem der (künftige) Erbe auf sein Erbrecht verzichtet (§ 551 ABGB).

Vertragsgegenstand ist die Erbaussicht, da das Erbrecht ja erst mit Erbanfall entsteht. Von praktischer Bedeutung ist der Erbverzicht vor allem in Bezug auf das gesetzliche Erbrecht und das Pflichtteilsrecht.

Der Verzicht kann sich nur auf bestimmte oder auf alle Berufungsgründe beziehen. Ein Verzichtsvertrag kann auch für Vermächtnisse abgeschlossen werden. Der Verzicht bedarf zu seiner Gültigkeit der Form des **Notariatsakts** oder des **gerichtlichen Protokolls**.

Der **Zweck** von Verzichtsverträgen liegt in den meisten Fällen darin, dass damit schon zu Lebzeiten des Erblassers eine (einverständliche) Regelung mit den potenziellen Erben getroffen werden kann. Ein Verzichtsvertrag kann gegen Abfindung, dh gegen eine Leistung des (künftigen) Erblassers an den Verzichtenden abgeschlossen werden (**antizipierte bzw vorweggenommene Erbfolge**). Eine solche Abfindung etwa für einen Pflichtteilsverzicht gilt als anzurechnende Schenkung unter Lebenden (§ 781 Abs 2 Z 1 ABGB). Der Grund für einen Erbverzicht kann aber auch darin liegen, dass der Verzichtende dem Bekanntwerden eines allfälligen Enterbungsgrundes entgehen möchte.

b) Wirkung

Durch den Verzicht wird der **Berufungsgrund beseitigt**, er verhindert das Entstehen des Erbrechts. Schließen der Erblasser und ein Pflichtteilsberechtigter einen Erbverzicht ab, kommt diesem nach dem Ableben des Erblassers keine konkrete Pflichtteilsberechtigung zu (§ 758 Abs 1 ABGB). Die Erbschaft fällt nicht dem Verzichtenden, sondern den nächstberufenen Erben an (zu den Wirkungen des Erb- und Pflichtteilverzichtsvertrages auf die Quoten vgl S 89 f).

Der Erbverzicht **bewirkt keine Erbunfähigkeit**. Der Erblasser kann also den Verzichtenden später dennoch letztwillig bedenken.

c) Reichweite

Ein Verzicht auf das Erbrecht erfasst **im Zweifel auch den Pflichtteil** (§ 551 Abs 2 ABGB). Es kann jedoch ausdrücklich nur auf das Erbrecht unter Vorbehalt des Pflichtteils verzichtet werden. Umgekehrt umfasst ein Pflichtteilsverzicht im Zweifel nicht auch das gesetzliche Erbrecht. Der Verzicht auf den Pflichtteil ist in der Praxis besonders bedeutsam, da das gesetzliche Erbrecht, nicht aber der Pflichtteil, durch einseitige Verfügung des Erblassers ausgeschlossen werden kann. Der Verzicht kann sich auch nur auf eine Quote des künftigen Erb- oder Pflichtteilsrechts beziehen. Der Verzicht stellt Rechtssicherheit und Rechtsfrieden her.

Im Zweifel wirkt der Erbverzicht **auch auf die Nachkommen** des Verzichtenden (§ 551 Abs 2 ABGB). Es kommt somit nicht zum Eintrittsrecht. Allerdings kann Abweichendes vereinbart werden. Infolge eines Erbverzichts kann jemand nur aufgrund eines schon vorhandenen oder neu entstandenen Berufungsgrundes Vermögen des Erblassers erhalten. Es kommt somit immer auf die Situation zum Zeitpunkt des Todesfalls an, wer den (durch Verzicht) freiwerdenden Teil erhält. Eine unmittelbare **Zuwendung an Dritte** ist nicht möglich (kein Vertrag zugunsten Dritter). Der Verzicht kann aber von Bedingungen abhängig gemacht werden, so zB davon, dass ein Dritter die Erbschaft bekommt.[7] § 758 Abs 2 S 2 ABGB sieht ebenso vor, dass sich der Pflichtteilsverzicht im Zweifel auf die Nachkommen erstreckt.

d) Aufhebung des Erbverzichts

Aufgrund des Vertragscharakters kann ein Erbverzicht **nicht einseitig widerrufen** werden. Die Vertragsparteien können den Erbverzicht allerdings durch eine schriftliche Vereinbarung, die von den Parteien eigenhändig unterschrieben worden ist, **einvernehmlich auflösen**. Diese Vereinbarung bedarf daher nur der Schriftform im Sinne des § 886 ABGB, nicht aber des Notariatsakts wie der ursprüngliche Vertrag. Weiters können Irrtümer oder der Wegfall der Geschäftsgrundlage nach allgemeinen vertraglichen Regelungen geltend gemacht werden.

---

[7] OGH 20.9.1990, 7 Ob 631/90.

III. Das gesetzliche Erbrecht

1. Allgemeines

A. Subsidiärer Berufungsgrund

Das gesetzliche Erbrecht (§ 727 ff ABGB) ist **subsidiärer Berufungsgrund für die Erbschaft**. Es kommt immer dann zur Anwendung, wenn

- kein Testament oder Erbvertrag vorliegt oder
- vom Testament oder Erbvertrag nicht die ganze Verlassenschaft erfasst ist (gemischte Erbfolge, siehe S 128) oder
- Testament oder Erbvertrag ungültig sind oder erfolgreich angefochten wurden oder
- die eingesetzten Erben nicht erben können (weil sie zB gestorben oder erbunfähig sind) oder nicht erben wollen (zB Erbverzicht, Entschlagung).

Zwar ist das gesetzliche Erbrecht gegenüber dem Testament und dem Erbvertrag nachrangig, jedoch stellt es in der Praxis den **häufigsten Berufungsgrund** dar. Da das gesetzliche Erbrecht an der Familie und am Ehepartner anknüpft, entspricht die Zuordnung in den meisten Fällen den Vorstellungen des Erblassers. Auch das **Pflichtteilsrecht** stellt insofern einen Teil des gesetzlichen Erbrechts dar, als es den gesetzlichen Erben zusteht. Es unterscheidet sich jedoch vom gesetzlichen Erbrecht dadurch, dass es nur zur Anwendung kommt, wenn ein Testament oder ein Erbvertrag vorliegt, der Pflichtteil aber nicht oder nicht vollständig gedeckt ist.

B. Die gesetzlichen Erben

Die gesetzlichen Erben sind gem § 730 ABGB der **Ehegatte** bzw der **eingetragene Partner** und die (rechtlichen und leiblichen) **Verwandten** des Erblassers. Pflege- oder Stiefkinder und verschwägerte Personen sind keine gesetzlichen Erben. Unerheblich ist, ob die Verwandtschaft ehelich oder unehelich ist. Somit reicht es für das gesetzliche Erbrecht eines Kindes aus, wenn die Vaterschaft des Erblassers durch Urteil festgestellt oder vom Erblasser anerkannt wurde (rechtliche Vaterschaft).

Sind keine gesetzlichen Erben vorhanden, kommt das nachrangige gesetzliche Erbrecht des **Lebensgefährten** (außerordentliches Erbrecht des Lebensgefährten gem § 748 ABGB) zum Tragen.

Wenn der Erblasser im Zeitpunkt seines Ablebens in keiner aufrechten Lebensgemeinschaft lebt, kommen die **Vermächtnisnehmer** zum Zug (**außerordentliches Erbrecht der Vermächtnisnehmer**, § 749 ABGB). In diesem Fall sind die Vermächtnisnehmer die Erben.

Kommt es auch nicht zum außerordentlichen Erbrecht der Vermächtnisnehmer, fällt die Verlassenschaft als erbloses Gut dem **Staat** an (**Aneignung durch den Bund**, § 750 ABGB).

Die **Rangfolge des Erbrechts** stellt sich demnach folgendermaßen dar:

Erbvertrag → Testament → gesetzliches Erbrecht → Lebensgefährte → Vermächtnisnehmer → Aneignung durch den Bund

2. Die gesetzliche Erbfolge

A. Die gesetzliche Erbfolge der Verwandten

a) Überblick – Die Parentelen

Das Gesetz bestimmt, wann welcher Erbe berufen wird. Die Verwandten werden in sog. **Parentelen** geteilt. Eine Parentel bezeichnet immer ein Stammhaupt und dessen Nachkommen (lateinisch parentela = alle durch einen gemeinsamen Stammvater verbundenen Personen).

Zur **ersten Parentel** gehören die Nachkommen des Erblassers (Hauptstamm) und deren Nachkommen, also die Kinder und Kindeskinder. Die **zweite Parentel** umfasst die Eltern des Erblassers (Hauptstamm) und deren Nachkommen (Geschwister, Halbgeschwister, Nichten und Neffen des Erblassers etc.). Die **dritte Parentel** besteht aus den Großeltern (Hauptstamm) und deren Nachkommen (Onkel, Tante, Cousinen und Cousins des Erblassers etc.). Zur **vierten Parentel** gehören nur die Urgroßeltern (und nicht mehr deren Nachkommen; Erbgrenze).

b) Das Parentelsystem

Das Parentelsystem regelt, in welcher Reihenfolge die Verwandten erben. Es ist durch folgende Grundsätze geprägt:

- **Die Parentelen kommen nacheinander an die Reihe**, dh die nähere Parentel schließt immer die fernere aus. Die nachrangige Parentel kann daher nur erben, wenn niemand aus der vorrangigen Parentel vorhanden ist.
- **Innerhalb der gleichen Parentel** kommen zuerst die älteren Erben (die erste Generation) zum Zug, wobei die Erbschaft – innerhalb einer Generation – **nach Köpfen** geteilt wird.
- **Repräsentation:** Wenn ein Erbberechtigter wegfällt, erlangen seine Nachkommen den Anteil. Es kommt also zur Repräsentation durch **seine Nachkommen**. Das Repräsentationsrecht ist das Recht der Nachkommen, an die Stelle eines Vorfahrens zu treten und zu erben. Die Repräsentation findet jedoch **nur innerhalb derselben Parentel** statt. Gibt es **mehrere** Eintrittsberechtigte, wird der Anteil, den der Vorfahre erhalten hätte, **nach Köpfen geteilt**. Zur Repräsentation kommt es nicht, wenn ein Erbverzichtsvertrag abgeschlossen wurde oder wenn sich ein Erbe im Verlassenschaftsverfahren entschlägt, da sich diese Erklärungen im Zweifel auf die Nachkommen erstrecken.

***Beispiel:** Der Erblasser hinterlässt nur seine beiden Töchter Agnes und Barbara, die beide zwei Söhne haben. Leben Agnes und Barbara noch, so erben sie nach Köpfen und bekommen je die Hälfte der Verlassenschaft. Ist Agnes schon vorverstorben, so kommt es zur Repräsentation ihrer Nachkommen, dh die beiden Söhne (Markus und Theo) von Agnes erben ihren Anteil gemeinsam und bekommen je ein Viertel.*

Der **Ehegatte** bzw **eingetragene Partner** erbt immer **neben den Parentelen** (§ 744 Abs 1 S 1 ABGB), wobei die Erbquote des Ehegatten davon abhängt, ob und in welcher Parentel Verwandte vorhanden sind. Das Ehegattenerbrecht schmälert jenes der Verwandten, da an diese nur verteilt wird, was nach Abzug der Ehegattenquote übrigbleibt.

c) Die Parentelen im Einzelnen

- **Erste Parentel**

Zur ersten Parentel gehören gem § 732 ABGB die **Kinder und die Kindeskinder, dh die Nachkommen** des Erblassers. Leben noch alle Kinder, so teilen sich diese die Verlassenschaft „nach Köpfen". Die Kindeskinder erlangen in diesem Falle nichts. Fällt einem Kind jedoch die Erbschaft nicht an, so fällt sein Anteil seinen Kindern (den Enkeln des Erblassers) zu (Repräsentationsrecht). Fällt einem Enkelkind die Erbschaft nicht zu, so erben wiederum seine Kinder (die Urenkel des Erblassers) den Anteil.

***Beispiel:** Der Erblasser hinterlässt drei Kinder, nämlich Anita, Bert und Christopher (erstes Parentel). Jedes Kind erhält einen Kopfteil (ein Drittel) der Verlassenschaft. Ist Anita bereits verstorben und hinterlässt sie zwei Kinder (=Enkelkinder des Erblassers), David und Franz, so treten diese an die Stelle von Anita und erhalten jeweils ein Sechstel (Repräsentation). Ist auch David verstorben und hinterlässt er zwei Kinder (= Urenkelkind des Erblassers), so erhalten diese jeweils ein Zwölftel.*

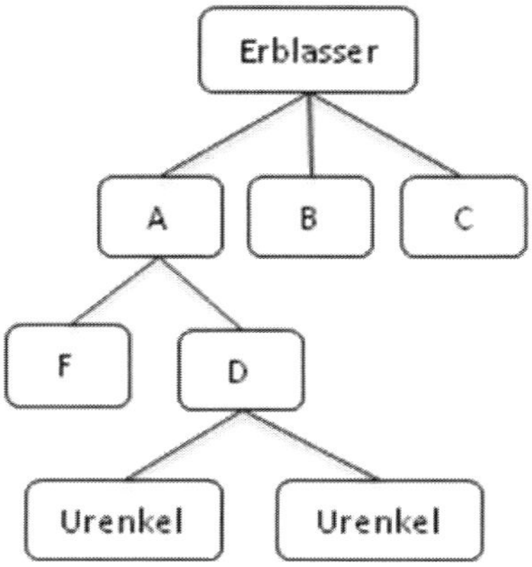

Gemäß § 197 Abs 1 ABGB entstehen durch Annahme an Kindes statt (**Adoption**) zwischen dem Annehmenden und dessen Nachkommen einerseits und dem angenommenen **Wahlkind** und dessen zum Zeitpunkt der Adoption minderjährigen

Nachkommen andererseits die gleichen Rechte wie aufgrund Abstammung. Zwischen dem Wahlkind und den **übrigen Verwandten** der Annehmenden (etwa den Eltern der Annehmenden – „Wahlgroßeltern") werden durch die Adoption hingegen **keine familienrechtlichen Beziehungen** begründet. Neben einzelnen natürlichen Personen kommen auch Ehegatten, eingetragene Partner und nichteheliche Lebensgefährten als **Wahleltern** in Frage.[8] Die Wahleltern und das Wahlkind kommen gem § 199 ABGB gegenseitig bei der gesetzlichen Erbfolge und im Pflichtteilsrecht zum Zug und können auch rechtswirksam auf diese Rechte verzichten.[9]

Die erbrechtlichen Beziehungen zwischen den **leiblichen Eltern** und deren Verwandten zum Wahlkind und seinen Nachkommen bleiben unberührt. Das Wahlkind hat daher ein **erweitertes Erbrecht**, weil es nicht nur einen gesetzlichen Anspruch gegenüber den leiblichen Eltern sondern auch gegenüber den Wahleltern hat. Das Wahlkind hat damit bis zu **vier potenzielle Erbberechtigungen**. Verstirbt das Wahlkind vor den Eltern, steht das Erbrecht grundsätzlich den lebenden Wahleltern (bzw den Wahlgeschwistern als Repräsentanten des vorverstorbenen Wahlelternteils) zu. Sie verdrängen die leiblichen Eltern. Die erbrechtlichen Folgen einer Einzeladoption regelt § 199 Abs 3 ABGB. Im Fall einer Einzeladoption fällt die Verlassenschaft des Wahlkindes – sofern das Wahlkind keine Nachkommen hat und folglich die zweite Parentel zum Zug kommt – zur Hälfte an die annehmende Person (bzw ihre Nachkommen) und zur Hälfte an den nicht verdrängten leiblichen Elternteil (bzw dessen Nachkommen),

- **Zweite Parentel**

Zur zweiten Parentel gehören die **Eltern** des Erblassers **und deren Nachkommen**. Wer als „Eltern" eines Erblassers (Mutter und Vater) zu verstehen ist und daher zur gesetzlichen Erbfolge berufen ist, wird im Rahmen des Abstammungsrechts dargelegt. Gemäß § 143 ABGB gilt die Person als Mutter, die das Kind geboren hat. Gemäß § 144 Abs 1 ABGB gilt die **Person als Vater**, die

(i) mit der Mutter im Zeitpunkt der Geburt des Kindes verheiratet ist oder
(ii) als Ehemann der Mutter nicht früher als 300 Tage vor der Geburt des Kindes verstorben ist oder
(iii) der Mann, der die Vaterschaft anerkannt hat oder
(iv) der Mann, dessen Vaterschaft gerichtlich festgestellt wird.

Statt dem Vater kann auch die Partnerin der leiblichen Mutter **anderer Elternteil** sein. Gem **§ 144 Abs 2 ABGB** ist die Frau anderer Elternteil, die mit der Mutter im Zeitpunkt der Geburt des Kindes verheiratet oder in eingetragener Partnerschaft verbunden ist oder als Ehegattin oder eingetragene Partnerin der Mutter nicht früher als 300 Tage vor der Geburt des Kindes verstorben ist oder die Frau, die die Elternschaft anerkannt hat oder die Frau, deren Elternschaft gerichtlich festgestellt wurde. Keine Anwendung finden diese Regelungen auf gleichgeschlechtliche männliche Paare.

[8] VfGH 6.12.2021, G247/2021.
[9] OGH 2.8.2012, 4 Ob 128/12w.

Die zweite Parentel kommt **nur dann zum Zug, wenn niemand aus der ersten Parentel** erbt. Die zweite Parentel besteht aus Vater und Mutter, Brüdern und Schwestern sowie Nichten und Neffen und Großnichten bzw Großneffen und deren Nachkommen. Es dürfen somit keine (Kindes-)Kinder des Erblassers vorhanden sein, damit die Eltern und Geschwister des Erblassers berufen werden. **Leben noch beide Elternteile**, so erben sie **zu gleichen Teilen** (je die Hälfte). Fällt einem Elternteil die Erbschaft nicht zu (zB Vortod, Entschlagung), so fällt sein Anteil seinen Nachkommen an (Repräsentationsrecht, siehe S 23). Dabei kommt es nicht darauf an, dass die Kinder des verstorbenen Elternteils auch die Kinder des überlebenden Elternteils sind, denn **auch Halbgeschwister** sind gesetzliche Erben. Hat ein verstorbener Elternteil keine Nachkommen, fällt seine Verlassenschaft dem anderen Elternteil zu. Sind **beide Elternteile vorverstorben**, so wird die Verlassenschaft an ihre Kinder verteilt. Handelt es sich um Kinder, die von beiden Elternteilen abstammen, so kommen sie doppelt zum Zug: Es kommt zur Repräsentation für beide Elternteile. Stammt ein Kind jedoch nur von einem Elternteil ab, repräsentiert es nur „einfach".

> ***Beispiel:*** *Der Erblasser hinterlässt nur seine beiden Eltern. Er hat zwei Geschwister aus der Ehe seiner Eltern und einen Halbbruder, der aus einer früheren Ehe seines Vaters stammt. Leben noch beide Eltern, erhalten sie je die Hälfte seiner Verlassenschaft. Ist der Vater verstorben, so fällt sein Anteil allen seinen Kindern, also auch dem Halbbruder, zu (jedes Kind erhält ein Sechstel). Ist die Mutter verstorben, so fällt ihre Hälfte ihren Kinder zu (je ein Viertel). Sind beide Elternteile verstorben, so fällt der Anteil der Mutter ihren Kindern zu (je ein Viertel). Den Anteil des Vaters müssen sich diese jedoch mit dem Halbbruder teilen (und jeder erhält ein Sechstel des Anteils vom Vater).*

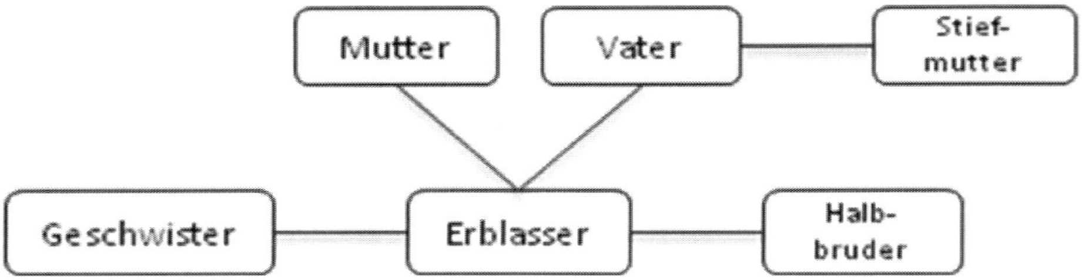

- **Dritte Parentel**

Die dritte Parentel kommt nur dann zum Zug, wenn **niemand aus der zweiten Parentel** erbt. Zur dritten Parentel gehören die **Großeltern** des Erblassers (sowohl von Mutter- als auch Vaterseite) **und deren Nachkommen**, dh Onkeln und Tanten sowie Cousins und Cousinen und deren Nachkommen. Jeder Großelternteil erhält ein Viertel der Verlassenschaft. Erbt ein Großelternteil nicht, dann treten seine Nachkommen an seine Stelle. Hat der vorverstorbene Großelternteil keine Nachkommen, so fällt sein Anteil dem überlebenden Großelternteil (der gleichen Seite) zu. Ist auch dieser bereits verstorben so fallen beide Großelternteile deren Nachkommen zu. Gibt es auf einer Seite keinen Erben mehr, so kommt die Verlassenschaft den Großeltern der anderen Seite zu (wo sich derselbe Vorgang abspielt).

Beispiel: *Der Erblasser hinterlässt nur seine Großeltern. Jeder Großelternteil erhält somit ein Viertel. Der Großvater mütterlicherseits ist schon verstorben, weshalb seine Kinder den Anteil bekommen. Hat der Großvater keine Kinder hinterlassen, bekommt seine Frau seinen Anteil. Ist allerdings diese auch schon verstorben, bekommen ihre Kinder ihre Verlassenschaft (ihren ursprünglichen und den angefallenen Anteil ihres Mannes). Hinterlässt sie jedoch keine Nachkommen, bekommen die Großeltern väterlicherseits die Verlassenschaft.*

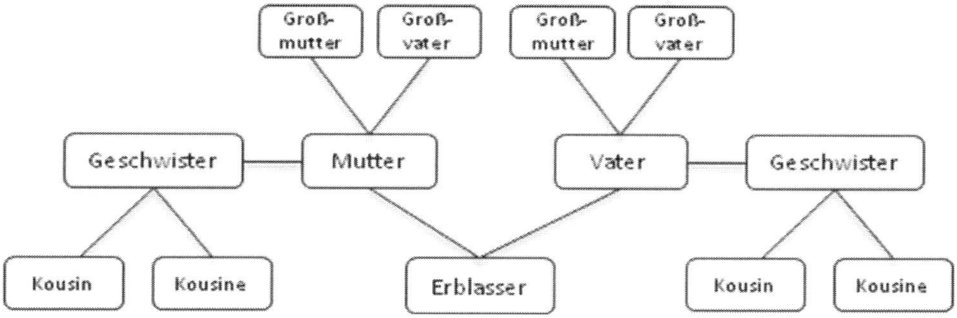

- **Vierte Parentel**

Die vierte Parentel kommt nur dann zum Zug, wenn **niemand aus der dritten Parentel** erbt. Zur vierten Parentel gehören die **Urgroßeltern**. In der vierten Parentel gibt es kein Repräsentationsrecht (Erbrechtsgrenze). Wenn ein Urgroßelternteil nicht erbt, fällt sein Anteil nicht seinen Nachkommen, sondern dem überlebenden Urgroßelternteil zu. Sind beide Urgroßelternteile verstorben, gelangen ihre Anteile an das nächste verbundene Urgroßelternpaar. Erben auch diese nicht, so fällt der Anteil beider Urgroßelternpaare einer Seite an die andere Seite.

Beispiel: *Der Erblasser hinterlässt nur seine Urgroßeltern. Eine Urgroßmutter mütterlicherseits ist jedoch schon verstorben. Obwohl sie Nachkommen hinterlassen hat, bekommen nicht diese ihren Anteil, sondern ihr Mann. Ist auch dieser schon verstorben, so bekommt das andere Urgroßelternpaar mütterlicherseits ihre Anteile.*

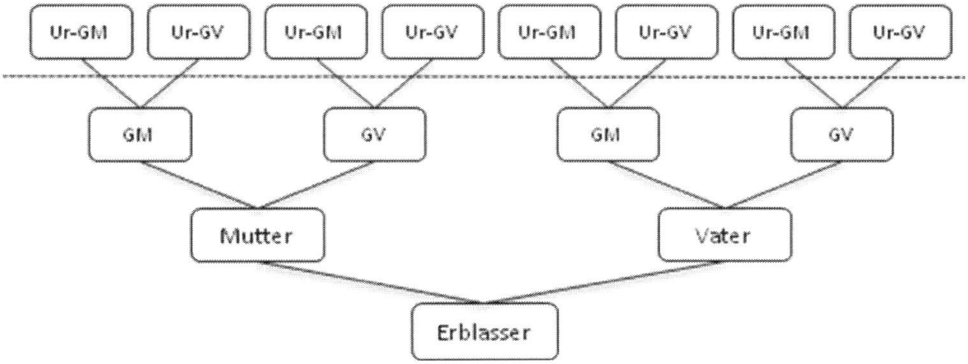

B. Ehegattenerbrecht und Erbrecht des eingetragenen Partners

a) Die Prinzipien

Der Ehegatte bzw eingetragene Partner ist **gesetzlicher Erbe neben den Verwandten**, soweit er mit dem Erblasser zum Zeitpunkt des Todes in gültiger Ehe bzw aufrechter eingetragener Partnerschaft gelebt hat (§ 744 Abs 1 Satz 1 ABGB). Weder der überlebende Partner eines bereits verlobten Paares noch der geschiedene Ehegatte haben ein gesetzliches Erbrecht oder ein gesetzliches Vorausvermächtnis (§ 745 Abs 1 ABGB). Ist ein **Ehegatte vorverstorben, kommt es nicht zur Repräsentation** durch seine alleinigen Nachkommen.[10] Gem § 746 Abs 2 ABGB kommt auch dem (noch) verheirateten Ehegatten bzw eingetragenen Partner kein gesetzliches Erbrecht zu, wenn im Zeitpunkt des Erbfalls bereits über die Auflösung der Ehe bzw der eingetragenen Partnerschaft ein **Verfahren anhängig ist <u>und</u> eine Vereinbarung über die Aufteilung** des Gebrauchsvermögens und der ehelichen Ersparnisse für den Fall der Rechtskraft der Auflösungsentscheidung vorliegt.

Die Erbquote des Ehegatten bzw eingetragenen Partners hängt davon ab, ob und in welcher Parentel Verwandte vorhanden sind. Der Ehegatte bzw. eingetragene Partner erbt immer neben dem Parentel, wodurch der Anteil, der den Verwandten zukommt, geschmälert wird.

Neben der ersten Parentel bekommt der Ehegatte **ein Drittel** der Verlassenschaft. **Neben der zweiten Parentel** bekommt der überlebende Ehegatte bzw eingetragene Partner zwei Drittel (§ 744 Abs 1 Satz 1 ABGB). Ist ein Elternteil des Erblassers vorverstorben, erhält der Ehegatte bzw eingetragene Partner diesen Teil der Erbmasse; der überlebende Elternteil erhält seinen Anteil (§ 744 Abs 1 Satz 2 ABGB; dh es findet **keine Repräsentation durch Geschwister** oder den überlebenden Elternteil des Erblassers statt).

Hinterlässt der Erblasser weder Kinder bzw Kindeskinder noch Eltern, so erbt der Ehegatte das gesamte Vermögen. Somit verdrängt der Ehegatte das Erbrecht der dritten und der vierten Parentel (**vorverlagerte Erbrechtsgrenze**).

> ***Beispiel:*** *Der Erblasser hinterlässt seine Ehefrau und zwei Kinder. Die Ehefrau erhält neben den Kindern (neben dem ersten Parentel) ein Drittel, die Kinder insgesamt zwei Drittel (also jedes Kind ein Drittel).*

> ***Beispiel:*** *Der Erblasser hinterlässt seine Ehefrau, seine Mutter und seine Schwester. Die Ehefrau erhält neben der Mutter 5/6, und die Mutter erhält ein Sechstel. Die Schwester erhält keinen Teil der Verlassenschaft, da sie – wegen des Vorhandenseins des Ehepartners – den vorverstorbenen Vater nicht repräsentieren kann.*

b) Einzelkomponenten

Unabhängig davon, mit welchen Verwandten der Ehegatte bzw eingetragene Partner konkurriert, hat der Ehepartner Anspruch auf das **gesetzliche Vorausvermächtnis**

[10] OGH 25.10.2023, 2 Ob 169/23a.

(§ 745 Abs 1 ABGB). Das Vorausvermächtnis umfasst das zeitlich unbeschränkte Wohnrecht in der Ehewohnung und die zum ehelichen Haushalt gehörenden beweglichen Sachen. Das gesetzliche Vorausvermächtnis **erlischt** aufgrund seines Unterhaltscharakters, wenn der überlebende Ehegatte oder eingetragene Partner eine neue eingetragene Partnerschaft eingeht oder im Fall seiner **Wiederverehelichung**.[11]

Die **zum ehelichen Haushalt gehörenden beweglichen Sachen** (Möbel, Geschirr, Bilder, unter bestimmten Umständen auch der PKW) stehen dem Ehegatten bzw dem eingetragenen Partner jedoch nur soweit zu, als sie zur Fortführung des Haushalts entsprechend den bisherigen Lebensverhältnissen erforderlich sind. Ob er Anspruch auf eine Sache hat, ist demnach immer von den bisherigen **Lebensverhältnissen abhängig**.

Das **Wohnrecht** gewährt dem Ehegatten bzw dem eingetragenen Partner das Recht, die Wohnung, in der die Ehegatten bzw eingetragenen Partner zum Zeitpunkt des Todes des Erblassers gelebt haben, weiter zu benützen. Auf einen konkreten Wohnbedarf kommt es nicht an. Erwirbt der überlebende Ehegatte bzw eingetragene Partner die Wohnung aber schon auf andere Weise (etwa aufgrund eines Vermächtnisses oder einer Schenkung auf den Todesfall), steht ihm das Wohnrecht nicht zu.

Das gesetzliche Vorausvermächtnis **tritt zum Erbrecht des Ehegatten bzw des eingetragenen Partners hinzu** (sodass es nicht auf dessen Erbteil angerechnet wird). Es kann nur durch Enterbung entzogen werden. Es ist auf den Pflichtteil des Ehegatten bzw eingetragenen Partners anzurechnen[12] und hat Vorrang vor anderen Vermächtnissen.

C. Außerordentliches Erbrecht des Lebensgefährten

Der Lebensgefährte erhält gem § 748 ABGB ein **nachrangiges gesetzliches Erbrecht**, das unabhängig von einem Verwandtschaftsverhältnis oder dem Rechtsstatus einer Ehe bzw einer eingetragenen Partnerschaft an die **konkreten Lebensverhältnisse des Verstorbenen vor seinem Tod** anknüpft. Ein **Pflichtteilsanspruch** wird dem überlebenden **Lebensgefährten** hingegen nicht **eingeräumt**.

§ 748 ABGB nennt mehrere notwendige **Voraussetzungen**, nämlich

– **das Fehlen gesetzlicher Erben,**

  Das Erbrecht des Lebensgefährten ist ein „gesetzliches Erbrecht im letzten Rang“: Nur dann, wenn **kein testamentarisch eingesetzter Erbe** und **kein gesetzlicher Erbe** (sei es nach dem Parentelsystem oder aufgrund des gesetzlichen Erbrechts des Ehegatten) zum Zug kommt (zum Beispiel aufgrund des Vortods, der Entschlagung, der Setzung von Erbunwürdigkeitsgründen, oder der Scheidung nach Errichtung der letztwilligen Verfügung), erbt der Lebensgefährte die gesamte Verlassenschaft (Prinzip der Subsidiarität). Das Erbrecht des Lebensgefährten geht damit dem au-

[11] OGH 16.1.2024, 5 Ob 50/24z.

[12] *Nemeth* in Schwimann/Neumayr (Hg), ABGB Taschenkommentar[6] (2023) § 745 Rz 4.

ßerordentlichen Erbrecht des Vermächtnisnehmers (§ 749 ABGB) und der Aneignung durch den Bund (§ 750 ABGB) vor.

Die testamentarische Erbeinsetzung, die Transmission gem § 537 ABGB, die Ersatzerbschaft und die Anwachsung gem 560 ABGB gehen der gesetzlichen Erbfolge vor.

- **das Bestehen einer Lebensgemeinschaft,**

  Die erbrechtlichen Regelungen definieren den **Begriff des „Lebensgefährten"** nicht. Der Literatur und Judikatur zur nichtehelichen Lebensgemeinschaft folgend, handelt es sich objektiv um eine verschieden- oder gleichgeschlechtliche Partnerschaft im Rahmen einer monogamen und **eheähnlichen Wohn-, Wirtschafts- und Geschlechtsgemeinschaft**. Diese Gemeinschaft ist zwar ebenso wie die Ehe bzw eingetragene Partnerschaft **auf Dauer angelegt**, kann aber jederzeit ohne Formalakt wieder aufgelöst werden. Diese Punkte werden auf der subjektiven Ebene durch das **Zusammengehörigkeitsgefühl** und die seelische Verbindung der beiden Partner unterstützt. Die einzelnen Kriterien der Lebensgemeinschaft sind im Rahmen eines beweglichen Systems zu bewerten; nicht alle Merkmale (bis auf das Zusammengehörigkeitsgefühl) müssen gleichzeitig und im selben Ausmaß vorliegen.

- **eine Frist von drei Jahren und**

  Die faktische Lebensgemeinschaft muss **auf Dauer angelegt** sein. Es muss der Wille der beiden Partner sein, auf unbestimmte Zeit miteinander zusammen zu leben. § 748 Abs 1 ABGB verlangt, dass die Gemeinschaft **zumindest drei Jahre** vor dem Tod des Erblassers bestanden hat.

- **einen gemeinsamen Haushalt mit dem Erblasser**

  Wichtiger Bestandteil der Lebensgemeinschaft ist der **gemeinsame Haushalt**. Dieser besteht, wenn die Partner gemeinsam eine Wohnung beziehen, die ihr dauernder, gemeinsamer Lebensmittelpunkt ist. Das Kriterium „Wohngemeinschaft" in § 748 Abs 2 ABGB wird jedoch nicht als nötig angesehen, wenn die Lebensgefährten aus gesundheitlichen oder beruflichen Gründen nicht gemeinsam wohnen können, aber trotzdem eine für Lebensgefährten typische Verbundenheit haben (wenn zB einer der Partner in einer Pflegeeinrichtung und der andere Partner in seiner eigenen Wohnung lebt).

Zusätzlich zu dem außerordentlichen Erbrecht des Lebensgefährten besteht das **gesetzliche Vorausvermächtnis des Lebensgefährten** (§ 745 Abs 2 ABGB). In diesem Fall handelt es sich – anders als das gesetzliche Vorausvermächtnis des Ehegatten bzw eingetragenen Partners nach § 745 Abs 1 ABGB – um ein schuldrechtliches (befristetes) Benützungsrecht der Wohnung für die Dauer eines Jahres.

Neben dem gesetzlichen Vermächtnis gem § 745 Abs 2 ABGB ist das mietrechtliche **Eintrittsrecht** gem § 14 MRG zu prüfen, welches unter bestimmten Voraussetzungen dem Lebensgefährten zusteht (siehe S 7 f). Im Wohnungseigentumsrecht kommt dem Lebensgefährten eine Sonderstellung zu, wenn er mit dem Erblasser eine Wohnungseigentümerpartnerschaft gem § 12 WEG gebildet hat.

D. Außerordentliches Erbrecht des Vermächtnisnehmers

Gemäß § 749 ABGB werden die Vermächtnisnehmer, die vom Erblasser in einer letztwilligen Verfügung eingesetzt worden sind, als Erben nach der Verlassenschaft angesehen, wenn weder testamentarische Erben eingesetzt worden sind noch gesetzliche Erben bestehen noch das außerordentliche Erbrecht des Lebensgefährten zum Tragen kommt. Gibt es nur einen Vermächtnisnehmer, so kommt ihm die gesamte Verlassenschaft zu; bei mehreren Vermächtnisnehmern hingegen wird die Verlassenschaft im Verhältnis der Werte der Vermächtnisse geteilt.

E. Aneignung durch den Bund

Gemäß § 750 ABGB hat die Republik Österreich das Recht, sich die Verlassenschaft anzueignen, **wenn kein zur Erbfolge Berechtigter vorhanden ist** und auch sonst niemand die Verlassenschaft erwirbt. Es handelt sich in diesem Fall um kein Erbrecht des Staates sondern um einen **Erwerbsakt eigener Art**. Der Bund hat in diesem Fall keine Erbantrittserklärung abzugeben und es wird auch nicht der Akt der Einantwortung vollzogen. Das Verlassenschaftsgericht hat – nach einem Antrag der Republik (vertreten durch die Finanzprokuratur) die erblose Verlassenschaft der Republik zu übertragen – einen Übergabebeschluss zu fassen. Die Haftung des Bundes ist aufgrund der verpflichtenden Inventarserrichtung mit der Höhe der Verlassenschaftsaktiva beschränkt.

3. Die Anrechnung bei der gesetzlichen Erbfolge

A. Allgemein

Dem gesetzlichen Erbrecht liegt der Gedanke zugrunde, dass alle Erben gleichbehandelt werden sollen. Bestimmte unentgeltliche Zuwendungen (zB Schenkung unter Lebenden) werden daher nach dem Ableben einer Person bei der Bestimmung der Erbteile berücksichtigt (zur Anrechnung beim Pflichtteil siehe S 94 ff). Zweck der Berücksichtigung ist es, eine Begünstigung von einzelnen Erben zu vermeiden und eine Gleichbehandlung der Rechtsnachfolger zu gewährleisten. **Die Anrechnung spielt im Bereich des Pflichtteils eine deutlich größere Rolle als im gesetzlichen Erbrecht.**

Die Anrechnung bei der gesetzlichen Erbfolge ist in § 752 ff ABGB und § 744 ABGB geregelt. Nach diesen Bestimmungen ist zu unterscheiden zwischen der

- Anrechnung unter Kindern und deren Nachkommen (§ 752 ff ABGB) und der
- Anrechnung auf den gesetzlichen Ehegattenerbteil (§ 744 Abs 2 ABGB)

B. Die Anrechnung auf den Erbteil (§ 752 ff ABGB)

a) Allgemein

Macht der Erblasser nicht von seiner Testierfreiheit Gebrauch, wird davon ausgegangen, dass er **alle Kinder gleich behandeln** wollte.

> ***Beispiel:*** *Der Erblasser hinterlässt seine drei Kinder Wolfgang, Paula und Christian. Wolfgang hat zum 18. Geburtstag eine Wohnung vom Erblasser geschenkt bekommen. Wenn der Erblasser in Folge stirbt und 300.000 Euro hinterlässt, so würde jedes Kind nach den Regeln der gesetzlichen Erbfolge 100.000 Euro erhalten. Dies würde zu einer Bevorzugung von Wolf führen, der somit mehr als seine Geschwister aus dem Vermögen des Vaters erhalten würde.*

Um Ungleichbehandlungen zu vermeiden, sieht § 752 ABGB grundsätzlich vor, dass der Erblasser die **Anrechnung** auf den gesetzlichen Erbteil **letztwillig anordnen** oder mit dem Geschenknehmer **vereinbaren** kann. Diese Vereinbarung bedarf zu ihrer Wirksamkeit der Schriftform gem § 886 ABGB (gewillkürte Anrechnung). Ein Widerruf der Anrechnungsanordnung bedarf ebenso der Schriftform. Bei bereits vollzogener Schenkung bedarf ein Widerruf der Anrechnungsanordnung eines Notariatsaktes oder eines gerichtlichen Protokolls.

Gemäß § 753 ABGB kann ein Nachkomme die Anrechnung einer lebzeitigen Schenkung gegenüber einem anderen Nachkommen begehren, ohne dass es einer entsprechenden Anordnung des Erblassers bzw eine Vereinbarung bedarf.

b) Anrechenbare Zuwendungen

§ 753 ABGB verweist für die anzurechnenden Zuwendungen auf § 781 ABGB. Demnach sind alle Leistungen anzurechnen, die nach ihrem wirtschaftlichen Gehalt einem unentgeltlichen Rechtsgeschäft unter Lebenden gleichkommen. Beispielhaft zählt § 781 Abs 1 ABGB als Schenkung die Ausstattung eines Kindes, den Vorschuss auf den Pflichtteil, die Abfindung für einen Erb- und Pflichtteilsverzicht, die Vermögenswidmung an eine Privatstiftung und die Einräumung der Stellung als Begünstigter einer Privatstiftung auf. Ebenso erfasst ist die Schenkung auf den Todesfall.

c) Unterbleiben der Anrechnung

Die Anrechnung hat gem § 753 ABGB dann zu unterbleiben, wenn der Verstorbene die Schenkung aus **Einkünften ohne Schmälerung des Stammvermögens** gemacht hat oder den **Erlass** der Anrechnung **letztwillig verfügt** oder mit dem Geschenknehmer **vereinbart** hat. Dieser Vertrag bedarf der Schriftform gem § 886 ABGB. Die Anrechnung kann daher durch einfache Vereinbarung zu Lasten der späteren Erben ausgeschlossen werden.

d) Anrechnungsberechtigte und Anrechnungsverpflichtete

Die Anrechnung greift **nicht automatisch**, sondern wird nur durchgeführt, wenn sie ein Anrechnungsberechtigter verlangt. Anrechnungsberechtigt sind alle **Kinder und deren Nachkommen** (da nur zwischen ihnen der Ausgleich stattfindet). Nicht anrechnungsberechtigt sind demnach Vorfahren und der Ehegatte bzw eingetragene Partner des Erblassers. Wird eine Anrechnung verlangt, so wirkt sie für und gegen alle Kinder und deren Nachkommen. Nachkommen müssen sich aber auch anrechnen lassen, was ihre Vorfahren erhalten haben (§ 754 ABGB). Schenkungen an Kinder sind bei der gesetzlichen Erbfolge der Kinder unbefristet zu berücksichtigen.

Beispiel: *Der Erblasser hinterlässt seine Tochter Anika und seine beiden Enkelkinder der vorverstorbenen Tochter Barbara. Vorempfänge der Anika kommen den Enkelkindern zugute. Hat aber auch die vorverstorbene Barbara zu Lebzeiten eine Schenkung erhalten, müssen sich die Enkelkinder dies anrechnen lassen.*

e) Anrechnungsmethode

Gem § 755 ABGB sind die Schenkungen, die zur Anrechnung gelangen, auf den Zeitpunkt zu bewerten, in dem die **Schenkung tatsächlich gemacht** wurde. Dieser Wert ist sodann auf den Todeszeitpunkt nach einem von der Statistik Austria verlautbarten Verbraucherpreisindex aufzuwerten und der Verlassenschaft hinzuzurechnen. Damit besteht jedenfalls im Zeitpunkt der Schenkung Rechtssicherheit. Spätere sonstige Veränderungen sind nicht zu berücksichtigen. Die Anrechnung geschieht wie folgt:

1. Der Wert der Schenkung wird der Verlassenschaft hinzugerechnet.
2. Von diesem erhöhten Betrag werden die Erbteile anhand der Erbquoten ermittelt.
3. Der Erbteil der Anrechnungsverpflichteten wird um den Wert der ihnen zugekommenen Schenkungen reduziert.

Beispiel: *Der Erblasser hinterlässt seine drei Kinder Anton, Bert und Christine. Die Verlassenschaft enthält 600.000 Euro. Anton hat schon zu Lebzeiten eine Schenkung iHv von 300.000 Euro erhalten.*

Bei der Anrechnung muss zunächst die Schenkung zur Verlassenschaft hinzugerechnet werden (= 900.000). Von diesem Betrag müssen die Erbteile errechnet werden (= 300.000). Anton muss sich von diesem Betrag die Schenkung abziehen lassen und erhält nichts mehr. Bert und Christine erhalten 300.000 Euro. Somit hat jedes Kind 300.000 Euro aus dem Vermögen des Erblassers erhalten. Ohne Anrechnung hätten die Erbteile je 200.000 Euro betragen, wobei Anton insoweit bevorzugt worden wäre, als er schon zu Lebzeiten 300.000 Euro erhalten hat.

Reicht der Wert der Verlassenschaft nicht aus, so ist der Anrechnungsverpflichtete aber nicht zur Herausgabe der Schenkung verpflichtet (§ 755 Abs 2 ABGB), sondern es **verkürzen sich die Ansprüche der anderen Erben**.

Beispiel: *Der Erblasser hinterlässt seine drei Kinder Anton, Boris und Casandra. Die Verlassenschaft beträgt 600.000 Euro. Anton hat schon zu Lebzeiten eine Schenkung iHv 600.000 Euro erhalten. Zur Verlassenschaft wird die Schenkung hinzugerechnet (= 1,2 Mio). Die von diesem Betrag errechneten Erbteile betragen je 400.000 Euro. Anton muss sich von die-*

sem Betrag die Schenkung abziehen lassen, jedoch hat Anton mehr als den Erbteil erlangt (= – 200.000 Euro). Anton erlangt daher nichts mehr und Boris und Casandra bekommen nur 300.000 Euro. Die restlichen 200.000 Eure, die ihnen noch zugekommen wären, können sie nicht von Anton herausverlangen.

C. Die Anrechnung auf den Ehegattenerbteil (§ 744 Abs 2 ABGB)

Gem § 744 Abs 2 ABGB muss sich der Ehegatte bzw eingetragene Partner auf den Erbteil alles anrechnen lassen, was er durch **Ehepakt, Partnerschaftsvertrag** oder **Erbvertrag** aus dem Vermögen des Erblasser erhalten hat. Zuwendungen, die der Ehegatte vom Erblasser zu Lebzeiten erhalten hat, sowie Vermächtnisse werden hingegen nicht berücksichtigt. So wie mit der Anrechnung unter Nachkommen soll mit der Anrechnung auf den Ehegattenerbteil eine ungewollte Begünstigung verhindert werden. Die Anrechnung findet wieder nur **auf Verlangen** der Miterben statt und kann vom Erblasser erlassen werden (§ 753 ABGB). Der Erblasser kann die Anrechnung lebzeitiger Zuwendungen oder die Anrechnung des gesetzlichen Vorausvermächtnisses nach § 745 Abs 1 ABGB anordnen (§ 752 ABGB).

Anders als bei der Anrechnung unter Nachkommen, werden die **Zuwendungen nicht hinzugerechnet**, weil das lebzeitig durch Vertrag für den Fall des Todes übertragene Geschenk im Zeitpunkt des Todes noch in der Verlassenschaft vorhanden ist. Es wird der Wert des geschenkten Gegenstands vom Erbteil des Ehegatten abgezogen (**Anrechnung im Sinne einer Einrechnung**).

Beispiel: *Der Erblasser hinterlässt seine Ehefrau und zwei Kinder, Anton und Barbara. Der Erblasser hat die Ehefrau erbvertraglich zu 1/6 als Erbin eingesetzt. Die reine Verlassenschaft beträgt 18.000 Euro. Nach der gesetzlichen Erbfolge bekommen die Ehefrau und die zwei Kinder je 6.000 Euro. Die Ehefrau muss sich die Zuwendung aus dem Erbvertrag (3.000 Euro) aber einrechnen lassen, so dass sie aus dem gesetzlichen Erbrecht nur noch 3.000 Euro bekommt.*

2. EINHEIT
Das Testament: Selbstbestimmte Erbfolge

I. Vom Erblasser selbstbestimmte Erbfolge

1. Allgemeines

Der Erblasser hat nicht nur zu Lebzeiten, sondern auch von Todes wegen die Freiheit, über sein Vermögen zu verfügen; ihm kommt die sog **Testierfreiheit** zu. Sie ist Ausdruck der Privatautonomie. Die Testierfreiheit ist zwingend und nicht entziehbar. Der Erblasser soll also selbst bestimmen können, an wen sein Vermögen nach seinem Tod gelangt (gewillkürte Erbfolge). Dies kann er mittels **Rechtsgeschäfte von Todes wegen** festlegen. Der Erblasser ist dabei jedoch eingeschränkt: Grundsätzlich muss er seinen nächsten Angehörigen einen bestimmten Bruchteil seines Vermögens zukommen lassen (**Pflichtteil**, siehe S 87 ff). Trifft der Erblasser keine Verfügung über sein Vermögen, greift die gesetzliche Erbfolge ein. Die gesetzliche Erbfolge ist gegenüber der gewillkürten Erbfolge **subsidiär**.

Das Gesetz kennt verschiedene Rechtsgeschäfte von Todes wegen. Es gibt **einseitige** Rechtsgeschäfte von Todes wegen, die sog **letztwilligen Verfügungen** (Testamente und sonstige letztwillige Verfügungen; siehe S 36 ff). **Zweiseitige** Rechtsgeschäfte von Todes wegen sind der **Erbvertrag** (siehe S 70 ff) und der **Erbverzichtsvertrag** (siehe S 20 ff). Das häufigste Rechtsgeschäft ist das Testament.

Eine **Sonderstellung** nimmt die **Schenkung auf den Todesfall** ein, die vom Gesetz neben dem Erbvertrag als „Vereinbarung von Todes wegen" eingeordnet wird und ihre volle Wirkung erst nach dem Ableben des Geschenkgebers entfaltet. Aus Sicht des Erb- und Pflichtteilsrechts wird sie aber wie ein **Schenkungsvertrag unter Lebenden** behandelt (siehe S 84 ff).

Rechtsgeschäfte von Todes wegen regeln die Rechtsverhältnisse des Erblassers nur für die Zeit **nach seinem Tod** und schränken dessen Freiheit, zu Lebzeiten über sein Vermögen nach seinem Belieben zu verfügen, **nicht** ein.

Rechtsgeschäfte von Todes wegen sind **höchstpersönliche Rechtsgeschäfte**. Eine (gesetzliche wie gewillkürte) Stellvertretung ist bei ihrer Errichtung unzulässig (**formelle Höchstpersönlichkeit**). Rechtsgeschäfte von Todes wegen müssen aber auch inhaltlich auf einem selbständigen Entschluss des Erblassers beruhen (**materielle Höchstpersönlichkeit**). Es ist daher nicht ausreichend, wenn ein Dritter dem Erblasser einen Vorschlag unterbreitet, der dann vom Erblasser bloß bejaht wird (§ 564 S 2 ABGB).

2. Letztwillige Verfügungen im Allgemeinen

A. Allgemeines

Letztwillige Verfügungen sind formgebundene, einseitige, nicht empfangsbedürftige und jederzeit widerrufliche Anordnungen des Erblassers über das Schicksal seiner künftigen Verlassenschaft (§ 552 Abs 1 ABGB). Wer eine letztwillige Verfügung errichtet, wird auch als **letztwillig Verfügender** oder **Testator** bezeichnet. Enthält die letztwillige Verfügung eine **Erbeinsetzung**, so spricht man von einem **Testament**. Dies ist die häufigste Form der letztwilligen Verfügung. Der Erblasser überträgt damit sein gesamtes Vermögen oder einen quotenmäßig bestimmten Teil davon für den Fall seines Todes an eine oder mehrere Personen (**Erben**). Werden hingegen keine Erbeinsetzungen, sondern andere Verfügungen angeordnet (zB die Anordnung eines Vermächtnisses, einer Enterbung, einer Stundung von Pflichtteilsansprüchen, einer Einsetzung eines Testamentsvollstreckers), liegt eine **sonstige letztwillige Verfügung** vor (§ 552 Abs 2 ABGB).

Beispiele: *„Meine Freundin Silvia soll die DVD-Sammlung erhalten" (Vermächtnis). „Mein gesamtes Hab und Gut hinterlasse ich meiner Schwester" (Erbeinsetzung). „Meine Söhne sollen mein Vermögen" (Erbeinsetzung), „mein Freund Rudi soll € 20.000,- erhalten" (Vermächtnis).*

Die nachfolgenden Grundsätze gelten für **Testamente** und **sonstige letztwillige Verfügungen** grundsätzlich **ohne Unterschied** (beachte aber die Unterschiede bei der Aufhebung; S 49 ff).

B. Gültigkeitsvoraussetzungen

Die Gültigkeitsvoraussetzungen für letztwillige Verfügungen sind im Allgemeinen:

a) die **Testierfähigkeit** des Erblassers;

b) der **Testierwille** des Erblassers (*animus testandi*);

c) die **Freiheit von Willensmängeln**;

d) die **Möglichkeit** und **Erlaubtheit** der letztwilligen Verfügung;

e) die Einhaltung der vorgeschriebenen **Form**.

a) Testierfähigkeit

Die Testierfähigkeit gem § 566 ABGB (als Sonderform der allgemeinen Geschäftsfähigkeit) ist die zur Errichtung (oder Aufhebung) letztwilliger Verfügungen erforderliche Geschäftsfähigkeit. Die Testierfähigkeit muss beim Testierakt vorhanden sein, ihr späterer Wegfall schadet nicht (§ 575 ABGB). Ist der Erblasser im maßgeblichen Errichtungs- oder Aufhebungszeitpunkt **nicht testierfähig**, ist die letztwillige Verfügung gemäß § 567 ABGB „*ungültig*", dh **anfechtbar**. Sie bleibt ungültig, auch wenn der Erblasser später testierfähig wird (§ 576 ABGB; zB ein Dreizehnjähriger verfasst eigenhändig sein Testament; das Testament wird auch bei Eintritt der Volljährigkeit nicht wirksam). Die Testierfähigkeit ist nach dem **Alter** und nach dem **Geisteszustand** des Erblassers zu beurteilen.

Volljährige Personen (18. Lebensjahr vollendet) im Vollbesitz ihrer geistigen Kräfte sind **voll testierfähig, unmündige Minderjährige** (14. Lebensjahr noch nicht vollendet) sind **absolut testierunfähig** (§ 569 S 1 ABGB). **Mündige Minderjährige** (ab Vollendung des 14. Lebensjahres) im Vollbesitz ihrer geistigen Kräfte sind **beschränkt testierfähig**. Sie müssen – mit Ausnahme einer Verfügung im Notfall (siehe S 46 f) – ihre letztwillige Verfügung **mündlich** und vor dem **Gericht** bzw vor dem **Notar** errichten (§ 569 S 2 ABGB). Gericht und Notar sind verpflichtet, die Testierfähigkeit und die Freiheit von Willensmängeln des Minderjährigen zu **prüfen** sowie die Ergebnisse dieser Prüfung und die Erklärung zu **protokollieren** (zusätzliche Gültigkeitsvoraussetzung gemäß § 569 S 3 und S 4 ABGB). Inhaltlich unterliegen sie aber keiner Beschränkung.

Als testierfähig gilt ein Erblasser gemäß § 566 ABGB, wenn er „*die Bedeutung und die Folgen seiner letztwilligen Verfügung verstehen und sich entsprechend verhalten kann.*" Im Kern geht es um die **Fähigkeit** des Erblassers, **im Wissen** und **mit dem Willen** zu handeln, dass er eine letztwillige Verfügung errichtet bzw widerruft und daher **verbindlich das rechtliche Schicksal seines vererblichen Vermögens für die Zeit nach seinem Ableben regelt**. Der Erblasser muss daher grundlegend in der Lage sein,

(i) die Bedeutung seiner letztwilligen Anordnungen zu **verstehen**,

(ii) sich der konkreten **Auswirkungen** seiner Anordnungen für die Zeit nach seinem Ableben **im Klaren** zu sein, und

(iii) auf Grundlage dieser Erkenntnisse einen **Willen fassen**, dh eine selbständige Entscheidung über diese Anordnung treffen zu können.

Das **Fehlen dieser Voraussetzungen** kann auf einer ständigen geistigen Erkrankung oder Störung oder aber auch auf einer bloß vorübergehenden Bewusstseinsstörung (verursacht durch Alkohol, Drogen, Medikamente, Schock etc) beruhen (vgl § 567 ABGB).

Beurteilt wird die Testierfähigkeit nicht für alle möglichen letztwilligen Verfügungen, sondern nur für die Errichtung bzw den Widerruf der konkret vorliegenden letztwilligen Verfügung und der darin enthaltenen Anordnungen. Ist der Erblasser nicht umfassend, sondern nur in einem bestimmten Aspekt in seiner Geschäftsfähigkeit gestört, führt die partielle Erkrankung nur zur Testierunfähigkeit, wenn und insoweit zwischen der Störung und der letztwilligen Verfügung ein zeitlicher und gegenständlicher Zusammenhang besteht (**partielle Testierunfähigkeit).** Soweit der Testierakt nicht zu dem von der Störung tangierten Bereich gehört, ist die letztwillige Verfügung gültig.

> ***Beispiel:*** *Unterliegt der Erblasser etwa Wahnvorstellungen von psychischem Krankheitswert, dass ihn das eigene Kind umbringen will, wird für eine entsprechende Enterbung Testierunfähigkeit vorliegen, für ein davon sachlich unabhängiges Vermächtnis an ein Tierheim hingegen Testierfähigkeit gegeben sein.*

Die **Beweislast**, dass der Erblasser im Einzelfall nicht testierfähig war, liegt grundsätzlich bei der **Person, die das Fehlen der Testierfähigkeit geltend macht**, dh die betroffene letztwillige Verfügung vor Gericht anficht. Kann nachgewiesen werden, dass sich der Erblasser bereits vor dem maßgeblichen Zeitpunkt in einem **dauerhaften Zustand der Testierunfähigkeit** befunden hat, verlagert sich die Beweislast gemäß § 568 ABGB, dh die Person, die sich auf die Gültigkeit der letztwilligen Verfügung beruft, hat zu beweisen, dass der Erblasser im maßgeblichen Zeitpunkt testierfähig war („**lichter Augenblick**" bzw „**lucidum intervallum**").

b) Testierwille (animus testandi)

Letztwillige Verfügungen sind Willenserklärungen und setzen daher einen Rechtsfolgewillen voraus, den man **Testierwille** (Testierabsicht oder animus testandi, vgl § 565 ABGB: „*... mit Überlegung, ernst ...*") nennt. Der Erblasser muss im **Zeitpunkt der Errichtung** der letztwilligen Verfügung die Absicht haben, gerade durch seine Verfügung den letzten Willen zu erklären. Er muss wissen, dass er letztwillig verfügt und was er verfügt. Die volle Erkenntnis der (rechtlichen) Tragweite der letztwilligen Anordnung ist aber nicht erforderlich. Ob diese Voraussetzungen erfüllt sind, muss unter Berücksichtigung sämtlicher Umstände beurteilt werden.

Nicht notwendig ist, dass der Erblasser seinen Testierwillen im Wortlaut der letztwilligen Verfügung selbst zum Ausdruck bringt, wie zB durch Überschreiben des Dokuments mit „Mein letzter Wille" oder durch Verwenden von Begriffen wie „vermachen" oder „vererben". Ebenso wenig ist die Verwendung von Phrasen wie „ich erkläre ernst und bestimmt und ohne Zwang und Furcht" oder „ich erkläre im Zustand der vollen Besonnenheit bzw in Vollbesitz meiner geistigen Kräfte" erforderlich. Allerdings verlangen die verschiedenen Testamentsformen überwiegend entsprechende Erklärungen, bei der fremdhändigen schriftlichen Verfügung ist etwa ein entsprechender eigenhändig geschriebener Zusatz erforderlich.

Eine bloß „vorläufige Anordnung" oder ein „Entwurf" kann schließlich eine gültige Erklärung sein, wenn der Erblasser den Willen hatte, sie bis zu einer anderen Regelung gelten zu lassen. Die Ankündigung einer Testamentsänderung schließt die Testierabsicht nicht aus; auch nicht in Verbindung mit dem Vorwurf eines bestimmten Verhaltens („Da du nur mein Geld liebst, werde ich dieses Testament wieder ändern.").

c) Freiheit von Willensmängeln

- **Allgemeines**

Das Erbrecht legt besonderen Wert darauf, dass letztwillige Verfügungen auf freier, durch Willensmängel unbeeinträchtigter Entscheidung beruhen. Es gibt bei letztwilligen Verfügungen auch keinen Erklärungsempfänger, dessen Vertrauen auf die Richtigkeit der Erklärung geschützt werden müsste, sodass Willensmängel in Übereinstimmung mit der **Willenstheorie** stärker berücksichtigt werden als bei Geschäften unter Lebenden. Das zeigt sich darin, dass sie unter bestimmten Voraussetzungen aufgrund von Irrtum, List oder Zwang angefochten werden können, wobei die Anfechtungsvoraussetzungen im Vergleich zu Rechtsgeschäften unter Lebenden erleichtert sind.

Für alle Irrtumsarten gilt: Die Geltendmachung eines Irrtums erfolgt vor Einantwortung im Verlassenschaftsverfahren und nach Einantwortung im **streitigen Verfahren** durch Anfechtung (relative Nichtigkeit). **Anfechtungsberechtigt** (aktivlegitimiert) ist jeder, der durch die gänzliche bzw teilweise Beseitigung der irrtumsbehafteten letztwilligen Verfügung begünstigt würde (zB die gesetzlichen Erben, denen bei Wegfall der mangelhaften testamentarischen Erbeinsetzung die Erbschaft zufallen würde). **Anfechtungsgegner** (passivlegitimiert) ist der durch die irrtumsbehaftete letztwillige Verfügung Begünstigte.

- **List, Drohung**

Sofern **List** oder **Drohung** für eine letztwillige Anordnung kausal waren, dh sofern der Erblasser die betroffene Anordnung ohne Vorliegen der List oder der Drohung nicht oder mit einem anderen Inhalt getroffen hätte, ist die letztwillige Verfügung **anfechtbar** (§ 565 ABGB). § 875 ABGB ist – im Gegensatz zu Rechtsgeschäften unter Lebenden – **nicht** anwendbar. Daher ist es unerheblich, ob die List oder die Drohung vom **Bedachten** selbst oder von einem **Dritten** ausgegangen ist.

> ***Beispiel:*** *Der Krankenpfleger Xaver zwingt den Erblasser Anton durch Einlassen von heißem Wasser in die Badewanne, ein Testament zu verfassen. Anton soll die Freundin von Xaver als Alleinerbin einsetzen. Der Erblasser beugt sich dem Zwang. Dass der Zwang von Xaver und nicht von der bedachten Alleinerbin ausgegangen ist, ist unerheblich. Das Testament kann angefochten werden.*

- **Irrtum**

Gemäß § 570 ABGB macht jeder **wesentliche Irrtum** des Erblassers die mit dem Willensmangel behaftete letztwillige Verfügung ungültig im Sinne von **anfechtbar**, ohne dass weitere Voraussetzungen (wie etwa jene des § 871 ABGB) vorliegen müssen. Ein Irrtum iSd § 570 ABGB muss **kausal** für die letztwillige Verfügung sein, und zwar so, dass der Erblasser die Verfügung bei Kenntnis der wahren Sachlage **gar nicht oder mit einem anderen Inhalt** getroffen hätte (wesentlicher Irrtum). Im Gegensatz zu Rechtsgeschäften unter Lebenden sind nicht nur **Erklärungs-** und **Geschäftsirrtümer**, sondern auch Motivirrtümer beachtlich. Ein **Motivirrtum** führt allerdings gemäß § 572 ABGB nur dann zur Anfechtbarkeit, wenn **neben dem irrig angenommenen Beweggrund kein anderes wesentliches Motiv** für die betroffene Anforderung bestanden hat.[13] Wenn die Anordnung hingegen auf mehreren kausalen Beweggründen beruht, wird die Anfechtbarkeit daher verneint (besonders strenge Kausalitätsprüfung). Für die Beachtlichkeit eines Motivirrtums ist es aber nicht erforderlich, dass der Beweggrund in der letztwilligen Verfügung genannt wird.[14]

Auch **Irrtümer über Zukünftiges** können zur Anfechtung berechtigen. Die erfolgreiche Anfechtung führt zur (gänzlichen) Beseitigung der irrtumsbehafteten Verfügung. Andere Verfügungen, die vom Irrtum **nicht betroffen** sind, bleiben – entsprechend dem Grundsatz des *favor testamenti* – aber **aufrecht**.

---

[13] OGH 19.9.2019, 2 Ob 41/19x.

[14] RIS-Justiz RS0132880.

__Beispiel:__ Der Erblasser setzt Albert zum Alleinerben ein, weil er ihn für den Sohn eines Kriegskameraden seines Vaters hält. In der letztwilligen Verfügung ist gleichzeitig ein Vermächtnis für einen Tierschutzverein enthalten. Nach dem Tod des Erblassers stellt sich heraus, dass in Wahrheit Bernhard der Sohn des Kameraden seines Vaters war. Bei Kenntnis der wahren Sachlage hätte der Erblasser nicht Albert, sondern Bernhard zum Alleinerben eingesetzt. Es liegt somit ein wesentlicher (Motiv-)Irrtum vor, der zur Anfechtung der Verfügung berechtigt. Die erfolgreiche Anfechtung führt zum (gänzlichen) Wegfall der Verfügung, nach der Albert der Alleinerbe ist. Der Erbe ist nunmehr nach der __gesetzlichen Erbfolge__ zu bestimmen. Das Vermächtnis bleibt __aufrecht__, da es __nicht__ vom Irrtum betroffen ist.

Bernhard kann durch Auslegung grundsätzlich nicht zum Erben bestimmt werden, da ansonsten gegen den Wortlaut der Verfügung verstoßen und damit die Formvorschriften umgangen werden würden. Jemand würde die Verlassenschaft erhalten, der nicht in einer formgültigen letztwilligen Verfügung eingesetzt ist.

Die erfolgreiche **Anfechtung führt grundsätzlich zum vollständigen Wegfall der betroffenen Anordnung(en)**. Eine Ersatzanordnung, die dem wahren Erblasserwillen entspräche, wird durch die Anfechtung nicht in die letztwillige Verfügung aufgenommen; die Anfechtung hat daher **keine „verfügungsschaffende Wirkung“**. Nur wenn der Erblasser in Kenntnis der wahren Sachlage ein **„Minus“ der betroffenen Anordnung angeordnet hätte**, kommt es nicht zu einem vollständigen Wegfall, sondern zu einer entsprechenden **Anpassung** der betroffenen Anordnung.

__Beispiel:__ Die Erblasserin setzt Anton als Alleinerben ein, weil sie fälschlicherweise glaubt, Anton sei ihr Adoptivsohn. Hätte die Erblasserin bei Kenntnis der wahren Sachlage Anton gar nicht zum Erben eingesetzt, so liegt ein wesentlicher (Motiv-)Irrtum vor, der zur Anfechtung berechtigt und zu einer __gänzlichen__ Beseitigung der Verfügung führen kann. Der Erbe ist nunmehr nach der gesetzlichen Erbfolge zu bestimmen.

Hätte die Erblasserin bei Kenntnis der wahren Sachlage Anton zwar nicht als Alleinerben, aber als Erben mit einer geringeren Quote eingesetzt, so liegt ebenfalls ein wesentlicher (Motiv-)Irrtum vor, der zur Anfechtung berechtigt. Die erfolgreiche Anfechtung führt in diesem Fall aber nicht zu einer gänzlichen, sondern nur zu einer __teilweisen__ Beseitigung der Verfügung, nämlich zur Reduktion der Erbquote von Anton iSd des wahren Willens der Erblasserin, der im Wortlaut der Verfügung Deckung finden muss.

Hätte der Erblasser bei Kenntnis der wahren Sachlage dieselbe letztwillige Verfügung getroffen, ist der Irrtum **nicht kausal** und berechtigt **nicht** zur Anfechtung.

Zu berücksichtigen ist, dass das Gesetz für einzelne Fälle **typisierende Regelungen für bestimmte mögliche Irrtümer über Gegenwärtiges oder Zukünftiges** enthält, die gegebenenfalls zur Anwendung kommen und eine Irrtumsanfechtung gegenstandslos machen, etwa § 725 ABGB zum vermuteten Widerruf letztwilliger Zuwendungen aufgrund des Verlusts der Angehörigenstellung des Begünstigten[15] sowie die Zweifelsregelungen in §§ 616, 617 ABGB über das Erlöschen von Ersatz- und Nacherbschaften in bestimmten, gesetzlich vermuteten Irrtumsfällen.

Maßgeblich ist insbesondere § 775 Abs 2 ABGB zur **irrtümlichen Übergehung von pflichtteilsberechtigten Nachkommen**:

[15] Vgl OGH 6.9.2022, 2 Ob 97/22m.

§ 775 Abs 2 ABGB regelt den Fall der **irrtümlichen Übergehung von Nachkommen** des Erblassers, in dem der Erblasser eine **letztwillige Verfügung errichtet** und **zu diesem Zeitpunkt** keine Kenntnis von der Existenz eines oder mehrerer seiner Nachkommen hat. Entscheidend ist, dass der Erblasser **keine Kenntnis** von der **Geburt seines Kindes** hat. Weiß der Erblasser zwar von der Geburt eines Kindes, aber nicht, dass das Kind von ihm abstammt, ist die Regelung nach § 775 Abs 2 ABGB ebenso anwendbar. Gleiches gilt für den Fall, dass der Erblasser zwar von der Schwangerschaft, nicht aber von der Geburt weiß. Als **Nachkommen** gelten nicht nur die dem Erblasser unmittelbar nachfolgenden Kinder, sondern auch Kinder nachfolgender Generationen, etwa Enkelkinder, soweit sie vom Erblasser in gerader Linie abstammen und pflichtteilsberechtigt sind. § 775 Abs 2 ABGB ist sowohl auf **Fälle der Präterition**, bei der das Kind zum Zeitpunkt der Errichtung der letztwilligen Verfügung bereits geboren ist, als auch auf **Fälle der Agnation**, bei der das Kind erst nach der Errichtung der letztwilligen Verfügung geboren wird, anwendbar.[16]

Ist § 775 Abs 2 ABGB anwendbar, kommt es für die **konkrete Rechtsfolge** darauf an, ob es sich bei dem Kind, dessen Geburt nicht bekannt ist, um ein **Kind unter mehreren** handelt oder um das **einzige Kind des Erblassers**.

- Hat der Erblasser noch andere Kinder, deren Geburt dem Erblasser bei Errichtung der letztwilligen Verfügung bekannt ist, kommt es zu einer **Anpassung der letztwilligen Verfügung** in der Form, dass das übergangene Kind gleich bedacht wird wie das am mindesten bedachte Kind. Die damit einhergehende Belastung ist von allen Erben und Vermächtnisnehmern verhältnismäßig zu tragen.
- Handelt es sich bei dem Kind um das einzige Kind bzw ist dem Erblasser zum Errichtungszeitpunkt der letztwilligen Verfügung die Geburt all seiner Kinder unbekannt, gilt die **letztwillige Verfügung als vollständig widerrufen**, wodurch es grundsätzlich zur Anwendung der gesetzlichen Erbfolge kommt.

Anpassung und Wegfall der letztwilligen Verfügung sind allerdings nicht zwingend angeordnet, es handelt sich vielmehr um die **Rechtsfolgen einer gesetzlichen Vermutung**, die dem Erblasser im Zweifel den Willen unterstellt, für Kinder, deren Geburt zum Zeitpunkt der Errichtung der letztwilligen Verfügung unbekannt war, Vorsorge zu treffen und diese nicht automatisch auf den Pflichtteil setzen zu wollen. Die **gesetzliche Vermutung des Erblasserwillens**, die die Anpassung bzw den Wegfall der letztwilligen Verfügung rechtfertigt, **kann widerlegt werden**. Dies ist insbesondere der Fall, wenn nachgewiesen wird, dass der Erblasser in Kenntnis der Geburt des Kindes nicht anders verfügt hätte oder der Erblasser tatsächlich im Bewusstsein der – nach seinem Wissensstand möglichen – Geburt verfügt hat. Wird die **gesetzliche Vermutung** nach § 775 Abs 2 ABGB **widerlegt**, bleibt die letztwillige Verfügung unverändert bestehen und ist das übergangene Kind **auf den Pflichtteil beschränkt**, den es in Geld durchsetzen kann.

Beispiel: *Der Erblasser Harald ist verheiratet und hat zwei eheliche Töchter. Darüber hinaus hat Harald aus einem Seitensprung aus der Frühphase seiner Ehe aber noch einen uneheli-*

[16] OGH 26.5.2020, 2 Ob 87/19m.

chen Sohn Albert. Ohne Wissen um dessen Existenz errichtet Harald ein Testament, in dem er seine Ehefrau Edith und eine Tochter Maria jeweils zu einem Viertel, seine Tochter Silvia zur Hälfte als Erben einsetzt. Einige Jahre später erfährt Harald von Alberts' Existenz, aber er lehnt jeden Kontakt ab und ändert auch seine letztwillige Verfügung nicht. Nach Haralds' Ableben meldet sich Albert und kann sowohl seine Abstammung von Harald als auch Haralds' Unkenntnis von seiner Existenz zum Zeitpunkt der Errichtung der letztwilligen Verfügung nachweisen.

Es handelt sich um einen Anwendungsfall von § 775 Abs 2 ABGB in der Variante, dass das übergangene Kind vor Errichtung der letztwilligen Verfügung geboren wurde (Präterition) und neben dem übergangenen Kind noch andere Kinder vorhanden sind. Macht Albert eine Anfechtung der letztwilligen Verfügung auf Grundlage von § 775 Abs 2 ABGB geltend, kommt es zur Anpassung der letztwilligen Verfügung in dem Sinne, dass das übergangene Kind Albert gleich viel erhält wie das am mindesten bedachte Kind Maria und die damit einhergehende Belastung alle Erben verhältnismäßig tragen müssen. Nach der Anpassung würden die Ehefrau Edith, die minderbedachte Tochter Maria und Albert jeweils ein Fünftel, die Lieblingstochter Silvia zwei Fünftel jeweils als Erbrechte erhalten.

§ 775 Abs 2 ABGB basiert allerdings auf der gesetzlichen Vermutung, dass der Erblasser durch seine Unkenntnis von der Geburt zum Zeitpunkt der Errichtung einem wesentlichen Irrtum unterlag, und kann daher widerlegt werden. So könnten die übrigen Erben nachweisen, dass der Erblasser auch bei Kenntnis der Geburt nicht anders verfügt hätte. Ein Hinweis darauf ist insbesondere die Tatsache, dass Harald auch nach Kenntnisnahme von der Existenz Alberts die letztwillige Verfügung nicht geändert hat. Es handelt sich dabei jedoch nur um einen Hinweis, keinen ausreichenden Nachweis, da der Erblasser in einem solchen Fall auch gerade auf die gesetzliche Rechtsfolge nach § 775 Abs 2 ABGB vertrauen hätte können und gegebenenfalls keinen Änderungsbedarf gesehen hat. Gelingt der Nachweis, bleibt die letztwillige Verfügung unverändert bestehen und kann Albert nur den Pflichtteil geltend machen.

d) Möglichkeit und Erlaubtheit der letztwilligen Verfügung

Soweit nichts anderes bestimmt ist, gelten die allgemeinen zivilrechtlichen Regelungen auch für letztwillige Verfügungen: Eine letztwillige Anordnung, die auf eine geradezu unmögliche Leistung gerichtet ist, dh auf eine **rechtlich unmögliche**[17] oder **faktisch absurde Leistung**, ist daher nach § 878 ABGB **absolut nichtig**. Eine letztwillige Anordnung, die gegen die **guten Sitten** oder gegen ein **gesetzliches Verbot** verstößt, das nach seinem Schutzzweck die Ungültigkeit eines widersprechenden Rechtsgeschäftes erfordert, ist nach § 879 ABGB **absolut nichtig oder relativ nichtig (anfechtbar)**, je nachdem ob der Verbotszweck der verletzten Norm auf den Schutz von Allgemeininteressen, der öffentlichen Ordnung und Sicherheit oder auf den Schutz individueller Interessen eines Beteiligten gerichtet ist.

[17] Vorsicht ist aufgrund von § 12 Abs 2 WEG geboten, wenn eine Eigentumswohnung von Todes wegen weitergeben werden soll, vgl OGH 29.4.2025, 2 Ob 209/24k. Die Erben können die für den Fall, dass durch die Einantwortung mehr als zwei natürliche Personen Eigentümer würden, gesetzlich vorgesehene Versteigerung der Wohnung aber durch die Gründung einer Personengesellschaft oder durch ein Erbteilungsübereinkommen verhindern, siehe dazu auch *Kary*, Zu dritt eine Wohnung erben – geht das? Die Presse vom 14.7.2025.

Die **§§ 697, 698 und 706 ABGB** legen die Rechtsfolgen von tatsächlich oder rechtlich unmöglichen, unverständlichen, unbestimmten oder gesetz- oder sittenwidrigen **Bedingungen** fest (siehe S 61 f). **§ 712 Abs 2 ABGB** beschränkt den zulässigen Anwendungsbereich einer **kassatorischen Klausel** (siehe S 61 f). **§ 716 ABGB** verbietet die **derogatorische Klausel** (siehe S 61). **§ 654 ABGB** regelt in Ergänzung von § 878 ABGB die Rechtsfolgen bei Vermächtnissen, die auf unmögliche Leistungen gerichtet sind. **§ 610 ABGB** ordnet – im Zweifel – die gesetzliche Konversion von unzulässigen **Testiergeboten und Testierverboten** in entsprechende Nacherbschaften auf den Überrest an (siehe S 67 f).

e) Einhaltung der vorgeschriebenen Form

Letztwillige Verfügungen sind nur gültig, wenn sie in einer vom Gesetz vorgesehenen Form abgefasst werden. Die Formvorschriften haben zwei wesentliche Funktionen. Einerseits soll sich der Erblasser durch den Zwang zur Einhaltung einer bestimmten Form über die Bedeutung der Errichtung der letztwilligen Verfügung bewusst werden (**Warnfunktion**). Andererseits sollen die Formvorschriften dazu beitragen, dass der wahre Wille des Erblassers nach seinem Tod leicht festgestellt werden kann (**Beweisfunktion**).

Die gesetzlichen Formvorschriften sind **zwingend** und gelten für **alle letztwilligen Verfügungen**. Im Lichte der teilweise hohen Komplexität der Anforderungen für einzelne Testamentsformen ist ausdrücklich darauf hinzuweisen, dass mit der **eigenhändigen Testamentsform** eine Möglichkeit zur Errichtung von letztwilligen Verfügungen besteht, die **sehr einfach** zu erfüllen ist: Ohne Zeugen, ohne Verwendung einer bestimmten Terminologie, ohne Belehrung durch professionelle Rechtsberater, Notare oder das Gericht, sondern bloß mit einem Stift und einem Zettel.

> ***Beispiel:*** *Christian liegt im Krankenhaus im Sterben. Seine Familie ist nicht anwesend. Mit einem von einem Pfleger geborgten Bleistift schreibt Christian eigenhändig auf die Rückseite eines abgelaufenen Rezeptes: „Meine Familie bekommt nichts. Mein ganzes Vermögen fällt an die WU Wien. Christian."*
>
> *Es handelt sich um ein formgültiges eigenhändiges Testament, in dem inhaltlich die WU Wien als Alleinerbin eingesetzt und für alle Familienmitglieder eine Enterbung angeordnet wird. Ob auch alle sonstigen Gültigkeitsvoraussetzungen, insbesondere die Testierfähigkeit, gegeben und die angeordneten Enterbungen rechtmäßig sind, stellen von der Formgültigkeit unabhängige Fragen dar.*

Die gesetzlichen Formvorschriften in der Fassung des Erbrechts-Änderungsgesetzes 2015 (BGBl I Nr 87/2015) gelten für letztwillige Verfügungen, die nach dem 31.12.2016 errichtet worden sind (§ 1503 Abs 7 Z 5 ABGB).

C. Testamentsformen

Das Gesetz kennt mehrere Testamentsformen, die alle **rechtlich gleichwertig** sind.

a) Eigenhändiges Testament (§ 578 ABGB)

Das eigenhändige (holographe) Testament muss **eigenhändig geschrieben** und **eigenhändig unterschrieben** werden. Es ist ein privates schriftliches Testament. Die eigenhändige Unterfertigung eines am PC geschriebenen und ausgedruckten Textes reicht dazu nicht. Vielmehr muss der gesamte Text eigenhändig vom Erblasser geschrieben werden.[18] Die eigenhändig gesetzte Unterschrift muss den Text der letztwilligen Verfügung „decken"; entscheidend ist nicht eine bestimmte Positionierung der Unterschrift, sondern ob der Text **nach der Verkehrsauffassung** durch die Unterschrift gedeckt erscheint, dh der Erblasser den erklärten **Text durch die Unterschrift insgesamt abschließt**. Nachträge sind daher neuerlich eigenhändig zu unterfertigen. Der Erblasser muss mit seinem Namen zeichnen. Der Vorname, sonstige übliche Bezeichnungen („Eure Mutti") oder die Initialen reichen aus, soweit an der Identität des Erblassers keine Zweifel bestehen. Textträger, Schreibmaterial, Schriftart und Sprache sind irrelevant. Die Beifügung von Ort und Datum ist zu Beweiszwecken ratsam, aber keine Gültigkeitsvoraussetzung (§ 578 S 2 ABGB).

b) Fremdhändiges Testament (§§ 579, 580 ABGB)

§ 579 ABGB legt für das fremdhändige Testament folgende **Gültigkeitsvoraussetzungen** fest:

- Der Text der letztwilligen Verfügung liegt **schriftlich**, dh als **Niederschrift** vor. Auf welche Weise, dh ob eigenhändig oder unter Verwendung von technischen Geräten, und **von wem**, dh ob vom Erblasser, einem Zeugen oder einem sonstigen Dritten, der Text der letztwilligen Verfügung erstellt wurde, ist unerheblich.
- Der letztwillig Verfügende **unterschreibt eigenhändig** den Text der Niederschrift.
- Der letztwillig Verfügende fügt dem Text der Niederschrift einen **eigenhändig geschriebenen Zusatz** bei, in dem inhaltlich die Erklärung des letzten Willens bekräftigt wird (schriftliche „**nuncupatio**").[19] Ausreichend sind etwa Formulierungen wie *„Die Urkunde enthält meinen letzten Willen."*, *„Mein Wille"* oder *„Das soll so sein."*
- **Drei Zeugen** sind beim Setzen der Unterschrift und der Bekräftigung durch den letztwillig Verfügenden **gleichzeitig anwesend**. Umgekehrt muss der letztwillig Verfügende nicht anwesend sein, wenn die Zeugen ihre Zusätze und Unterschriften setzen.
- Die **Identität der drei Zeugen** kann auf Grundlage der letztwilligen Verfügung festgestellt werden; ausreichend soll jedenfalls die Angabe der Vornamen, Nachnamen und Geburtsdaten oder (Berufs-)Adressen sein.

[18] Vgl zu Änderungen auf der Kopie einer eigenhändigen letztwilligen Verfügung OGH 25.7.2019, 2 Ob 19/19m.

[19] Vgl OGH 25.10.2022, 2 Ob 167/22f; OGH 20.11.2012, 5 Ob 185/12k.

- **Jeder der drei Zeugen** muss
  - den Text **eigenhändig unterschreiben** und
  - einen **eigenhändig geschriebenden Zusatz**[20] beifügen, der **inhaltlich** die **Bestätigung** enthält, dass diese Person **als Zeuge** der Errichtung der letztwilligen Verfügung agiert, etwa mit der Formulierung *„Als Zeuge"*. Den Zeugen muss bewusst sein, dass der Verfügende seinen letzten Willen erklärt, es ist aber (außer im Fall des § 580 Abs 2 ABGB) nicht Voraussetzung, dass die Zeugen den Inhalt der letztwilligen Verfügung kennen.

Ferner muss zwischen den einzelnen Bestandteilen (Blättern) des fremdhändigen Testaments ein **innerer oder äußerer Zusammenhang** (bspw durch Binden, Kleben oder Nähen der Urkundenteile) hergestellt werden (Urkundeneinheit).[21] Der OGH ließ zuletzt etwa drei Heftklammern ausreichen, um die äußere Urkundeneinheit zu bejahen.[22] Unterschreibt der Erblasser hingegen auf einem losen Blatt, wird diesem Erfordernis nicht entsprochen.[23]

Nachträgliche fremdhändige Änderungen bedürfen wieder der Form des fremdhändigen Testaments. Will der Erblasser **nachträglich eigenhändig** Änderungen vornehmen, darf er dies ohne Unterschrift tun, sofern es sich dabei bloß um Streichungen handelt, da derartige Streichungen als stillschweigender Widerruf gemäß § 721 ABGB gelten (siehe S 50 f). Eigenhändige nachträgliche Ergänzungen bedürfen wieder der Form des eigenhändigen Testaments.

§ 580 ABGB enthält ergänzend besondere Regelungen für die Fälle, dass der letztwillig Verfügende

(a) gem § 580 Abs 1 ABGB **nicht schreiben** kann. Anstelle der Unterschrift und der eigenhändigen nuncupatio tritt in diesem Fall beim fremdhändigen Testament ein **„Handzeichen"**, das bei gleichzeitiger Anwesenheit der drei Zeugen gesetzt werden muss. Zudem muss der Erblasser ausdrücklich **mündlich vor den drei Zeugen bekräftigen**, dass die Urkunde seinem Willen entspricht. Das „Handzeichen" kann etwa aus drei vom Erblasser gesetzten Kreuzen bestehen.[24] Mit welchem Körperteil dieses „Handzeichen" gesetzt wird, ist dabei unbeachtlich; der Wortlaut der Bestimmung ist daher insofern teleologisch zu reduzieren.[25]

(b) gem § 580 Abs 2 ABGB **nicht lesen** kann. § 580 Abs 2 ABGB ist dabei nicht nur auf Fälle von **Blindheit** oder **Analphabetismus** anwendbar, sondern auch dann, wenn die Sehkraft des Erblassers stark beeinträchtigt ist und die Lesefähigkeit auch unter Zuhilfenahme einfacher Hilfsmittel (etwa einer Brille oder von Kontaktlinsen) nicht hergestellt werden kann. Ist § 580 Abs 2 ABGB anwendbar, muss sich der Erblasser die fremdhändige Verfügung **von einem Zeugen in Gegenwart der**

20 OGH 7.4.2020, 2 Ob 35/20s.
21 OGH 26.4.2022, 2 Ob 29/22m.
22 OGH 16.3.2022, 2 Ob 25/22y.
23 OGH 28.11.2019, 2 Ob 143/19x.
24 OGH 30.11.2004, 4 Ob 237/04p.
25 OGH 21.3.2023, 2 Ob 35/23w.

beiden anderen Zeugen, die den Inhalt der Verfügung eingesehen haben, **vorlesen lassen** und anschließend **mündlich bekräftigen**, dass die Verfügung seinem Willen entspricht.

Exkurs: Zeugen

Um für ein gültig errichtetes Testament als Zeuge agieren zu können, muss die jeweilige Person zeugenfähig sein. Die Zeugenfähigkeit einer Person kann aus bestimmten Gründen ausgeschlossen sein:

Absolute Zeugenunfähigkeit liegt vor, wenn eine Person aufgrund einer **körperlichen oder geistigen Beeinträchtigung nicht fähig** ist, die Errichtung einer letztwilligen Verfügung – wie nach der jeweiligen Form vorgesehen – zu bezeugen (§ 587 S 1 Fall 2 ABGB) sowie grundsätzlich **minderjährige Personen**, wobei **mündige Minderjährige im Notfall** wirksam bezeugen können (§ 587 S 1 Fall 1, S 2 ABGB). Bei absoluter Zeugenunfähigkeit ist die betroffene Person **von jeder Zeugenschaft** einer letztwilligen Verfügung **ausgeschlossen**.

Relative Zeugenunfähigkeit liegt vor, wenn die Person gemäß § 587 S 1 Fall 3 ABGB die **Sprache** des letztwillig Verfügenden nicht versteht oder es sich um eine **befangene Person** handelt. Maßgeblich ist die Sprache, in der **der zu bezeugende Akt** – bei mündlichen Testamentsformen die mündliche Erklärung des Testaments, beim fremdhändigen Testament die schriftliche nuncupatio – erklärt wird. Befangen sind gemäß § 588 ABGB:

- **bedachte Personen**, dh Personen, die durch die letztwillige Verfügung des Erblassers selbst mit einem Erbrecht oder einem Vermächtnis bedacht werden,
- Personen, die **mit einer bedachten Person persönlich verbunden** sind (Ehegatte, eingetragener Partner, Lebensgefährte, Eltern, Kinder und Geschwister des Bedachten sowie Eltern, Kinder und Geschwister des Ehegatten, eingetragenen Partners und des Lebensgefährten des Bedachten), sowie
- Personen, die **mit einer bedachten Person auf bestimmte Weise sachlich verbunden** sind (gesetzliche Vertreter, Vorsorgebevollmächtigte, vertretungsbefugte Organe, Gesellschafter, Machthaber und Dienstnehmer des Bedachten).

Bei relativer Zeugenunfähigkeit aufgrund von Befangenheit sind die erfassten Personen jeweils von der **Zeugenschaft** für die letztwilligen Anordnungen, die die **Begünstigung des Bedachten** zum Gegenstand haben, **ausgeschlossen**. Ungültig ist daher nur jener Teil der letztwilligen Verfügung, der von der Befangenheit betroffen ist, während sonstige Teile der letztwilligen Verfügung, auf die sich die Befangenheit nicht erstreckt, gültig bleiben (**Teilungültigkeit**).

c) Nottestament (§ 584 ABGB)

Besteht unmittelbar die Gefahr, dass der Erblasser **stirbt** oder die **Testierfähigkeit verliert**, und ist es nicht möglich, dass der Erblasser in anderer Weise – insbesondere eigenhändig – verfügt (vgl OGH 3 Ob 174/11a), kann er **mündlich** oder **schriftlich** jeweils unter Beiziehung **zweier** fähiger Zeugen, die gleichzeitig anwesend sein müssen, testieren (§ 584 ABGB). Die Notsituation liegt entweder tatsächlich vor oder der Erblasser muss die Notsituation angesichts der bestehenden Umstände allgemein nachvollziehbar befürchten dürfen, dh dass auch bei anderen Menschen in der Situation des Erblassers der Eindruck erweckt würde, es bestünde unmittelbar ernstliche Lebensgefahr.[26] Ein hohes Lebensalter und dementsprechende Gebrechlichkeit reichen nicht aus.

Die Vereinfachung besteht insbesondere darin, dass der Erblasser auch mündlich testieren darf. Eine weitere Vereinfachung besteht in der Reduktion auf **zwei fähige Zeugen**. Ein Nottestament **verliert drei Monate** nach dem Wegfall der Notsituation **seine Gültigkeit**. Wurde durch das Nottestament eine davor errichtete letztwillige Verfügung aufgehoben, lebt eine solche letztwillige Verfügung nach Ablauf der drei Monate im Zweifel wieder auf (§ 584 Abs 2 S 2 ABGB) Ein **mündliches** Nottestament muss durch die übereinstimmenden Aussagen der beiden Zeugen bestätigt werden, andernfalls ist das Nottestament ungültig. Ansonsten haben Nottestamente dieselbe rechtliche Kraft wie alle anderen Testamente.

d) Öffentliches Testament (§§ 581 – 583 ABGB, §§ 70 ff NO)

Vor dem **Gericht** oder vor dem **Notar** können öffentliche Testamente durch **mündliche Erklärung** oder durch **Übergabe einer Urkunde** errichtet werden.

Beim **gerichtlichen mündlichen** Testament hat der Erblasser vor einem Richter, der am örtlich zuständigen Gericht (§ 121 JN: Bezirksgericht, in dessen Sprengel die Erklärung aufgenommen wird) tätig ist, und einer zweiten beeideten Gerichtsperson seinen letzten Willen mündlich zu erklären. Anstelle der zweiten beeideten Gerichtsperson können auch zwei andere Zeugen hinzugezogen werden. Der mündlich erklärte Wille wird protokolliert, das Protokoll wird versiegelt und anschließend gerichtlich hinterlegt.

Beim **notariellen mündlichen** Testament bedarf es zur Bezeugung des Testierakts zweier Notare oder eines Notars und zweier Zeugen. Der Notar nimmt die mündliche Erklärung zu Protokoll und hinterlegt sie.

Beim **gerichtlichen schriftlichen** Testament hat der Erblasser seinen in einer Urkunde schriftlich abgefassten letzten Willen dem Gericht **persönlich** zu überbringen. Der Urkundentext muss zwar nicht durch den Erblasser eigenhändig geschrieben, wohl aber **eigenhändig unterzeichnet** worden sein (darauf ist der Erblasser gerichtlich [bzw notariell] hinzuweisen). Der Erblasser muss bei der persönlichen Übergabe erklären, dass es sich bei der Urkunde um seinen letzten Willen handelt. Über die Entgegennahme des letzten Willens ist ein Protokoll aufzunehmen. Die Urkunde ist gegen Ausstellung eines Empfangsscheins zu versiegeln und gerichtlich zu hinterlegen. Entsprechendes gilt beim **notariellen schriftlichen** Testament.

[26] Vgl OGH 26.7.2011, 1 Ob 102/11y.

Die jeweils befassten **Richter**, sonstige **Gerichtsbedienstete** und **Notare** unterliegen gemäß § 589 ABGB als Gültigkeitsvoraussetzung denselben Bestimmungen zur **Zeugenfähigkeit** nach §§ 587, 588 ABGB wie sonstige Zeugen (siehe S 46), dh die Einschränkungen sind jedenfalls zu beachten.

Öffentliche Testamente sind in ein Zentrales Testamentsregister einzutragen, das im Verlassenschaftsverfahren abgefragt werden muss. Sie können somit nicht unterdrückt werden. Auch private schriftliche Testamente, bei denen die Gefahr der Unterdrückung viel höher ist, können in das Register eingetragen werden. Die privaten schriftlichen Testamente müssen dafür – zur Absicherung – bei einem Notar oder Rechtsanwalt hinterlegt werden.

e) Gemeinschaftliches Testament (§ 586 Abs 2 ABGB)

In Abweichung von § 586 Abs 1 ABGB, wonach letztwillige Verfügungen nur für einen Erblasser gelten können, bestimmt § 586 Abs 2 ABGB, dass Ehegatten oder eingetragene Partner (sowie Verlobte unter der Bedingung ihrer Verehelichung bzw Verpartnerung) ein gemeinschaftliches Testament errichten können. Darin können sie einander oder dritte Personen als Erben einsetzen. Rechtlich liegen **zwei selbständige letztwillige Verfügungen** vor, für die die beiden Ehegatten/eingetragenen Partner jeweils alle Gültigkeitsvoraussetzungen einzuhalten haben. **Jeder Partner kann „seinen" Teil** des gemeinschaftlichen Testaments **einseitig widerrufen.**

Nach dem Inhalt der gemeinschaftlichen Verfügung kann unterschieden werden zwischen

- der **gemeinsamen Verfügung**, in der Dritte von den beiden Verfügenden bedacht werden,
- der **wechselseitigen Verfügung**, in der sich die beiden verfügenden Personen gegenseitig bedenken, und
- der **wechselbezüglichen Verfügung**, bei der nach den Erblasserwillen der Verfügenden die Wirksamkeit der Verfügung der einen Person von der Wirksamkeit der Verfügung der anderen Person abhängig gemacht wird.

Inwieweit eine wechselbezügliche Verfügung vorliegt oder die gemeinschaftliche Verfügung beim Eintritt bestimmter Bedingungen, etwa dem Scheitern der Ehe bzw Partnerschaft, aufgelöst sein soll, ist grundsätzlich durch **Auslegung und Ermittlung des Erblasserwillens** zu klären. Liegt eine wechselseitige Verfügung vor, wird allerdings gemäß § 586 Abs 2 S 3 ABGB gesetzlich vermutet, dass der Widerruf der Erbeinsetzung durch einen Teil den Widerruf der wechselseitigen Erbeinsetzung nach sich zieht, dh für den **Fall des Widerrufs** eine **wechselseitige Verfügung im Zweifel als wechselbezügliche Verfügung** auszulegen ist. Darüber hinaus ist generell § 725 ABGB zu beachten, wonach es bei Wegfall des Angehörigenverhältnisses, dh bei Beendigung der Ehe bzw eingetragenen Partnerschaft, im Zweifel zum Widerruf der letztwilligen Erbeinsetzung des ehemaligen Partners kommt.

Vom gemeinschaftlichen Testament ist der Erbvertrag (siehe S 70 ff) zu unterscheiden.

Ein **Formmangel** führt gemäß § 601 ABGB zur Ungültigkeit, dh zur **Anfechtbarkeit** der letztwilligen Verfügung. Das bedeutet auch, dass Formmängel grundsätzlich nicht von Amts wegen im Verlassenschaftsverfahren wahrzunehmen sind. Für die Anfechtung gelten die **allgemeinen Verjährungsfristen** gemäß § 1487a ABGB für erbrechtliche Ansprüche (siehe S 139). Die Beweislast für die Formungültigkeit liegt beim Anfechtenden, der aus der Anfechtung Rechte ableiten möchte. **Anfechtungsberechtigt** (aktivlegitimiert) ist jeder, der durch die Beseitigung der letztwilligen Verfügung begünstigt werden würde. **Anfechtungsgegner** (passivlegitimiert) ist der durch die Verfügung Begünstigte.

Solange keine anfechtungsberechtigte Person den Mangel gerichtlich geltend macht, kann eine **formungültige letztwillige Verfügung** der Einantwortung zugrunde gelegt werden. Um Rechtssicherheit zu erreichen, können die Beteiligten die mangelhafte Verfügung anerkennen und sich auf diese Weise im Rahmen eines **Anerkennungsvertrages** schuldrechtlich dazu verpflichten, den Mangel der letztwilligen Verfügung in weiterer Folge **nicht gerichtlich geltend zu machen**. Umstritten ist, ob ein Anerkenntnis aller betroffenen Personen, dh der **letztwillig Bedachten**, aber insbesondere auch **aller gesetzlichen Erben** die Rechtswirkung hat, die Formungültigkeit der letztwilligen Verfügung endgültig zu heilen. Aufgrund des zwingenden Charakters der Formvorschriften ist davon auszugehen, dass eine solche „Heilung" nicht eintritt und es bei der **rein schuldrechtlichen Bindung** der anerkennenden Personen zur Unterlassung einer Anfechtung bleibt.

Absolute Nichtigkeit einer letztwilligen Verfügung liegt nur vor, wenn nach Inhalt und äußerer Form keine letztwillige Verfügung vorliegt.

D. Aufhebung letztwilliger Verfügungen

Dem Grundsatz der Testierfreiheit entsprechend können wirksam errichtete letztwillige Verfügungen durch den Erblasser **jederzeit (bis zu dessen Tod) wieder aufgehoben** werden. Ein Widerrufsverzicht (eine derogatorische Klausel) gilt als nicht beigesetzt (§ 716 ABGB).

a) Art und Weise der Aufhebung

Wirksam errichtete letztwillige Verfügungen können auf folgende Arten wieder aufgehoben werden:

- **Aufhebung durch Widerruf (§§ 717 – 724 ABGB)**

Der Erblasser kann letztwillige Verfügungen durch **ausdrücklichen Widerruf** gemäß § 719 ABGB in Form einer letztwilligen Verfügung oder durch **stillschweigenden Widerruf** gemäß § 721 ABGB in Form einer Zerstörungshandlung widerrufen. Die letztwillige Anordnung bestimmter Vermächtnisse kann darüber hinaus durch stillschweigenden Widerruf in Form einer **Vereitelungshandlung** aufgehoben werden.

Jeder Widerruf setzt gemäß § 718 ABGB **Testierfähigkeit** und – als Äquivalent zum Testierwillen – einen **Aufhebungswillen** des Erblassers voraus.

> ***Beispiel:*** *Der Erblasser Eduard hat um die Jahrtausendwende sorgfältig sein eigenhändiges Testament errichtet und in seinem Schreibtisch verwahrt. Im März 2016 beschließt Eduard, beim alljährlichen Frühjahrsputz auch den Schreibtisch einmal vollständig auszumisten und zu reinigen. Da Eduard mittlerweile nur noch sehr schlecht sieht (8 Dioptrien), verwechselt er das Testament mit einem nicht mehr aktuellen Meldezettel und ordnet es in den Abfallstapel ein. Nach Abschluss des Aufräumens zerreißt Eduard alle Zettel auf dem Stapel und wirft die Reste in die Altpapiertonne.*
>
> *Nach außen hin liegt durch das Zerreißen und Wegwerfen des Testaments eine Zerstörungshandlung des Erblassers vor, mit der er das Testament vollständig vernichtet. Eduard verfügt zu diesem Zeitpunkt wohl auch über die volle Testierfähigkeit, aber er hat keinen Aufhebungswillen in dem Sinne, dass er das Testament tatsächlich widerrufen wollte. Es liegt daher kein rechtswirksamer (schlüssiger) Widerruf vor und das Testament ist weiterhin gültig. Der Nachweis des Inhalts des Testaments und der Unwirksamkeit des Widerrufs könnten sich aber als schwierig erweisen.*

◦ Ausdrücklicher Widerruf einer letztwilligen Verfügung

Erklärt der Erblasser, dass eine bestimmte oder alle früheren letztwilligen Verfügungen aufgehoben sein sollen, liegt ein gültiger ausdrücklicher Widerruf gemäß § 719 ABGB vor, sofern der Erblasser dabei die gesetzlichen **Formvorschriften** für letztwillige Verfügungen **eingehalten** hat. Ein bestimmter Wortlaut ist nicht erforderlich. Ebenso wenig muss der Widerruf in jener Form vorgenommen werden, in der die letztwillige Verfügung errichtet wurde (keine Notwendigkeit eines *contrarius actus*); ein fremdhändiges Testament kann daher etwa durch einen ausdrücklichen Widerruf in eigenhändiger Testamentsform aufgehoben werden. Mündige Minderjährige, die eine letztwillige Verfügung nur vor Gericht oder Notar errichten dürfen (siehe S 37), können den Widerruf der letztwilligen Verfügung allerdings auch nur vor Gericht oder Notar vornehmen (insofern Notwendigkeit eines *contrarius actus*).

> ***Beispiel:*** *Die 17-jährige Nicole errichtet 1997 vor zwei Notaren ein notarielles mündliches Testament zugunsten ihrer Geschwister. Im Jahr 2016 hat Nicole mit ihrem Lebensgefährten und zwei leiblichen Kindern eine Familie gegründet und sie beschließt, das alte Testament aufzuheben und ein neues Testament zu errichten. Noch bevor Nicole mit professioneller Beratung ein neues Testament aufsetzt, möchte sie jedenfalls so schnell als möglich das alte Testament widerrufen, sodass – im Notfall – die gesetzliche Erbfolge zugunsten ihrer Kinder zur Anwendung kommt. Zu diesem Zweck schreibt sie eigenhändig auf einen Zettel „Hiermit widerrufe ich mein Testament aus dem Jahr 1997. Nicole". Es liegt ein ausdrücklicher Widerruf in Form einer eigenhändigen letztwilligen Verfügung vor, das Testament aus 1997 ist damit rechtswirksam aufgehoben, denn Nicole ist inzwischen volljährig und kann daher auch durch eigenhändige Verfügung testieren.*

◦ Stillschweigender Widerruf einer letztwilligen Verfügung

Der stillschweigende Widerruf gemäß § 721 ABGB ist nur bei **schriftlichen** letztwilligen Verfügungen möglich. Der stillschweigende Widerrruf wird verwirklicht, indem der Erblasser eine **Zerstörungshandlung** gegen die schriftliche Urkunde der letztwilligen Verfügung setzt. Als Zerstörungshandlungen kommen nach § 721 ABGB das Zerreißen, Verbrennen oder das Durchstreichen der Unterschrift oder des Inhalts der jeweiligen Urkunde in Frage. Die Aufzählung ist **nicht taxativ**, es genügt jede Einwirkung auf die Urkunde, die auf einen endgültigen Aufhebungswillen schließen lässt (etwa das Durchschneiden der Urkunde, das Durchstreichen der Zeugenunterschriften oder der Vermerk *„ungültig"* quer über den Text). Kommt es zur Vernichtung einer von **mehreren gleich lautenden** letztwilligen Verfügungen durch den Erblasser, so kann daraus jedoch nicht auf einen Widerruf der letztwilligen Verfügung geschlossen werden.

Kommt es zu einer **Zerstörung oder zum Verlust** einer letztwilligen Verfügung, ohne dass die Voraussetzungen für einen stillschweigenden Widerruf erfüllt sind, bleibt die letztwillige Verfügung gültig. Wer sich auf eine zerstörte oder verlorene letztwillige Verfügung beruft, muss gemäß § 722 ABGB aber die Tatsache, dass die Verfügung nicht durch eine Zerstörungshandlung des Erblassers, sondern **aufgrund sonstiger Umstände**, etwa durch die Handlung eines Dritten oder durch Zufall, zerstört oder verloren worden ist, sowie den **Inhalt der Verfügung** nachweisen.

> ***Beispiel:*** *Der Weinbauer Wilfried hat rechtswirksam ein fremdhändiges Testament errichtet und dieses sorgfältig in seinem verschließbaren Schreibtisch aufbewahrt. Kurz darauf kommt es zu einer „Jahrhundertflut", bei der Wilfried ertrinkt. Das Haus wird vollständig überschwemmt und das Wasser dringt auch in die Schreibtischladen ein. Nach den Räumungsarbeiten stellt Wilfrieds' Lebensgefährtin Andrea fest, dass das Testament durch das Wasser und das nachfolgende Trocknen in Stücke zerfallen und die Schrift völlig unleserlich verschwommen ist. Käme es zur gesetzlichen Erbfolge, würden ausschließlich Wilfrieds Nachkommen zum Zug kommen, als Lebensgefährtin ginge Andrea (bis auf das zeitlich beschränkte Vermächtnis gemäß § 745 Abs 2 ABGB leer aus. Andrea weiß aber, dass Wilfried sie in dem zerstörten Testament zur Hälfte als Erbin eingesetzt hat. Um zu erreichen, dass nicht die gesetzliche Erbfolge, sondern der Inhalt des zerstörten Testaments der Einantwortung zugrunde gelegt wird, muss sie neben dem Inhalt des Testaments auch die Tatsache nachweisen, dass das Testament nicht durch eine Zerstörungshandlung des Erblassers, sondern durch Zufall zerstört wurde. Letzteres wird aufgrund der offensichtlichen Einwirkung durch die Flut möglich sein. Der Inhalt des Testaments könnte etwa durch übereinstimmende Aussagen der zugezogenen Zeugen oder durch Handyfotos der schon fertig errichteten Urkunde nachgewiesen werden.*

- **Stillschweigender Widerruf eines Vermächtnisses**

Anstatt durch eine Zerstörungshandlung gegen die Urkunde kann der Erblasser ein letztwillig angeordnetes **Speziesvermächtnis** aus seinem Vermögen auch durch Setzung einer **Vereitelungshandlung** stillschweigend widerrufen, indem er zwischen der Errichtung der dem Vermächtnis zugrunde liegenden letztwilligen Verfügung und seinem Ableben aktiv und mit Aufhebungswillen eine Handlung setzt, die die Erfüllung des Vermächtnisses unmöglich macht. **§ 724 Abs 1 ABGB** legt bestimmte Vereitelungshandlungen fest, bei deren Setzung der **Aufhebungswille** des Erblassers **gesetzlich vermutet** wird, insbesondere wenn der Erblasser eine Forderung, die Gegenstand des Vermächtnisses ist, zum Erlöschen bringt, oder den Gegenstand des Vermächtnisses, etwa durch Kauf, Tausch oder Schenkung, veräußert und bis zu seinem Ableben nicht mehr zurückerhält.

- **Aufhebung durch Errichtung einer neuen Verfügung (§§ 713 – 715 ABGB)**

  Eine letztwillige Verfügung kann – ohne ausdrücklichen oder stillschweigenden Widerruf – durch die Errichtung einer **neuen wirksamen** letztwilligen Verfügung aufgehoben werden. Die neuen letztwilligen Verfügungen können in beliebiger (den gesetzlichen Formvorschriften entsprechender) Form errichtet werden.

  - Ein zeitlich **älteres Testament** wird im Zweifel durch ein zeitlich **jüngeres Testament** gänzlich (somit auch hinsichtlich jener Teile, die mit der zeitlich jüngeren Verfügung im Einklang stünden) aufgehoben (§ 713 Abs 1 ABGB).
  - Eine zeitlich **ältere sonstige letztwillige Verfügung** wird im Zweifel durch ein zeitlich **jüngeres Testament**, mit dem über die **gesamte Verlassenschaft** verfügt wird, gänzlich aufgehoben (§ 713 Abs 2 ABGB); ein sonstiges jüngeres Testament führt hingegen im Zweifel nicht zur Aufhebung der älteren sonstigen letztwilligen Verfügung.
  - Eine zeitlich **ältere sonstige letztwillige Verfügung** (bzw ein in einem zeitlich älteren Testament enthaltenes Vermächtnis) wird im Zweifel durch eine zeitlich **jüngere sonstige letztwillige Verfügung** nicht gänzlich, sondern bloß insoweit aufgehoben, als sie mit der zeitlich jüngeren sonstigen letztwilligen Verfügung **im Widerspruch** steht (§ 714 ABGB). Soweit sie miteinander vereinbar sind, gelten beide daher nebeneinander.

    Widersprüchlichkeit zweier sonstiger letztwilliger Verfügungen liegt bspw dann vor, wenn ein und dieselbe Sache in beiden Verfügungen verschiedenen Personen vermacht wird.

  - Eine zeitlich **jüngere sonstige letztwillige Verfügung** hebt ein zeitlich **älteres Testament nicht** auf. Dem im zeitlich älteren Testament eingesetzten Erben können aber durch die zeitlich jüngere Verfügung (neue) Lasten auferlegt werden.

  Ist **unklar**, welche letztwillige Verfügung zeitlich jünger ist, so gelten beide Verfügungen, soweit sie nebeneinander bestehen können (§ 715 ABGB).

  Beispiel: *In einem Testament setzt der Erblasser Alex wirksam zum Alleinerben ein. In einem anderen Testament setzt der Erblasser Bernhard wirksam zum Alleinerben ein. Lässt sich nicht feststellen, welches Testament zeitlich jünger ist, so erben Alex und Bernhard jeweils zur Hälfte.*

  Die angeführten gesetzlichen Bestimmungen (§§ 713 ff ABGB) sind als **gesetzliche Vermutungen** (Zweifelsregeln) zu verstehen. Der erkennbare Wille des Erblassers (zB der Wille mit dem zeitlich jüngeren Testament das zeitlich ältere Testament bloß zu ergänzen) geht den gesetzlichen Bestimmungen vor.

- **Aufhebung durch Verlust der Angehörigenstellung (§ 725 ABGB)**

  Bei Auflösung der Ehe, der eingetragenen Partnerschaft oder der Lebensgemeinschaft des Erblassers werden dessen letztwilligen Verfügungen, **soweit sie den ehemaligen Partner betreffen**, gemäß § 725 Abs 1 ABGB **aufgehoben**. Diese gesetzlich angeordnete Aufhebung tritt nur dann nicht ein, wenn der Erblasser in der letztwilligen Verfügung **ausdrücklich Gegenteiliges angeordnet** hat. Das Gleiche gilt im Fall der

Aufhebung der Abstammung sowie des Widerrufs bzw der Aufhebung der Adoption für letztwillige Verfügungen zugunsten des ehemaligen Angehörigen, auch wenn die Aufhebung eines solchen Angehörigenverhältnisses erst nach dem Ableben des Erblassers eintritt.

In den Fällen, dass das **gerichtliche Verfahren zur Auflösung** der Ehe bzw eingetragenen Partnerschaft oder zum Widerruf bzw zur Aufhebung der Adoption **bereits eingeleitet** wurde oder dass der Verstorbene das **gerichtliche Abstammungsverfahren eingeleitet** hat, in dem in weiterer Folge die fehlende Abstammung des vermeintlichen Angehörigen vom Erblasser festgestellt wird, kommt es schließlich gemäß § 725 Abs 2 ABGB im Zweifel zur Aufhebung der jeweils maßgeblichen letztwilligen Anordnungen. Als gesetzliche Zweifelsregelung kann diese Vermutung allerdings – auch ohne ausdrückliche Anordnung in der letztwilligen Verfügung – widerlegt werden.

Der Umstand des Bestehens und der Auflösung der Ehe sind relativ einfach nachzuweisen. Deutlich **schwieriger ist der Nachweis** des Bestehens einer Lebensgemeinschaft bzw deren Auflösung.[27] Ein Testament „unter Freunden" ist mit Blick auf § 725 ABGB also bestandfester als ein solches unter Lebensgefährten.

b) Wiederaufleben einer aufgehobenen Verfügung

Der stillschweigende Widerruf einer letztwilligen Verfügung kann dazu führen, dass eine früher errichtete letztwillige Verfügung, die durch die nunmehr widerrufene Verfügung aufgehoben worden war, wieder in Kraft tritt. Gemäß § 723 ABGB ist dies im Zweifel der Fall, wenn die ursprüngliche letztwillige Verfügung durch Errichtung einer neuen letztwilligen Verfügung gemäß §§ 713, 714 ABGB oder durch ausdrücklichen Widerruf gemäß § 719 ABGB aufgehoben worden ist, noch unversehrt besteht und die aufhebende letztwillige Verfügung nunmehr durch schlüssigen Widerruf gemäß § 721 ABGB aufgehoben wird. Im Gegensatz zu einer schriftlichen oder gerichtlichen bzw notariellen mündlichen Verfügung kann ein Nottestament auf diese Weise allerdings nicht mehr wieder aufleben. Wird die letztwillige Verfügung, die die frühere Verfügung aufgehoben hat, ausdrücklich widerrufen, lebt die ursprüngliche Verfügung nicht wieder auf und es kommt zur gesetzlichen Erbfolge.

E. Auslegung letztwilliger Verfügungen

Gesetzliche Grundlage für die Auslegung letztwilliger Verfügung ist § 553 ABGB, in dem die **maßgeblichen Auslegungsgrundsätze** festgelegt werden:

[27] Dies verdeutlicht die umfangreiche Judikatur zu diesem Thema, vgl etwa OGH 15.10.2024, 2 Ob 137/24x; OGH 20.2.2024, 2 Ob 242/23m; OGH 6.9.2022, 2 Ob 97/22m; OGH 8.7.2022, 2 Ob 173/21m.

a) Willenstheorie

Die letztwillige Verfügung hat als einseitiges Rechtsgeschäft keinen Erklärungsempfänger und setzt daher **keinen Vertrauensschutz von am Rechtsgeschäft beteiligten Dritten** voraus. Der subjektive Wille des (einzigen) Erklärenden, dh des Erblassers bzw „letztwillig Verfügenden", kann daher bei der Auslegung einer letztwilligen Verfügung stärker berücksichtigt werden als bei der Auslegung von zweiseitigen Rechtsgeschäften. Die Auslegung einer letztwilligen Verfügung ist daher grundlegend auf das Ziel gerichtet, den **wahren subjektiven Willen** des Erblassers zu ermitteln.

b) Wortinterpretation und subjektiver Erklärungswert

Ausgangspunkt der Auslegung ist die Wortinterpretation. Grundsätzlich ist von der **gewöhnlichen Bedeutung** der Worte auszugehen. Hat der Erblasser mit gewissen Ausdrücken einen **ihm eigenen Sinn** verbunden, der von der gewöhnlichen Wortbedeutung (und damit vom Ergebnis der Wortinterpretation) abweicht, muss in Umsetzung der Willenstheorie dem Begriffsverständnis des Erblassers (und damit seinem wahren Willen) gefolgt werden. Der wahre Wille setzt sich gegenüber der gewöhnlichen Wortbedeutung durch.

> ***Beispiel:*** *Der Erblasser hat seinem Freund Alfred seine „Bibliothek" vermacht. Der Erblasser hat zu Lebzeiten unter der „Bibliothek" seinen Weinkeller verstanden. Nach der Wortlautinterpretation müsste Alfred die Bücher des Erblassers erhalten. Dies entspricht jedoch nicht dem wahren Willen des Erblassers. Da sich der wahre Wille des Erblassers aber gegenüber der gewöhnlichen Wortbedeutung durchsetzt, erhält Alfred den Weinkeller.*

Zur Ermittlung des wahren Willens kann neben der letztwilligen Verfügung auch **auf andere Erklärungen** des Erblassers oder sonstige Beweismittel zurückgegriffen werden (zB Videos, Inhalte aus Profilen in sozialen Netzwerken, E-Mails, Briefe, Tagebucheinträge, Gespräche, etc).

c) Andeutungstheorie und hypothetische Auslegung

Das Auslegungsergebnis muss irgendeinen Anhaltspunkt im Wortlaut der letztwilligen Verfügung selbst finden, weil sonst die Formvorschriften umgangen werden würden (**Andeutungstheorie**).[28] Insbesondere darf die Auslegung nicht dem völlig eindeutigen Text der letztwilligen Verfügung widersprechen.

Maßgeblich ist der wahre Wille des Erblassers im Zeitpunkt der Errichtung der letztwilligen Verfügung. Bei **Veränderungen von Umständen nach Errichtung** der letztwilligen Verfügung ist die letztwillige Verfügung so auszulegen, wie der Erblasser bei Kenntnis der Veränderung verfügt hätte (**hypothetische Auslegung**), wobei auch in diesem Fall das Auslegungsergebnis im Wortlaut zumindest angedeutet sein muss.

[28] Vgl zur Auslegung einer letztwilligen Verfügung mit einer Post-It-Notiz OGH 30.10.2014, 8 Ob 69/14a.

d) Favor testamenti – Sicherung der testamentarischen Anordnung

Der Auslegungsgrundsatz des **„favor testamenti"** bedeutet grundlegend, dass bei mehreren möglichen Auslegungsergebnissen das Ergebnis zu wählen ist, nach dem die betroffene Anordnung **wirksam bleibt**. Darüber hinaus wird aus diesem Grundsatz abgeleitet, dass die Unwirksamkeit einer Anordnung grundsätzlich nicht die Unwirksamkeit der übrigen Anordnungen nach sich zieht; es sei denn, dass nach dem Willen des Erblassers zwischen der unwirksamen Anordnung und anderen Anordnungen ein unauflösbarer Zusammenhang besteht, etwa wenn die Einräumung bestimmter Vermächtnisse zu Versorgungszwecken zwingend an die Einsetzung eines bestimmten Alleinerben geknüpft ist.

3. Das Testament

A. Allgemeines

Das Testament ist nicht nur die bekannteste, sondern auch die **häufigste Art** letztwilliger Verfügungen. Das Testament ist ein einseitiges Rechtsgeschäft von Todes wegen, genauer eine letztwillige Verfügung, die eine **Erbeinsetzung** enthält (vgl § 552 Abs 2 S 2 ABGB).

Eine Erbeinsetzung (und somit ein Testament) liegt dann vor, wenn der (in der letztwilligen Verfügung) Begünstigte die **ganze Verlassenschaft** oder einen **quotenmäßig bestimmten Teil** davon erhalten soll. Andere Zuwendungen sind Vermächtnisse. Da dem durchschnittlichen Erblasser der Unterschied zwischen Erbrecht und Vermächtnis idR fremd ist, ist durch Auslegung zu ermitteln, ob der Erblasser ein Erbrecht oder ein Vermächtnis einräumen wollte.

Die Zuwendung einer bestimmten Sache bzw Summe ist im Zweifel als Vermächtnis zu verstehen, auch wenn der Erblasser den Begünstigen als „Erben" bezeichnet hat. Die Aufzählung einzelner körperlicher Sachen oder Forderungen kann ebenfalls als Vermächtnis verstanden werden, auch wenn das Zugedachte den größten Teil der Verlassenschaft ausmacht, diese sogar aufzehrt (§ 690 ABGB). Ist aber aus der Vollständigkeit der Aufzählung zu vermuten, dass der Erblasser sein ganzes Hab und Gut einem Bedachten zuwenden wollte, so liegt eine Erbeinsetzung vor.

Die Verwendung der Phrasen „Mein Testament" oder „ich vermache mein Vermögen" indizieren eine Erbeinsetzung. Wer aber als „Erbe" einer Biedermeierkommode eingesetzt wurde, ist bloß Vermächtnisnehmer.

Ein Testament muss **mindestens eine Erbeinsetzung** enthalten, doch kann der Erblasser auch mehrere Erben einsetzen und andere Anordnungen treffen.

*Als neben der Erbeinsetzung mögliche **andere Anordnungen** kommen bspw in Betracht: die Ernennung von Ersatz- oder Nacherben (siehe S 63 ff), die Einräumung von Vermächtnissen (siehe S 73 ff), die Anordnung von Bedingungen, Befristungen und Auflagen, Begräbnisanordnungen, die Ernennung von Testamentsvollstreckern (siehe S 69), die Errichtung einer Privatstiftung von Todes wegen, der ausdrückliche Widerruf früherer Verfügungen (siehe S 50) oder Veräußerungs- und Belastungsverbote.*

Wendet der Erblasser in einer letztwilligen Verfügung einer oder mehreren Personen, die mangels letztwilliger Verfügung gesetzliche Erben wären, nichts zu, sondern schließt er sie von der Erbfolge aus, liegt ein **negatives Testament** vor (sonstige letztwillige Verfügung). Ob der Ausschluss auch auf die Nachkommen eines ausgeschlossenen Erben zu beziehen ist, muss durch Auslegung ermittelt werden. Den Ausschluss eines gesetzlichen Erben kann der Erblasser mit einer positiven Einsetzung einer anderen Person (als Erben) verbinden. In diesem Fall liegt ein **Testament** vor. Wird die Erbeinsetzung ungültig, ist mittels Auslegung zu klären, ob der Ausschluss noch wirksam sein soll.

B. Bestimmung des Erben und der Erbteile

a) Bestimmung des Erben

Der Erblasser muss den Erben **selbst** bestimmen und darf dessen Benennung nicht einem Dritten überlassen (§ 564 ABGB). Auch die Bestimmung des Erbteils (dh der Quote, die ein Erbe vom Vermögen erhalten soll) kann nicht einem Dritten überlassen werden. Die Person des Erben muss jedoch nicht namentlich bezeichnet werden. Es genügt, wenn der Erbe **bestimmbar** ist. Dass der Erbe erst nach dem Tod des Erblassers bestimmbar wird, schadet nicht.

Daher ist die Verfügung des Erblassers gültig, wonach jenes seiner Kinder Alleinerbe sein soll, das sich um das Begräbnis gekümmert hat.

Weiters ist es zulässig, dass der Erblasser einem **Dritten** das Recht einräumt, den Erben unter **mehreren** Personen nach **sachlichen Gesichtspunkten auswählen** zu können.

Beispiel: *„Mein Freund Andreas soll bestimmen, welcher meiner Söhne Alleinerbe sein soll." – diese Verfügung wäre nicht zulässig. Die Auswahl des Alleinerben würde unzulässigerweise ausschließlich und uneingeschränkt in die Sphäre eines Dritten übertragen. „Jener meiner Söhne soll Alleinerbe sein, der nach dem Urteil meines Freundes Andreas der bessere Tennisspieler ist" – diese Verfügung wäre zulässig, da die Auswahl des Alleinerben durch den Dritten nach sachlichen (durch den Erblasser vorgegebenen) Gesichtspunkten zu erfolgen hat.*

Die Bestimmung eines Erben unter einer **Bedingung, die vom Verhalten eines Dritten abhängt**, ist ebenso zulässig. Voraussetzung ist aber, dass das Verhalten Dritter nicht unmittelbar über die Erbeinsetzung, sondern bloß über Umstände entscheidet, an denen der Erblasser ein selbständiges Interesse hat.

Beispiel: *„Franziska soll meine Alleinerbin sein, wenn meine Frau damit einverstanden ist." – diese Verfügung wäre ungültig, da die Einsetzung der Alleinerbin unmittelbar vom Verhalten (der Zustimmung) einer dritten Person abhängt. „Franziska soll meine Alleinerbin sein, wenn meine Frau es zur Universitätsprofessorin schafft." – Diese Verfügung wäre gültig, da die Erbeinsetzung zwar vom Verhalten Dritter abhängt, dieses aber nicht unmittelbar, sondern bloß mittelbar für den Bedingungseintritt bedeutsam ist.*

Trifft die vom Erblasser vorgenommene Bezeichnung auf **mehrere** Personen zu, ist durch Auslegung zu ermitteln, wer gemeint ist. Im Zweifel ist jene Person Erbe, die dem Erblasser am nächsten steht.

Beispiel: *Der Erblasser verfügt, dass sein Freund Johannes sein Alleinerbe sein soll. Gibt es im Freundeskreis mehrere Personen mit dem Namen Johannes und ist zweifelhaft, welche davon gemeint sein könnte, so ist jene Person namens Johannes Erbe, mit dem der Erblasser sich wöchentlich getroffen hat und nicht jene, zu der er bloß gelegentlichen Kontakt pflegte. Gibt es gar keine Anhaltspunkte für den wahren Willen des Erblassers, so ist die Verlassenschaft unter den möglichen Bedachten zu teilen.*

b) Bestimmung des Erbteils

- **Allgemeines**

Der Umfang des Erbteils (der Quote), dh wie viel jeder der (eingesetzten) Erben vom Vermögen erhalten soll, ergibt sich bei der gesetzlichen Erbfolge aus den §§ 732 ff ABGB. Bei der gewillkürten Erbfolge bestimmt sich der Erbteil nach dem **wahren Willen des Erblassers**. Ist der wahre Wille des Erblassers jedoch nicht eindeutig, enthalten die **§§ 554 – 559 ABGB** für letztwillige Verfügungen folgende Regelungen zur Bestimmung der Erbteile:

- Hat der Erblasser **eine einzige Person** zum Erben eingesetzt, hat er aber **keine** Bestimmung über die Quote des eingesetzten Erben getroffen, so erhält der eingesetzte Erbe die **gesamte** Verlassenschaft (§ 554 S 1 ABGB). Hat der Erblasser dem Erben aber einen bestimmten Erbteil zugewiesen, fällt der übrige Teil der Verlassenschaft an die gesetzlichen Erben (§ 554 S 2 ABGB).
- Hat der Erblasser **ohne Quotenbestimmung mehrere Personen** zu Erben eingesetzt, so erben sie **zu gleichen Teilen** (§ 555 ABGB). Handelt es sich dabei um gesetzliche Erben, so erfolgt die Teilung jedoch nach Stämmen (§ 559 ABGB).

  Beispiel: *Der Erblasser verfügt: „Meine Freunde A, B und C sollen meine Erben sein." A, B und C erhalten je 1/3 der Verlassenschaft. Der Erblasser verfügt: „Mein Sohn A sowie meine Enkel B und C, die die Kinder meines zweiten – bereits verstorbenen – Sohnes Z sind, sollen meine Erben sein." A, B und C erhalten nicht je 1/3 der Verlassenschaft. Es handelt sich bei den eingesetzten Erben um gesetzliche Erben des Erblassers. Die Teilung erfolgt somit nach Stämmen. Demnach erhält A (als ein Stamm des Erblassers) die 1/2 der Verlassenschaft. B und C gehören als Nachkommen des Z zum zweiten Stamm des Erblassers. Der zweite Stamm erhält die andere 1/2 der Verlassenschaft. B und C müssen sich die 1/2 der Verlassenschaft teilen und erhalten im Ergebnis somit je 1/4 der Verlassenschaft.*

- Hat der Erblasser **mehrere Personen** als Erben eingesetzt, hat er die **Quote jedoch nur für einige** und nicht für alle der eingesetzten Erben bestimmt, so erhalten die unbestimmt (ohne Quote) eingesetzten Erben die übrige Verlassenschaft (dh den Teil der Verlassenschaft, der nach Abzug der bestimmten Quoten noch übrig ist) zu gleichen Teilen (§ 557 ABGB).

  Beispiel: *Der Erblasser verfügt: „Meine Freunde A und B sollen je 1/4 meines Vermögens erhalten. C, D und E sollen ebenfalls meine Erben sein". A und B erhalten entsprechend der Verfügung **je 1/4**. C, D und E müssen sich die übrige 1/2 gleichmäßig teilen, erhalten also **je 1/6** der Verlassenschaft.*

- Hat der Erblasser **mehrere Personen** zu Erben mit **jeweils einer bestimmten Quote** eingesetzt, wird jedoch die Verlassenschaft durch die Quoten **nicht gänzlich erschöpft**, so erhalten die **gesetzlichen Erben den Rest** (§ 556 ABGB). Wollte der Erblasser aber über die ganze Verlassenschaft verfügen und hat er **bloß irrtümlich** bei der Bestimmung der Quoten nicht die gesamte Verlassenschaft verteilt, so erhalten die eingesetzten Erben den Rest (§ 556 ABGB; der Rest wird nach der hM unter den eingesetzten Erben im Verhältnis ihrer Quoten aufgeteilt).

  Beispiel: *Der Erblasser verfügt: „Mein Freund Armin erhält die 1/2 meines Vermögens. Mein Freund Boris erhält 1/3 meines Vermögens." Das übrige 1/6 fällt an die gesetzlichen Erben. Entspricht es dem wahren Willen des Erblassers, dass er sein gesamtes Vermögen Armin und Boris zuwenden wollte, so erhalten Armin und Boris das übrige 1/6 noch zusätzlich. Nach der hM müssen sie sich das 1/6 nach dem Verhältnis ihrer Quoten (also 3:2) teilen. Armin erhält somit zusätzlich noch 1/10 und Boris zusätzlich noch 1/15 der Verlassenschaft.*

Unterläuft dem Erblasser ein **Rechenfehler**, so entscheiden die beabsichtigten Relationen über die Verteilung (vgl § 558 ABGB).

Die eben dargestellten Grundsätze gelten nur, wenn sich die Erbteile nicht nach dem wahren Willen des Erblassers bestimmen lassen. Bei den §§ 554 ff ABGB handelt es sich um **gesetzliche Zweifelsregelungen**. Der wahre Wille des Erblassers geht immer vor.

- **Anwachsung (Akkreszenz) gemäß §§ 560, 563 ABGB**

Hat der Erblasser mehrere Erben durch letztwillige Verfügung eingesetzt, kommt einer (oder mehrere) dieser Erben aber nicht zum Zug, stellt sich die Frage nach dem rechtlichen Schicksal des zugedachten Erbteils. Die §§ 560, 563 ABGB sehen für einen solchen Fall unter bestimmten Voraussetzungen die Möglichkeit der Anwachsung vor: Die Anwachsung kommt in Frage gem § 560 Abs 1 ABGB in Frage, wenn der Erblasser

- **mehrere Erben** letztwillig eingesetzt und
- über die **gesamte Verlassenschaft** verfügt hat und
- **einer** dieser vorgesehenen Erben im Ergebnis **nicht zum Zug** kommt, sodass sein letztwillig verfügter Erbteil frei wird, sei es aufgrund von Vortod, Erbunfähigkeit, Ausschlagung, Erbverzicht des vorgesehenen Erben oder auch gemäß § 560 Abs 1 S 2 ABGB aufgrund von **Unwirksamkeit der Einsetzung** des vorgesehenen Erben infolge Irrtums etc.

Wenn in diesen Fällen ein **Ersatz-** oder **Nacherbe** zum Zug kommt (siehe S 63 ff) oder der Erbteil aufgrund des Ablebens des vorgesehenen Erben vor der Einantwortung mittels **Transmission** an dessen Erben fällt (siehe S 16), wird der Erbteil nicht frei und es kann nicht zur Anwachsung kommen.

Liegt ein maßgeblicher Fall im Sinne von § 560 Abs 1 ABGB vor, kommt es zur Anwachsung, dh der **frei gewordene Erbteil fällt automatisch** und gegebenenfalls rückwirkend zum Erbanfall an die **Anwachsungsberechtigten im Verhältnis ihrer**

Erbteile. Eine gesonderte Erbantrittserklärung der Anwachsungsberechtigten ist nicht erforderlich, allerdings kann der Zuwachs ausgeschlagen werden. Anwachsungsberechtigt sind alle übrigen, tatsächlich zum Zug kommenden letztwillig eingesetzten Erben. Irrelevant ist, ob die übrigen Erben zu bestimmter Erbquote oder unbestimmt, dh ohne Erbquote eingesetzt sind. Die Erben, denen der frei gewordene Erbteil mittels Anwachsung zufällt, **übernehmen** gemäß § 563 ABGB die mit dem zuwachsenden Erbteil **verknüpften Lasten**, etwa Auflagen, Befristungen, Vermächtnisse, soweit es sich nicht um höchstpersönliche Pflichten handelt, etwa eine Auflage, die – wie die Schaffung eines bestimmten Kunstwerks – ausschließlich von dem ursprünglich eingesetzten Erben erfüllt werden könnte. **Bedingungen gehen** hingegen nach § 702 ABGB **im Zweifel nicht** auf die anwachsungsberechtigten Erben über.

Beispiel: *Der Erblasser William setzt seine beiden Töchter Katharina und Stephanie zu je einem Viertel als Erben ein, darüber hinaus setzt William seine vier besten Freunde jeweils unbestimmt, dh als Erben ohne bestimmte Erbquote ein. Nach Williams' Ableben schlägt Katharina ihre Erbschaft im Zuge des Verlassenschaftsverfahrens aus.*

Der Erblasser hat über die gesamte Verlassenschaft verfügt und ein Erbteil wird aufgrund von Ausschlagung frei, es liegt daher ein Fall im Sinne von § 560 ABGB vor und es kommt – im Zweifel – zur Anwachsung des frei gewordenen Erbteils bei den anderen Erben. Das frei gewordene Viertel wächst daher allen übrigen Erben im Verhältnis ihrer ursprünglichen Erbquoten zu, und zwar unabhängig von der Einsetzung mit oder ohne bestimmte Erbquote. Konkret bedeutet dies, dass das frei gewordene Viertel im Verhältnis 2:1:1:1:1 (= Stephanie mit einem bestimmten Viertel im Verhältnis zu den vier Freunden mit je einem unbestimmten, aber ermittelbaren Achtel) aufgeteilt werden muss. Im Ergebnis wachsen Stephanie ein Zwölftel und jedem der vier Freunde je ein Vierundzwanzigstel automatisch und rückwirkend zum Erbanfall zu.

Bei der Regelung zur Anwachsung handelt es sich um eine **gesetzliche Zweifelsregelung**. Die Auslegung der letztwilligen Verfügung zur Ermittlung des wahren Erblasserwillens kann daher zu dem Ergebnis führen, dass bei Freiwerden eines Erbteils eine Anwachsung nicht gewollt ist. Kommt es daher nicht zu einer Anwachsung, etwa auch weil die Anwachsungsberechtigten den Zuwachs ausschlagen oder nicht über die gesamte Verlassenschaft verfügt wurde, fällt der frei gewordene Erbteil gemäß § 560 Abs 2 ABGB an die **gesetzlichen Erben**.

C. Testamentarische Gestaltungsmöglichkeiten

Neben der Erbeinsetzung trifft der Erblasser im Testament vielfach zusätzliche Anordnungen (Bedingungen, Befristungen, Auflagen etc), um seine Verfügung den konkreten Umständen und seinem wahren Willen anzupassen. Im Folgenden sollen die häufigsten Anordnungen kurz dargestellt werden. Die dargestellten Grundsätze gelten nicht nur für Anordnungen in Testamenten, sondern ohne Unterschied auch für Anordnungen in sonstigen letztwilligen Verfügungen.

a) Bedingungen, Befristungen, Auflagen

- **Bedingungen**

Der Erblasser kann den Bestand des Erbrechts an den Eintritt eines noch **ungewissen Ereignisses** knüpfen. Das Ereignis kann tatsächlicher oder rechtsgeschäftlicher Natur sein. Das Erbrecht ist dann **bedingt**, dh das Entstehen bzw das Erlöschen des Erbrechts hängt vom Eintritt eines bestimmten ungewissen Ereignisses ab. Die Rechtsfolge einer Bedingung, dh das Entstehen bzw das Erlöschen eines Rechts, tritt gemäß § 699 ABGB nur dann ein, wenn die Bedingung **genau erfüllt** wird. Im Gegensatz zur Auflage (siehe S 62 f) reicht es nicht, wenn ein Ereignis eintritt, das der Bedingung nahe kommt, und es ist ohne Bedeutung, aus welchem Grund das Ereignis nicht eintritt. Auch verpflichtet die Aufnahme einer Bedingung die betroffene Person nicht dazu, ein bestimmtes Verhalten zu setzen.

Der Erblasser kann bestimmen, dass das Erbrecht mit dem Eintritt eines ungewissen Ereignisses entstehen soll (**aufschiebende Bedingung** bzw Suspensivbedingung). Das Erbrecht entsteht dann erst mit dem Bedingungseintritt (und nicht bereits mit dem Tod des Erblassers), sodass eine Transmission bis zum Bedingungseintritt nicht möglich ist. Die Erbfähigkeit ist im Zeitpunkt des Bedingungseintritts zu beurteilen (§ 703 ABGB). Davor hat der Begünstigte bloß eine aufschiebend bedingte Rechtsposition.

> ***Beispiel:*** *Der Erblasser verfügt: „Mein Sohn Alexander soll mein Vermögen erhalten, wenn er erfolgreich ein Universitätsstudium in der Fachrichtung Technische Chemie absolviert hat.“ – (aufschiebende Bedingung).*

Der Erblasser kann auch anordnen, dass der Erbe sein Erbrecht mit dem Eintritt eines ungewissen Ereignisses verlieren soll (**auflösende Bedingung** bzw Resolutivbedingung). Mit Einantwortung erhält der Erbe die Verlassenschaft (bzw einen Teil davon) und verliert den Erbteil wieder bei Eintritt des ungewissen Ereignisses.

> ***Beispiel:*** *Der Erblasser verfügt: „Mein Sohn Alexander wird mein Erbe. Er soll die Erbschaft aber verlieren, wenn er sich nach meinem Tod straffällig macht.“ – (auflösende Bedingung).*

- **Befristungen**

Der Erblasser kann den Bestand des Erbrechts an den Eintritt eines **gewissen Ereignisses** knüpfen. Das Erbrecht ist damit **befristet**. Im Unterschied zur Bedingung steht bei der Befristung fest, dass das Ereignis eintreten wird.

> ***Beispiel:*** *Der Erblasser verfügt: „Anna soll mein Vermögen an dem Tag erhalten, an dem mein Rufonkel Heinrich stirbt.“ – Dass der Rufonkel nach dem Tod des Erblassers einmal sterben wird, ist gewiss. Es liegt somit eine Befristung vor. Wann der Rufonkel versterben wird, ist aber nicht gewiss.*

Der Erblasser kann anordnen, dass das Erbrecht erst mit Eintritt des gewissen Ereignisses entstehen soll (**aufschiebende Befristung** bzw Anfangstermin). Das Erbrecht entsteht mit dem Tod des Erblassers, die Fälligkeit ist aber bis zum Eintritt des gewissen Ereignisses hinausgeschoben (§ 705 ABGB). Stirbt der befristet eingesetzte Erbe nach dem Erwerb des noch nicht fälligen Erbrechts, aber vor dem Eintritt des gewissen

Ereignisses, so geht das noch nicht fällige (Erb-)Recht auf seine Erben über (Transmission).

> ***Beispiel:*** *Der Erblasser verfügt: „Adrian soll mein Vermögen an dem Tag erhalten, an dem sein Vater stirbt." – (aufschiebende Befristung).*

Der Erblasser kann anordnen, dass das Erbrecht mit Eintritt des gewissen Ereignisses aufhören soll (**auflösende Befristung** bzw Endtermin). Mit Einantwortung erhält der Erbe die Verlassenschaft (bzw einen Teil davon) und verliert den Erbteil wieder bei Eintritt des gewissen Ereignisses.

> ***Beispiel:*** *Der Erblasser verfügt: „Axel soll mein Erbe sein. Nach dem Tod seiner Mutter soll er aber meine Erbschaft verlieren." – (auflösende Befristung).*

- **Unmöglichkeit und Unerlaubtheit von Bedingungen und Befristungen**

Letztwillige Anordnungen, die unter einer **aufschiebenden unmöglichen Bedingung** oder **Befristung** (Anfangstermin) stehen, sind als gänzlich **ungültig** (§§ 698, 706 ABGB). Lassen sich die Anordnungen der letztwilligen Verfügung trennen, so ist nur die unter der unmöglichen Bedingung oder Befristung getroffene Verfügung ungültig. Eine **auflösende unmögliche Bedingung** oder **Befristung** (Endtermin) gilt hingegen als **nicht beigesetzt**, dh dass die zugrunde liegende Anordnung als solche wirksam bleibt, aber nicht mehr der – unmöglichen – Bedingung oder Befristung unterliegt (§§ 698, 706 ABGB).

Unverständliche, **unbestimmte** sowie **gesetz-** oder **sittenwidrige Bedingungen** geltend gemäß § 697 ABGB als **nicht beigesetzt**.

> ***Beispiel:*** *Der Erblasser verfügt: „Mein Sohn Alfred ist mein Erbe. Er soll die Erbschaft aber wieder verlieren, wenn er nicht innerhalb von zwei Jahren nach meinem Tod eine Bank ausgeraubt hat." – dabei handelt es sich um eine letztwillige Verfügung, die unter einer auflösenden gesetzwidrigen Bedingung steht. Die auflösend gesetzwidrige Bedingung gilt als nicht beigesetzt (§ 697 ABGB). Die Verfügung, wonach Alfred Erbe sein soll, bleibt aber aufrecht. Alfred erhält daher die Verlassenschaft ohne die Bedingung.*

Eine **Bedingung der Nichtverehelichung** in dem Sinne, dass der Bedachte eine Zuwendung verliert, wenn er – pauschal bestimmt – eine Ehe oder eingetragene Partnerschaft eingeht, gilt grundsätzlich als **sittenwidrig** und daher gemäß § 697 ABGB als nicht beigesetzt. Die Bedingung, dass der Begünstigte eine konkret bestimmte Person nicht heiratet bzw mit dieser eine eingetragene Partnerschaft eingeht, wird hingegen als zulässig und wirksam erachtet.

Der einer letztwilligen Verfügung angehängte Beisatz, dass jede spätere letztwillige Verfügung überhaupt oder – wenn sie nicht in einer bestimmten Form errichtet oder mit einem bestimmten Merkmal bezeichnet ist – nichtig sein soll, gilt als **nicht beigesetzt** (**derogatorische Klausel**, Widerrufsverzicht; § 716 ABGB).

Die Bedingung, dass der Bedachte die Zuwendung verlieren (auflösende Bedingung) oder dass die Zuwendung in irgendeiner Weise belastet werden soll, wenn er die letztwillige Verfügung bestreitet, ist zulässig. Eine solche Bedingung nennt man auch

kassatorische Klausel (Bestreitungsverbot[29]). Gemäß § 712 Abs 2 ABGB bleibt die kassatorische Klausel jedoch **unwirksam** und daher sanktionslos, wenn nur die **Echtheit** bestritten, bestimmte **Auslegungsvarianten** vertreten, **sitten- oder gesetzwidrige** Anordnungen bekämpft oder Verstöße gegen **zwingende Formvorschriften** geltend gemacht werden.

Bestreitung bedeutet, dass der Begünstigte durch Klage oder Einrede versucht, der letztwilligen Verfügung ihre Wirksamkeit zu nehmen.

- **Auflage**

Mit einer Auflage gemäß § 709 ABGB **verpflichtet** der Erblasser den Bedachten zu einem **bestimmten Verhalten** (Tun oder Unterlassen). Der Bedachte verwirkt die Zuwendung gemäß § 710 ABGB, wenn er die Auflage schuldhaft nicht erfüllt. Die **schuldhafte Nichterfüllung** der Auflage wirkt wie eine auflösende Bedingung. Ergibt sich jedoch mittels Auslegung ein gegenteiliger Wille des Erblassers, führt auch die schuldhafte Nichterfüllung der Auflage nicht zum Verlust der Zuwendung.

Die Auflage ist grundsätzlich genau zu erfüllen. Ist eine genaue Erfüllung jedoch nicht möglich, reicht es, wenn der Bedachte dem Inhalt der Auflage **nach Möglichkeit** nahekommt (**Surrogatserfüllung**). Ist auch keine Surrogatserfüllung möglich und trifft den Bedachten an der Unmöglichkeit **kein Verschulden**, erhält er die Zuwendung ohne Auflage. Die Nichterfüllung führt in diesem Fall nicht zum Verlust der Zuwendung.

> ***Beispiele:*** *Der Erblasser verfügt: „Der Erbe hat mein Grab zu pflegen." – Auflage im Interesse des Erblassers. „Der Erbe hat meine Bilder der Öffentlichkeit in einem Museum zu präsentieren." – Auflage zugunsten Dritter. „Der Erbe darf aus dem Erbgut nichts an seine Mutter schenken." – (negative) Auflage zugunsten des durch die Auflage Beschwerten.*

Anders als Bedingungen können **Auflagen durch Klage erzwungen** werden. Die zur Durchsetzung berechtigten Personen (Auflageberechtigte) sind in erster Linie allfällige Testamentsvollstrecker (siehe S 69 f), Miterben oder die Finanzprokuratur (bei bestimmten Auflagen im öffentlichen Interesse), nicht jedoch die Auflagebegünstigten. Sollen die Personen, zu deren Gunsten der Erblasser bestimmte andere Personen (Erben oder Vermächtnisnehmer) zu einem Tun oder Unterlassen verpflichtet hat, dieses Verhalten selbst mittels Klage durchsetzen können, liegt keine Auflage, sondern ein Vermächtnis vor.

Nicht jede Anordnung des Erblassers an einen Bedachten, sich in bestimmter Weise zu verhalten, ist eine verbindliche Auflage. Sie kann auch **Rat, Wunsch oder Bitte** sein, was durch Auslegung zu klären ist (vgl § 711 ABGB).

Über den Verlust der Zuwendung hinaus können Bedingungen, Befristungen und Auflagen weitreichende Bedeutung etwa für **Unternehmertestamente** haben, dh letztwillige Verfügungen von Unternehmern, die ihr Einzelunternehmen bzw ihre Unternehmensanteile vererben möchten. Um auch über den Tod hinaus noch Einfluss auf die Unternehmensführung zu haben, wird die letztwillige Einräumung des Erbrechts oft mit derartigen Klauseln (insbesondere Auflagen) kombiniert. Praxisrelevante Beispiele

[29] Vgl OGH 26.6.2014, 6 Ob 10/14k.

sind die Verpflichtung zur **Bestellung bestimmter Personen als Geschäftsführer** oder Anordnungen über die Durchführung bzw Unterlassung bestimmter **Umstrukturierungsmaßnahmen** (keine Verschmelzung, Spaltung etc) oder sonstiger Verfügungen (etwa Anteilsveräußerungen an familienfremde Dritte).

Problematisch werden derartige Klauseln, wenn spätere Entwicklungen dazu führen, dass die **Einhaltung dieser Klauseln unmöglich wird** oder erheblich **nachteilige Auswirkungen** für das Unternehmen hätte. Beispielsweise lehnen die als Geschäftsführer bestimmten Personen ihre Bestellung ab, treten zurück, erweisen sich nicht als ausreichend qualifiziert oder werden bestimmte – untersagte – Umstrukturierungsmaßnahmen und Verfügungen aufgrund wirtschaftlicher Entwicklungen notwendig. In solchen Fällen ist einerseits **durch Auslegung zu ermitteln**, ob eine Bedingung, eine Auflage oder eine unverbindliche Absicht vorliegt bzw ob bei Bestehen einer Auflage die schuldhafte Nichterfüllung tatsächlich zum Verlust der gesamten Zuwendung führen soll. Kommt man zu dem Schluss, dass eine rechtsverbindliche Auflage vorliegt, deren Nichterfüllung zum Verlust der Zuwendung führt, ist zu klären, ob eine Surrogaterfüllung möglich bzw ob die Erfüllung ohne Verschulden des Bedachten unmöglich geworden ist, um die Zuwendung zu behalten.

Beispiel: *Der Erblasser überträgt letztwillig die Anteile an „seinem“ Unternehmen (Kapitalgesellschaft) an eine Privatstiftung und verfügt, dass diese ausdrücklich verpflichtet sei, die Neffen des Erblassers für die nächsten 3 Jahre als Geschäftsführer in der Kapitalgesellschaft einzusetzen. Die Neffen werden bestellt, treten dann aber – noch innerhalb der Dreijahresfrist – im Zuge notwendiger Umstrukturierungen von ihren Geschäftsführungsfunktionen freiwillig zurück. Auf den ersten Blick ist die Auflage nicht erfüllt, die Zuwendung an die Privatstiftung müsste daher wegfallen und würde den gesetzlichen Erben zufallen. Dem kann entgegengehalten werden, dass die Privatstiftung, dh die mit der Auflage belastete Erbin, dem Inhalt der Auflage nach Möglichkeit nahe gekommen ist (die Neffen wurden als Geschäftsführer bestellt), die Auflage daher als erfüllt gilt (Surrogatserfüllung). Geht man jedoch davon aus, dass die Bestellung der Neffen und deren nachfolgender Rücktritt eine Nichterfüllung darstellt, ist zu bedenken, dass die Privatstiftung daran kein Verschulden hat und daher die Nichterfüllung nicht zu einer Verwirkung der Zuwendung führt. Zudem ist zu überlegen, ob – trotz Vorliegen einer verbindlichen Auflage („ausdrücklich verpflichtet“) – durch Auslegung ermittelt werden kann, dass der Erblasser auch bei Nichterfüllung nicht die Zuwendung zurücknehmen wollte.*

Man sieht, dass sich aus derartigen Klauseln **schwierige Auslegungsfragen** ergeben können, deren Beantwortung erhebliche Rechtswirkungen haben. Eine sorgfältige Formulierung entsprechender letztwilliger Anordnungen ist daher essenziell. Überhaupt ist die Aufnahme derartiger Klauseln mit den möglichen Spätfolgen sorgfältig abzuwägen.

b) Ersatz- und Nacherbschaft (Substitution)

Unter dem Begriff der **Substitution** werden zwei Fälle verstanden. Einerseits kann der Erblasser bestimmen, wer Erbe sein soll, wenn der eingesetzte Erbe die Erbschaft nicht erlangt (**Ersatzerbschaft** bzw gemeine Substitution/Vulgarsubstitution gemäß §§ 604 ff ABGB). Andererseits kann der Erblasser bestimmen, dass ein zweiter Erbe nach dem ersten Erben zur Erbschaft gelangen soll (**Nacherbschaft** bzw fideikommissarische Substitution gemäß §§ 608 ff ABGB). Mittels Ersatzerbschaft will der Erblasser Vorsorge für den Fall treffen, dass der von ihm eigentlich gewollte Erbe nicht zur Erbschaft gelangt. Mittels Nacherbschaft will der Erblasser bestimmen, wer sein Vermögen nach dem ersteingesetzten Erben erhalten soll.

Für die Ersatz- und Nacherbschaft gelten die besonderen Auslegungsregeln des § 614 ABGB. Der Bestimmung liegt das Ziel zugrunde, dass der (erst-)eingesetzte Erbe **im Zweifel** durch die Anordnung einer Substitution **möglichst wenig eingeschränkt** werden soll. Ist nicht klar, ob überhaupt eine Substitution angeordnet ist, wird daher im Zweifel keine Substitution angenommen. Steht fest, dass der Erblasser eine Substitution anordnen wollte, ist aber zweifelhaft welche Art, ist eine Ersatzerbschaft und keine Nacherbschaft anzunehmen. Steht fest, dass eine Nacherbschaft angeordnet ist, ist im Zweifel die Anordnung einer Nacherbschaft auf den Überrest im Sinne von § 609 ABGB (siehe S 69) anzunehmen.

Ersatz- und Nacherbschaft können sich auf die gesamte Verlassenschaft oder nur einen bestimmten Erbteil (Quote) beziehen. Beide Arten können auch miteinander verbunden werden. Die Vorschriften der Ersatz- und Nacherbschaft **gelten auch für Vermächtnisse** (§ 652 ABGB).

- **Ersatzerbschaft**

Der Erblasser kann bestimmen, wer Erbe sein soll, wenn der (erst-)eingesetzte Erbe die Erbschaft nicht erlangt (aufgrund von Vortod, Erbunfähigkeit, Erbverzicht, Ausschlagung, Tod vor Abgabe Erbantrittserklärung). Der vom Erblasser bestimmte Ersatzerbe **tritt dann an die Stelle des (erst-)eingesetzten Erben** (§ 604 ABGB). Der Erblasser kann auch für den Ersatzerben einen Ersatzerben und für diesen wiederum einen anderen Ersatzerben bestimmten. Die Anzahl der Ersatzerbenberufungen ist **zahlenmäßig unbeschränkt** (§ 604 ABGB). Die Erbschaft fällt jeweils dem Nächstberufenen an.

> ***Beispiel:*** *Der Erblasser verfügt: „Amelie soll mein Erbe sein. Gelangt sie nicht zur Erbschaft dann soll Bianca meine Erbin sein. Gelangt auch diese nicht zur Erbschaft dann soll Carina meine Erbin sein."*

Der Ersatzerbe ist Erbe des Erblassers und muss daher diesem gegenüber erbfähig sein. Den Ersatzerben treffen im Zweifel die dem (erst-)eingesetzten Erben auferlegten Lasten, etwa Auflagen und Vermächtnisse (§ 606 ABGB), nicht aber die dem (erst-) eingesetzten Erben gestellten Bedingungen (§ 702 ABGB).

Eine **vermutete Ersatzerbenberufung** gilt gemäß **§ 605 ABGB** für den Fall, dass der Erblasser eines seiner eigenen Kinder testamentarisch als Erben einsetzt, dieses jedoch vor ihm stirbt, das Erbrecht ausschlägt oder erbunwürdig ist. Dann treten die **Nachkommen des vorverstorbenen Kindes als Ersatzerben** an dessen Stelle.

> ***Beispiel:*** *Der Erblasser setzt seinen Sohn Adam zu 1/3 als Erben ein. Seine Tochter Belinda zu 2/3 als Erben ein. Adam stirbt vor dem Erblasser und hinterlässt drei Söhne. Sie sind gem § 779 ABGB seine Ersatzerben. Sie erhalten nach dem Tod des Erblassers jeweils 1/9 der Verlassenschaft.*
>
> *§ 779 ABGB gilt nur für die Nachkommen der Kinder des Erblassers, nur bei gewillkürter Erbfolge und weicht als gesetzliche Vermutung einem anderen Erblasserwillen.*

Die Ersatzerbschaft **erlischt** grundsätzlich (dh sofern sich kein abweichender Wille des Erblassers feststellen lässt) **mit dem Antritt der Erbschaft** durch den (erst-)eingesetzten Erben (§ 615 Abs 1 S 1 ABGB). Die Erbschaft gilt als angetreten, wenn der (erst-)eingesetzte Erbe die Erbantrittserklärung abgibt.

Die Ersatzerbschaft verhindert die Anwachsung (vgl § 604 Abs 2 ABGB, § 560 Abs 1 ABGB, siehe S 58 f), geht den gesetzlichen Erben, dem außerordentlichen Erbrecht des Lebensgefährten (siehe S 29) und der Vermächtnisnehmer (siehe S 31) sowie dem Aneignungsrecht des Bundes (siehe S 31) vor.

- **Nacherbschaft**

  - **Allgemeines**

Der Erblasser kann auch darüber bestimmen, wer seine Verlassenschaft (bzw einen Teil davon) **nach seinen Erben erhalten soll**. In diesem Fall spricht man von einer Nacherbschaft. Die Erben, denen die Erbschaft zuerst zufällt, nennt man **Vorerben**. Jene Personen, die die Erbschaft nach den Vorerben erhalten sollen, heißen **Nacherben**.

Für die Einsetzung eines Nacherben gilt dasselbe wie für die Einsetzung eines Erben. Sie kann daher nur vom Erblasser vorgenommen werden und muss ausreichend bestimmt sein. Der Erblasser kann insb nicht die Bestimmung des Nacherben den Vorerben überlassen. Der Erblasser knüpft den **Übergang der Erbschaft** von dem Vorerben auf den Nacherben an den Eintritt eines bestimmten Ereignisses (Bedingung oder Befristung, je nachdem, ob das Ereignis gewiss oder ungewiss ist). Den Bedingungs- bzw Befristungseintritt nennt man den **Nacherbfall**. Am häufigsten finden sich Anordnungen, nach denen die Erbschaft mit dem Tod der Vorerben auf die Nacherben übergehen soll. In diesem Fall liegt eine Befristung vor, soweit nicht das – ungewisse – Überleben des Nacherben vorausgesetzt wird, da es sich diesfalls um eine Bedingung handelt. Gemäß § 615 Abs 2 ABGB gilt das Überleben des Nacherben allerdings im Zweifel nicht als vorausgesetzt. Der **Tod des Vorerben** wird schließlich gemäß § 608 Abs 2 ABGB im Zweifel, dh wenn zwar klar eine Nacherbschaft angeordnet, aber durch Auslegung kein Nacherbfall ermittelt werden kann, als maßgeblicher Nacherbfall angenommen.

> ***Beispiel:*** *Der Erblasser verfügt: „Anita soll meine Erbin sein. Stirbt Anita, so sollen ihre Kinder mein Vermögen erhalten."*

Durch die Nacherbschaft treten **Vermögensbindungen** ein, da der Erblasser bestimmt, welche Personen nach der Reihe seine Verlassenschaft bzw Teile davon erhalten sollen. Überlange Vermögensbindungen sind aber vom Gesetzgeber (wegen der dadurch eintretenden Beschränkung der Verkehrsfähigkeit) unerwünscht. Daher schränkt der Gesetzgeber die Zulässigkeit von Nacherbschaften ein:

- Der Erblasser kann gemäß § 611 ABGB **unbeschränkt viele Zeitgenossen** als Nacherben einsetzen. Zeitgenossen sind natürliche Personen, die bei Testamentserrichtung bereits geboren oder zumindest gezeugt waren. Juristische Personen sind keine Zeitgenossen.
- Setzt er aber **keine Zeitgenossen** als Nacherben ein, kann er für **bewegliche** Sachen maximal **zwei**, für **unbewegliche** Sachen **nur einen** Nacherben bestimmen.

Es werden aber nur jene Nacherben gezählt, die tatsächlich zur Erbschaft gelangen (§ 612 ABGB). Einzelunternehmen und Gesellschaftsanteile, die einen wesentlichen Einfluss auf die Geschäftsführung zulassen, gelten als unbewegliche Sachen; Gesellschaftsanteile, die schlichte Wertanlagen sind, gelten als beweglich.

Die Nacherbschaft erfasst nur das Vermögen des Erblassers, nicht auch jenes des Vorerben. Den Teil der Verlassenschaft, für den eine Nacherbschaft anordnet worden ist, nennt man **Substitutionsmasse.**

Gemäß § 608 Abs 1 Satz 2 ABGB ist ein **Nacherbe im Zweifel auch Ersatzerbe.**

> ***Beispiel:*** *Der Erblasser verfügt: „Anneliese soll meine Erbin sein. Stirbt Anneliese, so soll Bernhard meine Verlassenschaft erhalten." – Nacherbschaft. Wird Anneliese nun gar nicht Erbin (zB weil sie vor dem Erblasser verstirbt), wird gem § 608 ABGB Bernhard Ersatzerbe der Anneliese. Es handelt sich dabei aber um eine widerlegliche gesetzliche Vermutung. Aus dem wahren Willen des Erblassers kann sich also anderes ergeben. Hat der Erblasser für Anneliese ausdrücklich einen Ersatzerben eingesetzt, so geht dieser als Ersatzerbe dem Bernhard vor.*

Die Nacherbschaft **erlischt** vor allem dann, wenn keiner der bestimmten Nacherben mehr übrig ist (zu den weiteren Erlöschungsgründen siehe §§ 615 ff ABGB).

> *Vgl vor allem § 617 ABGB: Hat ein Erblasser sein Kind, das zu diesem Zeitpunkt selbst noch kinderlos war, als Erben und eine andere Person als dessen Ersatz- oder Nacherben eingesetzt, so erlischt diese, wenn das Kind des Erblassers erbfähige Nachkommen hinterlässt. § 617 ABGB ist jedoch bloß eine widerlegliche Zweifelsregel.*

- **Konstruktive Nacherbfolge und gesetzliche Umdeutung von Testieranordnungen**

Hat der Erblasser ohne ausdrückliche Anordnung einer Nacherbschaft einen Erben bedingt oder befristet eingesetzt, so nehmen die gesetzlichen Erben die Stellung der Vor- oder Nacherben ein. Man spricht von **konstruktiver Nacherbfolge**. Ist ein Testamentserbe unter aufschiebender Bedingung oder unter aufschiebender Befristung berufen, so sind die gesetzlichen Erben des Erblassers (bis zum Bedingungs- oder Befristungseintritt) seine Vorerben (§ 707 ABGB). Ist ein Testamentserbe unter auflösender Bedingung oder auflösender Befristung berufen, so sind die gesetzlichen Erben des Erblassers (nach Bedingungs- oder Befristungseintritt) seine Nacherben (§ 708 ABGB).

> *Der Erblasser verfügt: "Wenn meine Schwester einmal Kinder haben sollte, so sollen sie meine Erben sein." Die Kinder der Schwester sind also Erben unter der Bedingung ihrer Geburt. Auch in diesem Fall kommt es zur konstruktiven Nacherbfolge. Bis die Kinder geboren sind, sind die gesetzlichen Erben des Erblassers die Vorerben (falls der Erblasser vor Bedingungseintritt sterben sollte).*

Verfügt der Erblasser, dass einer seiner Erben seinerseits eine bestimmte Person zum Erben einzusetzen hat, liegt ein **unzulässiges Testiergebot** vor. Dieses Testiergebot wird gemäß § 610 Abs 1 ABGB in eine Nacherbschaft mit dem Tod des Vorerben als Befristung umgedeutet. Jene Person, zu deren Gunsten der Erbe testieren soll, wird Nacherbe.

Beispiel: *Der Erblasser verfügt: „Angela soll meine Erbin sein. Angela muss aber Barbara als seine Erbin einsetzen." Dieses unzulässige Testiergebot wird in eine Nacherbschaft umgedeutet (§ 610 ABGB). Barbara ist damit im Zweifel Nacherbin der Angela.*

Auch das vom Erblasser einem seiner Erben gemachte Verbot, ein Testament zu errichten, wäre ein unzulässiger Eingriff in die Testierfreiheit des Erben (**unzulässiges Testierverbot**). Auch in diesem Fall ist die Anordnung gemäß § 610 Abs 1 ABGB in eine Nacherbschaft umzudeuten: Nacherben sind dann die gesetzlichen Erben des Erben.

Beispiel: *Der Erblasser verfügt: „Aladin soll mein Erbe sein. Aladin darf aber selbst kein Testament errichten." Dieses unzulässige Testierverbot wird in eine Nacherbschaft umgedeutet (§ 610 ABGB). Die gesetzlichen Erben des Aladin sind die Nacherben. Sie würden ja erben, wenn Aladin (entsprechend dem Verbot des Erblassers) nicht testieren würde.*

In beiden Fällen (Testiergebot und Testierverbot) liegt eine konstruktive Nacherbfolge vor, da die Regeln der Nacherbschaft ohne ausdrückliche Anordnung durch den Erblasser greifen. Es kommt jeweils zu einer gesetzlich angeordneten **Umdeutung einer unzulässigen**, daher nach § 879 ABGB an sich nichtigen Anordnung in eine gültige Nacherbschaft, und zwar ausdrücklich in eine **Nacherbschaft auf den Überrest** gem § 609 ABGB (S 69).

- **Entstehung des Nacherbrechts**

Der Nacherbe kann aufschiebend bedingt oder aufschiebend befristet eingesetzt sein.

Beispiel: *Der Erblasser verfügt: „Annika soll meine Erbin sein. Stirbt Annika kinderlos, so soll Bernd mein Erbe sein." Bernd ist aufschiebend bedingter Nacherbe.*

Beispiel: *„Annika soll meine Erbin sein. Stirbt Annika, so soll Bernd mein Erbe sein." B ist aufschiebend befristeter Nacherbe.*

Der **aufschiebend bedingte Nacherbe** muss den **Bedingungseintritt (Nacherbfall) erleben**, damit sein Nacherbrecht entsteht und er die Nacherbschaft erlangt. Stirbt der aufschiebend bedingte Nacherbe vor Bedingungseintritt, erlischt die Nacherbschaft gemäß § 615 Abs 1 S 2 Hs 1 ABGB. Der Vorerbe kann das durch die Nacherbschaft ursprünglich gebundene Vermögen (Substitutionsmasse) frei auf seine Erben übertragen.

Beispiel: *Der Erblasser verfügt: „Aurelia soll meine Erbin sein. Stirbt Aurelia kinderlos, so soll Benedikt mein Erbe sein." Es handelt sich um eine aufschiebend bedingte Nacherbschaft. Stirbt Benedikt vor dem kinderlosen Tod der Aurelia, erlischt die Nacherbschaft. Aurelia kann die vom Erblasser erhaltene Substitutionsmasse frei weitervererben.*

Der **aufschiebend befristete Nacherbe** muss nur **den Tod des Erblassers (Erbfall) erleben**, damit sein Nacherbrecht entsteht. Stirbt der aufschiebend befristete Nacherbe nach dem Erbfall, so kann er ab diesem Zeitpunkt sein Nacherbrecht an seine Erben weitervererben (Transmission). Der Nacherbe muss den Befristungsablauf (Nacherbfall) nicht erleben.

Beispiel: *Der Erblasser verfügt: „Dorian soll mein Erbe sein. Stirbt Dorian, so soll Ernesto mein Erbe sein." Es handelt sich um eine aufschiebend befristete Nacherbschaft. Stirbt*

Ernesto nach dem Tod des Erblassers (Erbfall), so kann er ab diesem Zeitpunkt sein Nacherbrecht an seine Erben weitervererben. Den Tod des Dorian muss Ernesto nicht erleben. Zum Zeitpunkt des Nacherbfalls (Tod des Dorian) erhalten die Erben des Ernesto die Substitutionsmasse.

Kommt es zum Eintritt des Nacherbfalles, ist das **Verlassenschaftsverfahren** nach dem Tod des Erblassers **neu aufzunehmen**. Ist der Nacherbfall der Tod des Vorerben, kommt es somit zu zwei Verlassenschaftsverfahren. Eines nach dem Erblasser, eines nach dem Vorerben.

- **Rechtsstellung des Vorerben und des Nacherben**

Der **Vorerbe** wird mit der Einantwortung (S 133 f) **Eigentümer der Substitutionsmasse.** Sein Eigentumsrecht ist durch den Nacherbfall (Bedingungseintritt oder Befristungsablauf) auflösend bedingt oder auflösend befristet. Der Vorerbe kann die Substitutionsmasse **uneingeschränkt nutzen**. Er muss aber deren **Substanz schonen**, da er die Substitutionsmasse zum Nacherbfall an den Nacherben herausgeben muss. Die Rechtsstellung des Vorerben ist daher jener eines Fruchtgenussberechtigten vergleichbar. Die Vorschriften über den Fruchtgenuss (§§ 509 ff ABGB) finden weitgehend Anwendung (§ 613 Abs 1 ABGB).

Vorerben und Nacherben steht das Eigentumsrecht an der Substitutionsmasse gemeinsam zu. Das **Eigentumsrecht** ist zwischen ihnen **funktionell geteilt**. Zusammen haben sie die freien Rechte eines Eigentümers. Sie können daher gemeinsam die Nacherbschaft auch aufheben. Der Vorerbe kann gemäß § 613 Abs 2 ABGB **nur wirksam** über die Substitutionsmasse **verfügen**, wenn

(a) der bzw **alle Nacherben** (und deren etwaige Ersatzerben) **zustimmen**,

(b) die Verfügung **zur Erfüllung von Verbindlichkeiten** der Verlassenschaft (etwa Pflichtteilsansprüchen, Erblasserschulden oder Vermächtnissen) erforderlich ist,

(c) die Verfügung **zur Vermeidung von Schäden** an der Substitutionsmasse erforderlich ist, oder

(d) es sich um Verfügungen im Rahmen der **ordentlichen Verwaltung** der Substitutionsmasse handelt.

Sonstige Verfügungen sind – auch Dritten gegenüber – nichtig. Außerhalb des Anwendungsbereichs von § 613 Abs 2 ABGB gilt für die Substitutionsmasse daher effektiv ein dinglich wirkendes **Veräußerungs- und Belastungsverbot**, das nicht an die Grenzen des § 364c ABGB gebunden ist. Dritte können aus rechtswidrigen Verfügungen des Vorerben allenfalls analog zu §§ 367, 456 ABGB gutgläubig Rechte erwerben. Erlangt der Vorerbe durch Verfügung über eine Sache aus der Substitutionsmasse Geld oder eine andere Sache, wird die **Ersatzsache** gemäß § 613 Abs 3 ABGB im Zweifel nach dem **Prinzip der dinglichen Surrogation** Teil der Substitutionsmasse. Die Ersatzsache unterliegt dann wiederum den maßgeblichen Verfügungsbeschränkungen.

° **Sicherung des Nacherben**

Bei Tod des Erblassers ist von Amts wegen ein Inventar (S 129 f) zu errichten (§ 165 Abs 1 Z 4 AußStrG). Dieses muss nach der Judikatur selbst dann errichtet werden, wenn Vor- und Nacherbe darauf verzichten.

Zu Publizitätszwecken, dh insbesondere um einen gutgläubigen Erwerb durch einen Dritten zu verhindern, wird von Amts wegen die Anmerkung der Nacherbschaft („**Substitutionsband**") für Einzelunternehmen und eingetragene Personengesellschaften gemäß § 4 Z 3 FBG im **Firmenbuch**, für Liegenschaften im **Grundbuch** eingetragen.

Im Insolvenzverfahren des Vorerben haben Nacherben ein Aussonderungsrecht.

° **Nacherbschaft auf den Überrest**

Liegt eine Nacherbschaft auf den Überrest im Sinne von § 609 ABGB vor, erhält der Nacherbe zum Nacherbfall **nur den Teil der Substitutionsmasse, der zu diesem Zeitpunkt noch übrig** ist. Bis zum Eintritt des Nacherbfalls kann der Vorerbe gemäß § 613 Abs 4 ABGB frei über die Substitutionsmasse verfügen; er darf sie belasten, veräußern, ja sogar verschenken. Trifft der Vorerbe aber nur aus **Schädigungsabsicht** zu Lasten des Nacherben Verfügungen über die Substitutionsmasse, handelt er **rechtsmissbräuchlich** (arglistige Schmälerung des Substitutionsgutes zum Schaden des Nacherben). Dagegen steht dem Nacherben ein Unterlassungsanspruch und nach Eintritt des Substitutionsfalls ein Schadenersatzanspruch gegen den Vorerben zu (§ 1295 Abs 2 ABGB).

D. Testamentsvollstrecker

Zur Überwachung und Durchführung seines letzten Willens (vor allem der Auflagen, siehe S 62 f) kann der Erblasser in einer letztwilligen Verfügung oder in einem Erbvertrag einen Testamentsvollstrecker bestimmen (§ 816 ABGB). Dieser kann das Amt übernehmen, muss dies aber nicht tun.

Der Testamentsvollstrecker hat für jene letztwilligen Anordnungen des Erblassers Bedeutung, deren Erfüllung vom Gericht nicht überwacht wird – vor allem für Auflagen. Er kann die Befolgung der Auflagen verlangen und hierzu auch den Klageweg bestreiten.

Übernimmt jemand das Amt des Testamentsvollstreckers, muss er entweder die Anordnungen des Erblassers selbst durchführen oder aber die säumigen Erben zu deren Einhaltung anhalten.

Dem Testamentsvollstrecker stehen **von Gesetzes wegen keine Verwaltungsrechte** an der Verlassenschaft zu. Der Erblasser kann dem Testamentsvollstrecker aber eine Vollmacht zur Verwaltung und Vertretung der Verlassenschaft oder einzelner Bestandteile der Verlassenschaft einräumen. Eine solche Vollmacht kann jedoch von den erbantrittserklärten Erben, die gesetzlich gemäß § 810 ABGB zur Verwaltung berufen sind, widerrufen werden (zur Rolle des Testamentsvollstreckers als vom Erblasser eingesetzter Verwalter, siehe S 69).

Betreffend seine Aufgaben hat der Testamentsvollstrecker im Verlassenschaftsverfahren **Parteistellung**. Der Testamentsvollstrecker ist zur Verhandlung zur Errichtung des Inventars und jedenfalls zur mündlichen Verhandlung im Fall der Gläubigereinberufung (zum Inventar und zur Gläubigereinberufung, siehe S 129 ff) zu laden. Ansonsten ist er aber dem Verlassenschaftsverfahren grundsätzlich nicht beizuziehen. Hinsichtlich seiner Aufgaben steht ihm auch das Antrags- und Rechtsmittelrecht zu.

Der Testamentsvollstrecker kann aber weder den letzten Willen anfechten noch die Bewilligung der Verlassenschaftsseparation (§ 812 ABGB; siehe S 131) bekämpfen; auf die Durchführung der Verlassenschaftsabhandlung an sich steht ihm kein Einfluss zu.

Im Zweifel bekommt der Testamentsvollstrecker kein Entgelt für seine Tätigkeit. Bei berufsmäßiger Testamentsvollstreckung (zB durch einen Rechtsanwalt) ist aber Entgeltlichkeit anzunehmen.

Das **Amt des Testamentsvollstreckers endet** mit Ablauf der bestimmten Zeit, mit Eintritt einer auflösenden Bedingung, durch Tod oder Verlust der Geschäftsfähigkeit und nach hA mit Abberufung aus wichtigen Gründen durch das Verlassenschaftsgericht. Es endet aber nicht in jedem Fall mit dem Abschluss des Verlassenschaftsverfahrens, da der Testamentsvollstrecker uU auch weiterhin über die Vollziehung des letzten Willens zu wachen hat.

4. Der Erbvertrag

A. Allgemeines

Der Erbvertrag ist in den §§ 602, 1249 ff ABGB geregelt und ist ein **zweiseitiges Rechtsgeschäft von Todes wegen** („*Vereinbarung von Todes wegen*"), mit dem der Erblasser festlegen kann, wer seine Verlassenschaft (oder einen Teil davon) nach seinem Tod erhalten soll.

*Durch den Erbvertrag wird die **lebzeitige Verfügungsfreiheit** der Vertragspartner **nicht eingeschränkt** (§ 1252 ABGB). Der Vertragserbe erhält nur das, was beim Tod des Erblassers vorhanden ist.*

Vertragspartner können **nur Eheleute** oder **eingetragene Partner** sein (oder Verlobte unter der Bedingung ihrer Verehelichung oder Verpartnerung). Im Erbvertrag setzt der eine Ehepartner den anderen oder setzen die Ehegatten einander zu Erben ein. Im Erbvertrag können auch Dritte bedacht werden, doch sind solche Anordnungen als einseitig widerrufliche letztwillige Verfügungen anzusehen.

In gleicher Weise können sich Ehegatten oder eingetragene Partner auch ein Vermächtnis zuwenden (Vermächtnisvertrag).

Der Erbvertragserbe hat den **stärksten Berufungsgrund** und geht allen übrigen (dh sowohl den testamentarischen als auch den gesetzlichen) Erben vor.

Der Erbvertrag ist Vertrag und Rechtsgeschäft von Todes wegen zugleich (**Doppelnatur des Erbvertrags**). Um gültig zu sein, müssen daher auch die Voraussetzungen beider Geschäftsarten erfüllt sein.

Aus der Vertragsnatur folgt, dass die Parteien die für den Abschluss von Verträgen notwendige Geschäftsfähigkeit (die uU höheren Anforderungen genügen muss als die für den Abschluss von letztwilligen Verfügungen notwendige Testierfähigkeit) haben müssen. Es handelt sich beim Erbvertrag um einen Ehepakt, sodass die Form des **Notariatsaktes** einzuhalten ist (§ 1249 ABGB). Willensbeschränkungen (zB Bedingungen, Befristungen, Auflagen) sind nach den Regeln des Vertragsrechts zu beurteilen (vgl § 1251 ABGB), ebenso Fragen der Auslegung und Fragen der Behandlung von Willensmängeln.

Aus der Natur des Rechtsgeschäfts von Todes wegen folgt, dass der einsetzende Ehepartner oder eingetragene Partner im Zeitpunkt der Errichtung **testierfähig** und der eingesetzte Ehepartner oder eingetragene Partner im Zeitpunkt des Erbfalls (dh des Todes des Erblassers) **erbfähig** sein muss. Darüber hinaus müssen (zusätzlich zum Formerfordernis des Notariatsakts; sog **doppelte Formstrenge**) die Erfordernisse eines **notariellen schriftlichen Testaments** eingehalten werden (§ 1249 ABGB). Der Notariatsakt ist daher unter Beiziehung eines zweiten Notars oder weiterer Zeugen aufzunehmen.

Der Erbvertrag kann im Gegensatz zu letztwilligen Verfügungen **nicht einseitig widerrufen** werden (§ 1254 ABGB). Der Erbvertrag **bindet** den Erblasser, dh jenen Ehepartner oder eingetragenen Partner, der den anderen im Erbvertrag als Erben eingesetzt hat.

Der Erbvertrag kann **rechtsgeschäftlich aufgehoben** werden, dh in erster Linie mittels einvernehmlicher Aufhebung oder mittels gegenseitiger Erbverzichte. Bei der Aufhebung müssen weniger strenge Formvorschriften eingehalten werden als bei der Errichtung des Erbvertrags. Ausreichend ist ein einfacher Notariatsakt (dh ohne den zusätzlichen Erfordernissen eines schriftlichen Testaments). Ein gemeinschaftliches Testament (siehe S 48 f) reicht zur Aufhebung nicht; ein – bei gegenseitiger Einsetzung erforderlicher Weise gegenseitiger – Erbverzichtsvertrag gemäß § 551 ABGB (S 20 ff) bewirkt hingegen die Unwirksamkeit des Erbvertrags. Der Erbvertrag kann auch auch **aus gesetzlichen Gründen aufgehoben** werden (bspw durch erfolgreiche Anfechtung wegen Irrtums). Wird die Ehe der Vertragspartner geschieden, aufgehoben oder für nichtig erklärt, kommt es gemäß §§ 1265, 1266 S 1 ABGB grundsätzlich zum Erlöschen des Erbvertrags. Der schuldlose Ehepartner kann aber dennoch die Rechte aus dem Erbvertrag geltend machen (§ 1266 S 3 ABGB), sofern der Bestand der Ehe nicht zur Bedingung des Erbvertrags gemacht wurde.

B. Inhalt

a) Das freie Viertel

Für den Inhalt des Erbvertrags gelten die Regeln für Rechtsgeschäfte von Todes wegen. § 1253 ABGB normiert aber eine **besondere Inhaltsschranke**: Der Erbvertrag muss dem Erblasser (dh dem Ehegatten oder eingetragenen Partner, der den anderen

Partner als Erben einsetzt) **mindestens ein Viertel seiner Verlassenschaft** zu seiner letztwilligen Verfügung belassen. Damit soll verhindert werden, dass sich der Erblasser durch Abschluss des Erbvertrags gänzlich seiner Testierfreiheit begibt. Der Erbvertrag darf sich also nur auf drei Viertel der gesamten Verlassenschaft des Erblassers erstrecken. Darüber hinausgehende Bindungen sind ungültig. Über das vom Erbvertrag nicht erfasste freie Viertel kann der Erblasser durch letztwillige Verfügung frei bestimmen. Er kann es testamentarisch auch dem Vertragserben zuwenden, doch ist eine solche Anordnung – wie jede letztwillige Verfügung – einseitig widerruflich. Die erbvertragliche Vereinbarung, dass der Partner die gesamte Verlassenschaft erhalten solle, ist aber nicht als testamentarische Hinterlassung des reinen Viertels zu verstehen (§ 1253 Satz 3 ABGB). In diesem Fall sowie wenn der Erblasser keine sonstige letztwillige Verfügung errichtet, **fällt das freie Viertel den gesetzlichen Erben an**.

b) Berechnungsmethoden

Nach dem Wortlaut des Gesetzes darf das freie Viertel „*weder durch Pflichtteile noch durch andere Forderungen belastet sein*" (§ 1253 S 2 ABGB). Die Bedeutung dieser Bestimmung ist – auch nach leichter Umformulierung durch die Erbrechtsreform 2015 – umstritten. Strittig ist va wie Forderungen (Erblasser- und Erbgangsschulden; siehe S 134) und Pflichtteilsansprüche bei der Berechnung des freien Viertels berücksichtigt werden sollen. Es geht um die Frage, inwieweit der Erbe, dem das freie Viertel zufällt, an der Tilgung von Schulden und Pflichtteilsansprüchen zu beteiligen ist.

Nach der hL sind von den Verlassenschaftsaktiven in einem ersten Schritt die **Forderungen** (Erblasser- und Erbgangsschulden) **abzuziehen**. Sodann werden die **Pflichtteilsansprüche** der Pflichtteilsberechtigten berechnet und der sich ergebende Betrag wird **ebenfalls abgezogen**; der Pflichtteilsanspruch des durch den Erbvertrag begünstigten Ehegatten wird jedoch nicht abgezogen. Von der Restsumme ist dann das freie Viertel zu berechnen.

> ***Beispiel:*** *Der Erblasser hat seine Ehegattin erbvertraglich zu ¾ und seine Freundin testamentarisch zu ¼ der Verlassenschaft berufen. Der Erblasser hinterlässt einen Sohn. Die Verlassenschaftsaktiven betragen € 2.000.000,-; die Schulden EUR 200.000. Von den Verlassenschaftsaktiven sind zunächst die Schulden abzuziehen (EUR 2.000.000 – EUR 200.000 = EUR 1.800.000). Von diesem Betrag ist der Pflichtteilsanspruch des Sohnes iHv EUR 600.000 (1/3 x EUR 1.800.000) abzuziehen. Von der verbleibenden Summe iHv EUR 1.200.000 ist das freie Viertel zu berechnen (EUR 1.200,000 : 4 = EUR 300.000). Im Ergebnis erhält die Freundin des Erblassers als (testamentarische) Erbin des freien Viertels einen Betrag iHv EUR 300.000. Seine Ehefrau erhält als Vertragserbin einen Betrag iHv EUR 900.000 (EUR 2.000.000 – EUR 200.000 – EUR 600.000 – EUR 300.000 = EUR 900.000). Der Sohn bekommt seinen Pflichtteilsanspruch iHv EUR 600.000.*
>
> *Durch diese Berechnungsart verteilen sich Schulden und Pflichtteilsansprüche zwischen der Vertragserbin und der (testamentarischen) Erbin des freien Viertels verhältnismäßig.*

5. Das Vermächtnis

A. Allgemeines

Letztwillige Zuwendungen des Erblassers, die **nicht** in der Hinterlassung eines Erbteils bestehen, werden als **Vermächtnisse** bezeichnet (die Bezeichnung „Legat" ist mit der Erbrechtsreform 2015 abgeschafft worden). Der Erblasser will damit bestimmten Personen weder seine gesamte Verlassenschaft noch einen quotenmäßig bestimmten Teil davon, sondern nur bestimmte **einzelne** Sachen, etwa Liegenschaften, Forderungsrechte, Gesellschaftsanteile, Immaterialgüterrechte oder einen Geldbetrag, hinterlassen (§ 535 ABGB). Ob der Erblasser eine Erbeinsetzung oder ein Vermächtnis anordnen wollte, ist oft zweifelhaft und mittels Auslegung zu klären.

*Aus einem Vermächtnis begünstigte Personen nennt man **Vermächtnisnehmer**; aus einem Vermächtnis beschwerte Personen werden als **Vermächtnisschuldner** bezeichnet.*

Vermächtnisse können nach § 647 Abs 1 ABGB letztwillig in einem Testament oder in einer sonstigen **letztwilligen Verfügung** angeordnet werden, vertraglich zwischen Ehegatten und eingetragenen Partnern in einem **Erbvertrag** oder in einem Vermächtnisvertrag vereinbart werden oder unmittelbar auf dem **Gesetz** beruhen (gesetzliches Vorausvermächtnis des Ehegatten [S 28 f] und des Lebensgefährten [S 30], Pflegevermächtnis [S 78 f]).

B. Wirkungen des Vermächtnisses

Auf Grundlage eines rechtswirksam angeordneten Vermächtnisses erhält der **Vermächtnisnehmer am Anfallstag** (dazu sogleich) einen **schuldrechtlichen Anspruch** auf Leistung der vermachten Sache („**Vermächtnisanspruch**") gegen den **Vermächtnisschuldner** (vor Einantwortung gegen die Verlassenschaft, danach im Regelfall gegen die Erben, vgl § 649 Abs 1 ABGB) zu.

Damit der Vermächtnisnehmer Eigentum (bzw ein anderes dingliches Recht) an der vermachten Sache erwirbt, bedarf es eines wirksamen sachenrechtlichen Verfügungsgeschäfts (Modus: Übergabe, Eintragung im Grundbuch etc; § 684 Abs 2 ABGB). Bis dahin gehört die Sache zur Verlassenschaft bzw dem Erben.

C. Erwerb des Vermächtnisses

Das Recht des Vermächtnisnehmers entsteht grundsätzlich mit dem **Anfallstag**, wird aber erst mit dem **Zahlungstag** fällig. Im Gegensatz zu den Erben bedarf es zum Erwerb des Vermächtnisses keiner besonderen Erklärung des Vermächtnisnehmers. Der Vermächtnisnehmer kann das Vermächtnis aber ausdrücklich annehmen oder ausschlagen.

Nimmt der Vermächtnisnehmer das Vermächtnis nicht an, so fällt es dem Ersatzvermächtnisnehmer (dazu sogleich unten) – sofern ein solcher bestimmt ist – zu. Ist kein Ersatzvermächt-

nisnehmer bestimmt, so kann es bei einem Mitvermächtnis zur Anwachsung kommen (dazu sogleich unten). Ist die Anwachsung auch nicht möglich, so bleibt das Vermächtnis in der Erbschaftsmasse und fällt den Erben zu.

Der Vermächtnisnehmer muss nur den Anfallstag erleben und zu diesem Zeitpunkt erbfähig sein. **Anfallstag** ist im Regelfall der **Todestag** des Erblassers (§ 684 ABGB); beim aufschiebend bedingten Vermächtnis ist der Anfallstag der **Tag des Bedingungseintritts** (§ 699 ABGB). Da das Recht des Vermächtnisnehmers mit dem Anfallstag entsteht, kann er es auch ab diesem Zeitpunkt veräußern oder selbst weitervererben.

Den **Zahlungstag** bestimmt grundsätzlich der Erblasser. Hat er **nichts angeordnet**, wird das Vermächtnis gemäß § 685 S 1 ABGB **sofort** mit dem Ableben des Erblassers bzw mit dem Anfallstag fällig; der Zahlungstag fällt dann mit dem Anfallstag zusammen. **Geldvermächtnisse** und Vermächtnisse von **Sachen**, die sich **nicht in der Verlassenschaft** befinden, können aber erst **ein Jahr nach dem Ableben** des Erblassers bzw **nach dem Anfallstag** eingefordert, dh gerichtlich geltend gemacht, werden. Es handelt sich dabei um eine „reine Stundung", sodass ab dem Anfallstag geleistet werden kann und ab diesem Tag Verzugszinsen anfallen (§ 685 S 2 ABGB).[30]

D. Vermächtnisnehmer und Vermächtnisschuldner

a) Vermächtnisnehmer

Das Vermächtnis begünstigt meist einen Nichterben (Dritte), aber auch Erben können entweder durch ein Vorausvermächtnis oder durch ein Hineinvermächtnis begünstigt werden (vgl § 648 ABGB):

Das **Vorausvermächtnis** gewährt dem Erben neben seinem Erbteil das schuldrechtliche Forderungsrecht als Vermächtnisnehmer. Das Vermächtnis wird dabei nicht auf den Erbteil angerechnet. Es gebührt zusätzlich zum Erbteil. Mit dem Vorausvermächtnis kann der Erblasser bestimmten Erben unabhängig von der testamentarischen bzw gesetzlichen Erbfolge einzelne Gegenstände vermachen. Die Last des Vorausvermächtnisses haben alle Erben (und somit auch der Vermächtnisnehmer als Erbe) verhältnismäßig zu tragen. Ein Vermächtnis an einen Erben ist **im Zweifel** ein Vorausvermächtnis.

Das wichtigste Vorausvermächtnis ist das gesetzliche Vorausvermächtnis des Ehegatten bzw eingetragenen Partners (§ 745 Abs 1 ABGB, siehe S 28 ff).

Vermächtnisse an Erben, die auf deren Erbteil anzurechnen sind, dh die ausschließlich von dem begünstigten Erben selbst zu tragen sind, nennt man **Hineinvermächtnisse**. Bei einem Hineinvermächtnis handelt es sich faktisch um eine **Teilungsanordnung** (vgl § 648 Abs 2 ABGB).

[30] Vgl OGH 25.11.2021, 2 Ob 117/21a; OGH 19.9.2019, 2 Ob 49/19y.

Der Erblasser kann auch **Ersatz- oder Nachvermächtnisse** bestimmen; es gelten dann sinngemäß die Bestimmungen zur Ersatz- und Nacherbschaft (§ 652 ABGB, siehe S 63 ff).

Das Vermächtnis einer Sache kann zugunsten **mehrerer** Personen angeordnet werden (**Mitvermächtnis**). Erlangt einer der Mitvermächtnisnehmer das Vermächtnis nicht (etwa aufgrund von Vortod, Erbunwürdigkeit etc) und kommt auch kein Ersatz- oder Nachvermächtnisnehmer zum Zug, wächst sein Anteil gemäß § 689 S 2 ABGB den übrigen Mitvermächtnisnehmern im Verhältnis ihrer Anteile zu („**Anwachsung**").

b) Vermächtnisschuldner

Das Vermächtnis ist grundsätzlich vom **Erben** zu erfüllen. Mehrere Erben haften **im Außenverhältnis** gegenüber dem Vermächtnisnehmer im Zweifel zur ungeteilten Hand (**Solidarhaftung** der Miterben gemäß § 649 Abs 2 S 1; **im Innenverhältnis** haben die Miterben die Belastung durch das Vermächtnis im Zweifel nach dem **Verhältnis ihrer Erbteile** zu tragen (§ 694 Abs 2 S 2 ABGB). Dem Erblasser steht es jedoch frei, sowohl im Außen- als auch im Innenverhältnis nur einen Erben oder einen Vermächtnisnehmer (Untervermächtnis – siehe sogleich) durch das Vermächtnis zu belasten (§ 694 Abs 2 S 3 ABGB). Vor der Einantwortung an den oder die beschwerten Erben richtet sich der Vermächtnisanspruch gegen die Verlassenschaft (§ 649 Abs 1 ABGB).

Der Erblasser kann auch einen (Haupt-)Vermächtnisnehmer mit einem Vermächtnis belasten (§ 649 Abs 2 ABGB). Man spricht in diesem Fall von einem Untervermächtnis. Mit der Erfüllung des Untervermächtnisses ist der Hauptvermächtnisnehmer, mit der Erfüllung des Hauptvermächtnisses der Erbe belastet. Der belastete Hauptvermächtnisnehmer muss das Untervermächtnis auch dann erfüllen, wenn es den Wert des ihm zugedachten (Haupt-)Vermächtnisses übersteigt (§ 650 ABGB). Von dieser Last kann er sich nur durch Ausschlagung seines Vermächtnisses befreien. Jene Person, der dann in weiterer Folge das Hauptvermächtnis zufällt, hat eine Wahlmöglichkeit (facultas alternativa): Sie kann entweder das Untervermächtnis oder das ihr zugefallene Hauptvermächtnis an den Untervermächtnisnehmer leisten. Diese Wahlmöglichkeit steht dem Hauptvermächtnisnehmer nicht zu. Die Vorschriften über das Vermächtnis sind auf das Untervermächtnis entsprechend anzuwenden.

Das Vermächtnis ist durch den Vermächtnisschuldner am Zahlungstag **in dem Zustand** zu leisten, **in dem es sich beim Tod des Erblassers befunden hat**. Der Vermächtnisschuldner haftet für die schuldhafte Verletzung dieser Pflicht.

E. Gegenstand des Vermächtnisses

a) Allgemeines

Gemäß § 653 ABGB kann alles Gegenstand eines Vermächtnisses sein, was **im Verkehr steht**, **vererblich** ist und **Gegenstand einer Schuldforderung** sein kann. So können insbesondere bewegliche wie unbewegliche, vertretbare wie unvertretbare, körperliche wie unkörperliche Sachen (Rechte) Gegenstand eines Vermächtnisses sein (zB Unternehmen, Geschäftsanteile an einer GmbH, Forderungen, Liegenschaften, ein

Baurecht etc). Ein Vermögenswert ist nicht erforderlich (Vermächtnis von Briefen oder Familienfotos).

b) Speziesvermächtnis

Vermacht der Erblasser eine **individuell bestimmte** Sache, liegt ein Speziesvermächtnis vor.

> ***Beispiel:*** *Der Erblasser verfügt in seinem Testament: „Xaver soll mein Erbe sein. Anna soll mein Auto, Benno soll meine Briefmarkensammlung und Carla soll meine Liegenschaft erhalten." Xaver ist Erbe der Verlassenschaft. Anna, Benno und Carla vermacht der Erbe individuell bestimmte Sachen. Anna, Benno und Carla sind daher jeweils aus einem Speziesvermächtnis berechtigte Vermächtnisnehmer.*

Das **Vermächtnis einer fremden bestimmten** Sache ist – im Gegensatz zum Gattungsvermächtnis (dazu sogleich) – grundsätzlich **unwirksam.** Fremd ist eine Sache, wenn sie weder im Verfügungszeitpunkt noch im Todeszeitpunkt weder dem Erblasser noch dem Vermächtnisschuldner gehört hat.[31] Das Vermächtnis einer fremden Sache ist nur dann wirksam, wenn der Erblasser ausdrücklich eine Verschaffungspflicht angeordnet hat (**Verschaffungsvermächtnis**; § 662 ABGB). Eine ausdrückliche Anordnung wird aber bereits angenommen, wenn der Erblasser in Kenntnis der wahren Rechts- bzw Eigentumsverhältnisse (er wusste, dass die Sache nicht ihm und auch nicht dem Vermächtnisnehmer gehört) das Vermächtnis verfügt.

Liegt ein **wirksames Verschaffungsvermächtnis** vor, muss der Erbe die fremde Sache um deren Schätzungspreis (Verkehrswert) vom Eigentümer der Sache erwerben. Will der Eigentümer der fremden Sache diese aber nicht verkaufen, muss der Erbe den Schätzungswert (Verkehrswert) der fremden Sache an den Vermächtnisnehmer leisten.

c) Gattungsvermächtnis

Vermacht der Erblasser durch **generelle Merkmale** beschriebene Sachen (vertretbare Sachen), liegt ein Gattungsvermächtnis vor.

> ***Beispiel:*** *Der Erblasser verfügt: „Ariane soll 10 Flaschen Champagner erhalten."*

- Beim **echten** Gattungsvermächtnis hat der Erbe die Gattungssache jedenfalls zu leisten. Dem Vermächtnisnehmer ist die Gattungssache auch dann zu verschaffen, wenn sie sich nicht oder nur teilweise in der Verlassenschaft befindet, dh es besteht eine Verschaffungspflicht (§ 658 ABGB). Ein Geldvermächtnis gilt im Zweifel als echtes Gattungsvermächtnis, dh der Erbe hat auch dann zu zahlen, wenn sich kein Bargeld in der Verlassenschaft befindet.
- Liegt ein **unechtes** Gattungsvermächtnis vor, sind die Sachen nur aus der Verlassenschaft zu leisten.

[31] OGH 19.11.2024, 2 Ob 168/24f.

Ob der Erblasser ein echtes oder unechtes Gattungsvermächtnis angeordnet hat, ist durch Auslegung der Anordnung zu klären.

d) Forderungsvermächtnis

Ein Forderungsvermächtnis liegt vor, wenn der Erblasser dem Vermächtnisnehmer eine ihm gegen Dritte zustehende Forderung vermacht (§ 664 ABGB). Dies begründet einen Anspruch des Vermächtnisnehmers auf Abtretung der Forderung des Erblassers gegenüber den Erben. Der Vermächtnisnehmer wird nicht schon durch den Anfall, sondern erst durch die Abtretung Inhaber der Forderung.

Beispiel: *Der Erblasser verfügt: „Amelie soll meine Forderung gegen Lisa iHv € 5.000.- erhalten". Damit die Vermächtnisnehmerin Inhaber der Forderung wird, muss ihr diese vom Erben erst abgetreten werden. Zuvor hat Amelie bloß einen Anspruch auf Abtretung.*

e) Befreiungsvermächtnis

Durch das sog Befreiungsvermächtnis soll der Vermächtnisnehmer von einer Verbindlichkeit gegenüber dem Erblasser befreit werden (§ 663 ABGB). Der Vermächtnisnehmer wird nicht schon durch den Anfall, sondern erst dann von der Schuld befreit, wenn der Erbe den Schulderlass vornimmt.

f) Schuldvermächtnis

Ein Schuldvermächtnis liegt vor, wenn der Erblasser seine eigene Schuld gegenüber dem Vermächtnisnehmer diesem vermacht. Das ist sinnvoll, wenn dadurch die Stellung des Vermächtnisnehmers als Gläubiger der vermachten Schuld verbessert wird, weil dadurch bspw der Fälligkeitstermin der Schuld vorverlegt wird.

F. Gesetzliche Vermächtnisse

Ein Vermächtnis kann nicht nur vom Erblasser durch letztwillige Verfügung oder durch Erb- oder Vermächtnisvertrag eingeräumt werden, sondern auch von Gesetzes wegen bestehen („gesetzliches Vermächtnis").

a) Gesetzliche Vorausvermächtnisse

Das gesetzliche Vorausvermächtnis des Ehegatten oder eingetragenen Partners gemäß § 745 Abs 1 ABGB (im Detail siehe S 28 f) und das gesetzliche Vermächtnis des Lebensgefährten gemäß § 745 Abs 2 ABGB (im Detail siehe S 30) sind Beispiele für Vermächtnisse, die schon von Gesetzes wegen bestehen. Das gesetzliche Vorausvermächtnis des Ehegatten/eingetragenen Partners ist ein gesetzliches Vermächtnis mit **„Pflichtteilscharakter“**, da es dem Vermächtnisnehmer **nur durch eine wirksame Enterbung entzogen** werden kann. Das gesetzliche Vermächtnis des Lebensgefährten hingegen kann der Erblasser – auch ohne Begründung – durch letztwillige Anordnung entziehen (str). Das gesetzliche Vorausvermächtnis **erlischt mit der Wiederverehelichung** des Berechtigten.[32]

b) Pflegevermächtnis

Das durch die Erbrechtsreform 2015 eingeführte Pflegevermächtnis ist ebenso ein gesetzliches Vermächtnis. Es gebührt einer dem Erblasser **nahestehenden Person**, die diesen **in den letzten 3 Jahren** vor dem Ableben für einen Zeitraum von **zumindest 6 Monaten** in **nicht bloß geringfügigem Ausmaß** (im Durchschnitt mehr als 20 Stunden im Monat) **gepflegt** hat. Das Pflegevermächtnis steht allerdings nur so weit zu, als für die erbrachten Pflegeleistungen nicht bereits – vom Erblasser oder auch von dritter Seite – eine andere **Zuwendung gewährt** oder ein **Entgelt vereinbart** wurde. Anspruchsschmälernd sind dabei nur jene Zuwendungen zu berücksichtigen, die mit der geleisteten Pflegearbeit auch tatsächlich in einem **kausalen Zusammenhang** stehen.[33] Erreicht die gewährte Zuwendung bzw das vereinbarte Entgelt nicht die Höhe des gesetzlichen Pflegevermächtnisses, hat die pflegende Person auf Grundlage der §§ 677 f ABGB einen **Anspruch auf die Differenz.**[34]

Als **nahestehende Personen** gelten jedenfalls die möglichen gesetzlichen Erben des Erblassers und deren Ehegatten/eingetragenen Partner und Lebensgefährten und deren Kinder sowie der Lebensgefährte des Erblassers und dessen Kinder. Die Höhe des Pflegevermächtnisses richtet sich nach **Art, Dauer und Umfang** der erbrachten Leistungen. Es gebührt ein **angemessenes Entgelt** in Anlehnung an § 1152 ABGB,[35] dessen Höhe sich an den kollektivvertraglichen Mindestlöhnen der jeweils vergleichbaren Berufsgruppe – bspw der im Haushalt Beschäftigten – orientieren kann.[36]

Als **Geldvermächtnis** kann das Pflegevermächtnis gem § 685 S 2 ABGB **erst nach Ablauf eines Jahres nach dem Tod** der gepflegten Person geltend gemacht werden.[37] Das Pflegevermächtnis ist – im Gegensatz zum gesetzlichen Vorausvermächtnis des Ehegatten/eingetragenen Partners – nicht auf einen gegebenenfalls zustehenden Pflichtteil der pflegenden Person anzurechnen, es steht daher **neben dem Pflichtteil** zu. Es ist kein Verlassenschaftspassivum und daher wie auch andere Vermächtnisse nach § 779 Abs 2 ABGB bei der Berechnung des Pflichtteils nicht zu berücksichtigen.[38] Für sonstige Zuwendungen auf den Todesfall (zB gesetzliches oder testamentarisches

[32] OGH 8.10.2024, 5 Ob 50/24z.
[33] OGH 24.06.2021, 2 Ob 54/21m.
[34] OGH 24.06.2021, 2 Ob 63/21k.
[35] OGH 28.05.2024, 2 Ob 65/24h.
[36] OGH 24.06.2021, 2 Ob 63/21k.
[37] OGH 13.12.2022, 2 Ob 223/22s.
[38] OGH 18.12.2020, 2 Ob 198/20m.

Erbrecht) kann der Erblasser eine **Anrechnung** des Pflegevermächtnisses **letztwillig anordnen**, andernfalls ist die Belastung durch das Pflegevermächtnis von allen Erben verhältnismäßig zu tragen (§ 678 Abs 2 ABGB).

G. Verhältnis zu anderen Verlassenschaftsgläubigern

Der Vermächtnisnehmer wird **Einzelrechtsnachfolger**, wenn er Sachen oder Rechte des Erblassers erhält. Da der Vermächtnisnehmer einen schuldrechtlichen Anspruch gegen die Verlassenschaft bzw gegen die durch das Vermächtnis beschwerte Person (idR gegen den Erben) hat, ist er **Erbschaftsgläubiger**. Die Vermächtnisforderung zählt zu den Erbfallschulden (S 134). Es bestehen zwei Fälle, bei deren Vorliegen es zu einer Kürzung des Vermächtnisanspruchs kommen kann:

a) Vermächtniskürzung gemäß § 692 ABGB

Reicht die Verlassenschaft zur Entrichtung aller Erblasser- und Erbgangsschulden (S 167) nicht aus, steht dem Erben ein Recht auf **verhältnismäßige Kürzung der Vermächtnisse** zu, sodass die übrigen Forderungen vollständig erfüllt werden können. Voraussetzung für das Kürzungsrecht ist, dass der Erbe beschränkt im Sinne von § 802 ABGB haftet (§ 692 ABGB). Die Vermächtnisse sind mit dem gemeinen Wert anzusetzen.

> ***Beispiel:*** *Der Erblasser hinterlässt Verlassenschaftsaktiven iHv € 1.000.000,-. Andreas soll Erbe sein, Brigitte soll als Vermächtnisnehmerin € 700.000,- erhalten. Die Erblasser- und Erbgangsschulden betragen € 500.000. Andreas gibt eine bedingte Erbantrittserklärung ab und haftet daher beschränkt gemäß § 802 ABGB. Da der Verlassenschaft zur Entrichtung aller Erblasser- und Erbgangsschulden sowie des Vermächtnisses nicht ausreicht, hat Andreas ein Recht auf Kürzung des Vermächtnisses (§ 692 ABGB). Die Vermächtnisnehmerin muss sich eine Kürzung ihres Vermächtnisses um € 200.000,- gefallen lassen und bekommt nur mehr € 500.000,-. Gibt Andreas aber eine unbedingte Erbantrittserklärung ab, muss er das Vermächtnis an Brigitte in voller Höhe leisten.*
>
> *Das Vermächtnis des Unterhalts ist aber vor allen anderen Vermächtnissen ungekürzt zu entrichten und steht dem Vermächtnisnehmer ab dem Erbfall zu (§ 691 ABGB).*

Wurde an einen Vermächtnisnehmer (nach dem oben Gesagten) **zu viel geleistet**, hat der Erbe gegen ihn einen entsprechenden **Rückforderungsanspruch**, der auf dasjenige gerichtet ist, was der Erbe gemäß § 692 ABGB in Abzug hätte bringen können (§ 693 ABGB). Der Vermächtnisnehmer kann aber statt der Rückzahlung des zu viel Erhaltenen den Vermächtnisgegenstand selbst an den Erben zurückstellen (*facultas alternativa*; Ersetzungsbefugnis gemäß § 694 ABGB).

b) Beitragspflicht der Vermächtnisnehmer zugunsten Pflichtteilsberechtigter

Ist der Pflichtteil eines Pflichtteilsberechtigten durch Zuwendungen auf den Todesfall und hinzurechenbare Schenkungen unter Lebenden nicht oder nicht vollständig gedeckt, verfügt der Pflichtteilsberechtigte über einen auf Geld lautenden Pflichtteils(ergänzungs)anspruch gegen die Verlassenschaft bzw nach Einantwortung gegen die Erben (S 134 f). Diesen Pflichtteilsanspruch müssen die Erben im Ergebnis aber nicht alleine tragen. Vielmehr müssen auch die Vermächtnisnehmer verhältnismäßig dazu beitragen (**materielle Beitragspflicht der Vermächtnisnehmer** gemäß § 764 Abs 2 ABGB). Die Erben haben in diesem Fall das Recht, Zuwendungen an Vermächtnisnehmer zu kürzen. Die Kürzung erfolgt im Verhältnis des Wertes der Erbteile und der Vermächtnisse zueinander. Dieses Kürzungsrecht steht den Erben unabhängig davon zu, ob sie eine unbedingte oder bedingte Erbantrittserklärung abgegeben haben, dh ob sie beschränkt oder unbeschränkt haften (S 136 f). Das gesetzliche Vorausvermächtnis des Ehegatten/eingetragenen Partners, das gesetzliche Vermächtnis des Lebensgefährten und das Pflegevermächtnis sind **von dieser Beitragspflicht jedoch ausgenommen** (§ 764 Abs 2 ABGB).

H. Schutz des Vermächtnisanspruchs

Der Vermächtnisnehmer kann seine Forderung, sobald sie fällig bzw durchsetzbar ist, ohne Rücksicht auf den Stand des Verlassenschaftsverfahrens mittels **Vermächtnisklage** geltend machen. Die Vermächtnisklage ist vor der Einantwortung gegen die Verlassenschaft und nach der Einantwortung gegen die Erben zu richten. Während des Verlassenschaftsverfahrens kann der Vermächtnisnehmer **Verlassenschaftsabsonderung** gemäß § 812 ABGB verlangen (S 131). Bestimmte Vermächtnisnehmer (zB Vermächtnisse an schutzberechtigte Personen) müssen amtswegig gesichert werden (§§ 158 ff ABGB). Ansonsten hat das Gericht nur zu prüfen, ob die Vermächtnisnehmer vom Anfall verständigt worden sind.

I. Außerordentliches Erbrecht der Vermächtnisnehmer

Kann (zB wegen Erbunwürdigkeit) oder will (zB bei Erbverzicht) weder ein (durch Erbvertrag oder durch Testament) **eingesetzter Erbe**, einschließlich Ersatzerben, Transmissaren oder Anwachsungsberechtigten noch ein **gesetzlicher Erbe** oder der Lebensgefährte des Erblassers gemäß § 748 ABGB die Erbschaft erlangen, beruft § 749 ABGB die vom Erblasser **bedachten Vermächtnisnehmer** zu Erben. Das außerordentliche Erbrecht der Vermächtnisnehmer geht dem Aneignungsrecht des Bundes gemäß § 750 ABGB (dazu sogleich) vor. Gesetzliche Vermächtnisse können dagegen kein außerordentliches Erbrecht begründen.

Die Vermächtnisnehmer sind im Fall des § 749 ABGB wie **Testamentserben** anzusehen. Ihr außerordentliches Erbrecht bestimmt sich nach dem Verhältnis des Wertes ihrer Zuwendungen. Sie müssen etwaige Anordnungen des Erblassers (Vermächtnisse und Auflagen, nicht aber Bedingungen – vgl § 702 ABGB) befolgen. Damit die **Vermächtnisnehmer als außerordentliche Erben** die Erbschaft erlangen, müssen sie eine Erbantrittserklärung abgeben. Sie können die Erbschaft aber auch ausschlagen. In diesem Fall fällt die Erbschaft an den aneignungsberechtigten Bund. Von diesem können dann die Vermächtnisnehmer die Erfüllung ihrer Vermächtnisse verlangen.

6. Exkurs: Aneignung durch den Bund der Republik Österreich

Ist die Verlassenschaft **erblos** – steht also niemandem ein Erbrecht zu –, fällt sie dem Bund der Republik Österreich zu (§ 750 ABGB). Der Bund hat dann das Recht, sich die erblose Verlassenschaft anzueignen. Die Verlassenschaft ist erblos, wenn **sämtliche** der folgenden (negativen) Voraussetzungen vorliegen:

- Es darf **keine Erben** aus einem Erbvertrag oder Testament geben bzw diese dürfen die Erbschaft nicht antreten (zB bei Erbverzicht).
- Es dürfen **keine Ersatzerben** zur Erbschaft gelangen.
- Es darf **keine Transmission** stattfinden.
- Es darf **keine Anwachsung** möglich sein.
- **Niemand** darf aufgrund der gesetzlichen Erbfolge **zur Erbschaft berufen** sein bzw die gesetzlichen Erben dürfen die Erbschaft nicht antreten.
- Es darf **keinen Lebensgefährten** geben, der sich auf sein außerordentliches Erbrecht gem § 748 ABGB beruft.

Das außerordentliche Erbrecht der **Vermächtnisnehmer** gem § 749 ABGB darf **nicht** zur Anwendung kommen.

Dem Bund wird eine erblose Verlassenschaft nicht eingeantwortet, sondern **nach Bestellung eines Verlassenschaftskurators** gemäß § 157 Abs 4 AußStrG und **amtswegiger Inventarisierung** (§ 165 Abs 1 Z 5 AußStrG) im Verfahren nach § 184 AußStrG auf Antrag der Finanzprokuratur übergeben. Dazu erlässt das Verlassenschaftsgericht einen **Übergabebeschluss**. Aufgrund der Inventarisierung haftet der Bund den Gläubigern wie ein bedingt erbantrittserklärter Erbe. Der Bund kann die Übernahme der Verlassenschaft aber auch **ablehnen**. Wird die erblose Verlassenschaft an Unberechtigte eingeantwortet, kann der Bund sein Aneignungsrecht analog zur Erbschaftsklage mittels **Aneignungsklage** verfolgen.

II. Vorweggenommene Erbfolge

1. Die Schenkung als Vereinbarung mit Wirksamkeit zu Lebzeiten des Erblassers

A. Schenkungsvertrag

a) Allgemeines zur vorweggenommenen Erbfolge

Vielfach will der Erblasser mit der Vermögensverteilung nicht zuwarten, sondern sein Vermögen – ganz oder Teile davon – **zu Lebzeiten** auf potenzielle Erben oder sonstige Personen übertragen. Natürlich steht dem Erblasser eine solche vorwegnehmende Regelung frei, da er frei über sein Vermögen verfügen kann.

A. Der Schenkungsvertrag

a) Allgemeines

Gem **§ 938 ABGB** ist die **Schenkung** ein Vertrag, durch den jemandem eine Sache unentgeltlich überlassen wird. Da es sich bei der Schenkung um ein **zweiseitiges Rechtsgeschäft** handelt, ist die Willensübereinstimmung von Schenker und Beschenktem erforderlich. Voraussetzung ist daher auch immer die Zustimmung des Beschenkten, denn niemand muss sich etwas schenken lassen.

Weiters handelt es sich bei der Schenkung um ein **unentgeltliches** Geschäft, dh die Zuwendung wird aus **Freigiebigkeit** (ohne Gegenleistung) erbracht. Allerdings können die Parteien auch übereinkommen, dass nur ein Teil der Leistung als geschenkt angesehen werden soll. Diese sog **gemischte Schenkung** setzt sich dann aus einem entgeltlichen und einem unentgeltlichen Teil zusammen. Dass die Leistung der einen Seite objektiv wertvoller ist als die der anderen, reicht allein nicht aus, sondern bietet nur ein Indiz für das Vorliegen einer gemischten Schenkung. Vielmehr kommt es auf die Schenkungsabsicht der Parteien an. Unter „Sachen" iSd § 938 ABGB werden nicht nur körperliche Sachen, sondern auch Forderungen und andere unkörperliche Sachen verstanden. Das Tatbestandselement der **Schenkungsabsicht** ist auch für die Anwendung der Anrechnungsregelungen gemäß § 781 ABGB entscheidend. Nur wenn eine Schenkungsabsicht gegeben ist, greift die Anrechnung nach § 781 Abs 1 und Abs 2 ABGB.

- **Formpflicht**

Grundsätzlich kommt die Schenkung schon durch die **Willensübereinstimmung** der Parteien zusammen, allerdings enthält § 943 ABGB eine besondere Formvorschrift. Zweck der Formpflicht ist der **Schutz** vor übereilten und unüberlegten Schenkungen. Aus diesem Grund

- bedarf eine Schenkung, die **sofort erfüllt** wird, **keiner Form** (Schenkung mit wirklicher Übergabe);

  Als Übergabe kommt die körperliche Übergabe, die Übergabe kurzer Hand oder die Besitzanweisung, nicht aber das Besitzkonstitut in Betracht. Bei der Schenkung von Forderungen bedarf es einer Übergabe durch Zeichen (Übergabe von Urkunden, Verständigung des Schuldners etc).

- bedarf eine Schenkung, bei der die Sache **nicht sofort übergeben** wird, eines **Notariatsakts.**

B. Schenkungswiderruf

Gemäß § 943 ABGB dürfen Schenkungsverträge **idR nicht widerrufen** werden, da damit eine vertragliche Bindung eingegangen wird. Im Vertrag kann aber ein **Widerrufsvorbehalt** vorgesehen werden. Zudem werden vom Grundsatz der Unwiderruflichkeit bestimmte **Ausnahmen** gemacht, sodass bei Vorliegen eines im Gesetz aufgezählten Grundes die Schenkung widerrufen werden kann, auch wenn im Vertrag keine Widerrufsregelung enthalten ist.

In Betracht kommt ein Widerruf ua wegen

- **Dürftigkeit** (§ 947 ABGB), dh wenn es dem Schenkenden am notdürftigen Unterhalt fehlt. In diesem Fall hat der Schenkende aber nur Anspruch auf die gesetzlichen Zinsen vom geschenkten Betrag;
- **Groben Undanks** (§§ 948, 949 ABGB), dh wenn der Beschenkte gegen den Schenkenden eine gerichtlich strafbare Verletzung am Leibe, an der Ehre, an der Freiheit oder am Vermögen begangen hat;
- **Verkürzung des Unterhaltsanspruchs** (§ 950 ABGB), dh dass der Unterhaltsberechtigte die Schenkung so weit widerrufen kann, wie es nötig ist, um die Unterhaltsleistung auf die Höhe zu bringen, zu der der Schenker ohne die Schenkung verpflichtet wäre.

Zu berücksichtigen ist schließlich die **Haftung des Geschenknehmers** für **Pflichtteilsansprüche**, zu deren Befriedigung die reine Verlassenschaft nicht ausreicht (S 104 ff).

2. Vereinbarungen mit Wirksamkeit zum Zeitpunkt des Todes des Erblassers

Der Erblasser kann auch solche Vereinbarungen zu Lebzeiten treffen, die erst zum Zeitpunkt seines Todes wirksam werden sollen.

A. Schenkung auf den Todesfall

Die Schenkung auf den Todesfall ist ein **zweiseitiges Rechtsgeschäft** zwischen dem Erblasser als Geschenkgeber und einem Geschenknehmer, dem auf diese Weise eine Schenkung eingeräumt wird, deren **Erfüllung** aus der Verlassenschaft mit dem Ableben des Geschenkgebers **aufschiebend befristet** ist. Die Schenkung auf den Todesfall ist in § 603 ABGB gesetzlich verankert, darüber hinaus sind gemäß § 603 S 2 ABGB die **Regelungen des Achtzehnten Hauptstücks** über Schenkungen (§§ 938 ff ABGB) sowie **§ 1253 ABGB anzuwenden**. Die Schenkung auf den Todesfall wird nach der Erbrechtsreform 2015 gemäß § 603 S 1 ABGB **aus erbrechtlicher Sicht** sowohl vor als auch nach dem Ableben des Geschenkgebers **wie ein Schenkungsvertrag unter Lebenden** behandelt. Die neuen Regelungen sind auf Schenkungsverträge auf den Todesfall anzuwenden, die nach dem 31.12.2016 abgeschlossen worden sind (§ 1503 Abs 7 Z 5 ABGB).

Es gelten die **allgemeinen Gültigkeitsvoraussetzungen** für (Schenkungs-)Verträge, etwa in Bezug auf den rechtsgeschäftlichen Konsens von Geschenkgeber und Geschenknehmer als Vertragspartner, die ausreichende Geschäftsfähigkeit der Vertragsparteien und Willensmängel. Darüber hinaus legt § 603 S 1 ABGB **zwei Gültigkeitsvoraussetzungen** fest, die **spezifisch** für die Schenkung auf den Todesfall gelten:

- Der Schenkungsvertrag auf den Todesfall muss in Form eines **Notariatsaktes** geschlossen werden.[39]
- Der Geschenkgeber darf sich vertraglich **kein Widerrufsrecht** vorbehalten.

Sind nicht beide Gültigkeitsvoraussetzungen erfüllt, ist die Vereinbarung jedenfalls nicht als Schenkung auf den Todesfall gültig; sie kann aber bei Erfüllung der jeweils maßgeblichen (Form-)Voraussetzungen in eine letztwillige Verfügung eines Vermächtnisses oder in einen Vermächtnisvertrag **umgedeutet** werden.

Neben einem freien Widerrufsrecht des Geschenkgebers sind auch **Potestativbedingungen**, deren Erfüllung vom Willen des Geschenkgebers abhängt und **Widerrufsrechte**, die nur in bestimmten, vertraglich festgelegten Fällen zustehen **unzulässig**. Ebenso unzulässig ist die Vereinbarung, dass der Geschenkgeber den **Schenkungsgegenstand veräußern** und auf diese Weise die Schenkung auflösen darf, daher etwa auch eine Schenkung auf den Todesfall **„auf den Überrest“**.

Zusätzlich zu der Befristung der Erfüllung der Schenkung mit dem Ableben des Geschenkgebers können in der Schenkung auf den Todesfall aber **auflösende Bedingungen** vereinbart werden, sofern diese Bedingungen nicht einem Widerrufsrecht des Geschenkgebers gleichkommen. Als **zulässig** gilt insbesondere die Vereinbarung einer **„Überlebensbedingung“** in dem Sinn, dass die Schenkung auf den Todesfall erlöschen soll, wenn der Geschenknehmer den Geschenkgeber nicht „überlebt“, dh der Geschenknehmer vor dem Geschenkgeber stirbt.

Gegenstand einer Schenkung auf den Todesfall kann alles sein, worüber auch durch Schenkungen unter Lebenden oder durch Vermächtnisse verfügt werden kann,

[39] Zur Formpflicht vgl auch OGH 23.7.2025, 3 Ob 7/25p.

dh einzelne Vermögensstücke (zB Beteiligungen), Unternehmen oder das gesamte Vermögen. Für **zukünftig** erworbenes Vermögen kann die Schenkung auf den Todesfall gemäß § 944 ABGB jedoch nur zur Hälfte wirksam sein.

Wesentliche Unterschiede zum Vermächtnis sind

- die im **Vertragscharakter** der Schenkung auf den Todesfall begründete **Zweiseitigkeit**, dh das Erfordernis der rechtswirksamen Einigung zwischen Geschenkgeber und Beschenkten,
- die strengere Formpflicht (**Notariatsaktspflicht**),
- der **Ausschluss von Vereinbarungen zur freien Widerrufbarkeit**, dh die Bindung des Geschenkgebers an das Geschäft (im Gegensatz zur generellen freien Widerrufbarkeit des Vermächtnisses)
- die **sofortige Vererbbarkeit** (und Verfügbarkeit) des Anspruchs des Beschenkten aus der Schenkung auf den Todesfall (im Gegensatz zum Erfordernis des Erlebens des Todestages des Erblassers beim Vermächtnis) sowie
- die **Rechtswirkungen** der Schenkung auf den Todesfall **zu Lebzeiten** des Geschenkgebers (dazu sogleich).

Aufgrund des ausdrücklichen Verweises in § 603 S 2 ABGB gilt für die Schenkung auf den Todesfall dieselbe besondere inhaltliche **Schranke des freien Viertels** gemäß **§ 1253 ABGB** wie für den Erbvertrag (S 71 f).

Aus den **Gründen der §§ 947 ff ABGB** (Bedürftigkeit, grober Undank) sowie unter Ehegatten bei Scheidung in analoger Anwendung des § 1266 ABGB, dh wenn der Geschenkgeber schuldlos oder minder schuldig ist bzw gleiches Verschulden oder kein Schuldausspruch vorliegt, kann der Geschenkgeber die Schenkung auf den Todesfall **widerrufen**. Geschenkgeber und Geschenknehmer können die Schenkung auf den Todesfall darüber hinaus **einvernehmlich und formlos aufheben**.

Der **Geschenkgeber** ist zu seinen Lebzeiten weiterhin **Eigentümer** des Schenkungsgegenstands und kann ihn idR besitzen und benutzen. Als Eigentümer könnte der Geschenkgeber auch frei über den Schenkungsgegenstand verfügen, darf dies aufgrund seiner **vertraglichen Bindung** aber nicht; der Geschenkgeber hat daher eine mit einem Fruchtgenussberechtigten vergleichbare, wenn auch aufgrund des Eigentumsrechts wohl etwas stärkere, Stellung.

Der **Geschenknehmer** erhält mit Abschluss der Schenkung auf den Todesfall ein mit dem Ableben des Geschenkgebers **aufschiebend befristetes Forderungsrecht** auf den Schenkungsgegenstand. Der Geschenknehmer kann die Erfüllung der Schenkung daher erst nach dem Ableben des Geschenkgebers fordern und gerichtlich geltend machen. Zu Lebzeiten des Geschenkgebers verfügt der Geschenknehmer allerdings über eine Rechtsposition („**Anwartschaft**“), die sich nicht in dem Recht zur späteren Geltendmachung des Forderungsrechtes erschöpft; vielmehr kann der Geschenknehmer gegen ein Verhalten des Geschenkgebers, das die spätere **Erfüllung gefährdet**, etwa gegen die drohende Veräußerung oder Beschädigung des Schenkungsgegenstandes, **Unterlassungsansprüche** geltend machen oder eine **einstweilige Verfügung** erwirken. Hat der Geschenkgeber die Erfüllung der Schenkung auf den Todesfall schuldhaft vereitelt, stehen dem Geschenknehmer **Schadenersatzansprüche** zu, die der Geschenknehmer aber erst nach dem Ableben des Geschenkgebers gegen die Verlassenschaft bzw die Erben geltend machen kann, da der Schaden erst zu diesem Zeitpunkt eintritt. Als zusätzliche Absicherung der Rechtsposition des Geschenknehmers kann etwa zu seinen Gunsten ein **Veräußerungs- und Belastungsverbot** gemäß § 364c ABGB vereinbart werden.

Für die Zeit nach dem **Ableben des Geschenkgebers** ist entscheidend, dass die Schenkung auf den Todesfall aus erbrechtlicher Sicht wie ein sonstiger Schenkungsvertrag behandelt wird, der aber zum Zeitpunkt des Ablebens **noch nicht erfüllt** worden ist. Das bedeutet, dass die offene Verbindlichkeit, die Schenkung auf den Todesfall zu erfüllen, Teil der Verlassenschaft ist und eine offene Erblasserschuld darstellt. Gleichzeitig befindet sich der Schenkungsgegenstand aber im Todeszeitpunkt noch in der Verlassenschaft. Dementsprechend ist die offene Verbindlichkeit aus dem Schenkungsvertrag als **Passivposten** und der Schenkungsgegenstand als **Aktivposten** in einem etwaigen Inventar auszuweisen.

Als **Erblasserschuld** wird die offene Verbindlichkeit für die Zwecke der Pflichtteilsermittlung gemäß § 779 Abs 1 ABGB bei der Berechnung der reinen Verlassenschaft abgezogen, sie kann **nicht** gemäß § 764 Abs 2 ABGB zugunsten von Pflichtteilsansprüchen gekürzt werden und sie geht gemäß § 692 ABGB den Vermächtnissen vor. **Pflichtteilsrechtlich** gilt die Schenkung auf den Todesfall als Schenkung im Sinne von § 781 Abs 1 ABGB, sodass sie dem **Hinzu- und Anrechnungsregime** der §§ 781 ff ABGB unterliegt (S 94 ff).

B. Übergabe auf den Todesfall, Auftrag auf den Todesfall

Bei der Übergabe auf den Todesfall **gibt der Erblasser eine Sache an einen Dritten** mit der Bestimmung, dass diese bei seinem Tod in das Eigentum des Dritten fallen soll.

Beim Auftrag auf den Todesfall übergibt der Erblasser einem Dritten eine Sache mit dem **Auftrag, diese nach seinem Tod an eine andere Person zu übergeben**.

Weder die Übergabevereinbarung noch der Auftrag sind **ausreichende Titel** für den Eigentumserwerb. In beiden Fällen kann daher für den begünstigten Dritten nur dann ein durchsetzbarer Anspruch auf Übertragung entstehen, wenn den Vorgängen eine formgültige Schenkung auf den Todesfall zwischen Erblasser und Begünstigtem oder ein formgültiges Vermächtnis als Titel für den Eigentumserwerb zugrunde liegt.

3. EINHEIT
Pflichtteilsrecht

I. Grundlegendes zum Pflichtteilsrecht

1. Allgemeines

Trifft der Erblasser keine Verfügungen für den Todesfall, kommt die Verlassenschaft den gesetzlichen Erben zu.[40] Es steht dem Erblasser aber frei, Verfügungen von Todes wegen über seine Verlassenschaft zu treffen. Nach dem Grundsatz der Testierfreiheit als Ausfluss der Privatautonomie soll es grundsätzlich jedem möglich sein, seine Vermögensnachfolge nach dem eigenen Willen zu gestalten. Allerdings bestimmt das österreichische Recht, dass bestimmten Personen auf jeden Fall ein Teil des Werts der Verlassenschaft zukommen soll. Trifft der Erblasser daher eine letztwillige Verfügung, soll er bestimmte berechtigte Personen (= **Pflichtteilsberechtigte**) zumindest mit einem Teil (= **Pflichtteil**) bedenken; sonst haben die Pflichtteilsberechtigten einen schuldrechtlichen Anspruch gegen die Verlassenschaft (vor der Einantwortung) bzw die Erben (nach der Einantwortung). Hinterlässt der Verstorbene bestimmten Personen nichts, handelt er dennoch nicht rechtswidrig.

Das Pflichtteilsrecht beruht auf dem Gedanken, dass bestimmte nahe Angehörige einen bestimmten wertmäßigen Mindestanteil an der Verlassenschaft erhalten sollen. Dieser Gedanke ist rechtspolitisch sehr umstritten, da der Versorgungscharakter, der dem Pflichtteilsrecht zukommt, veraltet ist. Dies vor allem, da seit 1978 Unterhaltsansprüche vererblich sind. Zudem nimmt das Pflichtteilsrecht auf die tatsächlichen familiären Nahebeziehungen keine Rücksicht. Eine Enterbung (S 111 ff) ist nur in bestimmten Ausnahmefällen zulässig.

Das österreichische Recht geht vom Prinzip des **materiellen Pflichtteilsrechts** aus, wonach der Erblasser verpflichtet ist, den Pflichtteilsberechtigten tatsächlich etwas zu hinterlassen. Nach dem formellen Pflichtteilsrecht würde es hingegen nur darauf ankommen, dass der Erblasser die Pflichtteilsberechtigten erwähnt, ihnen aber nichts zuwendet. Unerheblich ist es, wie der Pflichtteilsberechtigte den Pflichtteil erhält. So kann der Erblasser die Erben durch ein Erbrecht, ein Vermächtnis, eine Schenkung auf den Todesfall oder auch eine Schenkung unter Lebenden bedenken. Es kommt nur darauf an, dass die Pflichtteilsberechtigten **wertmäßig ihren Mindestanteil erhalten**.

Stellt sich heraus, dass der Erblasser den Pflichtteilsberechtigten nichts oder zu wenig hinterlassen hat, haben diese einen **Pflichtteilsanspruch** bzw **Pflichtteilsergänzungsanspruch**, der im Zeitpunkt des Todes des Erblassers entsteht. Der Anspruch richtet sich vor der Einantwortung gegen die Verlassenschaft und nach der Einantwortung gegen die Erben. Der Pflichtteilsanspruch ist ein **schuldrechtlicher Anspruch in Geld**. Er ist **zwingend** und kann nicht ohne weiteres entzogen werden. Für eine rechtmäßige Entziehung des Pflichtteils (Enterbung, siehe S 111 ff) bedarf es eines besonderen Grundes.

---

[40] *Kalss/Probst*, Handbuch Familienunternehmen^2 (2025) Rz 27/1 ff.

2. Die Pflichtteilsberechtigung

A. Abstrakte Pflichtteilsberechtigung

Den Kreis der Personen, die für eine Pflichtteilsberechtigung im Einzelfall in Frage kommen (**abstrakt Pflichtteilsberechtigte**), bilden gemäß § 757 ABGB die **Nachkommen** sowie der **Ehegatte** oder **eingetragene Partner** des Erblassers. Vorfahren des Erblassers können seit der **Erbrechtsreform 2015** nicht mehr pflichtteilsberechtigt sein. Zu den „Nachkommen" zählen nicht nur die Kinder, sondern auch die Kindeskinder des Erblassers (Enkel, Urenkel etc).

Das Pflichtteilsrecht des Ehegatten/eingetragenen Partners setzt gem § 746 Abs 1 ABGB eine **aufrechte Ehe/eingetragene Partnerschaft** zum Zeitpunkt des Todes des Erblassers voraus. Ist bereits ein **Verfahren zur Auflösung** der Ehe/eingetragenen Partnerschaft **anhängig**, verliert der überlebente Ehegatte/Partner sein gesetzliches Erbrecht (und damit auch sein Pflichtteilsrecht und sein gesetzliches Vorausvermächtnis) gem § 746 Abs 2 ABGB, wenn bereits eine **Vereinbarung über die Aufteilung** des ehelichen Gebrauchsvermögens und der ehelichen Ersparnisse für den Fall der Rechtskraft der Auflösungsentscheidung vorliegt.

B. Konkrete Pflichtteilsberechtigung

Ob eine abstrakt pflichtteilsberechtigte Person im Einzelfall auch tatsächlich pflichtteilsberechtigt ist (**konkrete Pflichtteilsberechtigung**), hängt gemäß § 758 Abs 1 ABGB grundlegend davon ab, ob ihr bei Anwendung der gesetzlichen Erbfolge ein Erbrecht zustehen würde. Für die Ermittlung der konkreten Pflichtteilsberechtigung wird so getan, als ob der Erblasser keine testamentarische Verfügung getroffen hätte. Hinterlässt der Erblasser demnach Kinder, so schließen diese Kinder die Enkelkinder des Erblassers vom gesetzlichen Erbrecht und somit auch vom Pflichtteilsrecht aus. Die Enkelkinder sind in diesem Fall nicht konkret pflichtteilsberechtigt.

> ***Beispiel:*** *Der Erblasser hinterlässt seine Tochter Anita und seine Enkelkinder Bernhard und Claudia (Kinder von Anita). Nach dem gesetzlichen Erbrecht erhält Anita ein gesetzliches Erbrecht, Bernhard und Claudia hingegen erhalten kein gesetzliches Erbrecht. Anita schließt Bernhard und Claudia daher auch für das Pflichtteilsrecht aus, sodass ausschließlich Anita einen Pflichtteil erhält. Nur wenn Anita vorverstorben wäre, erhielten Bernhard und Claudia jeweils ein gesetzliches Erbrecht und wären daher nicht nur abstrakt, sondern auch konkret pflichtteilsberechtigt.*

Steht dem Ehegatten/eingetragenen Partner gemäß § 746 Abs 2 ABGB aufgrund eines **anhängigen Scheidungsverfahrens** und einer Aufteilungsvereinbarung kein gesetzliches Erbrecht zu, kann dieser auch nicht konkret pflichtteilsberechtigt sein.

3. Ausschlussgründe

Als **Ausschlussgründe** von der Pflichtteilsberechtigung kommen in Betracht:

- **Vortod**,
- die rechtmäßige **Enterbung** (siehe S 111 ff),
- die **Erbunfähigkeit** bzw Erbunwürdigkeit (siehe S 16 ff),
- der **umfassende**, dh auch den Pflichtteil einschließende **Erbverzicht**, sowie der **bloße Pflichtteilsverzicht**, bei dem der abstrakt Pflichtteilsberechtigte zwar nicht auf sein gesetzliches Erbrecht, aber auf sein Pflichtteilsrecht verzichtet,
- die **Ausschlagung einer zur Pflichtteilsdeckung geeigneten Zuwendung auf den Todesfall** iSv § 780 ABGB.

Beim Verzicht auf das gesetzliche Erbrecht unter Vorbehalt des Pflichtteilsrechts besteht hingegen weiterhin die konkrete Pflichtteilsberechtigung des Verzichtenden.

Der Ausschluss vom Pflichtteil durch **umfassenden Erbverzicht**, **Pflichtteilsverzicht** oder **Ausschlagung** erstreckt sich **im Zweifel auch** auf die **Nachkommen** des unmittelbar Betroffenen (§ 758 Abs 2 S 2 ABGB). Die **Pflichtteilsminderung** gilt gemäß § 758 Abs 2 S 3 ABGB **im Zweifel auch** für die **Nachkommen** des unmittelbar Betroffenen, **soweit** die Voraussetzungen für die Pflichtteilsminderung auch auf diese zutreffen. Der Ausschluss vom Pflichtteil aufgrund von Vortod, Erbunfähigkeit (Erbunwürdigkeit) oder rechtmäßiger Enterbung hat hingegen keinen Einfluss auf eine mögliche Pflichtteilsberechtigung von Nachkommen der unmittelbar betroffenen Person.

4. Die Pflichtteilsquote

Die Pflichtteilsquote bestimmt die Höhe des Pflichtteils. Gemäß § 759 ABGB beträgt die Pflichtteilsquote die **Hälfte des gesetzlichen Erbteils**. Der Erbteil ist der Teil, der dem Pflichtteilsberechtigten bei Anwendung der gesetzlichen Erbfolge zugekommen wäre. Das bedeutet, dass man vor der Berechnung des Pflichtteils stets zuerst den gesetzlichen Erbteil ermitteln muss.

> ***Beispiel:*** *Der Erblasser hinterlässt seine Ehefrau, seinen Vater und seine Schwester. Nach der gesetzlichen Erbfolge würde die Ehefrau fünf Sechstel erhalten (zwei Drittel gesetzlicher Erbteil der Ehefrau neben der zweiten Parentel und ein Sechstel, da die Ehefrau die Nachkommen der Eltern ausschließt). Der Vater des Erblassers würde ein Sechstel erhalten. Die Ehefrau erhält daher einen Pflichtteil von fünf Zwölftel (Hälfte von fünf Sechstel). Vater und Schwester erhalten keinen Pflichtteil – sie sind ja nicht einmal abstrakt pflichtteilsberechtigt gemäß § 757 ABGB.*

Zu berücksichtigen sind die Auswirkungen verschiedener Gründe für den Ausschluss eines abstrakt Pflichtteilsberechtigten vom Kreis der konkret Pflichtteilsberechtigten auf die Ermittlung der Pflichtteilsquoten:

- Ist ein Pflichtteilsberechtigter aufgrund eines **Verzichtsvertrages** gemäß § 551 ABGB, der das Pflichtteilsrecht ausschließt, oder aufgrund der **Ausschlagung** einer Zuwendung auf den Todesfall vom Pflichtteilsrecht ausgeschlossen, **erhöhen sich die Pflichtteilsquoten der übrigen** Pflichtteilsberechtigten im Zweifel **nicht**

(§ 760 Abs 1 ABGB). Der Verzichtende bzw Ausschlagende wird für die Berechnung der Pflichtteilsquoten weiterhin **als vorhanden angesehen**. Auf diese Weise verringert sich insgesamt der pflichtteilsrechtlich gebundene Anteil am Verlassenschaftsvermögen. Verzicht und Ausschlagung erhöhen damit die Testierfreiheit des Erblassers.

- Ist ein Pflichtteilsberechtigter aufgrund von **Vortod**, **Erbunfähigkeit** oder **rechtmäßiger Enterbung** vom Pflichtteilsrecht ausgeschlossen, **erhöhen sich** grundsätzlich **die Pflichtteilsquoten der übrigen** Pflichtteilsberechtigten, da der Betroffene in diesen Fällen für die Berechnung der Pflichtteilsquoten **als nicht mehr vorhanden angesehen** wird (§ 760 Abs 2 ABGB). Handelt es sich bei dem Betroffenen um einen Nachkommen des Erblassers, der durch eigene Nachkommen, **repräsentiert** werden kann, kommt es jedoch zu keiner Erhöhung der Pflichtteilsquoten der übrigen Pflichtteilsberechtigten. Repräsentierende Nachkommen müssen aber selbst gegenüber dem Erblasser erbberechtigt und erbfähig sein. Bei einer **Pflichtteilsminderung** (siehe S 110) kommt der dem betroffenen Pflichtteilsberechtigten entzogene Anteil ebenso gegebenenfalls dessen pflichtteilsberechtigten Nachkommen zu. Gibt es keine solchen repräsentierenden Nachkommen erhöhen sich die Pflichtteile der übrigen Pflichtteilsberechtigten anteilsmäßig (§ 760 Abs 2 ABGB).

Beispiel: *Der Erblasser Hubert ist mit Isabella verheiratet und hat vier Kinder Albert, Bernhard, Christiane und Doris. Albert ist Vater von Elisabeth (Enkelin von Hubert), Christiane ist Mutter von Ferdinand (Enkel von Hubert). Bei einer Segeltour der Familie kommt es zu einem schweren Unfall, das Boot kentert, Albert und Bernhard ertrinken. Hubert überlebt zwar, verstirbt aber kurze Zeit später an einer Lungenembolie. Christiane schlägt ihr Erbrecht aus.*

In diesem Fall sind grundsätzlich Ehegattin Isabella, die Kinder Albert, Bernhard, Christiane und Doris sowie die Enkelin Elisabeth und der Enkel Ferdinand abstrakt pflichtteilsberechtigt. Für die Klärung der konkreten Pflichtteilsberechtigung ist die gesetzliche Erbfolge unter Berücksichtigung von Ausschlussgründen anzuwenden: Demnach sind nur Enkelin Elisabeth, die den vorverstorbenen Albert repräsentiert, Tochter Doris und Ehegattin Isabella konkret pflichtteilsberechtigt. Albert und Bernhard sind aufgrund von Vortod ausgeschlossen; Christiane ist aufgrund von Ausschlagung ausgeschlossen, ihr Sohn Ferdinand ist ausgeschlossen, weil die Ausschlagung gemäß § 758 Abs 2 Satz 2 ABGB im Zweifel auch auf die Nachkommen wirkt.

Für die Berechnung der Pflichtteilsquoten gelten Albert und Bernhard aufgrund von Vortod als nicht mehr vorhanden. Ihr Wegfall führt daher grundsätzlich gemäß § 760 Abs 2 ABGB zur Erhöhung der Pflichtteilsquoten der übrigen Pflichtteilsberechtigten. Albert wird aber durch seine Tochter Elisabeth repräsentiert. Christiane (bzw ihr Sohn Ferdinand) ist aufgrund von Ausschlagung ausgeschlossen, für die Berechnung der Pflichtteilsquoten gilt sie aber gemäß § 760 Abs 1 ABGB noch als vorhanden, die Pflichtteilsquoten der übrigen Pflichtteilsberechtigten erhöhen sich dadurch nicht.

Im Ergebnis sind für die Berechnung der Pflichtteilsquoten zu berücksichtigen: Elisabeth, die den vorverstorbenen Albert repräsentiert, Christiane, die zwar ausgeschlossen, aber gemäß § 760 Abs 1 ABGB zu berücksichtigen ist, Doris sowie Ehegattin Isabella. In Anwendung der gesetzlichen Erbfolge stünden Elisabeth, Christiane und Doris jeweils zwei Neuntel, Isabella ein Drittel zu. Die Pflichtteilsquoten der konkret pflichtteilsberechtigten Elisabeth, Doris und Isabella betragen daher jeweils ein Neuntel für Elisabeth und Doris und ein Sechstel für Isabella.

5. Die Berechnung des Pflichtteils

A. Reine Verlassenschaft als Berechnungsgrundlage

Hat man die **Pflichtteilsquote** ermittelt, sagt dies noch nicht viel über die (absolute) Höhe des tatsächlichen Pflichtteils aus. Dieser wird – unter Anlegung der ermittelten Pflichtteilsquote – vom Wert der **„reinen Verlassenschaft“** berechnet:

Zunächst wird die Verlassenschaft geschätzt (§ 778 Abs 1 ABGB). Dafür werden alle Aktiva und Passiva aufgezeichnet und bewertet. Die Berechnungsbasis des Pflichtteils stellt dar, was sich aus **einem Abzug der Passiva von den Aktiva** ergibt (= die reine Verlassenschaft). Der Pflichtteilsberechtigte muss demnach auch die Schulden des Erblassers mittragen.

Zu den **Aktiva** zählt das gesamte vererbliche Vermögen des Erblassers, also alle beweglichen und unbeweglichen Sachen, sowie Rechte und Forderungen. Zu den **Passiva** gehören gemäß § 779 Abs 1 ABGB neben den Schulden, die schon zu Lebzeiten des Erblassers entstanden sind (**Erblasserschulden**), auch die **Erbgangsschulden**, also jene Belastungen, die mit dem Erbfall zusammenhängen (Begräbniskosten, Prozesskosten der Verlassenschaftsabhandlung, Inventarisierungskosten etc). Seit der Erbrechtsreform 2015 gehören auch **Schenkungen auf den Todesfall** zu den Erblasserschulden; sie werden daher einerseits als Aktiva berücksichtigt (die geschenkte Sache befindet sich im Ablebenszeitpunkt noch in der Verlassenschaft, da die Schenkung erst im Todeszeitpunkt wirksam wird) und andererseits auch als Passiva abgezogen. Schenkungen auf den Todesfall können aber als Schenkung auch einer Hinzu- und Anrechnung nach den §§ 781 ff ABGB unterworfen werden und wirken sich dann wiederum pflichtteilserhöhend aus (siehe S 94 ff).

Nicht abgezogen von den Aktiva werden gemäß § 779 Abs 2 ABGB Vermächtnisse und andere aus dem letzten Willen entspringende Lasten (**Erbfallschulden**).

Die Nichtberücksichtigung der Vermächtnisse liegt darin, dass der Erblasser sonst sein ganzes Vermögen in Form von Vermächtnissen hinterlassen und so das Pflichtteilsrecht umgehen könnte.

B. Bewertungszeitpunkt und Ausgleich

Maßgeblicher Bewertungszeitpunkt für die Schätzung der Verlassenschaft (Aktiva und Passiva) ist der **Todestag des Erblassers** (§ 778 Abs 2 S 1 ABGB). Als Ausgleich für die weitere Wertentwicklung der Verlassenschaft sieht § 778 Abs 2 S 2 ABGB vor, dass ein gegebenenfalls zustehender Pflichtteils(ergänzungs)anspruch ab dem Zeitpunkt des Ablebens mit den **gesetzlichen Zinsen** (§ 1000 ABGB: 4%) verzinst wird. Es handelt sich um einen pauschal bestimmten Ausgleich, der aber wohl in vielen Fällen den tatsächlichen Umständen – plötzlicher Wertverlust einer unternehmerischen Beteiligung aufgrund einer Wirtschaftskrise, drastische Wertänderung aufgrund einer Umwidmung etc – nicht entsprechen wird.

6. Die Pflichtteilsdeckung

A. Zuwendungen und Schenkungen zur Pflichtteilsdeckung

Der Pflichtteil ist nach der Vorstellung des Gesetzgebers grundsätzlich durch eine **Geldleistung** zu decken. Der Erblasser kann den Pflichtteil aber auch auf sonstige Weise durch **Zuwendungen auf den Todesfall** gemäß § 780 ABGB oder durch hinzurechenbare **Schenkungen unter Lebenden** gemäß § 781 ABGB decken (§ 761 Abs 1 ABGB). Der Erblasser kann einen Pflichtteilsberechtigten in einer letztwilligen Verfügung auch **„auf den Pflichtteil setzen"**; in diesem Fall verfügt der Pflichtteilsberechtigte im Zweifel nur über den schuldrechtlichen **Pflichtteilsanspruch** (§ 761 Abs 2 ABGB), der Erblasser kann den Pflichtteil aber auch etwa ausdrücklich in Form eines (Geld-)Vermächtnisses zuwenden.

Anrechnung: Der Vermögenswert von Zuwendungen auf den Todesfall sowie von hinzugerechneten Schenkungen unter Lebenden ist gemäß § 763 ABGB auf den Pflichtteil des Empfängers anzurechnen, dh **von dessen Pflichtteil abzuziehen**. Ist der Pflichtteil durch die anrechenbaren Vermögenswerte vollständig gedeckt, besteht kein Pflichtteilsanspruch. Ist der **Pflichtteil** gar nicht oder **nicht zur Gänze gedeckt**, verfügt der Pflichtteilsberechtigte über einen **Pflichtteilsanspruch** (auch: „Geldpflichtteilsanspruch") bzw **Pflichtteilsergänzungsanspruch**, dh einen **schuldrechtlichen Anspruch in Geld** gegen die Verlassenschaft bzw die Erben auf den nicht gedeckten Wert des Pflichtteils (siehe S 107 f).

- Als **anrechenbare Zuwendungen auf den Todesfall** gemäß **§ 780 ABGB** gelten – gesetzlich, testamentarisch oder erb-/vermächtnisvertraglich eingeräumte – Erbteile und Vermächtnisse (Ausnahme: Pflegevermächtnis, siehe S 78) sowie Zuwendungen aus einer vom Erblasser errichteten Privatstiftung oder vergleichbaren Vermögensmasse (zB Trust). Derartige Zuwendungen, die zur Pflichtteilsdeckung geeignet sind, sind **jedenfalls** auf den Pflichtteil des Empfängers anzurechnen; der Pflichtteilsberechtigte kann diese nicht ausschlagen und an deren Stelle einen Pflichtteils(ergänzungs)anspruch geltend machen (siehe auch § 808 Abs 2 ABGB).
- Als **anrechenbare Schenkungen unter Lebenden** gemäß **§ 781 ABGB** gelten neben Schenkungen unter Lebenden nach den §§ 938 ff ABGB und Schenkungen auf den Todesfall gemäß § 603 ABGB (siehe S 84 ff) auch die in § 781 Abs 2 ABGB aufgezählten Zuwendungen. Entscheidend ist, dass eine derartige Schenkung **nur dann angerechnet**, dh vom Pflichtteil des Empfängers abgezogen wird, **wenn** es nach den §§ 781 ff ABGB tatsächlich **auch zur Hinzurechnung** dieser Schenkung gekommen ist.

Auf Grundlage von § 761 Abs 1 ABGB und § 763 ABGB hat der Erblasser im Ergebnis die **Entscheidungsfreiheit**, auf welche Weise die Pflichtteile gedeckt werden sollen. Er kann die Deckung vollständig durch Schenkungen unter Lebenden und/oder Zuwendungen auf den Todesfall von Geld oder anderen Vermögensgegenständen an die pflichtteilsberechtigten Personen sicherstellen. Der Erblasser kann sich aber auch dazu entscheiden, keine Schenkungen/Zuwendungen im ausreichenden Ausmaß vorzusehen. Er muss dann aber davon ausgehen, dass die Verlassenschaft bzw im Ergebnis seine **Erben durch Pflichtteils(ergänzungs)ansprüche in Geld belastet** werden können.

B. Geeignetheit zur Pflichtteilsdeckung

Ob eine Zuwendung auf den Todesfall gemäß § 780 ABGB oder eine hinzurechenbare Schenkung unter Lebenden gemäß § 781 ABGB zur Deckung des Pflichtteils des Empfängers geeignet ist, bestimmt sich nach § 762 ABGB danach, ob die jeweilige Zuwendung oder Schenkung einen **bewertbaren Vermögenswert** hat.[41]

- Maßgeblicher Bewertungszeitpunkt für eine Zuwendung auf den Todesfall ist der Zeitpunkt des Todes des Erblassers (§ 780 Abs 2 ABGB).
- Maßgeblicher Bewertungszeitpunkt für eine Schenkung unter Lebenden ist der Zeitpunkt, zu dem die Schenkung wirklich gemacht wurde, dh zum Zeitpunkt des „Vermögensopfers" (§ 788 S 1 ABGB, siehe dazu noch S 97 ff).

Solange einer Zuwendung oder einer Schenkung zum maßgeblichen Bewertungszeitpunkt ein **bestimmter Vermögenswert** zugewiesen werden kann, ist die entsprechende Zuwendung oder Schenkung zur Deckung des Pflichtteils **geeignet** und ist der **ermittelte Wert** (ggf unter Anpassung mittels VPI gemäß § 788 ABGB) auf den Pflichtteil des Empfängers **anzurechnen**, dh von diesem abzuziehen.

Bedingungen und Belastungen, die sich auf die sofortige **Verfügbarkeit**, **Verwertbarkeit oder Nutzbarkeit** der Zuwendung oder Schenkung auswirken, verhindern gemäß § 762 ABGB nicht die Eignung zur Pflichtteilsdeckung, sondern sind **ausschließlich im Rahmen der Bewertung zu berücksichtigen**. Als Gegenstand von Zuwendungen oder Schenkungen können daher alle vermögenswerten Sachen dienen, dh körperliche Sachen (zB Liegenschaften), schuldrechtliche oder dingliche Nutzungs-, Wohn- und Genussrechte (insbesondere Fruchtgenussrechte), Rentenansprüche, Begünstigtenstellungen in einer Privatstiftung oder einer vergleichbaren Vermögensmasse (zB in einem Trust), sowie dinglich belastete Rechte (Eigentumsrecht unter Veräußerungs- und Belastungsverbot). Selbst befristete, bedingte oder mit Auflagen belastete Erbrechte und Vermächtnisse sind zur Pflichtteilsdeckung geeignet, soweit ihnen zum Ablebenszeitpunkt ein Vermögenswert zugewiesen werden kann.

Die Einräumung einer **Begünstigtenstellung in einer Privatstiftung** (unter Lebenden oder auf den Todesfall) ist zur Pflichtteilsdeckung geeignet, wenn sie eine vermögenswerte, dh zum maßgeblichen Zeitpunkt bewertbare, Zuwendung oder Schenkung des Erblassers an den Begünstigten darstellt. Im Einzelnen sind folgende Voraussetzungen zu berücksichtigen:

[41] Vgl zur Bewertung eines Wasserbezugsrechts OGH 28.11.2019, 2 Ob 3/19h.

(i) Das Vermögen, das über die Begünstigtenstellung an den Pflichtteilsberechtigten ausgeschüttet wird, muss **aus dem vom Erblasser gewidmeten Vermögen** stammen (eine Privatstiftung könnte widmende Mitstifter haben, siehe S 185 f).

(ii) Die Auswahl des Pflichtteilsberechtigten und die Einräumung der maßgeblichen Begünstigtenstellung müssen **dem Erblasserwillen zurechenbar** sein. Dies setzt im Regelfall voraus, dass der Erblasser die Einräumung der Begünstigtenstellung unmittelbar in der **Stiftungserklärung** anordnet oder als **zuständige Stelle** gemäß § 9 Abs 1 Z 3 PSG festlegt (siehe S 182); darüber hinaus können – im Rahmen ihrer stiftungsrechtlichen Zulässigkeit – auch andere Rechte, insbesondere ein Weisungsrecht, zur Einräumung der Begünstigtenstellung genutzt werden.

(iii) Die eingeräumte Begünstigtenstellung muss zum maßgeblichen Bewertungszeitpunkt einen **bewertbaren Vermögenswert** haben. Dies liegt vor, wenn der Pflichtteilsberechtigte eine Rechtsposition erhält, die mit einer **aktuellen Ausschüttung** und/oder einem (zumindest) dem Grunde nach rechtswirksam **feststellbaren Anspruch** auf künftige, mit gewisser Wahrscheinlichkeit entstehende sowie bestimmte oder in ihrer kapitalisierten Gesamthöhe bestimmbare Ausschüttungen verbunden ist. Eine schlichte Nennung als Begünstigter in der Stiftungserklärung begründet hingegen noch nicht unbedingt eine vermögenswerte Position.

II. Hinzu- und Anrechnung auf den Pflichtteil

1. Allgemeines

Zuwendungen auf den Todesfall gemäß § 780 ABGB werden jedenfalls auf den Pflichtteil des Empfängers angerechnet, dh von diesem rechnerisch abgezogen (§ 780 Abs 1 ABGB). **Schenkungen unter Lebenden** gemäß § 781 ABGB werden nur dann auf den Pflichtteil des Empfängers (Geschenknehmers) angerechnet, dh von diesem rechnerisch abgezogen (§ 787 Abs 2 ABGB), wenn es nach den §§ 781 ff ABGB **auch zur Hinzurechnung** der jeweiligen Schenkung gekommen ist. Die pflichtteilsrechtliche Berücksichtigung von Schenkungen wird somit in zwei Schritten vorgenommen, nämlich zunächst als Hinzurechnung und sodann als Anrechnung beim pflichtteilsberechtigten Geschenknehmer.

Die **Hinzurechnung** einer Schenkung bedeutet, dass der maßgebliche Vermögenswert der **reinen Verlassenschaft**, dh der Berechnungsgrundlage gemäß §§ 778, 779 ABGB zur Ermittlung der Pflichtteile (siehe S 91), **rechnerisch hinzugeschlagen** wird. Die Pflichtteile aller Pflichtteilsberechtigten werden dann von dieser vergrößerten Verlassenschaft ermittelt (§ 787 Abs 1 ABGB). Die Hinzurechnung einer Schenkung führt daher im Grundsatz **zu höheren Pflichtteilen** und dient dem Ziel, dass der Erblasser die Berechnungsgrundlage für die Pflichtteile durch Schenkungen zu Lebzeiten nicht unangemessen verringern kann.

Beispiel: *Der Erblasser Friederich schenkt am Sterbebett einen großen Teil seines Vermögens (1,8 Mio von 3 Mio) an zwei Mitglieder des Pflegepersonals, die ihn während der letzten Mo-*

nate so gut umsorgt haben, während sich seine drei Töchter nur selten blicken ließen. Ohne Hinzurechnung dieser Schenkungen würde die reine Verlassenschaft, dh die Berechnungsgrundlage für die Ermittlung der Pflichtteile der pflichtteilsberechtigten Töchter, nur den Teil des Werts betragen, den das Vermögen des Erblassers – bis kurz vor seinem Ableben – gehabt hat (1,2 Mio anstatt 3 Mio). Die Pflichtteile der drei Töchter betrügen daher nur jeweils 200k (Pflichtteilsquote ist Hälfte der gesetzlichen Erbquote, daher ein Sechstel von 1,2 Mio). Hätten die Schenkungen nicht stattgefunden, betrügen die Pflichtteile jeweils 500k (ein Sechstel von 3 Mio). Eine solche „Aushebelung" des Pflichtteilsrechts durch bestimmte Schenkungen soll durch die Möglichkeit der Hinzurechnung verhindert werden. Die Hinzurechnung führt in diesem Sinne dazu, dass der Wert der Schenkungen (1,8 Mio) der reinen Verlassenschaft (1,2 Mio) rechnerisch hinzugeschlagen wird und von dieser Summe die Pflichtteile berechnet werden. Bei Hinzurechnung der Schenkungen betragen die Pflichtteile der drei Töchter daher wiederum jeweils 500k (die Summe der durch Hinzurechnung erhöhten Pflichtteile übersteigt in diesem Fall die reine Verlassenschaft, die Töchter werden daher die Haftung der Geschenknehmer in Anspruch nehmen [siehe S 104 ff]).

- Wird eine **Schenkung** hinzugerechnet, deren **Empfänger nicht pflichtteilsberechtigt** ist, ist eine Anrechnung – mangels Pflichtteilsberechtigung des Empfängers – nicht möglich; es bleibt bei der Hinzurechnung und der Erhöhung aller Pflichtteile.
- Wird eine **Schenkung** hinzugerechnet, deren **Empfänger pflichtteilsberechtigt** ist, wird – in einem zweiten Schritt – der Wert dieser Schenkung auf den Pflichtteil des Empfängers **angerechnet**. In diesen Fällen führt die Hinzurechnung daher zu einer Erhöhung aller Pflichtteile, aber – im Ergebnis – zu einer entsprechenden Verringerung des Pflichtteils des Empfängers und daher zu einem **Ausgleich zwischen den Pflichtteilsberechtigten**.

  Beispiel: *Der Erblasser Friederich schenkt am Sterbebett einen großen Teil seines Vermögen (1,8 Mio von 3 Mio) an seine Tochter Johanna, die ihn während der letzten Monate gut umsorgt hat, während seine beiden anderen Töchter Christina und Doris nur selten vorbeigekommen sind. Ohne Hinzurechnung und Anrechnung der Schenkung beträgt die reine Verlassenschaft 1,2 Mio, der Pflichtteil jeder Tochter daher 200k (Pflichtteilsquote ist Hälfte der gesetzlichen Erbquote, daher ein Sechstel von 1,2 Mio). Nach Hinzurechnung und Anrechnung betragen die Pflichtteile der beiden Töchter Christina und Doris jeweils 500k (ein Sechstel von 3 Mio), der Pflichtteil von Johanna hingegen Null (ein Sechstel von 3 Mio, dh 500k minus 1,8 Mio [= Anrechnung!] = Null). Es kommt zu einem gewissen Ausgleich zwischen den Töchtern, auch wenn Johanna aufgrund der Schenkung weiterhin mehr erhalten hat als ihre beiden Schwestern.*

Zu einer Hinzurechnung und – bei Pflichtteilsberechtigung des Empfängers – Anrechnung einer Schenkung kommt es nur, wenn die **Voraussetzungen der §§ 781 ff ABGB** erfüllt sind:

(i) Bei dem zugrunde liegenden Rechtsgeschäft handelt es sich um eine **Schenkung unter Lebenden** im Sinne von § 781 ABGB.

(ii) Der Gegenstand der Schenkung unter Lebenden hat gemäß § 788 ABGB zum Zeitpunkt des Vermögensopfers einen **bewertbaren Vermögenswert**.

(iii) Die vorliegende Schenkung verwirklicht **keinen der Ausnahmetatbestände des § 784 ABGB**, außer der Erblasser und der Empfänger haben die Hinzu- und Anrechenbarkeit der Schenkung einvernehmlich vereinbart.

(iv) Es liegt gemäß §§ 782, 783 ABGB ein **Antrag einer antragsberechtigten Person** auf Hinzu- und Anrechnung von Schenkungen unter Lebenden vor.

(v) Ist der **Geschenknehmer nicht abstrakt pflichtteilsberechtigt** im Sinne von § 757 ABGB, muss die Schenkung gemäß § 782 Abs 1 ABGB **innerhalb von zwei Jahren vor dem Ableben** des Erblassers **wirklich gemacht** worden sein.

(vi) Ausschließlich für die **Anrechnung** ist darauf zu achten, dass die **Anrechenbarkeit** der Schenkung vom Erblasser **nicht gemäß § 785 ABGB** durch letztwillige Verfügung oder durch Vereinbarung mit dem Empfänger **ausgeschlossen** worden ist.

Die Hinzurechnung und Anrechnung ist durch **Antrag im ordentlichen Rechtsweg** bei Durchsetzung des Pflichtteilsanspruchs geltend zu machen; entweder vom Pflichtteilsberechtigten, der sich dadurch einen höheren Pflichtteil erhofft, oder durch den belasteten Erben, der sich dadurch eine Verringerung der Pflichtteilsansprüche verspricht.

2. Schenkung unter Lebenden im Sinne von § 781 ABGB

Der Begriff der **Schenkung unter Lebenden** im Sinne von § 781 ABGB ist **weit zu verstehen** und erfasst alle Zuwendungen des Erblassers auf Kosten seines Vermögens und zu seinen Lebzeiten, für die der jeweilige Empfänger **keine Gegenleistung** erbracht hat.

Erfasst werden nicht nur lebzeitige Schenkungen nach den §§ 938 ff ABGB und Schenkungen auf den Todesfall gemäß § 603 ABGB, sondern auch die in § 781 Abs 2 aufgelisteten Gruppen von einschlägigen Rechtsgeschäften. Als Schenkungen unter Lebenden gelten daher

1. die **Ausstattung** eines Kindes (unentgeltliche Zuwendungen des Erblassers an einen Nachkommen im Zusammenhang mit der Eheschließung oder dem Eingehen einer eingetragenen Partnerschaft),
2. ein **Vorschuss** auf einen Pflichtteil,
3. eine **Abfindung** für den Abschluss eines Erb- oder Pflichtteilsverzichtsvertrags,
4. eine **Vermögenswidmung** an eine Privatstiftung oder vergleichbare Vermögensmasse (zB Trust),
5. die Einräumung einer **Begünstigtenstellung** in einer Privatstiftung oder vergleichbaren Vermögensmasse (zB Trust) sowie
6. jede andere Leistung, die ihrem wirtschaftlichen Gehalt nach einem unentgeltlichen Rechtsgeschäft unter Lebenden gleichkommt,[42] etwa die Zuwendung der Bezugsberechtigung aus einer Lebensversicherung.

Bei **gemischten Schenkungen** kann nur der geschenkte Teil hinzu- und angerechnet werden. Das Bestehen einer gemischten Schenkung setzt aber nicht nur ein Missver-

[42] Vgl OGH 24.4.2020, 2 Ob 44/20i.

hältnis zwischen Leistung und Gegenleistung voraus, sondern auch eine Schenkungsabsicht.[43] Hinzu- und angerechnet wird bei gemischten Schenkungen der der **Schenkungsquote** entsprechende Teil der Zuwendung.[44]

Das subjektive Erfordernis der **Schenkungsabsicht** muss sowohl für eine Schenkungsanrechnung nach § 781 Abs 1 ABGB als auch für eine Anrechnung nach § 781 Abs 2 Z 6 ABGB vorliegen.[45] Auch das Bestehen einer **objektiven Wertinäquivalenz** ist in beiden Fällen erforderlich. Die Anrechnung kann daher ohne Schenkungsabsicht und ohne Freiwilligkeit einer Leistung auch nicht über den allgemeinen Generaltatbestand von § 781 Abs 2 Z 6 ABGB erreicht werden. Bei **wirtschaftlichen Schenkungen** gem § 781 Abs 2 Z 6 ABGB reicht aber bei Vorliegen eines krassen Missverhältnisses zwischen Leistung und Gegenleistung für den Nachweis der Schenkungsabsicht die Erbringung eines **Anscheinsbeweises** aus.[46]

3. Bewertung zum Zeitpunkt des Vermögensopfers

Gemäß § 788 ABGB ist die Schenkung zu dem Zeitpunkt zu bewerten, zu dem die Schenkung „*wirklich gemacht wurde*" (Zeitpunkt des Vermögensopfers). Liegt dieser Zeitpunkt vor dem Zeitpunkt des Ablebens des Erblassers, ist der so ermittelte Wert unter Anwendung des jeweils geltenden **Verbraucherpreisindex bis zum Todeszeitpunkt** des Erblassers hin anzupassen (§ 788 S 2 ABGB).

Der Zeitpunkt des Vermögensopfers ist nicht nur für die in der Praxis so wichtige Bewertung einer Schenkung maßgeblich, sondern auch für die Frage, ob eine Schenkung an eine nicht abstrakt pflichtteilsberechtigte Person **innerhalb der letzten zwei Jahren vor dem Ableben** des Erblassers gemacht wurde und daher einer Hinzurechnung unterworfen werden kann (siehe S 102 ff). Die Erbrechtsreform 2015 hat für die umstrittene Frage, nach welchen Kriterien das Vermögensopfer als erbracht anzusehen ist, keine gesetzliche Klärung herbeigeführt und die Beantwortung dieser Frage daher Rechtsprechung und Lehre überlassen.

Im Grundsatz kann für das Vermögensopfer von folgendem Verständnis ausgegangen werden: Hat der Erblasser auf Grundlage einer gültigen schuldrechtlichen Verpflichtung seine **rechtliche Verfügungsbefugnis** über den Schenkungsgegenstand, insbesondere das Eigentumsrecht, **verloren** und hat er **keine durchsetzbare Möglichkeit, die rechtliche Verfügungsbefugnis zurückzuerhalten**, ist das Vermögensopfer grundsätzlich erbracht. Maßgebliches Element der Vermögensopfertheorie ist der Nicht-/Bestand einer rechtlich abgesicherten, dh durch Ausübung von Rechten einseitig durchsetzbaren, Möglichkeit des Erblassers zur Wiedererlangung der rechtlichen Verfügungsbefugnis über das zugewandte Vermögen. Ist der Zuordnungswechsel der rechtlichen Verfügungsbefugnis endgültig geworden, ist das Vermögensopfer eingetreten.

[43] Vgl OGH 7.8.2012, 2 Ob 14/12s.
[44] OGH 25.7.2024, 2 Ob 110/24a.
[45] OGH 13.12.2022, 2 Ob 184/22f.
[46] OGH 19.11.2024, 2 Ob 248/23v.

Inwieweit das **Zurückbehalten** von Elementen einer wirtschaftlichen Verfügungsgewalt (Vorbehalt von Fruchtgenussrechten oder anderer Nutzungsrechte für den Schenker) den Eintritt des Vermögensopfers verhindert, war lange umstritten. Der OGH hat zuletzt klargestellt, dass das vom Erblasser für sich selbst vorbehaltene **Fruchtgenussrecht die Erbringung des Vermögensopfers nicht hindert**.[47] Obwohl sich der Geschenkgeber das Fruchtgenussrecht vorbehalten hat, ist dem Geschenknehmer ein Vermögenswert in Form des Eigentumsrechts unwiderruflich und endgültig zugekommen. Dass dieses Eigentumsrecht mit einem Fruchtgenussrecht belastet ist, ist **nur im Rahmen der Bewertung der Schenkung zu berücksichtigen**. Der Geschenknehmer kann das durch Fruchtgenussrecht belastete Eigentumsrecht sogar bereits veräußern und das enthaltene Entgelt verbrauchen, lange bevor das Fruchtgenussrecht erlischt. So hindert etwa auch im Fall der Schenkung einer Liegenschaft die Zurückbehaltung eines **Wohnungsgebrauchsrechts** samt Belastungs- und Veräußerungsrecht nicht die Erbringung des Vermögensopfers. Bei der **Vereinbarung eines Rückfallsrechts**, demzufolge die Zuwendung bei Eintritt einer festgelegten Bedingung an den Geschenkgeber zurückfallen soll, hängt die Frage, ob das Vermögensopfer als erbracht anzusehen ist, davon ab, ob der Eintritt der Bedingung vom Willen des Erblassers abhängt oder nicht. In letzterem Fall gilt das Vermögensopfer als erbracht.[48]

Für die **Schenkung auf den Todesfall** gilt das Vermögensopfer erst mit der Erfüllung, dh **frühestens mit dem Tod des Erblassers**, als erbracht. Die **Zweijahresfrist beginnt** daher bei Schenkungen auf den Todesfall **nicht vor dem Tod** des Erblassers zu laufen. Dies hat zur Folge, dass Schenkungen auf den Todesfall der reinen Verlassenschaft idR hinzugerechnet werden. Erst ab dem Zeitpunkt des Todes des Erblassers, hat der auf den Todesfall Beschenkte einen klagbaren Anspruch auf Erfüllung der Schenkung. Auch bei einer formgültig abgeschlossenen, aber noch nicht erfüllten **lebzeitigen Schenkung** gemäß §§ 938 ff ABGB gilt das **Vermögensopfer erst mit der Erfüllung** als erbracht.

Schwierige Fragen für die Beurteilung des Zeitpunkts des Vermögensopfers werfen schließlich **Verfügungen an und von Privatstiftungen** und vergleichbaren Vermögensmassen (zB Trusts; die nachfolgenden Ausführungen beschränken sich allerdings auf die österreichische Privatstiftung) auf:

- **Vermögenswidmung an eine Privatstiftung**

Widmet der Erblasser (Geschenkgeber) als Stifter oder als Dritter (Zustiftung) Vermögen an eine bereits entstandene oder an eine zu errichtende Privatstiftung (Geschenknehmerin), handelt es sich gemäß § 781 Abs 2 Z 4 ABGB um eine hinzurechenbare Schenkung im Sinne von § 781 ABGB. Für den Zeitpunkt des Vermögensopfers ist maßgeblich, ob der Erblasser seine **rechtliche Verfügungsgewalt** über das gewidmete Vermögen, insbesondere das Eigentumsrecht, endgültig – dh **ohne einseitig durchsetzbare Möglichkeit zur Wiedererlangung** – verloren hat.

[47] OGH 24.6.2021, 2 Ob 119/20v; OGH 28.9.2021, 2 Ob 111/21v.
[48] OGH 21.11.2023, 2 Ob 210/23f.

Die Besonderheit der Vermögenswidmung an eine Privatstiftung liegt darin, dass die Privatstiftung eine **Vielzahl an Gestaltungsmöglichkeiten** eröffnet, über die der Erblasser – insbesondere als Stifter – **Einfluss** auf die Verwendung des Stiftungsvermögens und auf eine mögliche Wiedererlangung des Vermögens ausüben kann. Der Vorbehalt eines **Widerrufsrechts** mit dem Erblasser und Stifter als Letztbegünstigten sowie **sonstiger Rechte**, die die Rückerlangung des gewidmeten Vermögens in durchsetzbarer Weise ermöglichen, **verhindern den Eintritt des Vermögensopfers**. Als sonstige Rechte kommen insbesondere ein entsprechend umfangreiches **Änderungsrecht** sowie das **Recht zur Einräumung einer Begünstigtenstellung und Festsetzung von Ausschüttungen** in Betracht. Beim Änderungsrecht sind allerdings dessen stiftungsrechtliche Gestaltungsgrenzen, insbesondere die Unzulässigkeit eines „widerrufsgleichen Änderungsrechts" zu berücksichtigen und zu prüfen, inwieweit über ein zurückbehaltenes Änderungsrecht tatsächlich und in zulässiger Weise das Vermögen wiedererlangt werden kann. Das Recht zur Begünstigtenbestimmung muss – parallel zum Widerrufsrecht – die Möglichkeit zur Begünstigtenbestellung für und Ausschüttung an den Stifter selbst einschließen und mit dem vom Stiftungsvorstand zu überwachenden Stiftungszweck abgestimmt sein. In allen Fällen muss geprüft werden, ob der Erblasser die **Wiedererlangung** des gewidmeten Vermögens **einseitig nach eigenem Willen durchsetzen kann**; ist die Ausübung eines maßgeblichen Rechts, etwa des Widerrufs- oder eines umfassenden Änderungsrechts, an die **Zustimmung von anderen Personen** – Mitstiftern, Stiftungsorganen oder sonstigen Dritten – gebunden, gilt das **Vermögensopfer als erbracht**, da der Erblasser die Wiedererlangung **nicht einseitig** durchsetzen kann.

- **Einräumung einer Begünstigtenstellung**

Räumt der Erblasser als Stifter (als Dritter nur schwer umsetzbar) einer Person eine entsprechend **qualifizierte Begünstigtenstellung** ein (siehe S 186 ff), handelt es sich gemäß § 781 Abs 2 Z 5 ABGB um eine hinzurechenbare Schenkung. Für den Zeitpunkt des Vermögensopfers ist maßgeblich, ob die vermögenswerte Rechtsposition, die dem Begünstigten verschafft wird, unwiderruflich eingeräumt ist. Die **Unwiderruflichkeit** ist gegeben, wenn die Zuwendung der Begünstigtenstellung vom Erblasser nicht mehr durch Ausübung eines durchsetzbaren Rechtes rückgängig gemacht werden kann, dh der Erblasser nicht (mehr) über **Einflussrechte** in der Privatstiftung verfügt, mit denen er dem Begünstigten die eingeräumte Rechtsposition effektiv wieder entziehen kann. Zu bewerten ist dabei gleichsam die Chance, künftig Ausschüttungen zu erhalten. Soweit eine zugewendete Begünstigtenstellung aus **bereits getätigten Ausschüttungen** besteht, ist für diese das Vermögensopfer jedenfalls erbracht.

4. Gesetzliche Ausnahmen von der Hinzu- und Anrechenbarkeit

Gemäß § 784 ABGB sind folgende **Gruppen von Schenkungen** unter Lebenden gesetzlich von einer Hinzurechnung und Anrechnung **ausgenommen**:

- **Schenkungen aus Einkünften ohne Schmälerung des Stammvermögens**
  Erfasst sind Schenkungen, deren Vermögensaufwand aus Einkünften des Erblas-

sers, dh seinen **Erträgnissen aus Arbeit** sowie Früchten und **Nutzungen aus Vermögen**, gedeckt wird, ohne das Stammvermögen des Erblassers zu verringern. Zur Orientierung können die laufenden Einkünfte aus dem Jahr vor der Schenkung, verringert um die notwendigen Ausgaben für Lebensunterhalt und laufende Verbindlichkeiten herangezogen werden.[49]

- **Schenkungen zu gemeinnützigen Zwecken**
  Es handelt sich um Schenkungen, deren Vermögenswerte zur Verfolgung gemeinnütziger Zwecke eingesetzt werden, daher insbesondere um Schenkungen **an Rechtsträger**, die gemeinnützige Zwecke verfolgen, etwa Universitäten, Kirchen, gemeinnützige Vereine, Gesellschaften, Anstalten oder (Privat-)Stiftungen, oder **unmittelbar an Bedürftige** bzw sonstige Empfänger gemeinnütziger Leistungen.
- **Schenkungen aus sittlicher Pflicht oder aus Gründen des Anstands**
  Ob eine Schenkung der Erfüllung einer **sittlichen Pflicht** dient oder aus Gründen des Anstands geleistet wird, ist im Einzelfall zu beurteilen. Eine Schenkung zur Erfüllung einer sittlichen Pflicht ist nur dann anzunehmen, wenn eine **besondere**, auf den Umständen des Einzelfalls gründende, in den Geboten der Sittlichkeit wurzelnde **Verpflichtung des Schenkers** bestand.[50] Dabei sind die persönlichen Beziehungen zwischen Geschenkgeber und Geschenknehmer, ihre Vermögenslage und Lebenssituation zu berücksichtigen. So kann etwa die sittliche Pflicht zur Schenkung des Hälfteanteils an einem Grundstück mit Haus bestehen, wenn der Geschenknehmer einen erheblichen Beitrag zur Errichtung des Hauses geleistet hat und das Haus den wesentlichen Wert des Grundstücks darstellt.[51] Als Schenkungen aus **Gründen des Anstands** gelten insbesondere **Gelegenheitsgeschenke**, etwa Hochzeitsgeschenke oder Schenkungen zu Geburtstagen, Ausbildungsabschlüssen und anderen kulturell oder religiös bedeutsamen Anlässen, etwa der Firmung, aber auch Schenkungen zur notwendigen Erhaltung des guten Rufes oder aus **gerechtfertigter Dankbarkeit**.

Die Befreiung von Schenkungen von der Hinzurechnung und Anrechnung ist **nicht zwingend** angeordnet, sondern **dispositiv**. Geschenkgeber (Erblasser) und Geschenknehmer können nach ausdrücklicher Ermächtigung in § 784 ABGB einvernehmlich etwas „*anderes*" vereinbaren. Der Geschenkgeber kann daher mit dem Geschenknehmer vereinbaren, dass etwa eine bestimmte gemeinnützige Schenkung sehr wohl einer Hinzurechnung unterworfen werden kann. Eine solche Vereinbarung führt bei ihrer Hinzurechnung dazu, dass die Pflichtteile erhöht werden, und wirkt sich daher zu Lasten der Erben als Pflichtteilsschuldner aus.

5. Antrag einer antragsberechtigten Person

Die Hinzurechnung von Schenkungen an **Personen, die nicht abstrakt pflichtteilsberechtigt** sind, kann gemäß § 782 Abs 1 ABGB ausschließlich von einer konkret

[49] Vgl OGH 28.5.2024, 2 Ob 74/24g.
[50] OGH 16.5.2023, 2 Ob 233/22m.
[51] Vgl OGH 7.8.2012, 2 Ob 14/12s

pflichtteilsberechtigten Person verlangt werden. Einem **konkret pflichtteilsberechtigten Nachkommen** steht dieses Recht nur für Schenkungen zu, die der Erblasser zu einem Zeitpunkt gemacht hat, zu dem der Erblasser bereits **(irgend)ein abstrakt pflichtteilsberechtigtes Kind** hatte, dem **konkret pflichtteilsberechtigten Ehegatten oder eingetragenen Partner** nur für solche Schenkungen, die **während aufrechter Ehe bzw eingetragener Partnerschaft** zum konkreten Antragsteller gemacht worden sind (§ 782 Abs 2 ABGB). Der Zweck dieser Begrenzungen liegt darin, dass Schenkungen nur der Hinzurechnung unterworfen werden sollen, wenn der Erblasser zum Schenkungszeitpunkt mit Pflichtteilsrechten rechnen musste.

> ***Beispiel:*** *Die Erblasserin Elisabeth leidet in ihren letzten Lebensjahren an einer schweren Krebserkrankung. Bereits 2015 möchte Elisabeth daher ihre Angelegenheiten weitgehend regeln und schenkt eine wertvolle Liegenschaft, die den Großteil ihres Vermögens ausmacht, an Margot, ihre beste Freundin seit Kindertagen. Ende 2015 übersiedelt Elisabeth in ein Pflegeheim, lernt dort Harald kennen und erlebt mit ihm völlig überraschend ihren „dritten Frühling". Im Frühjahr 2016 heiraten die beiden und verbringen einen wundervollen Sommer. Ende 2016 stirbt Elisabeth friedlich und zufrieden in den Armen ihres Mannes.*
>
> *Nach Elisabeth's Ableben überlegt Harald, dem als gesetzlichen Alleinerben die – nunmehr sehr geringe – Verlassenschaft eingeantwortet wird, die Hinzurechnung der Schenkung an Margot zu verlangen, um für den so erhöhten Pflichtteilsanspruch die Haftung von Margot als Geschenknehmerin nach §§ 789 ff ABGB (siehe S 104 ff) in Anspruch nehmen zu können.*
>
> *Da die Schenkung an Margot, dh an eine nicht zum Kreis der abstrakt pflichtteilsberechtigten Personen gehörende Person, allerdings vor der Eheschließung getätigt wurde, ist Harald gemäß § 782 Abs 2 ABGB nicht antragsberechtigt. Es kommt daher nicht zur Hinzurechnung der Schenkung (auch wenn diese innerhalb der Zweijahresfrist vor dem Ableben gemäß § 782 Abs 1 ABGB wirklich gemacht worden ist).*

Die Hinzu- und Anrechnung von Schenkungen **an Personen, die abstrakt pflichtteilsberechtigt sind**, dh sowohl zum Schenkungs- als auch zum Ablebenszeitpunkt Nachkommen oder Ehegatte/eingetragener Partner des Erblassers sind, kann gemäß § 783 Abs 1 ABGB von einer konkret pflichtteilsberechtigten Person oder von einem Erben verlangt werden.

> ***Beispiel:*** *Die Erblasserin Elisabeth leidet in ihren letzten Lebensjahren an einer schweren Krebserkrankung. Bereits 2012 möchte Elisabeth daher ihre Angelegenheiten weitgehend regeln und schenkt eine wertvolle Liegenschaft, die den Großteil ihres Vermögens ausmacht, an Thomas, ihren Sohn und einzigen Angehörigen. Ende 2012 übersiedelt Elisabeth in ein Pflegeheim, lernt dort Harald kennen und erlebt mit ihm völlig überraschend ihren „dritten Frühling". Im Frühjahr 2013 heiraten die beiden und verbringen drei wundervolle Jahre miteinander. Ende 2016 stirbt Elisabeth friedlich und zufrieden in den Armen ihres Mannes.*
>
> *Nach Elisabeths Ableben überlegt Harald, dem als gesetzlichen Erben neben dem Sohn Thomas ein Drittel der – nunmehr sehr geringen – Verlassenschaft eingeantwortet wird, die Hinzu- und Anrechnung der Schenkung an Thomas zu verlangen, um für den so erhöhten Pflichtteilsanspruch sowohl die gesamte Verlassenschaft als auch die Haftung von Thomas als Geschenknehmer nach §§ 789 ff ABGB (siehe S 104 ff) in Anspruch nehmen zu können.*
>
> *Da die Schenkung an Thomas, dh an eine zum Kreis der abstrakt pflichtteilsberechtigten Personen gehörende Person, ergangen ist, ist diese Schenkung gemäß § 783 Abs 1 ABGB einerseits unbefristet hinzu- und anrechenbar, andererseits ist Harald sowohl als Erbe als auch als konkret Pflichtteilsberechtigter ohne Beschränkung antragsberechtigt, auch wenn die Schenkung vor der Eheschließung getätigt worden ist. Es kommt daher zur Hinzu- und*

zur Anrechnung der Schenkung auf den Pflichtteil von Thomas, sodass Harald einen erhöhten Pflichtteilsanspruch gegen Thomas als Erben und bei Nichtausreichen der Verlassenschaft die Haftung von Thomas als Geschenknehmer in Anspruch nehmen kann.

Das Fehlen der abstrakten Pflichtteilsberechtigung des Geschenknehmers zum **Zeitpunkt des Ablebens** des Erblassers ist **irrelevant**, wenn **unmittelbar** aus diesem Grund aufgrund Repräsentation oder Anwachsung **eine andere Person ein Pflichtteilsrecht oder eine höhere Pflichtteilsquote erhält**, da in diesen Fällen gemäß § 783 Abs 1 S 1 ABGB der Pflichtteil der „*Person, die an deren Stelle [Stelle des Empfängers] tritt*“, der Anrechnung unterworfen wird.

Beispiel: *Die Erblasserin Elisabeth leidet in ihren letzten Lebensjahren an einer schweren Krebserkrankung. Bereits 2012 möchte Elisabeth daher ihre Angelegenheiten weitgehend regeln und schenkt eine wertvolle Liegenschaft, die den Großteil ihres Vermögens ausmacht, an Thomas, ihren Sohn, der neben ihrem Enkel Christoph (Sohn von Thomas) der einzige Angehörige von Elisabeth ist. Ende 2012 übersiedelt Elisabeth in ein Pflegeheim, lernt dort Harald kennen und erlebt mit ihm völlig überraschend ihren „dritten Frühling“. Im Frühjahr 2013 heiraten die beiden und verbringen drei wundervolle Jahre miteinander. Ende 2016 stirbt zuerst Thomas bei einem Unfall und danach Elisabeth friedlich und zufrieden in den Armen ihres Mannes.*

Nach Elisabeths Ableben überlegt Harald, dem als gesetzlichen Erben neben dem Enkelsohn Christoph ein Drittel der – nunmehr sehr geringen – Verlassenschaft eingeantwortet wird, die Hinzu- und Anrechnung der Schenkung an Thomas zu verlangen, um für den so erhöhten Pflichtteilsanspruch sowohl die gesamte Verlassenschaft als auch die Haftung von Christoph als Gesamtrechtsnachfolger des vorverstorbenen Geschenknehmers Thomas nach §§ 789 ff ABGB (siehe S 104 ff) in Anspruch nehmen zu können.

Da die Schenkung an Thomas, dh an eine zum Kreis der abstrakt pflichtteilsberechtigten Personen gehörende Person gegangen ist, ist diese Schenkung gemäß § 783 Abs 1 ABGB einerseits zeitlich unbefristet hinzu- und anrechenbar, andererseits ist Harald sowohl als Erbe als auch als konkret Pflichtteilsberechtigter ohne Beschränkung antragsberechtigt, auch wenn die Schenkung vor der Eheschließung getätigt wurde. Die Tatsache, dass der Geschenknehmer Thomas vorverstorben ist, ist irrelevant, da Christoph durch Repräsentation an dessen Stelle getreten und das Pflichtteilsrecht erhalten hat. Es kommt daher zur Hinzurechnung und zur Anrechnung der Schenkung auf den Pflichtteil von Christoph, sodass Harald einen erhöhten Pflichtteilsanspruch gegen Christoph als Erben und bei Nichtausreichen der Verlassenschaft die Haftung von Christoph als Gesamtrechtsnachfolger des Geschenknehmers Thomas in Anspruch nehmen kann.

6. Zweijahres-Frist bei Schenkungen an nicht abstrakt Pflichtteilsberechtigte

Schenkungen an Personen, die **weder zum Schenkungs- noch zum Ablebenszeitpunkt** zum **Kreis der abstrakt Pflichtteilsberechtigten** gehören (siehe aber soeben zu § 783 Abs 1 S 1 ABGB), können gemäß § 782 Abs 1 ABGB nur einer Hinzurechnung unterworfen werden, wenn der Erblasser die Schenkung **innerhalb von zwei Jahren vor dessen Ableben** „*wirklich gemacht hat*“.[52] Gleiches gilt nach der überwiegenden

[52] Vgl zur Unbeachtlichkeit der Genehmigung durch die Grundverkehrsbehörde für den Fristenlauf OGH 24.9.2018, 2 Ob 142/18y.

Ansicht für Personen, die nur zu einem der beiden relevanten Zeitpunkt abstrakt pflichtteilsberechtigt waren oder sind.[53]

Schenkungen an Personen, die sowohl **zum Schenkungs- als auch zum Ablebenszeitpunkt** zum **Kreis der abstrakt Pflichtteilsberechtigten** gehören (siehe aber soeben zu § 783 Abs 1 S 1 ABGB) gehören, können gemäß § 783 ABGB unabhängig davon einer Hinzurechnung und gegebenenfalls Anrechnung unterworfen werden, zu welchem Zeitpunkt das Vermögensopfer erbracht worden ist. Schenkungen an diesen Personenkreis sind daher **ohne zeitliche Beschränkung hinzu- und anrechenbar**.

Beispiel: *Die Erblasserin Maria hat in ihrem Leben mehrere Schenkungen vorgenommen: Maria hat (a) 2010 ihrem Bruder Markus eine Liegenschaft geschenkt (Wert 150k), (b) 2012 ihrem damaligen Freund Peter ein Auto geschenkt (Wert 30k), (c) 2013 ihrer Tochter Elisabeth ein Auto geschenkt (Wert 20k), (d) 2015 ihrer besten Freundin Alice eine Bildersammlung geschenkt (Wert 100k). 2016 stirbt Maria, die ihren Ehemann Peter (Heirat 2014) und ihre zwei volljährigen Töchter Elisabeth und Katharina hinterlässt. Die reine Verlassenschaft beträgt 120k.*

Konkret pflichtteilsberechtigt sind Ehemann Peter sowie die Töchter Elisabeth und Katharina, ihre Pflichtteilsquoten betragen jeweils ein Sechstel (Hälfte der gesetzlichen Erbquote von je einem Drittel). Ohne Hinzurechnung und Anrechnung von Schenkungen betragen die Pflichtteile daher jeweils 20k (Anlegen der Pflichtteilsquote von einem Sechstel auf die reine Verlassenschaft von 120k).

Zu prüfen ist, ob die zu Lebzeiten getätigten Schenkungen einer Hinzurechnung und ggf Anrechnung unterworfen werden können:

(a) Schenkung an eine Person, die als Bruder nicht zum Kreis der abstrakt pflichtteilsberechtigten Personen gehört. Die Schenkung kann daher gemäß § 782 ABGB nur hinzugerechnet werden, wenn sie innerhalb von zwei Jahren vor dem Ableben der Erblasserin wirklich gemacht worden ist. Das ist nicht der Fall (2010), daher keine Hinzurechnung.

(b) Schenkung an eine Person, die als Ehemann zwar zum Zeitpunkt des Ablebens der Erblasserin, nicht aber zum Schenkungszeitpunkt zum Kreis der abstrakt pflichtteilsberechtigten Personen gehört. Die Schenkung kann daher gemäß § 782 ABGB nur hinzugerechnet (und angerechnet, da der Geschenknehmer pflichtteilsberechtigt ist) werden, wenn sie innerhalb von zwei Jahren vor dem Ableben der Erblasserin wirklich gemacht worden ist. Das ist nicht der Fall (2012), daher keine Hinzu- und Anrechnung.

(c) Schenkung an eine Person, die als Tochter sowohl zum Zeitpunkt des Ablebens der Erblasserin als auch zum Schenkungszeitpunkt zum Kreis der abstrakt pflichtteilsberechtigten Personen gehört. Die Schenkung kann daher gemäß § 783 ABGB ohne zeitliche Beschränkung einer Hinzu- und Anrechnung unterworfen werden.

(d) Schenkung an eine Person, die als beste Freundin nicht zum Kreis der abstrakt pflichtteilsberechtigten Personen gehört. Die Schenkung kann daher gemäß § 782 ABGB nur hinzugerechnet werden, wenn sie innerhalb von zwei Jahren vor dem Ableben der Erblasserin wirklich gemacht worden ist. Das ist der Fall (2015), eine Hinzurechnung ist daher möglich.

Kommt es zur Hinzurechnung und Anrechnung der entsprechenden Schenkungen, ist folgendermaßen vorzugehen: Im ersten Schritt kommt es zur Hinzurechnung, dh dass alle hinzurechenbaren Schenkungen (Schenkung an Tochter Elisabeth iHv 20k und Schenkung an beste Freundin Alice iHv 100k) der reinen Verlassenschaft rechnerisch hinzugeschlagen werden. Von dieser erhöhten Berechnungsgrundlage (240k) werden die durch Hinzurechnung erhöh-

[53] *Welser*, Erbrechts-Kommentar § 782 ABGB (Stand 30.6.2018, rdb.at) Rz 4.

ten Pflichtteile berechnet (Peter, Elisabeth und Katharina jeweils 40k). Im zweiten Schritt kommt es zur Anrechnung, sodass die hinzugerechneten Schenkungen, die an konkret Pflichtteilsberechtigte ergangen sind, von den Pflichtteilen der Empfänger subtrahiert werden. In diesem Fall führt dies im Ergebnis zu folgenden Pflichtteilen: Peter und Katharina jeweils 40k (keine hinzugerechneten Schenkungen empfangen), Elisabeth 20k (erhöhter Pflichtteil iHv 40k minus die empfangene und hinzugerechnete Schenkung iHv 20k [= Anrechnung!] = Pflichtteilsergänzungsanspruch iHv 20k).

Die **Zweijahresfrist gem § 782 ABGB** kommt zusammengefasst immer dann zur Anwendung, wenn die abstrakte Pflichtteilsberechtigung beim Geschenknehmer entweder im Zeitpunkt der Schenkung oder im Ablebenszeitpunkt des Erblassers zu verneinen ist.[54]

7. Ausschluss der Anrechnung

§ 785 ABGB sieht die Möglichkeit vor, die **Anrechnung** einer hinzu- und anrechenbaren Schenkung unter Lebenden auf den Pflichtteil des (konkret pflichtteilsberechtigten) Empfängers **zu erlassen**. Wird von dieser Möglichkeit Gebrauch gemacht, kann es zwar weiterhin zur Hinzurechnung der betroffenen Schenkung im Sinn von § 787 Abs 1 ABGB und daher zur Erhöhung der Bemessungsgrundlage zur Ermittlung der Pflichtteile kommen; die Anrechnung der betroffenen Schenkung auf den Pflichtteil des Empfängers ist dann allerdings zu unterlassen.

Als **Ausgleich** für die Unterlassung der Anrechnung ordnet § 785 ABGB in diesen Fällen an, dass die Schenkung zwar für die Ermittlung der Pflichtteile aller anderen Pflichtteilsberechtigten mittels Hinzurechnung berücksichtigt wird, **für die Ermittlung (nur) des Pflichtteils des Empfängers aber nicht der Verlassenschaft hinzugeschlagen wird**. Die Schenkung erhöht daher die Pflichtteile der anderen Pflichtteilsberechtigten, nicht aber den Pflichtteil des Empfängers, der allerdings vollständig von der Anrechnung der Schenkung auf seinen Pflichtteil verschont bleibt.

Der Erlass der Anrechnung von Schenkungen kann gemäß § 785 ABGB einseitig **durch letztwillige Verfügung** des Erblassers oder durch **einvernehmliche Vereinbarung** zwischen Geschenkgeber (Erblasser) und Geschenknehmer, die der **Schriftform** bedarf, angeordnet werden. Die nachträgliche **Aufhebung einer Vereinbarung** zum Erlass der Anrechnung erfordert gemäß § 785 S 3 Hs 2 ABGB die Einhaltung der **Formvorschriften** für den Abschluss eines **Pflichtteilsverzichts** (Notariatsakt oder gerichtliches Protokoll, siehe S 20).

8. Haftung des Geschenknehmers

Der Empfänger einer Schenkung unter Lebenden (Geschenknehmer) kann nach den Regelungen der §§ 789 bis 792 ABGB zur **Haftung für ungedeckte Pflichtteilsan-**

[54] *Kalss/Probst*, HB Familienunternehmen[2] Rz 27.40 ff; *Welser*, Erbrechts-Kommentar § 782 ABGB Rz 4.

sprüche herangezogen werden. Gemäß § 789 Abs 1 ABGB besteht die Haftung eines Geschenknehmers, wenn

(i) die **Schenkung** an den Geschenknehmer der **Hinzurechnung** unterworfen ist und

(ii) die **reine Verlassenschaft nicht** zur Befriedigung der – durch Hinzurechnung erhöhten – Pflichtteilsansprüche **ausreicht**.

Sind diese Voraussetzungen erfüllt, hat der „verkürzte" Pflichtteilsberechtigte einen **klagbaren Leistungsanspruch auf Zahlung des Ausfalls am Pflichtteil** unmittelbar gegen den Geschenknehmer und dessen Gesamtrechtsnachfolger. Gesetzlich ausgenommen von der Haftung ist gemäß § 789 Abs 1 S 2 ABGB ausschließlich der Empfänger einer Ausstattung, auf die er gemäß § 1220 ABGB einen Anspruch gehabt hat (zählt gemäß § 781 Abs 2 Z 1 ABGB als Schenkung). Der Zahlungsanspruch ist aber **mit dem hinzugerechneten Wert des Geschenks begrenzt**, da der Geschenknehmer nicht zu einer höheren Leistung verpflichtet sein kann, als er durch die lebzeitige Schenkung erhalten hat, die überhaupt erst zu seiner Haftung geführt hat.

> ***Beispiel 1:*** *Der Erblasser Peter hinterlässt seine drei Söhne Albert, Bernhard und Christian. Seinem Lebensgefährten Ewald hat Peter 2015 eine Liegenschaft im Wert von 300k geschenkt. 2016 stirbt Peter, die reine Verlassenschaft beträgt 60k.*
>
> *Die drei Söhne sind konkret pflichtteilsberechtigt, ihre Pflichtteilsquoten betragen jeweils ein Sechstel (Hälfte der gesetzlichen Erbquote von einem Drittel). Ohne Hinzurechnung der Schenkung betragen die Pflichtteile jeweils 10k. Mit Hinzurechnung der Schenkung (zulässig gemäß § 782 ABGB, da innerhalb von zwei Jahren vor dem Ableben des Erblassers gemacht) betragen die Pflichtteile jeweils 60k (ein Sechstel von 360k). Da die reine Verlassenschaft (60k) für die Summe der erhöhten Pflichtteile (180k) nicht ausreicht, können die pflichtteilsberechtigten Söhne die Haftung des Geschenknehmers Ewald in Anspruch nehmen und die nicht gedeckten 120k von Ewald verlangen. Die Haftung Ewalds als Geschenknehmer ist auf 300k beschränkt (Höhe des hinzugerechneten Werts des Geschenks).*

Werden Schenkungen an verschiedene Geschenknehmer hinzugerechnet, **haften** die einzelnen **Geschenknehmer** gemäß § 789 Abs 2 ABGB **nebeneinander**, aber nur **anteilsmäßig** im Verhältnis der Werte der hinzugerechneten Geschenke. Es handelt sich um **Teilschulden iSv § 889 ABGB**; der verkürzte Pflichtteilsberechtigte kann daher die einzelnen Geschenknehmer nur für den verhältnismäßigen Anteil am Ausfall in Anspruch nehmen.

> ***Beispiel 2:*** *Der Erblasser Peter hinterlässt seine drei Söhne Albert, Bernhard und Christian. Seinem Lebensgefährten Ewald hat Peter Anfang 2015 eine Liegenschaft im Wert von 200k, seinem Bruder Dieter Ende 2015 eine Bildersammlung im Wert von 100k geschenkt. 2016 stirbt Peter, die reine Verlassenschaft beträgt 60k.*
>
> *Siehe oben Beispiel 1. Da die reine Verlassenschaft (60k) für die Summe der erhöhten Pflichtteile (180k) nicht ausreicht, können die pflichtteilsberechtigten Söhne die Haftung der Geschenknehmer Peter und Dieter in Anspruch nehmen und die nicht gedeckten 120k von den beiden Geschenknehmern verlangen. Die beiden Geschenknehmer haften – auch im Außenverhältnis – nur im Verhältnis der Werte der hinzugerechneten Geschenke (2:1). Die Söhne können daher 80k von Ewald und 40k von Dieter verlangen.*

Erfüllt der Geschenknehmer den geltend gemachten Zahlungsanspruch des verkürzten Pflichtteilsberechtigten nicht, haftet er gemäß § 789 Abs 3 ABGB grundsätzlich **nur mit dem Geschenk** oder eine dadurch erlangte **Bereicherung**, etwa ein noch vorhandenes Entgelt nach der Veräußerung des Geschenks an Dritte. Es handelt sich um eine **Exekutionsbeschränkung**, die allerdings gemäß § 790 Abs 1 ABGB in dem Fall aufgehoben wird, dass der Geschenknehmer den Verlust des Geschenks oder einer an dessen Stelle erlangten Bereicherung aus seinem Vermögen **unredlich zugelassen** hat. Unredlichkeit setzt iSd bereicherungsrechtlichen § 328 ABGB voraus, dass der Geschenknehmer zum Zeitpunkt des Vermögensverlustes von seiner Haftung als Geschenknehmer wusste oder aus den Umständen hätte wissen müssen, dh davon (leicht oder schwer) fahrlässig nicht wusste.

Ist der **Geschenknehmer selbst konkret pflichtteilsberechtigt**, haftet er gemäß § 791 Abs 1 ABGB nur in dem Umfang, in dem der hinzugerechnete Wert seiner Schenkung den **Wert seines** – durch Hinzurechnung(en) erhöhten – **Pflichtteils übertrifft**.

Beispiel 3: *Der Erblasser Peter hinterlässt seine drei Söhne Albert, Bernhard und Christian. An Albert hat Peter Anfang 2010 eine Liegenschaft im Wert von 300k geschenkt. 2016 stirbt Peter; die reine Verlassenschaft beträgt 120k.*

Die drei Söhne sind konkret pflichtteilsberechtigt, ihre Pflichtteilsquoten betragen jeweils ein Sechstel (Hälfte der gesetzlichen Erbquote von einem Drittel). Ohne Hinzurechnung der Schenkung betragen die Pflichtteile jeweils 20k. Mit Hinzurechnung der Schenkung (ohne zeitliche Beschränkung zulässig gemäß § 783 ABGB, da an abstrakt pflichtteilsberechtigte Person) betragen die erhöhten Pflichtteile jeweils 70k (ein Sechstel von 420k). Der Pflichtteil von Albert beträgt allerdings Null, da die hinzugerechnete und empfangene Schenkung (300k) angerechnet wird. Bernhard und Christian können die nicht gedeckten 20k von Albert verlangen, dessen Haftung auf 230k beschränkt (Schenkungswert 300k minus erhöhter Pflichtteilswert 70k), aber hier grundsätzlich ausreichend ist. Verfügt Albert nicht über ein Barvermögen in entsprechender Höhe, muss er das Geld anderweitig beschaffen (Kredit, Veräußerung der Liegenschaft) bzw versuchen, eine Stundung zu beantragen (siehe sogleich).

Ist der **Geschenknehmer eine abstrakt pflichtteilsberechtigte Person**, die aufgrund von Pflichtteilsverzicht, Ausschlagung oder Vortod **kein Pflichtteilsrecht geltend machen kann**, haftet er gemäß § 791 Abs 2 S 1 ABGB nur in dem Umfang, in dem der hinzugerechnete Wert seiner Schenkung den Wert seines – durch Hinzurechnung(en) erhöhten – **„hypothetischen Pflichtteils" übertrifft**. Personen, die aus diesen Gründen ein Pflichtteilsrecht nicht mehr geltend machen können, sollen – typischerweise etwa als Gegenleistung für den Pflichtteilsverzicht – erhaltene Schenkungen unter Lebenden zumindest in der Höhe des ihnen andernfalls zukommenden Pflichtteils behalten dürfen. Der Geschenknehmer ist daher von der Haftung **in der Höhe des eigenen hypothetischen, dh tatsächlich nicht mehr zustehenden, Pflichtteils befreit**.

Gesamtrechtsnachfolger von Geschenknehmern, die von Pflichtteilsberechtigten auf Grundlage der §§ 789 ff ABGB in Anspruch genommen werden, können **dieselben Haftungsbeschränkungen** geltend machen wie die ursprünglichen Geschenknehmer.

Der Zahlungsanspruch des verkürzten Pflichtteilsberechtigten gegenüber den Geschenknehmern entsteht und wird **fällig zum Ablebenszeitpunkt** des Erblassers. Gemäß § 790 Abs 2 ABGB ist darüber hinaus der **Rechtsrahmen zur Stundung** der Geltendmachung von Pflichtteilsansprüchen (siehe S 108 ff) auch für den Zahlungsanspruch gegen den haftenden Geschenknehmer anwendbar. Die Geltendmachung des

Zahlungsanspruchs erfolgt durch **Leistungsklage** des verkürzten Pflichtteilsberechtigten gegen den Geschenknehmer **im streitigen Verfahren**.

Die **Verjährung** richtet sich nach den allgemeinen Regelungen für erbrechtliche Ansprüche gemäß **§ 1487a ABGB** (siehe S 139). Die Möglichkeit zur gerichtlichen Geltendmachung des Zahlungsanspruchs ist allerdings – im Gegensatz zum Pflichtteilsanspruch (siehe sogleich) – nicht gemäß § 765 Abs 2 ABGB für ein Jahr nach dem Ableben gehemmt, der Zahlungsanspruch gegen den Geschenknehmer kann daher grundsätzlich ab dem Ablebenszeitpunkt durchgesetzt werden.

III. Geltendmachung von Pflichtteilsansprüchen

Ist der **Pflichtteil** eines Pflichtteilsberechtigten durch Zuwendungen auf den Todesfall oder durch hinzugerechnete Schenkungen unter Lebenden **nicht bzw nicht vollständig gedeckt**, verfügt der Pflichtteilsberechtigte gemäß § 763 ABGB über einen **Pflichtteilsanspruch** (auch „**Geldpflichtteilsanspruch**") bzw über einen **Pflichtteilsergänzungsanspruch**. Es handelt sich jeweils um einen **schuldrechtlichen Anspruch auf eine Geldleistung** in Höhe des nicht gedeckten Werts des Pflichtteils.

Der Pflichtteilsanspruch entsteht und wird fällig zum **Zeitpunkt des Ablebens** des Erblassers (§ 765 Abs 1 ABGB). Dem Pflichtteilsberechtigten stehen ab dem Fälligkeitstag die **gesetzlichen Zinsen** gemäß § 1000 ABGB im Ausmaß von 4 % zu (§ 778 Abs 2 ABGB). Der Pflichtteilsanspruch kann aber gemäß § 765 Abs 2 ABGB **zwingend erst ein Jahr nach dem Ableben** des Erblassers **gerichtlich geltend gemacht** werden. Aufgeschoben ist nicht die Fälligkeit (es kann daher ab dem Ablebenszeitpunkt freiwillig und schuldbefreiend geleistet werden), sondern die gerichtliche Durchsetzbarkeit (**reine Stundung**).

Nach Ablauf des Stundungszeitraums kann der Pflichtteilsanspruch durch **Pflichtteilsklage im streitigen Verfahren (Leistungsklage im Zivilprozess)** durchgesetzt werden. Der Pflichtteilsanspruch ist gemäß § 764 Abs 1 ABGB vor der Einantwortung gegen die Verlassenschaft, nach der Einantwortung gegen die Erben als Pflichtteilsschuldner zu richten. Die Verjährung des Pflichtteilsanspruchs richtet sich nach den allgemeinen Regelungen für erbrechtliche Ansprüche gemäß § 1487a ABGB (siehe S 139).

Der Pflichtteilsanspruch ist **übertragbar und vererbbar** sowie **pfänd- und verpfändbar**. Als schuldrechtlicher Anspruch auf eine Geldleistung kann der Pflichtteilsanspruch vom Pflichtteilsschuldner einseitig nur durch **Geldleistung** in entsprechender Höhe befriedigt werden. Alternativ kann der Pflichtteilsschuldner unter Einhaltung der allgemeinen zivilrechtlichen Voraussetzungen nach §§ 1438 ff ABGB **einseitig eine Aufrechnung** mit einer gleichartigen und gültigen Forderung gegen den Pflichtteilsberechtigten erklären. Die Erfüllung eines Pflichtteilsanspruchs durch die Erbringung vermögenswerter Leistungen, die **keine Geldleistung** darstellen, ist hingegen **ausschließlich mit** Zustimmung des Pflichtteilsberechtigten möglich; zivilrechtlich kann es sich um eine Novation (§ 1376 ABGB), bei gleichzeitiger Erfüllung um eine Leistung an Zahlungs statt (§ 1414 ABGB) oder Leistung zahlungshalber handeln. Der Pflichtteilsberechtigte kann mit dem Pflichtteilsschuldner auch sonstige **Vereinbarungen** (Pflichtteilsübereinkommen) über den Pflichtteilsanspruch abschließen, insbesondere eine **Stundung** oder **Ratenzahlung** oder einen (teilweisen) Verzicht (Schulderlass iSv § 1444 ABGB).

Beachte: Der Erblasser kann gem § 780 Abs 1 ABGB vorab die **Deckung des Pflichtteils** auch **einseitig** mittels anrechenbarer Zuwendungen auf den Todesfall anordnen, die **statt Geld einen anderen Vermögenswert** zum Gegenstand haben (etwa das Vermächtnis eines Fruchtgenussrechts oder einer Liegenschaft, die Einräumung einer Begünstigtenstellung in einer Privatstiftung oder die Einräumung eines aufschiebend befristeten Erbrechts).

1. Gesetzliche Stundungsmöglichkeiten

Die gesetzlich **zwingende Stundung** der gerichtlichen Durchsetzbarkeit des Pflichtteilsanspruchs gemäß § 765 Abs 2 ABGB soll dem Pflichtteilsschuldner jedenfalls **ein Jahr Zeit geben**,

(i) die **maßgeblichen Informationen** zur Gestaltung und zum Wert der Verlassenschaft sowie zum Bestand und zur Höhe von Pflichtteilsansprüchen zu **ermitteln**, und

(ii) sich auf die erforderliche Erfüllung von Pflichtteilsansprüchen und das damit einhergehende **Liquiditätserfordernis vorbereiten** zu können.

In vielen Fällen wird dieses eine Jahr allerdings **nicht ausreichen**, um durch Umstrukturierung des Vermögens des Erblassers und der Erben genügend freie Barmittel zu schaffen, um die Pflichtteilsansprüche durch Zahlung erfüllen zu können, ohne dabei nachteilig in das (geerbte) Vermögen einzugreifen, etwa Unternehmensanteile, Teile des Betriebsvermögens eines Unternehmens oder Liegenschaften aus dem „Familienbesitz" an familienfremde Dritte zu verkaufen.

Um diese Problematik zu entschärfen, wurden im Rahmen der Erbrechtsreform 2015 in den §§ 766 bis 768 ABGB Regelungen zu einer weitergehenden (reinen) **Stundung der gerichtlichen Durchsetzbarkeit** des Pflichtteilsanspruchs aufgrund letztwilliger Anordnung des Erblassers oder aufgrund einer Billigkeitsentscheidung des Gerichts auf Verlangen des Pflichtteilsschuldners aufgenommen. Neben der Stundung des gesamten Pflichtteilsanspruchs steht auch die Anordnung der Erfüllung des Pflichtteilsanspruchs in Teilbeträgen (**Ratenzahlung**), dh effektiv einer **gestaffelten Stundung** des Pflichtteilsanspruchs, zur Verfügung.

§ 766 ABGB regelt die Stundung des Pflichtteilsanspruches auf **letztwillige** Anordnung des Erblassers. Der Erblasser kann gemäß § 766 Abs 1 S 1 ABGB für einen Zeitraum von **bis zu fünf Jahren** nach seinem Ableben die gänzliche oder gestaffelte Stundung des Pflichtteilsanspruchs anordnen. Diese Anordnung erfordert weder eine Begründung noch das Vorliegen eines bestimmten Grundes, sie muss aber Teil einer gültigen letztwilligen Verfügung sein. Macht der Pflichtteilsberechtigte den Pflichtteilsanspruch entgegen der letztwilligen Stundungsanordnung des Erblassers geltend, hat das Gericht auf Grundlage einer **Interessenabwägung** zu entscheiden, ob die Stundungsanordnung **aufrechterhalten**, **abgeändert** (Kürzung des Stundungszeitraums, Ratenzahlung) **oder verworfen** (mit der Folge der sofortigen Durchsetzbarkeit) wird. Abzuwägen sind die Interessen des Pflichtteilsberechtigten und des Pflichtteilsschuldners sowie der Erblasserwille, der im Zweifel vorgeht. Die Stundungsanordnung des Erblassers kann gemäß § 766 Abs 3 ABGB durch richterliche **Billigkeitsentscheidung** auch zum Vorteil des Pflichtteilsschuldners **erweitert werden**, indem der vom Erblasser angeordnete **Stundungszeitraum** in *„besonders berücksichtigungswürdigen Fällen"* vom Gericht einmalig oder stufenweise **auf insgesamt bis zu zehn Jahre** nach dem Erbfall verlängert wird.

§ 767 ABGB regelt die **gerichtliche Stundung** des Pflichtteilsanspruchs auf Verlangen des Pflichtteilsschuldners. Das Gericht hat durch **Billigkeitsentscheidung** die gänzliche oder gestaffelte Stundung des Pflichtteilsanspruchs anzuordnen, wenn gemäß § 767 Abs 1 ABGB die nicht gestundete Geltendmachung des Pflichtteilsanspruchs entweder den Pflichtteilsschuldner *„unbillig hart träfe"* oder den *„Fortbestand eines Unternehmens erheblich gefährdet."* Bei Überwiegen des geschützten Interesses des Pflichtteilsschuldners oder eines Unternehmens hat das Gericht eine Stundung des Pflichtteilsanspruchs für einen Zeitraum von **bis zu fünf Jahren** nach dem Ableben des Erblassers anzuordnen, der gemäß § 767 Abs 3 ABGB in *„besonders berücksichtigungswürdigen Fällen"* **auf insgesamt bis zu zehn Jahre** nach dem Erbfall verlängert werden kann. Eine maßgebliche unbillige Härte für den Pflichtteilsschuldner liegt nach § 767 Abs 1 ABGB zum Beispiel in den Fällen vor, in denen der Pflichtteilsschuldner ohne Stundung **zur Veräußerung** entweder **einer Wohnung**, die der Befriedigung seines dringenden Wohnbedürfnisses dient, **oder eines Unternehmens**, das seine wirtschaftliche Lebensgrundlage darstellt, **gezwungen wäre**.

Beispiel: *Die Erblasserin Hermine betreibt als Geschäftsführerin und Mehrheitsgesellschafterin (60%) eine GmbH im Bereich der Textilwarenproduktion. Die Konkurrenz aus Asien ist stark, die Auftragslage schlecht und die finanzielle Situation des Unternehmens angespannt. Dazu kommen gesundheitliche Probleme von Hermine, die daraufhin in einem Testament ihre bereits Vollzeit im Unternehmen mitarbeitende Tochter Andrea als Alleinerbin einsetzt. Ihren Sohn Georg, der kein Interesse an einer Mitarbeit oder an einer sonstigen Erwerbstätigkeit zeigt, setzt Hermine auf den Pflichtteil, ihrem Ehemann Gustav hinterlässt Hermine das Einfamilienhaus. Schließlich verstirbt Hermine. In der reinen Verlassenschaft finden sich neben dem GmbH-Anteil (Wert 2,5 Mio) und dem Haus (Wert 450k) noch Barreserven iHv 50k.*

Die reine Verlassenschaft beträgt 3 Mio. Konkret pflichtteilsberechtigt sind Ehemann Gustav, Tochter Andrea und Sohn Georg. Ihre Pflichtteilsquoten betragen jeweils ein Sechstel (Hälfte der gesetzlichen Erbquote), die Pflichtteile betragen jeweils 500k. Andreas Pflichtteil ist durch das testamentarische Erbrecht grundsätzlich gedeckt. Der Pflichtteil von Gustav ist nicht zur Gänze gedeckt (Vermächtnis iHv 450k), er hat daher einen Pflichtteilsergänzungsanspruch iHv 50k. Ihren Sohn Georg hat Hermine testamentarisch „auf den Pflichtteil gesetzt", dh er verfügt gemäß 761 Abs 2 ABGB im Zweifel ausschließlich über den Pflichtteilsanspruch bzw Geldpflichtteilsanspruch iHv 500k. Im Ergebnis ist Andrea, die als Alleinerbin den GmbH-Anteil iHv 2,5 Mio und die Barreserven iHv 50k erlangt, das Haus aber an den Vermächtnisnehmer Gustav herausgeben muss, mit Pflichtteils(ergänzungs)ansprüchen iHv 550k konfron-

tiert. 50k davon kann sie mit den geerbten Barmitteln abdecken, aber es verbleibt dann immer noch ein Anspruch iHv 500k. Verfügt Andrea nicht über eigene Barreserven, müsste sie wohl einen Teil ihres 60%-GmbH-Anteils verkaufen, und zwar ungefähr ein Fünftel davon. Auf diese Weise würde Andrea nicht nur einen Teil des geerbten Unternehmens, das wohl Andreas wirtschaftliche Existenzgrundlage darstellt, verkaufen müssen, sondern insbesondere auch ihre Mehrheit in der GmbH (50 + 1) verlieren. In einem solchen Fall ist die Voraussetzung der unbilligen Härte wohl erfüllt, sodass Andrea eine Stundung durch gerichtliche Entscheidung gemäß § 767 ABGB verlangen könnte. Auf diese Weise könnte sie im Laufe des Stundungszeitraums versuchen, ausreichend Liquidität (Barmittel) aufzubauen, ohne ihren GmbH-Anteil verwerten oder einen Kredit mit Sicherheiten der jährlichen Gewinne aufnehmen zu müssen.

Gemäß § 768 S 1 Hs 1 ABGB kann der Pflichtteilsberechtigte schließlich bei Gericht eine **Sicherstellung** des nach §§ 766, 767 ABGB gestundeten Pflichtteils durch den Pflichtteilsschuldner **beantragen**. Die Entscheidung des Gerichts ist eine Billigkeitsentscheidung, bei der – mangels Vorgaben im Gesetz – die Interessen des Pflichtteilsschuldners und des Pflichtteilsberechtigten unter Berücksichtigung aller Umstände, insbesondere der Vermögenslage und des Insolvenzrisikos des Pflichtteilsschuldners, gegeneinander abzuwägen sind.

Ändern sich die Umstände, die für eine gerichtliche Stundungsregelung maßgeblich waren, kann das Gericht gemäß § 768 S 1 Hs 2 ABGB auf Antrag des Pflichtteilsschuldners oder des Pflichtteilsberechtigten die **Stundungsregelung ändern oder aufheben**. In Ergänzung dazu legt § 768 S 2 ABGB dem Pflichtteilsschuldner und dem Pflichtteilsberechtigten eine **wechselseitige Informationspflicht** über wesentliche Änderungen der Umstände auf.

2. Pflichtteilsminderung und Enterbung

A. Pflichtteilsminderung

§ 776 ABGB räumt dem Erblasser das **Recht auf Minderung der Pflichtteilsquote bis auf die Hälfte** durch letztwillige Verfügung ein. Dieses Recht setzt gemäß § 776 Abs 1 ABGB als Minderungsgrund voraus, dass zwischen dem Erblasser und dem Pflichtteilsberechtigten

(i) zu **keiner Zeit** (Fall 1) oder **nicht** über einen **längeren Zeitraum bis zum Ableben** des Erblassers (Fall 2)

(ii) ein **Naheverhältnis**, wie es zwischen dem Erblasser und einem derartigen Familienangehörigen **gewöhnlich besteht**, vorgelegen ist.

Als ausreichend langer Zeitraum vor dem Ableben des Erblassers gilt ein Zeitraum von 20 Jahren.[55] Das Recht zur Pflichtteilsminderung besteht sowohl gegenüber Nachkommen als auch gegenüber dem Ehegatten und dem eingetragenen Partner.

Die Pflichtteilsminderung muss vom Erblasser **in einer letztwilligen Verfügung** angeordnet werden. Die Pflichtteilsminderung kann **ausdrücklich** oder gemäß § 776

[55] OGH 14.12.2021, 2 Ob 83/21a.

Abs 3 Hs 2 ABGB in Form einer **Übergehung** des Pflichtteilsberechtigten **stillschweigend** angeordnet sein.

Das Recht auf Pflichtteilsminderung steht nicht zu, wenn der Erblasser

(i) den Kontakt zu dem betroffenen Pflichtteilsberechtigten „*grundlos gemieden*" (§ 776 Abs 2 Fall 1 ABGB) oder

(ii) „*berechtigten Anlass für den fehlenden Kontakt*" gegeben hat (§ 776 Abs 2 Fall 2 ABGB). Verhalten sich Erblasser und Pflichtteilsberechtigter bloß passiv, ohne dass es hierfür wechselseitig einen Anlass gegeben hat, stellt dies kein „Meiden" des Kontakts dar, das zum Ausschluss des Rechts auf Pflichtteilsminderung führt.[56]

> ***Beispiel:*** *Der Erblasser und Witwer Gregor hat mit seinen Kindern lange Zeit eine gute Beziehung geführt. Doch dann kam eine Wirtschaftskrise, Gregor verlor seinen Job und begann zu trinken. Trotz innerfamiliärer Bemühungen, insbesondere seines engagierten und medizinisch ausgebildeten Sohnes, verschlechterte sich Gregors Gemütszustand, er wies jede Hilfe ab, wurde verbal ausfallend und stellenweise sogar gewalttätig. Bei einem Familientreffen eskalierte die Lage, denn Gregor fügte seinem Sohn, der ihm nachdrücklich eine Psychotherapie nahelegte, einen doppelten Kieferbruch zu. Der Sohn brach daraufhin jeden Kontakt zu seinem Vater ab. 21 Jahre später liegt der gewalttätig und beratungsresistent gebliebene Gregor im Sterben, möchte seinem Sohn möglichst wenig überlassen und vermacht daher sein gesamtes Vermögen testamentarisch anderen Personen.*
>
> *In diesem Fall bestand zwischen dem Erblasser und seinem – grundsätzlich pflichtteilsberechtigten – Sohn für einen längeren Zeitraum (21 Jahre) vor dem Ableben des Erblassers kein Naheverhältnis, wie es für eine Eltern-Kind-Beziehung gewöhnlich besteht, denn es gab keinerlei Kontakt. Dies würde den Erblasser gemäß § 776 Abs 1 ABGB grundsätzlich zur Minderung des Pflichtteils auf die Hälfte der Pflichtteilsquote berechtigen. Der Erblasser errichtet eine letztwillige Verfügung und vermacht sein gesamtes Vermögen anderen Personen, da sein Sohn ja nichts mehr mit ihm zu tun haben will. Auf diese Weise übergeht der Erblasser den pflichtteilsberechtigten Sohn und ordnet stillschweigend die Minderung des Pflichtteils an (grundsätzlich ist gleichzeitig eine Enterbung stillschweigend angeordnet, aber offensichtlich kein Enterbungsgrund gegeben, siehe zur Enterbung sogleich).*
>
> *Die konstante Weigerung, jegliche Unterstützung seines Sohnes anzunehmen, und die schwere Körperverletzung könnten als ein vom Erblasser gesetzter Anlass gesehen werden, der den Sohn zum fehlenden Kontakt im Zeitraum bis zum Ableben des Erblassers berechtigt hat. Wird dies im Einzelfall vom Gericht bejaht, steht dem Erblasser das Recht zur Pflichtteilsminderung nicht zu und der Sohn verfügt über das volle Pflichtteilsrecht (Hälfte der gesetzlichen Erbquote).*

B. Enterbung

Die Enterbung unterliegt den Regelungen der §§ 769 bis 775 ABGB und ist die **gänzliche** oder **teilweise Entziehung des Pflichtteils durch letztwillige Verfügung** (Legaldefinition in § 769 ABGB).

Eine rechtswirksame Enterbung, die zum Entzug des Pflichtteils führt, setzt voraus, dass

[56] OGH 6.9.2022, 2 Ob 116/22f.

(i) ein **Enterbungsgrund** im Sinne von § 770 oder § 771 ABGB **vorliegt,**

(ii) der **Enterbungsgrund ursächlich** für die Enterbung ist, und

(iii) die Enterbung durch **letztwillige Verfügung** des Erblassers **angeordnet** ist.

a) Enterbungsgründe

Ein Pflichtteilsberechtigter kann enterbt werden, wenn er einen der folgenden Enterbungsgründe nach den §§ 770, 771 ABGB verwirklicht:

- Begehung einer **gerichtlich strafbaren Handlung gegen den Erblasser**, die nur vorsätzlich begangen werden kann und mit mehr als einjähriger Freiheitsstrafe bedroht ist (Verurteilung ist nicht erforderlich).
- Begehung einer **gerichtlich strafbaren Handlung gegen bestimmte Angehörige** des Erblassers, die nur vorsätzlich begangen werden kann und mit mehr als einjähriger Freiheitsstrafe bedroht ist (Verurteilung ist nicht erforderlich).
- Absichtliche **Vereitelung des wahren letzten Willens** des Erblassers (Versuch ist ausreichend). Es wird vollinhaltlich auf den entsprechenden Erbunwürdigkeitsgrund gemäß § 540 ABGB verwiesen (siehe S 18).
- **Zufügen von schwerem seelischen Leid** in verwerflicher Weise (vollinhaltlich entsprechend dem Erbunwürdigkeitsgrund gemäß § 541 Z 2 ABGB, siehe S 18 f).
- **Gröbliche Vernachlässigung familienrechtlicher Pflichten** gegenüber dem Erblasser. Erfasst sind nicht nur familienrechtliche Pflichten aus dem Rechtsverhältnis zwischen Eltern und Kindern (wie beim Erbunwürdigkeitsgrund gemäß § 541 Z 3 ABGB, siehe S 19), sondern auch aus dem Rechtsverhältnis zwischen Ehegatten und eingetragenen Partnern.
- **Verurteilung** wegen einer oder mehreren vorsätzlich begangenen strafbaren Handlungen **zu mehr als 20-jähriger oder lebenslanger Freiheitsstrafe**.
- § 771 ABGB regelt den besonderen Fall der **Enterbung aus guter Absicht**, bei der einem verschuldeten bzw verschwenderischen Pflichtteilsberechtigten der Pflichtteil – ausschließlich – zu Gunsten dessen Nachkommen entzogen werden kann (zB wenn der Vater ein notorischer Casino-Spieler ist und die Enkel daher den Anteil erhalten sollen).

b) Ursächlichkeit des Enterbungsgrundes

Der Enterbungsgrund muss gemäß § 772 Abs 2 ABGB **für die Enterbung ursächlich** gewesen sein. Das bedeutet, dass das konkrete Verhalten des Pflichtteilsberechtigten, das einen Enterbungsgrund darstellt, den **maßgeblichen Ausschlag** für den Willensentschluss des Erblassers zur Entziehung des Pflichtteils gegeben haben muss. Mit diesem Erfordernis geht einher, dass der Enterbungsgrund zum Zeitpunkt der Errichtung der letztwilligen Verfügung bereits bestehen muss und der Erblasser von dem Enterbungsgrund Kenntnis haben muss.

c) Erklärung und Aufhebung der Enterbung

Die Enterbung ist gemäß § 772 Abs 1 ABGB in Form einer **gültigen letztwilligen Verfügung anzuordnen** und kann ausdrücklich oder stillschweigend erklärt werden. Die **stillschweigende** Erklärung einer Enterbung besteht in der **Übergehung** des Pflichtteilsberechtigten in der letztwilligen Verfügung des Erblassers. Aus der Zulässigkeit der stillschweigenden Enterbung kann geschlossen werden, dass die Angabe des maßgeblichen Enterbungsgrundes in der letztwilligen Verfügung nicht erforderlich ist.

Die ausdrückliche oder stillschweigende Anordnung einer Enterbung kann vom Erblasser gemäß § 773 ABGB **durch Widerruf** oder – nur bei Testierunfähigkeit des Erblassers, dh **subsidiär** – **durch Verzeihung** aufgehoben werden. Als Widerruf im Sinne von § 773 Abs 1 ABGB gelten der Widerruf der letztwilligen Verfügung (siehe S 49 ff), in der die Enterbung angeordnet wurde, der ausdrückliche Widerruf der Enterbung in Form einer letztwilligen Verfügung sowie der stillschweigende Widerruf durch nachfolgende Bedenkung des Enterbten in Form einer letztwilligen Verfügung.

Besteht für den Erblasser aufgrund seiner **Testierunfähigkeit** nicht mehr die Möglichkeit eines rechtswirksamen Widerrufs, kann der Erblasser die Enterbung durch **Verzeihung** aufheben. Als Verzeihung gilt ein Verhalten des Erblassers, aus dem **zweifelsfrei hervorgeht**, dass der Erblasser eine früher angeordnete Enterbung nicht mehr aufrechterhalten möchte. Erforderlich für eine rechtswirksame Verzeihung ist eine **gewisse Einsichts- und Urteilsfähigkeit** des Erblassers unterhalb der Schwelle zur Testierfähigkeit. Der Erblasser muss daher zumindest die Tragweite der Verzeihung in dem Sinne erfassen, dass dem bisher „leer ausgehenden" Enterbten nun ein gewisser Vermögenswert aus der Verlassenschaft zustehen soll. Er muss außerdem prinzipiell in der Lage sein, eine eigenständige Willensbildung vorzunehmen.

d) Geltendmachung der Enterbung

Macht ein Pflichtteilsberechtigter einen Pflichtteilsanspruch geltend, liegt es am Pflichtteilsschuldner (Erben), eine etwaige Enterbung geltend zu machen. Zu diesem Zweck muss der **Pflichtteilsschuldner gemäß § 774 Abs 1 ABGB beweisen**, dass zum Zeitpunkt der letztwilligen Enterbungsanordnung ein **Enterbungsgrund bestanden** hat. Gelingt dem Pflichtteilsschuldner dieser Beweis, wird die erforderliche **Ursächlichkeit**, die im Einzelfall schwierig nachweisbar ist, gemäß § 774 Abs 2 ABGB **gesetzlich vermutet**. Der Pflichtteilsberechtigte kann diese gesetzliche Vermutung widerlegen, indem er etwa nachweist, dass der Erblasser zum Zeitpunkt der Errichtung der maßgeblichen letztwilligen Verfügung vom Vorliegen des Enterbungsgrundes keine Kenntnis hatte.

e) Wirkungen einer Enterbung

Eine rechtswirksame Enterbung führt zum **gänzlichen oder teilweisen Entfall des Pflichtteils**; die betroffene Person ist daher entweder überhaupt nicht mehr oder nur mehr zu einem geringeren Teil pflichtteilsberechtigt und kann dementsprechend keine oder gegebenenfalls nur verringerte Pflichtteilsansprüche geltend machen. Die rechtswirksame Enterbung führt auch zum **Entzug des gesetzlichen Vorausvermächtnisses** des Ehegatten/eingetragenen Partners und des **Pflegevermächtnisses**. Letzteres kann auf diese Weise auch in den Fällen entzogen werden, in denen die berechtigte Person nicht pflichtteilsberechtigt ist und diese daher eigentlich nicht im Sinne von § 769 ABGB „enterbt" werden kann.

Die rechtswirksame Enterbung führt allerdings **nicht zum Entzug eines Anspruchs auf den notwendigen Unterhalt**, der dem betroffenen Pflichtteilsberechtigten gemäß § 777 ABGB im Fall der Enterbung wie auch bei der Erbunwürdigkeit jedenfalls zusteht.

Über das Pflichtteilsrecht hinaus wird gemäß § 729 Abs 2 ABGB für die ausdrückliche oder stillschweigende Anordnung einer Enterbung **gesetzlich vermutet**, dass dem Betroffenen ein möglicher **gesetzlicher Erbteil entzogen werden soll**. Unabhängig vom Vorliegen eines ursächlichen Enterbungsgrundes führt die ausdrückliche oder stillschweigende Anordnung einer Enterbung dazu, dass der betroffene Pflichtteilsberechtigte nicht in Anwendung der gesetzlichen Erbfolge, etwa für frei gewordene testamentarische Erbteile oder aufgrund einer konstruktiven Vor- bzw Nacherbschaft (siehe S 66 f), zum Zug kommt. Selbst wenn kein ursächlicher Enterbungsgrund vorliegt, dh der Erblasser den Pflichtteil aus anderen Gründen als einem Enterbungsgrund entziehen will und daher gemäß § 775 Abs 1 ABGB eine „*Enterbung ohne Grund*" (**unrechtmäßige Enterbung**) vorliegt, wird **gesetzlich vermutet**, dass nach dem Erblasserwillen der betroffene Pflichtteilsberechtigte **auf den Pflichtteil gesetzt** und keinen Erbteil erhalten soll.

Ein **anderer Erblasserwille** müsste im Einzelfall durch Auslegung der letztwilligen Verfügung ermittelt werden. Die Auslegung könnte etwa ergeben, dass nach dem wahren Erblasserwillen der Enterbte zwar grundsätzlich vom Erbrecht ausgeschlossen sein, aber doch das gesetzliche Erbrecht im Notfall (bspw um eine Aneignung durch den Bund der Republik Österreich zu verhindern) erhalten soll.

Die **bloße Entziehung des gesetzlichen Erbteils**, die auch als „*Enterbung im untechnischen Sinn*" bezeichnet wird, ist nicht an die Voraussetzungen der §§ 770 ff ABGB gebunden und kann daher **frei nach dem Willen** des Erblassers und ohne Rechtfertigungsgrund rechtswirksam letztwillig verfügt werden.

4. EINHEIT
Verlassenschaftsverfahren

I. Internationale Sachverhalte

Zahlreiche Sachverhalte des Erbrechts haben einen **grenzüberschreitenden Bezug**. Gemeint ist damit, dass das Vermögen des Erblassers in verschiedenen Ländern verstreut ist, oder dass der Erblasser seinen Wohnsitz in ein anderes Land verlegt hat, oder dass er die Staatsbürgerschaft gewechselt hat.

> ***Beispiel:*** *Der Erblasser Emmerich mit deutscher Staatsbürgerschaft arbeitet in Schweden und stirbt bei einem Arbeitsunfall.*

Am 16.8.2012 ist die Europäische Erbrechtsverordnung (EU-ErbVO)[57] in Kraft getreten. Die Verordnung vereinheitlicht in einem Großteil der EU-Mitgliedstaaten die kollisionsrechtlichen und international prozessualen Normen des Erbrechts, wenn ein grenzüberschreitender Erbrechtsfall vorliegt.

Das Verlassenschaftsgericht hat bei internationalen Sachverhalten folgende Prüfungsschritte zu beachten:

- Prüfung des Anwendungsbereichs der EU-ErbVO;
- Prüfung der internationalen Zuständigkeit des Gerichts (internationales Zivilprozessrecht);
- Prüfung des anwendbaren Rechts (internationales Privatrecht).

1. Anwendungsbereich der EU-ErbVO

Zunächst sind der zeitliche, räumliche und sachliche Anwendungsbereich der Verordnung zu prüfen. Der Anwendungsbereich der EU-ErbVO ist immer dann zu prüfen, wenn ein Sachverhalt mit **grenzüberschreitenden Elementen** vorliegt.

Die Verordnung ist gem Art 83 Abs 1 EU-ErbVO anzuwenden, wenn der Erblasser nach dem 16. 8. 2015 verstorben ist (**zeitlicher Anwendungsbereich**).

Der **räumliche Anwendungsbereich** der Verordnung erstreckt sich auf 25 Mitgliedstaaten.[58] Sofern das Gericht eines Mitgliedstaates das Verlassenschaftsverfahren zur Abwicklung einleitet, überprüft es seine Zuständigkeit anhand der EU-ErbVO. Der räumliche Anwendungsbereich ist damit eröffnet, wenn das **Gericht eines EU-Mitgliedstaates** (etwa durch Übermittlung der Sterbeurkunde) **angerufen** wird. Staaten außerhalb der EU (sog Drittstaaten) sowie Irland und Dänemark wenden ihre nationa-

[57] VO (EU) 650/2012 des Europäischen Parlaments und des Rates vom 4. 7. 2012 über die Zuständigkeit, das anzuwendende Recht, die Anerkennung und Vollstreckung von Entscheidungen und die Annahme und Vollstreckung öffentlicher Urkunden in Erbsachen sowie zur Einführung eines Europäischen Nachlasszeugnisses, ABl L 2012/201, 107.

[58] Es fehlen Irland und Dänemark.

len Regelungen über das Internationale Zivilverfahrensrecht an, um die Zuständigkeit festzulegen.

Der **sachliche Anwendungsbereich** der EU-ErbVO erfasst alle zivilrechtlichen Aspekte der „Rechtsnachfolge von Todes wegen" (Art 1, ErwGr 9). Damit wird der Übergang von Vermögenswerten, Rechten und Pflichten aufgrund gesetzlicher Erbfolge und gewillkürter Erbfolge (Verfügung von Todes wegen gem Art 3 Abs 1 lit d) erfasst. Der Begriff „Verfügung von Todes wegen" meint das Testament, das gemeinschaftliche Testament (Art 3 Abs 1 lit c) und den Erbvertrag (Art 3 Abs 1 lit b).

Keine Anwendung findet die Verordnung gem Art 1 Abs 2 EU-ErbVO (**Bereichsausnahmen**) für sonstige damit eng in Zusammenhang stehende Fragen zB im Bereich der Rechts-, Geschäfts- und Handlungsfähigkeit natürlicher Personen, in Zusammenhang mit Fragen des ehelichen Güterrechts, Fragen des Gesellschaftsrechts, des Vereinsrechts und des Rechts der juristischen Personen, wie Klauseln im Errichtungsakt oder in der Satzung einer Gesellschaft, eines Vereins oder einer juristischen Person, die das Schicksal der Anteile verstorbener Gesellschafter bzw Mitglieder regeln. Ausgenommen sind weiters Fragen über die Art der dinglichen Rechte (Internationales Sachenrecht) und über jede Eintragung von Rechten an beweglichen oder unbeweglichen Vermögensgegenständen in einem Register (zB österreichisches Grundbuch). In diesen Fällen sind die Regelungen des österreichischen IPRG anzuwenden.

Beispiel 1: *Der Erblasser mit österreichischer Staatsbürgerschaft lebt in Deutschland und verstirbt dort. Im Rahmen des Verlassenschaftsverfahrens in Deutschland soll festgestellt werden, ob er zum Zeitpunkt der Testamentserrichtung geschäfts- und handlungsfähig war. Gem § 9 IPRG und Art 7 EGBGB richtet sich diese Frage nach österreichischem Recht, da an das Recht der Staatsangehörigkeit angeknüpft wird.*

Beispiel 2: *Eine österreichische Gesellschaft gründet eine Zweigniederlassung in Deutschland. Auf diese Gesellschaft ist gem §§ 10 iVm 12 IPRG weiterhin das österreichische materielle Gesellschaftsrecht anwendbar, weil der Verwaltungssitz weiterhin in Österreich ist.*

2. Internationales Zivilverfahrensrecht

Das nationale Gericht hat in weiterer Folge die Zuständigkeit österreichischer Gerichte anhand der **Art 4 ff EU-ErbVO** zu prüfen (**Internationale Zuständigkeit**).

Die Bestimmungen gelten sowohl für die Verlassenschaftsabhandlung als auch für streitige Verlassenschaftsangelegenheiten, zB eine Erbteilungs-, Pflichtteils- oder Vermächtnisklage. Sie beschränken sich nicht auf Sachverhalte in den Mitgliedstaaten der EU-ErbVO, sondern sind grundsätzlich auch im Verhältnis zu Drittstaaten zu beachten. Die **funktionelle, örtliche und sachliche Zuständigkeit** der nationalen Gerichte sind weiterhin nach den Regelungen der **JN** und des **AußStrG** zu bestimmen.

A. Allgemeiner Gerichtsstand

Grundsätzlich sind gem **Art 4 EU-ErbVO** für die gesamte Verlassenschaft die Gerichte jenes Mitgliedstaates zuständig, in dem der Erblasser den **letzten gewöhnlichen**

Aufenthalt vor seinem Tod hatte (zur Begriffsdefinition siehe S 121). Da die EU-ErbVO zur Bestimmung der gerichtlichen Zuständigkeit und des anwendbaren Rechts (vgl wie beim Erbstatut gem Art 21 EU-ErbVO) an den „gewöhnlichen Aufenthalt" anknüpft, wird das zuständige Gericht grundsätzlich das eigene Recht anwenden. Zu einem Auseinanderfallen von internationaler Zuständigkeit und anwendbarem Recht kann es aber kommen, wenn der Erblasser nicht die gesetzliche Erbfolge nach dem Recht des letzten gewöhnlichen Aufenthalts gem Art 21 EU-ErbVO zur Anwendung bringen will, sondern eine Rechtswahl trifft. Dies hat zur Folge, dass zwar das Gericht des Staates des letzten gewöhnlichen Aufenthalts zuständig bleibt, allerdings dieses Gericht das vom Erblasser gewählte (ausländische) Recht anwenden muss.

B. Subsidiäre Zuständigkeit

Für den Fall, dass der Erblasser im Zeitpunkt seines Ablebens seinen gewöhnlichen Aufenthalt nicht in einem Mitgliedstaat hat, ordnet **Art 10 EU-ErbVO** in folgenden drei Fällen an, dass trotzdem das Recht eines Mitgliedstaates zur Anwendung kommt:

- Der Erblasser hat im Zeitpunkt des Ablebens die Staatsangehörigkeit eines Mitgliedstaates und in diesem Mitgliedstaat Vermögen (Art 10 Abs 1 lit a);
- Der Erblasser hat in den letzten fünf Jahren vor seinem Ableben in einem Mitgliedstaat der EU seinen gewöhnlichen Aufenthalt gehabt und dort Vermögen (Art 10 Abs 1 lit b);
- Der Erblasser hat ausschließlich Vermögen in einem Mitgliedstaat der EU (Art 10 Abs 2).

Art 10 EU-ErbVO ist **subsidiär** gegenüber Art 4 EU-ErbVO. Es handelt sich um einen **Vermögensgerichtsstand**, da an das in einem Mitgliedstaat belegene Vermögen des Erblassers angeknüpft wird. Die einzelnen Fälle werden in der dargestellten Reihe geprüft, sodass Art 10 Abs 2 nur dann zur Anwendung kommt, wenn weder Art 10 Abs 1 lit a noch Art 10 Abs 1 lit b einschlägig sind.

Wenn einer der Fälle des Art 10 Abs 1 EU-ErbVO zur Anwendung kommt, wird das gesamte weltweite Vermögen im Verfahren berücksichtigt. Ist allerdings Art 10 Abs 2 EU-ErbVO einschlägig, wird nur das in dem konkreten Mitgliedstaat belegene Vermögen in das Verlassenschaftsverfahren miteinbezogen.

C. Anpassung des Gerichtsstands an die Rechtswahl

Durch eine Rechtswahl kann der Gleichklang zwischen Gerichtszuständigkeit und materiell-rechtlicher Anknüpfung durchbrochen werden, da der Erblasser das Recht seiner Staatsangehörigkeit wählen kann.

Beispiel: *Armin lebt in Österreich und ist österreichischer Staatsbürger. Nach seiner Pensionierung zieht er nach Portugal und verstirbt dort mehrere Jahre später. Seine sozialen Beziehungen sind ausschließlich auf Portugal bezogen, da er keine Verwandten oder Bekannten* *mehr in Österreich hat. Der letzte gewöhnliche Aufenthalt von Armin ist daher in Portugal. In einem Testament hat er allerdings eine Rechtswahl zugunsten des österreichischen Rechts getroffen. Das portugiesische Gericht muss nun grundsätzlich nach österreichischem Recht das Verlassenschaftsverfahren führen.*

Der Erblasser kann allerdings keine Wahl des Gerichtsstands in der letztwilligen Verfügung treffen (**keine Gerichtsstandswahl**). Der Erblasser kann sich also nicht aussuchen, welches Gericht für die Abhandlung seiner Verlassenschaft zuständig sein soll. Um aber den Gleichlauf zwischen dem zuständigen Gericht und dem materiellen Recht wiederherzustellen (Gericht des Verfahrensstaates wendet sein eigenes Erbrecht an), gibt es vier verfahrensrechtliche Alternativen:

a) Gerichtsstandsvereinbarung

Die Parteien des Verfahrens können gem **Art 5 EU-ErbVO** vereinbaren, dass für Entscheidungen in Erbsachen ausschließlich ein Gericht oder die Gerichte des Mitgliedstaats, dessen Recht gewählt wurde, zuständig sein sollen. Eine solche **Gerichtsstandsvereinbarung** bedarf der **Schriftform** und ist zu datieren und von den betroffenen Parteien zu unterzeichnen. **Elektronische Übermittlungen**, die eine dauerhafte Aufzeichnung der Vereinbarung ermöglichen, sind der Schriftform gleichgestellt.

b) Außergerichtliche Einigung

Die Verfahrensparteien können durch eine außergerichtliche Vereinbarung im Mitgliedstaat, dessen Recht der Erblasser gewählt hat, die Zuständigkeit eines Gerichts begründen. Das gem Art 4 oder 10 EU-ErbVO zuständige Gericht beendet sein Verfahren (Art 8 EU-ErbVO).

c) Ermessensentscheidung des angerufenen Gerichts

Das gem Art 4 oder Art 10 EU-ErbVO angerufene Gericht kann auf Antrag einer Partei durch Ermessensentscheidung beschließen, dass die Gerichte des Mitgliedstaates, dessen Recht der Erblasser gewählt hat, zur Entscheidung besser geeignet sind (Art 6 lit a EU-ErbVO).

d) Anerkennung

Gem Art 7 lit c EU-ErbVO kann ein Gericht durch die ausdrückliche Zuständigkeitsanerkennung der Verfahrensparteien zur Entscheidung berufen sein.

D. Besonderer Gerichtsstand

Als Ausnahme des Gerichtsstands gem Art 4 EU-ErbVO sieht Art 13 EU-ErbVO (**besonderer Gerichtsstand**) Folgendes vor: Für die Annahme oder Ausschlagung der Erbschaft, eines Vermächtnisses oder des Pflichtteils oder für die Erklärung zur Begrenzung einer Haftung für Verlassenschaftsverbindlichkeiten sind für die Entgegennahme dieser Erklärungen auch die Gerichte des Mitgliedstaates zuständig, in dem die erklärende Person ihren gewöhnlichen Aufenthalt hat. Diese Erklärungen sollen gem Art 28 lit b EU-ErbVO und ErwGr 32 in der Form abgegeben werden können, die nach dem Recht des gewöhnlichen Aufenthaltsstaats des Erklärenden vorgesehen ist.

E. Anrufung mehrerer Gerichte

Wird gem Art 17 EU-ErbVO von **denselben Parteien derselbe erbrechtliche Anspruch** aus einem Verlassenschaftsverfahren bei Gerichten mehrerer Mitgliedstaaten geltend gemacht, setzt das später angerufene Gericht das Verfahren von Amts wegen aus, bis die Zuständigkeit des früher angerufenen Gerichts geklärt ist. Wurde die Zuständigkeit geklärt, hat sich das zeitlich später angerufene Gericht für unzuständig zu erklären.

3. Internationales Privatrecht

Das Internationale Privatrecht regelt schließlich, **nach welchem nationalen Recht** das Vermögen des Erblassers auf die Erben verteilt wird bzw nach welchem Recht die Pflichtteilsansprüche zu berechnen sind.

A. Grundsätze

In Erbrechtsfällen mit Auslandsbezug stellt sich – wie schon angesprochen – für das Verlassenschaftsgericht die Frage, welche von mehreren möglichen nationalen Rechtsordnungen zur Anwendung kommt (**Ermittlung des Erbstatuts**). Das durch die kollisionsrechtlichen Normen der Art 21 ff EU-ErbVO ermittelte nationale materielle Erbrecht erfasst die gesamte bewegliche und unbewegliche Verlassenschaft, unabhängig davon, in welchem Land sich die einzelnen Gegenstände befinden (**Grundsatz der Nachlasseinheit**).

Gem **Art 20 EU-ErbVO** wird nicht zwischen EU-Binnenfällen und Drittstaatenerbfällen unterschieden. Verweisen die Kollisionsnormen der EU-ErbVO auf das Recht eines Drittstaats, so ist auch dieses anzuwenden (**loi uniforme, universelle Anwendung**).

Das Erbstatut umfasst gem **Art 23 EU-ErbVO** ua die rechtliche Anknüpfung für die Berufung der Berechtigten, die Bestimmung ihrer jeweiligen Anteile und etwaiger ihnen vom Erblasser auferlegter Pflichten sowie die Bestimmung sonstiger Rechte an der Verlassenschaft, einschließlich der Pflichtteilsansprüche. Nach dem jeweiligen Erbstatut sind auch die Erbfähigkeit, die Enterbung und die Erbunwürdigkeit zu beurteilen **(Umfang des Erbstatuts)**.

B. Prüfung der Anknüpfungskriterien

Für die Ermittlung des Erbstatuts sieht Art 22 EU-ErbVO vor, dass der Erblasser für die gesamte Verlassenschaft eine **Rechtswahl** treffen kann. Sofern er **keine Rechtswahl** trifft, wird gem Art 21 EU-ErbVO an den **letzten gewöhnlichen Aufenthalt** des Erblassers im Zeitpunkt des Todes angeknüpft (**objektive Anknüpfung**).

a) Rechtswahl

Gem **Art 22 EU-ErbVO** kann der Erblasser **im Rahmen einer letztwilligen Verfügung** das Recht des Staates wählen, dem er im Zeitpunkt der Rechtswahl oder im Zeitpunkt des Todes angehört (**Recht der Staatsangehörigkeit**). Eine letztwillige Verfügung kann sich auch auf die Ausübung einer Rechtswahl beschränken. Der Erblasser kann die Rechtswahl aber auch mit materiell-rechtlichen Verfügungen kombinieren (zB Einsetzung bestimmter Erben, Beschränkung potenzieller Erben auf den Pflichtteil).

Eine Person, die **mehrere Staatsangehörigkeiten** besitzt, kann gem Art 22 Abs 1 UAbs 2 EU-ErbVO das Recht eines der Staaten wählen, denen sie im Zeitpunkt der Rechtswahl oder im Zeitpunkt ihres Todes angehört.

Die Rechtswahl muss **ausdrücklich** oder **konkludent** in einer letztwilligen Verfügung erklärt werden. Maßstab für die Beurteilung einer konkludenten Rechtswahl sind der Inhalt der letztwilligen Verfügung, die Umstände des Abschlusses und das Verhalten des Erblassers. Der Erblasser muss das Bewusstsein haben, gerade eine Rechtswahl zu treffen (aktuelles Erklärungsbewusstsein). Ob eine konkludente Rechtswahl vorliegt, ergibt sich aus der Häufung und dem Gewicht der Indikatoren.

Indikatoren einer Rechtswahl (vgl ErwGr 39 EU-ErbVO): Bezugnahme auf Bestimmungen einer Rechtsordnung, Verwendung einer bestimmten Sprache oder bestimmter erbrechtlicher Begriffe („Einantwortung“, „Verlassenschaft“), die Ausgestaltung der Verfügung von Todes wegen hinsichtlich der Erbquoten nach Recht eines bestimmten Staates oder die Beurkundung vor dem Notar eines Landes.

Der Erblasser kann seine Staatsangehörigkeit ändern und seine bereits getroffene Rechtswahl anpassen wollen. Es ist auch denkbar, dass der Erblasser nach längerer Zeit doch das Recht des letzten gewöhnlichen Aufenthalts anwenden möchte. Art 22 Abs 4 EU-ErbVO bestimmt für diese Fälle, dass **die Änderung oder der Widerruf einer Rechtswahl** den Formvorschriften für die Änderung oder den Widerruf einer Verfügung von Todes wegen entsprechen muss. Eine Rechtswahländerung oder -aufhebung kann ausdrücklich oder auf sonstige Art und Weise **in einer Verfügung von Todes wegen** erklärt werden.

b) Objektive Anknüpfung

Gem **Art 21 Abs 1 EU-ErbVO** unterliegt – sofern in der EU-ErbVO nichts anderes vorgesehen ist (zB Rechtswahl nach Art 22 EU-ErbVO; Verstoß gegen den ordre public gem Art 35 EU-ErbVO) – die gesamte Rechtsnachfolge von Todes wegen dem Recht des Staates, in dem der Erblasser im Zeitpunkt seines Todes seinen gewöhnlichen Aufenthalt hatte. Die **Verordnung definiert** den „gewöhnlichen Aufenthalt" **nicht**; ein Rückgriff auf nationale Regelungen ist nicht zulässig, da der Begriff **europarechtlich auszulegen** ist.

Der letzte gewöhnliche Aufenthalt wird gem **ErwGr 24** der EU-ErbVO als der **Lebensmittelpunkt** einer Person beschrieben, dh im konkreten Fall, dass der Erblasser in einem gewissen Staat den **Schwerpunkt der familiären, sozialen und beruflichen Beziehungen** hat. Erwägungsgrund 23 der EU-ErbVO legt fest, dass bei der Bestimmung des gewöhnlichen Aufenthalts die zuständige Behörde eine **Gesamtbeurteilung der Lebensumstände des Erblassers in den Jahren vor seinem Tod** vorzunehmen hat und dabei alle relevanten Tatsachen berücksichtigen muss, insbesondere die Dauer und die Regelmäßigkeit des Aufenthalts des Erblassers in dem betreffenden Staat sowie die damit zusammenhängenden Umstände und Gründe. Der gewöhnliche Aufenthalt des Erblassers soll eine besonders enge und feste Bindung zu dem betreffenden Staat erkennen lassen. Nicht angegeben wird eine Mindestverweildauer, vor der keinesfalls bzw ab der jedenfalls ein gewöhnlicher Aufenthalt begründet wird. Gem ErwGr 24 Satz 2 EU-ErbVO sind als besondere Umstände die familiären und sozialen Bindungen, die Staatsangehörigkeit oder die Belegenheit der wesentlichen Vermögensgegenstände des Erblassers zu berücksichtigen.

Weitere Punkte zur Konkretisierung des letzten gewöhnlichen Aufenthalts können die regelmäßige Anwesenheit des Erblassers, dessen polizeiliche Registrierung, der Ort der Arbeitsstätte oder der Arbeitserlaubnis und der Sitz der Erben in einem bestimmten Staat sein.

Der letzte gewöhnliche Aufenthalt des Erblassers kann nur in einem Staat bestehen; es kann also **nicht mehrere letzte gewöhnliche Aufenthalte** geben.

Beispiel 1: *Der Erblasser mit österreichischer Staatsbürgerschaft wohnt mit seiner gesamten Familie bereits seit mehreren Jahren in Amsterdam in den Niederlanden. Sein gesamtes Vermögen ist ein Grundstück in einem Außenbezirk Amsterdams und ein Sparbuch, angelegt auf „De Nederlandsche Bank NV". Da seine Eltern mit Wohnsitz in Graz vorverstorben sind, beschränken sich seine sozialen Kontakte auf seine Familie und die Nachbarn. Der gewöhnliche Aufenthalt des Erblassers ist in den Niederlanden, sodass gem Art 21 EU-ErbVO niederländisches Erbrecht zur Anwendung kommt.*

Beispiel 2: *Der Erblasser aus Innsbruck absolviert ein mehrmonatiges Auslandsstudium in Tokyo. Dies führt noch nicht zur Begründung oder zum Wechsel des gewöhnlichen Aufenthalts. Dieser liegt weiterhin in Innsbruck. Der Aufenthalt in Tokyo hat bloß berufliche Grunde, während sich Familie und Freunde weiterhin in Innsbruck befinden.*

Ergibt sich gem Art 21 Abs 2 EU-ErbVO ausnahmsweise aus der Gesamtheit der Umstände, dass der Erblasser im Zeitpunkt seines Todes eine **offensichtlich engere Verbindung** zu einem anderen als dem Staat hatte, dessen Recht nach Abs 1 anzuwenden wäre, so ist auf die Rechtsnachfolge von Todes wegen das Recht dieses anderen Staates anzuwenden (**Ausweichklausel**).

Beispiel: *Verstirbt der Erblasser kurze Zeit (ein paar Tage oder Wochen) nach dem Wechsel des gewöhnlichen Aufenthalts in einen anderen Staat, kann gem ErwGr 25 Satz 1 der „alte" gewöhnliche Aufenthalt (vor dem Umzug) wirksam bleiben, wenn gem Art 21 Abs 2 EU-ErbVO (Ausweichklausel) der Erblasser ausnahmsweise im Zeitpunkt des Todes eine offensichtlich engere Verbindung zu einem anderen als dem Staat hatte, dessen Recht nach Art 21 Abs 1 EU-ErbVO (objektive Anknüpfung) anzuwenden wäre.*

C. Funktionelle, sachliche und örtliche Zuständigkeit

Das Verfahren wird vor jenem Gericht geführt, in dessen Sprengel der Verstorbene seinen allgemeinen Gerichtsstand in Streitsachen hatte (dh idR vor jenem **Gericht, in dessen Sprengel sich der Wohnsitz** des Verstorbenen befand – örtliche Zuständigkeit; § 105 JN). Sachlich ist immer das **Bezirksgericht** für das Verlassenschaftsverfahren zuständig (§ 104a JN). In weiten Teilen wird das Verfahren vom **Notar** als **Gerichtskommissär** für das Gericht durchgeführt. Parteistellung im Verlassenschaftsverfahren haben grundsätzlich jene Personen, deren rechtlich geschützte Stellung durch die begehrte oder vom Gericht in Aussicht genommene Entscheidung oder durch eine sonstige gerichtliche Tätigkeit unmittelbar beeinflusst werden würde (**materieller Parteibegriff; § 2 Abs 1 Z 3 AußStrG**). Zu den Parteien des Verlassenschaftsverfahrens gehören jedenfalls die Erben (einschließlich der Nacherben; auch Pflichtteilsberechtigte, Vermächtnisnehmer, Auflagenberechtigte [insb Testamentsvollstrecker]); und auch sonstige Erbschaftsgläubiger können Parteistellung erlangen. Keine Parteistellung haben Auflagenbegünstigte, Gläubiger der Erben und Verlassenschaftsschuldner.

Die Parteistellung hat große praktische Bedeutung. Allein die Parteien sind vom Verfahren (bzw von bestimmten Verfahrensabschnitten) zu verständigen. Nur sie haben Antragsrechte und sind dem Verfahren (bzw bestimmten Verfahrensabschnitten) beizuziehen (haben also Anspruch auf rechtliches Gehör). Ihnen sind die Entscheidungen zuzustellen, gegen die sie Rechtsmittel erheben können (Rekurs §§ 45 ff AußStrG, Revisionsrekurs §§ 62 ff AußStrG).

II. Nationales Verlassenschaftsverfahren

1. Struktur des Verlassenschaftsverfahrens

Niemand darf eine Erbschaft eigenmächtig in Besitz nehmen (**Einantwortungsprinzip**; § 797 Abs 1 ABGB). Der Erbschaftserwerb kann vielmehr nur im Rahmen eines besonderen gerichtlichen Verfahrens, dem sog **Verlassenschaftsverfahren**, erwirkt werden. Das Verlassenschaftsverfahren ist ein **außerstreitiges Verfahren**; es ist hauptsächlich in den §§ 143 – 185 AußStrG geregelt.

Das Verlassenschaftsverfahren ist **von Amts wegen** einzuleiten. Als Vorfrage hat das Gericht seine Zuständigkeit (siehe S 116 ff) zu prüfen. In weiterer Folge gliedert sich das Verfahren in folgende Abschnitte:

- das **Vorverfahren** und
- die **Verlassenschaftsabhandlung**.

A. Vorverfahren

Das Vorverfahren wird amtswegig eingeleitet und beginnt idR mit der **Übermittlung der Sterbeurkunde** durch das Standesamt an das zuständige Gericht. Danach hat der Notar als Gerichtskommissär jedenfalls die **Todesfallaufnahme** zu errichten (§ 145 AußStrG). Die Todesfallaufnahme dient der Erhebung sämtlicher Umstände, die für das Verlassenschaftsverfahren relevant sind. Es soll geklärt werden, welche Vermögenswerte sich in der Verlassenschaft befinden, wer als potentieller Erbe in Betracht kommt, und damit einhergehend, ob letztwillige Verfügungen vom Erblasser getroffen worden sind. Gem § 9 Gerichtskommissärsgesetz (GKG) stehen dem Notar als Gerichtskommissär bei der Wahrheitsermittlung und der Ausforschung von Tatsachen dieselben **Auskunftsrechte und Einsichtsbefugnisse** wie dem zuständigen Gericht zu. Der Gerichtskommissär wird hierzu in der Regel auf Auskunftspersonen (zB Auskunft von Banken oder Versicherungen zu Sparguthaben) zurückgreifen.

Bank- bzw Kreditinstituten kommt gegenüber dem Notar als Gerichtskommissär und dem Verlassenschaftsgericht eine umfassende Auskunftspflicht über die Sparguthaben des Verstorbenen zu. Gem § 38 Abs 2 Z 3 Bankwesengesetz (BWG) wird das Bankgeheimnis im Fall des Todes des Bankkunden gegenüber dem Verlassenschaftsgericht und dem Gerichtskommissär aufgehoben.

Zur Ermittlung dieser Umstände kann es auch zweckmäßig sein, dass der Notar bspw die Wohnung, Geschäftslokale, Schließfächer, Schränke oder sonstige Behältnisse des Erblassers auf das Vorliegen von Aufzeichnungen des Erblassers (letztwillige Verfügungen, Aufzeichnungen über seine Vermögenswerte, etc) prüft. Werden dabei letztwillige Verfügungen des Erblassers aufgefunden, so sind diese vom Notar in Verwahrung zu nehmen und auf ihre Echtheit bzw Gültigkeit hin zu prüfen. Die darin begünstigen Personen (und die potentiellen gesetzlichen Erben) sind zur Wahrung ihres rechtlichen Gehörs davon zu verständigen (vgl §§ 151, 152 AußStrG).

Personen, bei denen sich Urkunden über letztwillige Verfügungen oder sonstige für das Verfahren relevante Anordnungen oder Verträge des Erblassers (zB Erbverträge, Erbverzichtsverträge) befinden, sind zu deren Herausgabe an den Notar verpflichtet.

Der Gerichtskommissär hat auch das Zentrale Testamentsregister und das Testamentsregister der österreichischen Rechtsanwälte auf das Vorliegen einer eingetragenen letztwilligen Verfügung abzufragen (§ 145a Abs 2 AußStrG). In das Zentrale Testamentsregister eingetragene letztwillige Verfügungen können somit nicht unterdrückt werden. Die Eintragung privater schriftlicher Testamente ist daher jedenfalls ratsam.

Besteht die Gefahr, dass Vermögensbestandteile der Verlassenschaft dem Verlassenschaftsverfahren entzogen werden, oder sind die potentiellen Erben, nahe Angehörige oder etwaige Mitbewohner des Erblassers nicht fähig oder nicht bereit Vermögensbestandteile zu verwahren, so obliegt es dem Notar, die Verlassenschaft auf geeignete Weise (zB durch Versperren oder Versiegeln der Verlassenschaft; durch Verwahrung beim Notar) zu sichern (vgl § 147 AußStrG).

Konten, Sparbücher oder bspw Schließfächer des Erblassers werden idR mit seinem Tod gesperrt (diese Banksperre wird regelmäßig in den Allgemeinen Geschäftsbedingungen der Banken verfügt). Wird Geld des Erblassers benötigt (bspw für das Begräbnis), so kann der Notar eine Freigabe der gesperrten Konten, etc verfügen (§§ 148, 149 AußStrG).

B. Verfahren ohne Abhandlung und Einantwortung

Wird im Vorverfahren festgestellt, dass **Verlassenschaftsaktiva nur in geringem Ausmaß** bestehen oder die Verlassenschaft überschuldet oder zahlungsunfähig ist, kommt es zum Unterbleiben der Abhandlung gemäß § 153 AußStrG, zur Überlassung an Zahlungs statt gemäß § 154 AußStrG oder zur Einleitung eines Verlassenschaftsinsolvenzverfahrens nach der Insolvenzordnung. Dies hat zur Folge, dass das Abhandlungsverfahren samt Einantwortung unterbleibt.

a) Unterbleiben der Abhandlung

Gibt es keine Verlassenschaftsaktiva bzw **übersteigen die Verlassenschaftsaktiva den Wert von EUR 5.000 nicht**, oder tritt die Rechtsnachfolge nach dem maßgebenden Recht von Gesetzes wegen ein, und sind keine Eintragungen in öffentliche Bücher erforderlich (Grundbuch, Firmenbuch, dh sind insbesondere keine Liegenschaften oder eintragungspflichtigen Gesellschaftsanteile in der Verlassenschaft vorhanden), so hat die Verlassenschaftsabhandlung **von Amts wegen zu unterbleiben** (§ 153 Abs 1 AußStrG). Zur Durchführung eines Verlassenschaftsverfahrens kommt es in diesem Fall nur mehr auf Antrag einer Partei, dh jeder Person, die als Erbe in Frage kommt, aber noch keine Erbantrittserklärung abgegeben hat (potentielle Erben, Nacherben und Ersatzerben, gesetzliche Erben, Pflichtteilsberechtigten). Ein solcher Antrag wird insbesondere dann relevant sein, wenn nachträglich Vermögen (zB eine bisher unbekannte Liegenschaft des Erblassers) hervorkommt. Der Antrag auf Fortsetzung bedarf keiner besonderen Form oder Begründung, das Verfahren ist auf Antrag – unabhängig vom Wert der Verlassenschaft – jedenfalls fortzuführen.

Unterbleibt die weitere Verlassenschaftsabhandlung, hat das Gericht auf Antrag jene Personen, deren Anspruch nach der Aktenlage bescheinigt ist (das sind idR die potentiellen Erben, aber auch die Gläubiger des Erblassers), zu **ermächtigen**, die vorhandenen **Aktiva ganz oder teilweise zu übernehmen** (§ 153 Abs 2 AußStrG). Sie erwerben jedoch kein Eigentum an den übernommenen Verlassenschaftsgegenständen; vielmehr gelangen sie in eine Art **Besitzverhältnis** zu den übernommenen Verlassenschaftsgegenständen, welches zur Ersitzung des Eigentums daran führen kann. Gegen den Beschluss des Verlassenschaftsgerichts auf Erteilung der Ermächtigung gem § 153 Abs 2 AußStrG können die Parteien Rekurs erheben.

b) Überlassung an Zahlungs statt

Gem § 154 Abs 1 AußStrG kann das Verlassenschaftsgericht die Aktiva im Fall einer überschuldeten Verlassenschaft den Gläubigern an Zahlungs statt überlassen. Folgende Voraussetzungen müssen vorliegen:

- auf die Rechtsnachfolge von Todes wegen ist **österreichisches Recht** anzuwenden;

- die Verlassenschaft ist **überschuldet**, dh die Verlassenschaftspassiva übersteigen die Verlassenschaftsaktiva;
- es wurde **kein Verlassenschaftsinsolvenzverfahren** eröffnet;
- **keine** der Parteien hat eine **unbedingte Erbantrittserklärung** abgegeben und
- die **Republik Österreich** hat **keinen Antrag** auf Überlassung der erblosen Verlassenschaft abgegeben.

Liegen alle diese Voraussetzungen vor, hat das Verlassenschaftsgericht auf Antrag die Überlassung an Zahlungs statt gemäß § 154 AußStrG zu beschließen. **Antragsberechtigt** sind die **Parteien** (potentielle Erben, Nacherben und Ersatzerben, gesetzliche Erben, Pflichtteilsberechtigten) sowie die **Verlassenschaftsgläubiger** (zB der Begräbniskostenbesteller).

Mit dem Beschluss werden die Verlassenschaftsaktiva den Verlassenschaftsgläubigern an Zahlungs statt überlassen, dh es kommt zu einer **quotenmäßigen Befriedigung der Gläubiger** (im Wesentlichen) nach den Grundsätzen der IO (vgl § 154 Abs 2 AußStrG). Die Überlassungsempfänger erwerben als **Einzelrechtsnachfolger** Eigentum an den überlassenen Sachen; der Überlassungsbeschluss stellt den Erwerbstitel zum Eigentumserwerb dar (§ 798 ABGB). Die Überlassung an Zahlungs statt zeichnet sich gegenüber dem Verlassenschaftsinsolvenzverfahren va durch geringere Verfahrenskosten aus.

c) Verlassenschaftsinsolvenzverfahren

Bei Überschuldung der Verlassenschaft sowie bei Zahlungsunfähigkeit (laufende Zahlungen können nicht mehr fristgerecht beglichen werden) kann **auf Antrag ein Insolvenzverfahren** nach den Regeln der IO eröffnet werden. **Antragsberechtigt** sind die **Erben** (auch: der Verlassenschaftskurator) und die **Verlassenschaftsgläubiger**. Wird das Insolvenzverfahren eröffnet, kommt es in weiterer Folge zu keinem Abhandlungsverfahren (und somit zu keiner Einantwortung). Die Eröffnung eines Insolvenzverfahrens über die Verlassenschaft ist nur **bis zur Einantwortung** möglich, danach kommt nur noch die Eröffnung eines derartigen Verfahrens über die Erben in Betracht.

C. Verlassenschaftsabhandlung

a) Überblick

Steht fest, dass das Verlassenschaftsverfahren nicht ohne Einantwortung beendet werden kann, tritt das Verlassenschaftsverfahren in den **zweiten Abschnitt**; es beginnt die Verlassenschaftsabhandlung. Die Verlassenschaftsabhandlung dient zur **Klärung des Erbrechts**. Es soll ua geklärt werden, welche der potentiellen Erben (die im Rahmen des Vorverfahrens ermittelt worden sind) tatsächlich die Erbschaft erlangen wollen. Zu diesem Zweck hat der Notar gemäß § 157 AußStrG die potentiellen Erben zu Beginn der Verlassenschaftsabhandlung aufzufordern, dass sie eine Erklärung darüber abgeben, ob und wie sie die Erbschaft annehmen wollen (unbedingte bzw bedingte

Erbantrittserklärung) oder ob sie die Erbschaft ablehnen (Ausschlagung bzw Entschlagung). Erheben mehrere potentielle Erben Ansprüche, die miteinander unvereinbar sind (liegen also **widerstreitende Erbantrittserklärungen** vor), so dient die Verlassenschaftsabhandlung in weiterer Folge zur Klärung dieses Widerspruchs (Feststellung des besten Erbrechts). Steht das Erbrecht schließlich fest, ist den berechtigten Erben die Verlassenschaft einzuantworten. Mit Rechtskraft der Einantwortung ist die Verlassenschaftsabhandlung (und grundsätzlich auch das Verlassenschaftsverfahren als solches) beendet.

Ab diesem Zeitpunkt (Rechtskraft der Einantwortung) sind die Erben **Eigentümer** der Verlassenschaftsgegenstände, **Schuldner** der Verbindlichkeiten des Erblassers und Gläubiger seiner Forderungen. Die Universalsukzession ist damit beendet (siehe S 13).

Da die Universalsukzession (Rechtsnachfolge) erst mit Rechtskraft der Einantwortung eintritt, stellt sich die Frage nach der rechtlichen Qualität der Verlassenschaft zwischen Erbfall (Tod des Erblassers) und Rechtskraft der Einantwortung. Nach der hM wird die Verlassenschaft als juristische Person qualifiziert.

b) Erbantrittserklärung – Entschlagung

- **Erbantrittserklärung**

Der Notar hat am Beginn der Verlassenschaftsabhandlung die potentiellen Erben (die im Rahmen des Vorverfahrens ermittelt worden sind) aufzufordern, sich darüber zu erklären, ob und wie sie die Erbschaft annehmen oder ob sie die Erbschaft ablehnen wollen.

Hierfür ist den bekannten potentiellen Erben eine Frist von vier Wochen, allenfalls auch eine längere Bedenkzeit, die aber eine Frist von einem Jahr nicht übersteigen darf, zu setzen (§ 157 AußStrG).

Wollen die potentiellen Erben die Erbschaft annehmen, müssen sie eine **Erbantrittserklärung** abgeben. Die Erbantrittserklärung ist eine **einseitige** und **unwiderrufliche** Erklärung, die gegenüber dem für die Verlassenschaftsabhandlung zuständigen Gericht abzugeben ist. Mit der Abgabe seiner Erbantrittserklärung wird der potenzielle Erbe Partei der Verlassenschaftsverfahrens, was etwa auch für die Rekurslegitimation von Bedeutung ist.[59] Die Erklärung, die Erbschaft nicht annehmen zu wollen, nennt man Ausschlagung (oder auch Entschlagung).

Die Erbantrittserklärung wird unwiderruflich, sobald sie das Verlassenschaftsgericht zur Kenntnis genommen hat. Der potentielle Erbe kann dann die Erbschaft nicht mehr ausschlagen und eine unbedingte Erbantrittserklärung in eine bedingte umwandeln (§ 806 ABGB). Wohl kann aber eine bedingte Erbantrittserklärung in eine unbedingte umgewandelt werden. Ob Erbantrittserklärungen wegen Willensmängeln angefochten werden können, ist strittig, aber eher zu bejahen.

Die Erbantrittserklärung hat den **Titel** (dh den Berufungsgrund – Erbvertrag, Testament oder Gesetz) und die Angabe zu enthalten, ob die potentiellen Erben die Erbschaft **unbedingt** oder **bedingt** antreten wollen (vgl § 159 AußStrG; §§ 799, 800 ABGB). Ist

[59] OGH 28.5.2024, 2 Ob 64/24m.

dies zum Zeitpunkt der Abgabe der Erklärung möglich, soll auch die Erbquote angegeben werden (§ 159 Abs 2 AußStrG). Schriftliche Erbantrittserklärungen bedürfen der eigenhändigen Unterschrift durch die potentiellen Erben.

Erbantrittserklärungen können bis zur Erlassung des Einantwortungsbeschlusses abgegeben werden.

Geben die potentiellen Erben keine Erbantrittserklärung ab, so ist die Erbschaft erblos. Das Gericht bestellt einen Verlassenschaftskurator (§ 157 Abs 4 AußStrG), der dann die erblose Verlassenschaft unter Einhaltung des Verfahrens nach § 184 AußStrG an den Staat zu übergeben hat.

Die Erbantrittserklärung muss angeben, ob die potentiellen Erben die Erbschaft unbedingt oder bedingt antreten wollen. Diese Unterscheidung bezieht sich auf die **Haftung des Erben** nach der Einantwortung.

– Gibt der potentielle Erbe eine **unbedingte** Erbantrittserklärung ab, so hat er nach der Einantwortung **unbeschränkt** mit seinem **gesamten persönlichen Vermögen** für die Verbindlichkeiten der Verlassenschaft einzustehen, unabhängig davon, ob das Vermögen der Verlassenschaft zur Deckung der Verbindlichkeiten ausreicht oder nicht (§ 801 ABGB).
– Gibt der potentielle Erbe eine **bedingte** Erbantrittserklärung ab, so haftet er zwar ebenso **persönlich mit seinem gesamten Vermögen** für die Verbindlichkeiten der Verlassenschaft. Seine Haftung ist aber **betragsmäßig beschränkt**. Er haftet mit seinem Vermögen nur bis zum Wert der ihm zugekommenen Verlassenschaftsgegenstände (*pro-viribus* [-*heredatis*] -Haftung; § 802 ABGB).

Der Erbe kann durch die Abgabe einer bedingten Erbantrittserklärung vermeiden, dass er für mehr haftet, als er wertmäßig erhält (er also letztlich mit einem Minus aussteigt). Gibt der Erbe eine bedingte Erbantrittserklärung ab, so muss **zwingend eine Inventarisierung** stattfinden. Umgekehrt führt jede Inventarisierung – unabhängig davon, aus welchem Grund (vgl § 165 AußStrG) es dazu kommt – zur **beschränkten Haftung aller Erben** (§ 807 ABGB). Deshalb spricht man von der „Rechtswohltat des Inventars" („[*cum*] *beneficio inventarii*"). Gibt daher auch nur einer von mehreren Erben eine bedingte Erbantrittserklärung ab, gilt die Wirkung der beschränkten Haftung für alle erbantrittserklärten Erben.

Die dem beschränkt haftenden Erben zugekommenen Verlassenschaftsgegenstände sind mit ihrem Wert zum Zeitpunkt der Einantwortung anzusetzen.

- **Entschlagung**

Erklärt der potentielle Erbe, die Erbschaft nicht annehmen zu wollen, entschlägt er sich der Erbschaft (**Entschlagung** bzw **Ausschlagung**). Die Entschlagung bewirkt, dass die Erbschaft gegenüber dem, der die Erbschaft ausschlägt, als nicht angefallen gilt. Der Entschlagende wird dem **weiteren Verfahren nicht beigezogen** und **erhält keinen Teil** aus der Verlassenschaft, unabhängig davon, wie hoch die Aktiva gegenwärtig sind oder zukünftig sein werden. Eine einmalig abgegebene Entschlagungserklärung ist bindend und kann **nicht mehr widerrufen** werden. Der Erbanfall wird somit rückwirkend beseitigt. Das Erbrecht gilt dann gegenüber den Nachberufenen (also den

Personen, die anstelle der entschlagenden Person zum Zug kommen, zB den Ersatzerben oder gesetzlichen Erben) als mit dem Tod des Erblassers angefallen.

Werden Testamentserben, die auch gesetzliche Erben wären, **im Testament Belastungen** auferlegt (zB Auflagen), können sie nicht die testamentarische Erbschaft ausschlagen und dann die gesetzliche Erbschaft antreten, um so den testamentarischen Belastungen zu entgehen (und damit den letzten Willen zu vereiteln). Sie müssen vielmehr die **testamentarische Erbschaft entweder ganz annehmen oder** die (testamentarische wie gesetzliche) Erbschaft **ganz ausschlagen** (§ 808 ABGB). Ebenso wenig ist eine Teilausschlagung zulässig.

Sind Erben jedoch aufgrund **unterschiedlicher Berufungsgründe** zu unterschiedlichen Erbteilen berufen worden, können sie diese Erbteile unterschiedlich behandeln. Vorstellbar ist dies etwa, wenn ein Fall der **gemischten Erbfolge** vorliegt, der Erblasser also zwar letztwillig verfügt hat, jedoch nicht über die gesamte Verlassenschaft.

Der Erblasser hat ein Testament hinterlassen, demzufolge sein Sohn Richard ein Drittel der Verlassenschaft bekommen soll. Über die restlichen zwei Drittel hat er nicht verfügt, sodass diese nach der gesetzlichen Erbfolge zu verteilen sind. Der Erblasser hat neben Richard nur seinen zweiten Sohn Hannes hinterlassen. Hannes und Richard erben die übrigen zwei Drittel zu gleichen Teilen, also jeder ein Drittel. Richard erhält daher im Ergebnis ein Drittel aufgrund seines gesetzlichen Erbrechts und ein Drittel aufgrund des Testaments. Er kann diese beiden Erbteile, da sie auf unterschiedlichen Berufungsgründen beruhen, unterschiedlich behandeln.

Entschlagungen zugunsten Dritter (dh zugunsten von Personen, die nicht ohnedies nachberufen wären) können **bloß als Erbschaftskauf** oder **Erbschaftsschenkung** Wirksamkeit entfalten. Dazu müssen jedoch die notwendigen Formvorschriften (Notariatsaktpflicht; gerichtliches Protokoll) eingehalten werden.

Gem § 758 Abs 2 ABGB erstreckt sich die Entschlagung **im Zweifel auch auf die Nachkommen** des Entschlagenden.

c) Widerstreitende Erbantrittserklärungen

Geben mehrere potentielle Erben Erbantrittserklärungen ab, die miteinander **unvereinbar** sind, so muss zunächst der Notar darauf hinwirken, dass sich die Parteien vergleichsweise **einigen** (§ 160 AußStrG).

Beispiel: *(Der potentielle Erbe) Alexander beansprucht als testamentarischer Alleinerbe die gesamte Verlassenschaft für sich. (Ein anderer potentieller Erbe) Boris stellt den Anspruch, dass ihm als einzigen gesetzlichen Erben die gesamte Verlassenschaft zufallen muss. Das Testament sei aus seiner Sicht unwirksam. Alexander und Boris geben Erbantrittserklärungen ab, mit denen sie jeweils den Anspruch erheben, dass ihnen die gesamte Verlassenschaft eingeantwortet werde. Ihre Erbantrittserklärungen sind somit miteinander nicht vereinbar. Der Notar hat zunächst auf eine Einigung zwischen Alexander und Boris hinzuwirken.*

Misslingt der Einigungsversuch, so hat das Verlassenschaftsgericht darüber zu entscheiden, welcher der potentiellen Erben das (beste) Erbrecht hat.

Die Feststellung des (wahren) Erbrechts ist zentrale Voraussetzung für die Einantwortung.

An diesem Verfahren können auch mehrere potentielle Erben beteiligt sein. Das Gericht hat im Verfahren nicht von sich aus das (beste) Erbrecht zu erforschen, sondern ist an das Vorbringen und an die Beweisanbote der Parteien gebunden (**eingeschränkter Untersuchungsgrundsatz**). Jeden potentiellen Erben trifft im Verfahren die **Beweislast** für jene Tatsachen, aus denen er seine Ansprüche ableitet.

> ***Beispiel:*** *Wer etwa die Gültigkeit des Testaments bestreitet, da der Erblasser zum Zeitpunkt der Testamentserrichtung testierunfähig gewesen sei, muss die Testierunfähigkeit beweisen. Wer die Erbunwürdigkeit eines potentiellen Erben behauptet, muss das Vorliegen der Erbunwürdigkeit beweisen. Wer eine Enterbung eines potentiellen Erben behauptet, muss das Vorliegen der Enterbungsgründe beweisen.*

Im Verfahren ist zwingend eine **mündliche Verhandlung** durchzuführen. Es gilt **relative Anwaltspflicht** (dh die Parteien können [müssen aber nicht] sich im Verfahren vertreten lassen. Lassen sie sich vertreten, dann müssen sie sich dazu eines Rechtsanwalts oder einer Rechtsanwältin bedienen). Übersteigt der Wert der Aktiven der Verlassenschaft voraussichtlich EUR 5.000, so herrscht **absolute Anwaltspflicht** (dh die Parteien müssen sich durch einen Rechtsanwalt oder eine Rechtsanwältin vertreten lassen; vgl § 162 AußStrG).

Nach Beurteilung des Vorbringens und der Beweisanbote hat das Gericht durch Beschluss festzustellen, welchem der potentiellen Erben das Erbrecht zusteht. Die übrigen Erbantrittserklärungen sind abzuweisen (§ 161 AußStrG). Der (wahre) Erbe kann von jenen Parteien, gegen die er sich im Verfahren durchsetzen musste, **Ersatz seiner Kosten** verlangen (§ 185 AußStrG). Das Verlassenschaftsverfahren wird schließlich mit dem ermittelten Erben fortgesetzt.

d) Inventar

Um den Bestand und den Wert des Verlassenschaftsvermögens zu ermitteln, besagt das Gesetz, dass in bestimmten Fällen ein **Inventar** zu errichten ist. Das Inventar dient als **vollständiges Verzeichnis des Verlassenschaftsvermögens,** soweit die Vermögenswerte im Zeitpunkt der Errichtung bekannt sind. In das Inventar sind alle (beweglichen wie unbeweglichen) körperlichen Sachen, sowie alle vererblichen Rechte und Verbindlichkeiten des Erblassers aufzunehmen. Die zu inventarisierenden Gegenstände sind mit ihrem Wert zum Zeitpunkt des Todes des Erblassers anzusetzen. Am Ende wird die reine Verlassenschaft ausgewiesen.

> *Bewegliche Sachen sind mit dem Verkehrswert, unbewegliche Sachen grundsätzlich mit dem dreifachen Einheitswert zu bewerten. Beantragt dies eine Partei (bzw liegt es im Interesse einer schutzberechtigten Person), so sind unbewegliche Sachen nach dem Liegenschaftsbewertungsgesetz zu bewerten. Bei Hausrat, Gebrauchsgegenständen und anderen Sachen offensichtlich geringen Werts können grundsätzlich die Wertangaben der Parteien dem Verfahren zugrunde gelegt werden. Schulden sind mit ihren ziffernmäßigen Rückständen samt Nebengebühren anzusetzen (vgl dazu § 167 AußStrG).*
>
> *Bei der Errichtung des Inventars hat der Notar grundsätzlich die gleichen Rechte wie bei der Todesfallaufnahme.*

Ein Inventar ist gemäß § 165 AußStrG **amtswegig** zu errichten,

- wenn eine **bedingte Erbantrittserklärung** abgegeben wurde,
- wenn Personen, die als Pflichtteilsberechtigte in Frage kommen, **minderjährig** sind oder **aus anderen Gründen einen gesetzlichen Vertreter** benötigen,
- wenn eine **Absonderung der Verlassenschaft** vom Vermögen des Erben (s dazu unten) bewilligt worden ist,
- wenn der Erblasser eine **Nacherbschaft** angeordnet hat,
- wenn eine **Privatstiftung letztwillig** gegründet worden ist oder
- wenn die Verlassenschaft **dem Staat als erblos zufallen** könnte.

Ferner ist ein Inventar immer dann zu errichten, wenn eine dazu berechtigte Person oder der Verlassenschaftskurator dies **beantragt**.

Jede Inventarisierung führt zur **beschränkten Haftung aller Erben** (siehe S 127). Der Nachteil einer Inventarisierung liegt in den damit verbundenen Kosten, die von der Verlassenschaft zu tragen sind.

e) Vermögenserklärung

Wird **kein Inventar** errichtet, so haben die (unbedingt erbantrittserklärten) Erben an Stelle des Inventars eine Vermögenserklärung abzugeben. Die Vermögenserklärung ist ebenso wie das Inventar ein Verzeichnis der Vermögenswerte der Verlassenschaft samt Bewertung. Die Erben haben die **Richtigkeit und Vollständigkeit** der Vermögenserklärung unter Hinweis auf die strafrechtlichen Folgen einer wahrheitswidrigen Erklärung mit ihrer Unterschrift zu bestätigen (§ 170 AußStrG).

f) Gläubigerkonvokation (Gläubigereinberufung)

Die Gläubigereinberufung dient dazu, dem bedingt erbantrittserklärten Erben eine Übersicht über (unbekannte) Verlassenschaftsschulden zu verschaffen. Daher ist die Gläubigereinberufung bei Abgabe einer bedingten Erbantrittserklärung (siehe dazu oben) **zwingend von Amts wegen** vorzunehmen (§ 174 iVm § 165 Abs 2 AußStrG). Bei der Gläubigereinberufung werden die Verlassenschaftsgläubiger durch gerichtliches Edikt aufgefordert, ihre **Ansprüche** binnen einer gewissen Frist **anzumelden**. Die Gläubigereinberufung kann bis zur Einantwortung vorgenommen werden.

Auf Grundlage der eingelangten Meldungen hat der Erbe die **Befriedigung der Gläubiger** vorzunehmen. Reicht die Verlassenschaft nicht zur Befriedigung sämtlicher Forderungen aus, so hat der Erbe die Gläubiger **quotenmäßig** (nach den Regeln der Insolvenzordnung) zu befriedigen.

Alternativ kann es im Fall einer überschuldeten Verlassenschaft auch zur Eröffnung eines Insolvenzverfahrens oder zur Überlassung an Zahlungs statt kommen.

g) Absonderung der Verlassenschaft vom Vermögen des Erben (§ 812 ABGB)

Mit der Einantwortung werden das Verlassenschaftsvermögen und das sonstige Vermögen der Erben vereint. Die **vereinten Vermögensmassen** dienen fortan zur Befriedigung der Verlassenschaftsgläubiger, sowie zur Befriedigung sämtlicher Gläubiger des Erben. Durch die Vereinigung der Vermögensmassen können sich für Verlassenschaftsgläubiger **Risiken** ergeben: Vor allem, wenn der **Erbe verschuldet** ist, besteht die Gefahr, dass er die übernommenen Aktiven nicht zur Befriedigung der Verlassenschaftsgläubiger, sondern bloß zur Befriedigung seiner anderen Gläubiger verwendet. Um solche Fälle zu vermeiden, räumt das Gesetz den Erbschaftsgläubigern (dh den Gläubigern von Erblasser- und Erbgangsschulden), den Vermächtnisnehmern und den Pflichtteilsberechtigten die Möglichkeit ein, eine **Absonderung der Verlassenschaft zu verlangen**. Die Gläubiger müssen zumindest **subjektive Bedenken** dartun, die befürchten lassen, dass die Einbringlichkeit ihrer Forderungen durch die Einantwortung an den Erben gefährdet wird.

Die Absonderung der Verlassenschaft bewirkt, dass das gesamte geerbte Vermögen vom eigenen Vermögen des Erben über die Einantwortung hinaus **getrennt bleibt**. Die beiden Vermögensmassen (Geerbtes Vermögen und sonstiges Vermögen) werden nicht vereinigt. Dennoch hindert die Absonderung der Verlassenschaft die Einantwortung nicht. Der Erbe erwirbt mittels Einantwortung **Eigentum an den separierten Sachen**, doch bleiben diese **Sondervermögen**, das der Verfügungsmacht des Erben entzogen ist. Die abgesonderte Verlassenschaft wird vom **Gericht verwahrt** oder von einem zu bestellenden **Separationskurator verwaltet**. Die Befugnisse des Separationskurators ergeben sich aus Anlass und Zweck seiner Bestellung.[60] Befindet sich eine Liegenschaft in der abgesonderten Verlassenschaft, so kann die Separation im Grundbuch angemerkt werden, um einen allfälligen gutgläubigen Erwerb durch Dritte zu verhindern.

Rechtshandlungen des Erben, welche das abgesonderte Verlassenschaftsvermögen betreffen, sind jenen Gläubigern gegenüber, die die Absonderung beantragt haben, unwirksam.

Einzig die **Separationsgläubiger** (dh jene Gläubiger, die erfolgreich eine Absonderung beantragt haben) dürfen in weiterer Folge auf die abgesonderte Verlassenschaft greifen und daraus befriedigt werden. Andererseits haftet ihnen der Erbe – unabhängig von der Art seiner Erbantrittserklärung – aber nur mehr mit diesen abgesonderten Sachen (man spricht in diesem Fall von einer ***cum-viribus [-heredatis]* -Haftung**).

Werden die Forderungen der Separationsgläubiger befriedigt, so ist die Absonderung der Verlassenschaft wieder aufzuheben.

h) Verwaltung und Vertretung der Verlassenschaft

Zwischen dem Tod des Erblassers und der Einantwortung ist die Frage zu klären, wer die Verlassenschaft benützen, verwalten und vertreten darf. Gemäß **§ 810 Abs 1 ABGB** hat ein potentieller Erbe, der die **Erbschaft angenommen** (Erbantrittserklä-

[60] OGH 10.9.2024, 2 Ob 112/24w.

rung) und sein **Erbrecht hinreichend ausgewiesen** hat, *ex lege* (dh ein eigener gerichtlicher Beschluss ist dafür nicht notwendig) das Recht, die Verlassenschaft zu benützen, zu verwalten und zu vertreten, sofern das Verlassenschaftsgericht nichts anderes angeordnet hat. Klarstellend sei angemerkt, dass der Erbe bei allen (Vertretungs-)Maßnahmen nicht selbst als Partei, sondern als Vertreter der Verlassenschaft auftritt. Der Erbe kann sich dabei selbst eines Vertreters bedienen.

Der berechtigte Erbe kann während des Verlassenschaftsverfahrens alle Maßnahmen der Vertretung (auch Veräußerungen) und Verwaltung setzen, die zum **ordentlichen Wirtschaftsbetrieb** gehören. Dazu bedarf es keiner gerichtlichen Genehmigung.

Zum ordentlichen Wirtschaftsbetrieb zählen etwa: die Veräußerung von Umlaufgütern, die vorläufige Geschäftsfortführung, die Erhebung von einfachen Klagen oder die Einbringung von gerichtlichen Räumungsklagen.

Zum außerordentlichen Wirtschaftsbetrieb zählen etwa: die Bestellung von Pfandrechten; der Antrag auf Eröffnung des Ausgleichsverfahrens über die Verlassenschaft oder die Veräußerung von Anlagevermögen.

Zur Abgrenzung der Maßnahmen des ordentlichen von den Maßnahmen des außerordentlichen Wirtschaftsbetriebs vgl § 154 Abs 3 ABGB.

Gehören Maßnahmen nicht zum ordentlichen (sondern zum **außerordentlichen**) **Wirtschaftsbetrieb**, bedürfen sie zu ihrer Wirksamkeit der **gerichtlichen Genehmigung**, solange noch keine Erbantrittserklärungen zur gesamten Verlassenschaft vorliegen. **Veräußerungen**, die zum **außerordentlichen Wirtschaftsbetrieb** gehören, bedürfen **stets** einer gerichtlichen Genehmigung (vgl § 810 Abs 2 ABGB).

Das Gericht hat die Genehmigung zu verweigern, wenn die Maßnahmen bzw die Veräußerungen für die Verlassenschaft offenbar nachteilig wären.

Sind mehrere berechtigte Erben vorhanden, so haben sie die Rechte nach § 810 Abs 1 ABGB grundsätzlich **gemeinsam** auszuüben, allenfalls ist ein Verlassenschaftskurator zu bestellen.[61] Ein **Verlassenschaftskurator** ist gem § 173 Abs 1 AußStrG zu bestellen, wenn sich die Personen, denen die Rechte nach § 810 Abs 1 ABGB gemeinsam zukommen, **nicht** über die Art der Vertretung oder einzelne Vertretungsmaßnahmen **einigen** können oder wenn (etwa aufgrund widerstreitender Erbantrittserklärungen) ein **Verfahren über das Erbrecht** gem §§ 160 ff AußStrG einzuleiten ist.[62]

Ebenso ist – sofern Vertretungs- bzw Verwaltungshandlungen überhaupt erforderlich sind – ein Kurator zu bestellen, wenn ein oder mehrere potentielle Erben die Vertretung und Verwaltung die Verlassenschaft nicht (oder noch nicht) selbst übernehmen können bzw wollen. So zB wenn die potentiellen Erben die Verlassenschaft noch nicht angenommen oder ihr Erbrecht noch nicht ausreichend ausgewiesen haben; wenn die Erben unbekannt sind oder wenn sie von ihrem Erbrecht keinen Gebrauch machen.

[61] Vgl OGH 21.11.2013, 1 Ob 245/12d.
[62] Vgl OGH 21.03.2024, 2 Ob 24/24d.

i) Einantwortung

Stehen die **Erben (und deren Erbquoten)** fest und wurden Personen, denen an der Verlassenschaft andere Ansprüche zustehen als den Erben (insb Vermächtnisnehmer bzw Pflichtteilsberechtigte), von der bevorstehenden Einantwortung **verständigt** (§ 176 Abs 1 AußStrG), so hat das Verlassenschaftsgericht den Erben die Verlassenschaft durch Beschluss einzuantworten (§ 177 AußStrG). Mit dem **Einantwortungsbeschluss** wird das Verlassenschaftsverfahren grundsätzlich **beendet**.

Der Beschluss ist den Parteien, und bei Vorhandensein schutzberechtigter Personen (das sind Minderjährige bzw durch Vorsorgebevollmächtigte oder Erwachsenenvertreter vertretene volljährige Personen) auch dem Pflegschaftsgericht und auf Antrag auch anderen Personen, die ein rechtliches Interesse daran dartun (insb den Verlassenschaftsgläubigern), – schriftlich ausgefertigt – **zuzustellen** (§ 178 Abs 5 AußStrG). Gegen den Einantwortungsbeschluss können dann die Parteien **Rechtsmittel (Rekurs)** erheben.[63] Die Rechtsmittelfrist beginnt grundsätzlich mit der Zustellung der schriftlichen Ausfertigung des Beschlusses an die Parteien zu laufen und dauert **vierzehn Tage** (§ 46 AußStrG). Werden innerhalb dieser Frist gegen den Einantwortungsbeschluss keine Rechtmittel erhoben, so wird der Beschluss **rechtskräftig** (§ 42 AußStrG).

Mit Rechtskraft des Einantwortungsbeschlusses tritt die **Universalsukzession (Gesamtrechtsnachfolge)** ein. Die Verlassenschaft hört auf zu bestehen; Besitz, Eigentum, Forderungen und sonstige Rechte (dh das gesamte Verlassenschaftsvermögen – inkl der Verlassenschaftsverbindlichkeiten) geht auf die Erben über. Diese werden Schuldner der Erbschaftsgläubiger und Gläubiger der Erbschaftsschuldner. Sie treten **uno actu** (mit einem Vorgang, dh es bedarf dazu nicht einzelner Übertragungsakte) in sämtliche Rechtspositionen des Erblassers (bzw der Verlassenschaft) ein. Dies gilt auch für bücherliche Rechte, sodass die Erben bereits durch die rechtskräftige Einantwortung (und nicht erst durch eine grundsätzlich zum Erwerb bücherlicher Rechte sachenrechtlich notwendige Grundbuchseintragung) bücherliche Rechte erwerben (**Durchbrechung des Intabulationsprinzips**).

Nach einem allgemeinen zivilrechtlichen Grundsatz kann **niemand mehr Rechte übertragen**, als ihm selbst zustehen (nemo plus iuris transferre potest quam ipse habet). Dieses Prinzip gilt auch für die Einantwortung. Der Erbe kann also durch die Einantwortung nur jene Rechte erwerben bzw nur in jene Rechtspositionen eintreten, die dem Erblasser auch wirklich zugestanden sind. Die Einantwortung schafft also **keine Änderung der materiellen Rechtslage**.

> ***Beispiel:*** *Befinden sich in der Verlassenschaft Gegenstände, die dem Erblasser zu seinen Lebzeiten nie gehörten, so bewirkt die Einantwortung nicht, dass der Erbe Eigentum an diesen Gegenständen erwirbt. Die Eigentumsverhältnisse bleiben vielmehr unverändert, sodass der Eigentümer seine Gegenstände vom Erben jederzeit klagsweise herausverlangen kann.*

[63] Die Rekurslegitimation besteht grundsätzlich erst ab Abgabe einer Erbantrittserklärung, wobei von diesem Grundsatz ausnahmsweise abgewichen wird, wenn ein potenzieller Erbe sein aktives Interesse am Erbantritt bekundet hat und die Abgabe der Erbantrittserklärung aus nicht in seiner Sphäre liegenden Gründen unterblieben ist, vgl OGH 28.05.2024, 2 Ob 64/24m.

Wurde die Verlassenschaft (die dem Erblasser auch tatsächlich gehörte) nicht dem wahren Erben, sondern einer Person eingeantwortet, der er nicht zusteht (diese Person nennt man auch **Scheinerben**; siehe S 139), erwirbt der Scheinerbe – weil er gegenüber dem wahren Erbe nie ein (besseres) Erbrecht hatte – durch die Einantwortung weder Eigentum noch sonstige Rechte an den Verlassenschaftsgegenständen. Die Einantwortung schafft also auch in diesem Fall keine Änderung der materiellen Rechtslage. Der **wahre Erbe** kann sein Erbrecht nach Rechtskraft der Einantwortung mittels **Erbschaftsklage** (siehe S 138) geltend machen.

2. Rechtliche Stellung der Erben

A. Haftung

a) Schulden

Schulden, für die der eingeantwortete Erbe haftet, werden in **Erblasserschulden**, **Erbgangsschulden** und **Erbfallsschulden** unterteilt:

- **Erblasserschulden**

  Erblasserschulden sind Verbindlichkeiten, die der Erblasser **zu seinen Lebzeiten** rechtsgeschäftlich begründet hat (zB durch einen Kaufvertrag), oder die sonst noch zu seinen Lebzeiten entstanden sind (zB Schadenersatzforderungen, Steuerschulden, Mietzinsrückstände). Es ist nicht notwendig, dass die Verbindlichkeit zu Lebzeiten des Erblassers bereits fällig gewesen ist; es genügt, wenn der Rechtsgrund noch zu Lebzeiten des Erblassers entstanden ist.

- **Erbgangsschulden**

  Das sind alle **Kosten, die aus dem Verlassenschaftsverfahren** und aus der Verwaltung der Verlassenschaft entstehen (zB Kosten der Schätzung und Inventarisierung, eines Verlassenschaftskurators und des Gerichtskommissärs sowie Begräbniskosten).

- **Erbfallschulden**

  Erbfallschulden sind erb- und familienrechtliche Verbindlichkeiten, die durch den **Erbfall** (dh durch den Tod des Erblassers) ausgelöst werden: Pflichtteilsansprüche, vererbliche Unterhaltsansprüche, Verbindlichkeiten aus Vermächtnissen und Auflagen.

b) Haftung vor und nach der Einantwortung

Vor der Einantwortung haftet nur die **Verlassenschaft**. Mit der Einantwortung hört die Verlassenschaft auf zu bestehen und der Erbe wird Universalsukzessor und damit Schuldner. **Nach** der Einantwortung haftet daher der **Erbe** für die Erblasser-, Erbgangs- und Erbfallschulden. Nach dem Inhalt seiner Erbantrittserklärung haftet der Erbe entweder unbeschränkt oder beschränkt (auch bei Inventarisierung § 807 ABGB).

Zur Haftung des Erben für unternehmensbezogene Verbindlichkeiten bei Übergang eines Einzelunternehmens in Rechtsnachfolge von Todes wegen siehe S 143 ff.

B. Miterben

a) Erbengemeinschaft

IdR hinterlässt der Erblasser aufgrund seiner letztwilligen Verfügung oder aufgrund des Gesetzes nicht nur einen Erben (Alleinerben), sondern mehrere zur Erbschaft berufene Personen (Erben) – sog **Miterben.** Die Miterben bilden eine **Rechtsgemeinschaft**, die sich vor der Einantwortung auf das Erbrecht, danach auf die geerbten Verlassenschaftsgegenstände bezieht. Vor der Einantwortung ist die Gemeinschaft der Miterben wegen der eigenen Rechtssubjektivität der Verlassenschaft eher bedeutungslos.

Die **Anteile** der Miterben an der Rechtsgemeinschaft richten sich nach dem **jeweiligen Erbteil** (Erbquote); die Art des Berufungsgrundes ist dabei irrelevant. Durch die Einantwortung werden die Miterben **Miteigentümer** der körperlichen Verlassenschaftssachen im Verhältnis ihrer Erbteile. Es gelten dann die Regeln der Miteigentumsgemeinschaft (vgl §§ 825 ff ABGB). **Verlassenschaftsforderungen zerfallen bei Teilbarkeit** entsprechend dem Verhältnis der Erbteile in Teilforderungen: bei **Unteilbarkeit** entsteht eine **Gesamthandgläubigerschaft** (vgl §§ 889 f ABGB).

b) Erbteilung

In der Regel liegt es im Interesse der Miterben, die **Miteigentumsgemeinschaft aufzulösen** und die einzelnen Verlassenschaftsgegenstände den einzelnen Erben zuzuweisen (Erbteilung). Zu diesem Zweck können sich die Erben über die konkrete Aufteilung der Verlassenschaft einigen (**Erbteilungsübereinkommen**) oder bei Nichteinigung mittels **Erbteilungsklage** die Aufteilung erzwingen.

Das **Erbteilungsübereinkommen** bedarf als mehrseitiger Vertrag der **Zustimmung aller Miterben**. Es kann gerichtlich oder außergerichtlich sowohl vor als auch nach Einantwortung geschlossen werden. Empfehlenswert ist der Abschluss vor der Einantwortung, um langwierige Auseinandersetzungen zu vermeiden, und eine Protokollierung gemäß § 181 Abs 1 AußStrG vor dem Gerichtskommissär zu haben, da dem Protokoll die Wirkung eines vor Gericht geschlossenen Vergleichs zukommt (vollstreckbarer Exekutionstitel). Ein vor Einantwortung wirksam geschlossenes Erbteilungsübereinkommen wird **dem Einantwortungsbeschluss zugrunde gelegt**. Dieser bezieht sich darauf mit der Wirkung, dass mit Rechtskraft der Einantwortung das Eigentumsrecht nicht entsprechend der Erbquoten in Form von Miteigentum, sondern entsprechend der Aufteilung im Übereinkommen als Alleineigentum an die einzelnen Erben in erbrechtlicher Gesamtrechtsnachfolge übertragen wird. Das Erbteilungsübereinkommen kann vor der Einantwortung keine Wirkung entfalten.

Der Abschluss eines Erbteilungsübereinkommens ist aber **nicht Voraussetzung** für die Erlassung des Einantwortungsbeschlusses. Ist das Verlassenschaftsverfahren ansonsten reif zum Abschluss, hat das Verlassenschaftsgericht den Einantwortungsbeschluss zu fassen, auch wenn zwischen den Erben noch keine Einigung erzielt wurde.

Wird ein Erbteilungsübereinkommen **nach der Einantwortung** geschlossen, erwerben die Erben die ihnen zugewiesenen Verlassenschaftsgegenstände nicht in Gesamtrechtsnachfolge, sondern in **Einzelrechtsnachfolge** von ihren Miterben.

Ist ein Minderjähriger oder eine schutzberechtigte volljährige Person Miterbe, bedarf es zur Wirksamkeit des Erbteilungsübereinkommens zusätzlich einer **pflegschaftsgerichtlichen Genehmigung** (§ 181 Abs 2 AußStrG).

Kommt es zu keiner Einigung, kann jeder Miterbe sowohl vor als auch nach Einantwortung eine **Erbteilungsklage** (nicht ausdrücklich im ABGB geregelt, aber funktional wie eine Teilungsklage gemäß §§ 841, 843 ABGB) einbringen und so die Auflösung der Miteigentumsgemeinschaft und Aufteilung (Natural- oder Zivilteilung) erzwingen.

Der Erblasser selbst kann letztwillige Teilungsanordnungen bzw Teilungsverbote treffen, die für die Erben bindend sind. Mittels einvernehmlichem Erbteilungsübereinkommens können die Erben aber davon abweichen.

c) Haftung der Miterben

Nach der Einantwortung haften die Miterben für Erblasser-, Erbgangs- und Erbfallschulden grundsätzlich nach dem **Verhältnis ihrer Erbteile**. Folgende haftungsrechtlichen Regeln müssen jedoch beachtet werden:

- **Unbedingt erbantrittserklärte** Miterben (bzw sofern kein Inventar errichtet wurde) haften gegenüber den Gläubigern (dh im Außenverhältnis) **unbeschränkt** (also mit ihrem gesamten Privatvermögen) und **solidarisch** (§ 820 ABGB). Dh ein Gläubiger kann – unabhängig von der Erbquote – jeden der Miterben zur **Zahlung der gesamten Forderung** heranziehen. Im Innenverhältnis (dh gegenüber den Miterben) kann dann der vom Gläubiger in Anspruch genommene Miterbe von den anderen Miterben Regress (Schuldausgleich) verlangen, wobei sich dieser Anspruch **nach dem Verhältnis der Erbteile** bestimmt.
- Kommt es zur Errichtung eines **Inventars**, so haftet jeder Miterbe gegenüber den Gläubigern (dh im Außenverhältnis) – sofern die Schuld **teilbar** ist – **zweifach beschränkt**: einerseits haftet jeder Miterbe bloß für jenen Bruchteil der Verbindlichkeiten, der **seinem Erbteil entspricht**. Die Haftung ist aber zusätzlich (durch die Inventarisierung) jeweils **betragsmäßig** mit dem **Wert der zugekommenen Verlassenschaftsaktiven** beschränkt. Ist die Schuld **nicht teilbar**, so haften alle Miterben – trotz Errichtung eines Inventars – **solidarisch**, insgesamt aber nur bis zum **Wert der Verlassenschaft**.

Vor der Einantwortung haftet bloß die Verlassenschaft.

Die Regeln für die Haftung gegenüber den Gläubigern (Außenverhältnis) sind zwingend und können nicht (durch den Erblasser bzw durch vertragliche Vereinbarung der Erben) abbedun-

gen werden. Für das Innenverhältnis ist eine andere Regelung sowohl durch den Erblasser als auch durch die Miterben möglich.

Beispiel: *Anna und Bianca sind unbedingt erbantrittserklärte (Mit-)Erbinnen zu 2/3 und 1/3. Der Verlassenschaftsgläubiger Carl kann seine Forderung idHv EUR 3.000 von Anna oder von Bianca in voller Höhe verlangen (Anna und Bianca haften im Außenverhältnis unbeschränkt und solidarisch für die gesamte Schuld). Zahlt Anna EUR 3.000 an Carl, so kann sie von Bianca EUR 1.000 zurückverlangen; zahlt Bianca EUR 3.000 an Carl, so kann sie EUR 2.000 von Anna zurückverlangen. Der im Innverhältnis (zwischen Anna und Bianca) stattfindende Schuldausgleich führt dazu, dass Anna und Bianca die Verbindlichkeit im Verhältnis ihrer Erbteile tragen.*

Beispiel: *Amelie und Benedikt sind bedingt erbantrittserklärte (Mit-)Erben zu 2/3 und 1/3. Der Wert der Verlassenschaftsaktiven beträgt EUR 900; Amelie erhält davon EUR 600, und Benedikt EUR 300. Der Erbschaftsgläubiger Carl kann seine Forderung idHv EUR 3.000 von Amelie oder Benedikt nicht in voller Höhe verlangen. Carl kann von Amelie oder Benedikt einerseits bloß jenen Bruchteil der Forderung verlangen, der ihren jeweiligen Erbteilen entspricht (von Amelie EUR 2000 [entspricht dem Erbteil von 2/3]; von Benedikt EUR 1.000 [entspricht dem Erbteil von 1/3]). Da die Haftung von Amelie und Benedikt zusätzlich mit dem Wert der übernommenen Verlassenschaftsaktiven betragsmäßig beschränkt ist, kann Carl im Ergebnis von Amelie EUR 600,- und von Benedikt EUR 300 verlangen.*

3. Erbschaftskauf, Erbschaftsschenkung

Die **entgeltliche Veräußerung des Erbrechts** zwischen Erbfall (Tod des Erblassers) und Einantwortung nennt man Erbschaftskauf. Zur Wirksamkeit bedarf der Erbschaftskauf der Form des **Notariatsaktes** oder des **gerichtlichen Protokolls** (§ 1278 Abs 2 ABGB).

Vor dem Erbfall ist der Erbschaftskauf wegen § 879 Abs 2 Z 3 ABGB nicht möglich. Nach der Einantwortung hat der Erbe kein Erbrecht mehr, sondern Rechte an den geerbten Sachen.

Der Käufer ist **nicht Erbe**, sondern **tritt bloß an dessen Stelle**. Deshalb muss der Erbschaftskäufer gegenüber dem Erblasser nicht erbfähig sein. Der Erbschaftskäufer muss das Verlassenschaftsverfahren in **jenem Stadium hinnehmen**, in dem es sich zum Erwerbszeitpunkt befindet. Vom Veräußerer gesetzte Akte (zB Abgabe einer unbedingten Erbantrittserklärung) können nicht mehr rückgängig gemacht werden. Hat der Veräußerer noch keine Erbantrittserklärung abgegeben, so hat sie der Käufer unter Bezugnahme auf das Erwerbsgeschäft im eigenen Namen abzugeben. Eingeantwortet wird dem Erwerber, die Einantwortung bewirkt die Gesamtrechtsnachfolge. Die Rechte der Erblasser-, Erbgangs- und Erbfallgläubiger werden durch den Erbschaftserwerb nicht berührt. Verkäufer und Käufer **haften den Gläubigern solidarisch** (§ 1282 ABGB) und je nach Art der Erbantrittserklärung unbeschränkt oder beschränkt. Für die Erbschaftsklage (s dazu sogleich unten) ist nur der Käufer aktiv- und passivlegitimiert.

Die **unentgeltliche** Veräußerung des Erbrechts zwischen Erbfall und Einantwortung nennt man **Erbschaftsschenkung**. Auf sie sind die Regeln über den Erbschaftskauf sinngemäß anzuwenden. Die Erbschaftsschenkung ist also auch **formpflichtig**.

Entschlägt sich ein Erbe zugunsten einer Person, die bei seinem Wegfall nicht ohnedies zum Erben berufen wäre, kann eine Erbschaftsschenkung bzw ein Erbschaftskauf vorliegen. Zu deren Wirksamkeit müssen jedoch die Formvorschriften eingehalten werden.

4. Erbschaftsklage, Erwerb vom Scheinerben

A. Erbschaftsklage

Wird die Erbschaft einer Person eingeantwortet, der sie **eigentlich nicht zusteht** (weil der Person etwa die Berechtigung gänzlich fehlt oder weil ein anderer potentieller Erbe über eine bessere Berechtigung verfügt), so kann der **wahre Erbe** sein Erbrecht mittels **Erbschaftsklage** geltend machen (§ 823 ABGB). Der wahre Erbe kann damit von der Person, der fälschlicherweise die Erbschaft eingeantwortet worden ist (**vom Scheinerben**) die Herausgabe der gesamten Verlassenschaft oder eines Teils davon verlangen. Wird dem falschen Erben eingeantwortet und wird nachträglich bekannt, dass es zur Aneignung des Bundes hätte kommen sollen, steht der Republik Österreich die **Aneignungsklage** zu.

Beispiel: *Die Erbschaft wird dem gesetzlichen Erben Augustin eingeantwortet. Nach Einantwortung wird ein Testament aufgefunden, in dem Bernd als Alleinerbe eingesetzt ist. Bernd hat aufgrund des Testaments ein stärkeres Erbrecht ("wahrer Erbe") und kann die Verlassenschaft von Augustin („Scheinerbe") mittels Erbschaftsklage herausverlangen.*

Die Erbschaftsklage steht dem wahren Erben erst **nach Rechtskraft des Einantwortungsbeschlusses** zur Verfügung und ist ab diesem Zeitpunkt auch der einzige Rechtsbehelf zur Durchsetzung von Erbrechten.

Bis zur Erlassung des Einantwortungsbeschlusses kann der wahre Erbe sein Erbrecht durch die Abgabe einer Erbantrittserklärung im Verlassenschaftsverfahren geltend machen.

Die Erbschaftsklage muss binnen **drei Jahren ab Kenntnis der für das Bestehen des Anspruchs maßgebenden Tatsachen** gerichtlich geltend gemacht werden (kurze Verjährungsfrist). Unabhängig von dieser Kenntnis verjährt das Recht **dreißig Jahre nach dem Tod des Verstorbenen** (lange Verjährungsfrist).

Die Erbschaftsklage ist eine **Universalklage**. Der Kläger braucht die einzelnen Verlassenschaftsgegenstände nicht zu bezeichnen, da sein Klagsanspruch die gesamte Erbschaft (bzw einen quotenmäßigen Teil davon) erfasst. Im Prozess muss der Kläger (bloß) sein **besseres Erbrecht** gegenüber dem Beklagten **beweisen**. Mit Rechtskraft des der Erbschaftsklage stattgebenden Urteils erhält der Kläger rückwirkend die Stellung des eingeantworteten Erben (die Einantwortung an den Scheinerben wird damit vernichtet). Der siegreiche Kläger tritt als Universalsukzessor in alle Rechte und Verbindlichkeiten der Verlassenschaft (bzw eines Teils davon) ein. Der unterlegene Scheinerbe ist zur Rückgabe der Verlassenschaft verpflichtet und kann dazu vom siegreichen Kläger klagweise (zB mittels Eigentumsklage) angehalten werden.

Gegenüber den Verlassenschaftsgläubigern haftet der siegreiche Kläger immer beschränkt wie ein bedingt erbantrittserklärter Erbe. Der unterlegene Scheinerbe wird durch sein prozessuales Unterliegen nicht automatisch von seiner Haftung gegenüber den Verlassenschaftsgläubigern befreit. Er muss dazu vielmehr das bessere Recht des Erbschaftsklägers beweisen.

B. Erwerb vom Scheinerben

Die Einantwortung der Verlassenschaft an einen Scheinerben bewirkt nicht, dass dieser Eigentum oder sonstige Rechte an den Verlassenschaftsgegenständen erlangt. Wer vom Scheinerben Verlassenschaftsgegenstände erwirbt, kann somit **nicht derivativ** (dh vom Scheinerben abgeleitet) Eigentum (oder sonstige Rechte) erwerben. Die Einantwortung entfaltet aber **Legitimationswirkung**. Dh durch die Einantwortung hat der Scheinerbe die (gesetzliche) Vermutung für sich, der wahre Erbe zu sein. Wer nun im Vertrauen auf (die Legitimation durch) die Einantwortung bewegliche oder unbewegliche Verlassenschaftsgegenstände vom Scheinerben durch ein gültiges entgeltliches oder unentgeltliches Rechtsgeschäft erwirbt, wird durch § 824 S 2 ABGB geschützt. Der Erwerber erlangt **originär** Eigentum oder sonstige Rechte an den Verlassenschaftsgegenständen. Voraussetzung für den originären Rechtserwerb ist die **Redlichkeit** (Gutgläubigkeit) des Erwerbers. Nach hM ist redlich, wer **nicht weiß**, dass der Veräußerer nicht der wahre Erbe ist. Fahrlässige Unkenntnis schadet dem Erwerber jedoch nicht.

§ 824 ABGB **substituiert jedoch nur das fehlende Erbrecht** des Scheinerben. Mängel des dem Erwerb zugrunde liegenden Titelgeschäfts oder des Modus werden durch diese Norm nicht geheilt. Fehlte schon dem **Erblasser** die Berechtigung an bestimmten Sachen, so erlangen weder der wahre Erbe noch der Scheinerbe durch die Einantwortung Rechte an diesen Sachen. Sie können somit Dritten derivativ keine Rechte an diesen Sachen verschaffen. Ein (originärer) gutgläubiger Eigentumserwerb nach § 824 ABGB ist aber auch nicht möglich. Dritte können diese Sachen **allenfalls nach § 367 ABGB** – allerdings unter **strengeren Voraussetzungen** (nur bei entgeltlichen Rechtsgeschäften; die nicht dem Erblasser gehörende Sache muss diesem vom Eigentümer anvertraut worden sein) – gutgläubig vom Erben oder Scheinerben erwerben.

5. Verjährung erbrechtlicher Ansprüche

Die Regeln über die Verjährung sind in **§ 1487a ABGB** geregelt. Grundsätzlich ist zwischen einer kurzen und einer langen Verjährungsfrist zu **unterscheiden**.

- **Kurze Verjährungsfrist:** Das Recht, eine Erklärung des letzten Willens umzustoßen, den Geldpflichtteil zu fordern, nach erfolgter Einantwortung ein besseres oder gleiches Recht geltend zu machen, den Geschenknehmer wegen Verkürzung des Pflichtteils in Anspruch zu nehmen oder sonstige Rechte aus einem Geschäft von Todes wegen zu fordern, muss **binnen drei Jahren ab Kenntnis** der für das Bestehen des Anspruchs maßgebenden Tatsachen gerichtlich geltend gemacht werden.

- **Lange Verjährungsfrist:** Unabhängig von dieser Kenntnis des einzelnen Erbrechts verjähren die Ansprüche nach § 1487a ABGB jedenfalls **binnen dreißig Jahren nach dem Tod** des Verstorbenen. Ist diese Frist verstrichen, kann jedenfalls kein erbrechtlicher Anspruch mehr geltend gemacht werden.

5. EINHEIT
Unternehmensnachfolge

I. Einleitung

Volkswirtschaftlich sind erfolgreiche Unternehmensübergaben und die Fortführung von Klein- und Mittelbetrieben ebenso wichtig wie Neugründungen von Unternehmen. Die Übergabe eines Unternehmens ist ein komplexer Vorgang, der neben zivilrechtlichen, steuerlichen und sozialversicherungsrechtlichen Aspekten vor allem auch durch emotionale und psychologische Komponenten geprägt ist.

Die nachfolgenden Ausführungen beschränken sich auf zivil-, unternehmens- und gesellschaftsrechtliche Fragestellungen. Die rechtliche Ausgestaltung der Unternehmensnachfolge ist maßgeblich von der Rechtsform des Unternehmens abhängig. Zu unterscheiden sind Einzelunternehmen, Personengesellschaften und Kapitalgesellschaften. Während im Erbrecht allgemein die Vermögenswerte des Erblassers auf die Erben übergehen und die Erben als neue Eigentümer in der Regel frei über das geerbte Vermögen verfügen können, erwirbt ein Erbe einer Beteiligung an einer Gesellschaft nicht nur einen Vermögensgegenstand, sondern tritt zugleich in mehrere, **langfristige Rechtsverhältnisse** ein, nämlich in jenes zur Gesellschaft und in jenes zu den übrigen Gesellschaftern. Die Mitgesellschafter haben wegen dieses Eintritts naturgemäß ein Interesse daran, auf die Vermögensnachfolge Einfluss zu nehmen.

Bei der Nachfolge in einen Gesellschaftsanteil werden folgende Interessen sichtbar:

- das Steuerungsinteresse der **Mitgesellschafter** auf den neu eintretenden Gesellschafter;
- das Interesse an der Testierfreiheit und völlig freien Disponierbarkeit des **Erblassers**;
- das Interesse des **Erben**, am Erhalt und an der freien Verfügung über das geerbte Vermögen;
- die Interessen von **Pflichtteilsberechtigten**, denen ein bestimmter Anteil vom Wert der reinen Verlassenschaft zusteht.

Bei Vermögenswerten, deren Aufteilung meist mit einem **Wertverlust** einhergeht, wie Unternehmen oder Gesellschaftsanteile, spielt das Pflichtteilsrecht eine große Rolle. Während das **Erbrecht Verteilungsfunktion** hat und auf die Aufteilung des Vermögens des Erblassers auf die Erben zielt, dient das **Gesellschaftsrecht** dem **Erhalt eines Unternehmens** und dem Interessenausgleich der Gesellschafter. Das Pflichtteilsrecht sorgt dafür, dass Nachkommen und der Ehepartner bzw eingetragene Partner jedenfalls einen bestimmten Vermögenswert erhalten; das Unternehmens- und Gesellschaftsrecht regelt, ob ein Unternehmen oder die Mitgliedschaft in einer Gesellschaft überhaupt vererblich ist. Das Erbrecht knüpft daran an und bestimmt, wer die Mitgliedschaft erlangt und welche Person die Erbschaft antritt.

Es gilt die folgende **Funktionsabgrenzung** zwischen Erbrecht und Gesellschaftsrecht:

- Das **Erbrecht** regelt die Weitergabe des Vermögens an die Berechtigten.
- Das **Gesellschaftsrecht** schafft die Voraussetzungen und die Bedingungen für diese Weitergabe.

Vielfach wird in **Gesellschaftsverträgen** nicht nur die Vererblichkeit des Anteils festgelegt, sondern enthalten Gesellschaftsverträge auch Einschränkungen oder Bedingungen, wie zum Beispiel die Unteilbarkeit der Anteile, eine Fortsetzungsklausel, eine Aufgriffspflicht oder eine Übertragungsverpflichtung. Mit derartigen Vertragsgestaltungen sind schwierige Rechtsfragen oft vorprogrammiert. Jedenfalls dürfen gesellschaftsvertragliche und letztwillige Regelungen einander nicht widersprechen, sondern müssen einander ergänzen. Zweck der Regelungen über die Unternehmensnachfolge ist es, das **vierpolige Interessengeflecht** von Mitgesellschaftern, Erblassern, Erben und Pflichtteilsberechtigten einem angemessenen Ausgleich zuzuführen.

Sonderregelungen gelten für **land- und forstwirtschaftliche Betriebe** durch das Anergebengesetz (AnerbG)[64], das Tiroler Höfegesetz (THG)[65] sowie das Kärtner Erbhöfegesetz (KEG)[66]. Sie verfolgen den im öffentlichen Interesse gelegenen Zweck, land- und forstwirtschaftliche Betriebe zu erhalten und Teilungen durch Erbengemeinschaften zu verhindern. Die Besonderheit liegt darin, dass bei diesen Betrieben der Substanzwert (Boden) im Regelfall deutlich höher ist als der Ertragswert (laufende Erträge). Daher sieht das Gesetz zur Sicherung der bestehenden Betriebe besondere Regeln vor. Vielfach werden diese Regeln auch in Industrie- und Gewerbebetrieben nachgebildet. Sind bei der gesetzlichen Erbfolge mehrere Miterben berufen, so **kann nur einer von ihnen**, der Anerbe, Eigentümer des Erbhofs werden. Die übrigen Erben sind abzufinden. Der Anerbe wird dadurch begünstigt, dass die Höhe der Erb- und Pflichtteilsansprüche auf Basis eines **Übernahmswertes** festgelegt wird. Der Übernahmswert ist so zu bemessen, dass ein Fortbestehen des Betriebs möglich ist (**„Wohl-Bestehen-Können“**, siehe § 11 AnerbG).

II. Grundlegendes zum Unternehmenserwerb

Die Unternehmensnachfolge ist eine Form des **Unternehmenserwerbs**. Der Unternehmenserwerb ist wirtschaftlich auf das Erlangen der faktischen Verfügungsbefugnis über das Unternehmen (das operative Geschäft) durch die – erbrechtlichen – Rechtsnachfolger gerichtet. Der Erwerb wird entweder durch **Anteilserwerb** (Beteiligungserwerb = Unternehmenserwerb im weiteren Sinn, **share deal**) oder durch **Unternehmenserwerb** im engeren Sinn (**asset deal**) vollzogen.

---

[64] BGBl 106/1958 idF BGBl I 38/2019.

[65] LGBl 47/1900 idF BGBl I 38/2019.

[66] BGBl 658/1989 idF BGBl I 38/2019.

- Beim **share deal** sind die Parteien (Veräußerer, Erwerber) des zugrundeliegenden Rechtsgeschäfts die Gesellschafter der Gesellschaft, die als Unternehmensträgerin fungiert. Gegenstand des Erwerbs ist der **konkrete Gesellschaftsanteil** (zB ein Aktienpaket oder ein GmbH-Anteil). Ein share deal ist daher auch nur bei Gesellschaften (mit übertragbaren Anteilen) als Unternehmensträger möglich; dabei ist zwischen Anteilen an **Kapitalgesellschaften** (insbesondere AG, GmbH) und Anteilen an **Personengesellschaften** (insbesondere OG, KG) zu unterscheiden.
- Beim **asset deal** sind die Parteien natürliche oder juristische Personen einschließlich rechtsfähiger Personengesellschaften, die als Unternehmensträger fungieren können. Gegenstand des Erwerbs ist **das Unternehmen selbst** (Liegenschaften, bewegliche Sachen, Rechtsverhältnisse).

Darüber hinaus ist – insbesondere beim asset deal – zwischen der Übertragung im Weg der **Einzelrechtsnachfolge** (zB Kauf, Tausch, lebzeitige Schenkung, Schenkung auf den Todesfall, Vermächtnis) und im Weg der **Gesamtrechtsnachfolge** (erbrechtliche Gesamtrechtsnachfolge, gesellschaftsrechtliche Gestaltungen wie Umgründungsmaßnahmen) zu unterscheiden.

Die folgende Darstellung wird in die Unternehmensnachfolge durch asset deal (im Weg der Einzel- und Gesamtrechtsnachfolge) und die Unternehmensnachfolge durch share deal (bei Kapitalgesellschaften und Personengesellschaften) gegliedert. Der Schwerpunkt liegt jeweils beim Unternehmenserwerb nach dem Tod des Einzelunternehmers bzw des Gesellschafters.[67]

III. Unternehmensnachfolge durch asset deal (Einzelunternehmen)

Ein **Unternehmen** als solches wird durch einen asset deal von einem Unternehmensträger (natürliche Person, juristische Person, rechtsfähige Personengesellschaft) im Weg der Einzel- oder Gesamtrechtsnachfolge **auf einen anderen Unternehmensträger** übertragen. Für die Übertragung des Unternehmens einer natürlichen Person (Einzelunternehmer) von Todes wegen kommen die erbrechtliche Gesamtrechtsnachfolge sowie die Einzelrechtsnachfolge aufgrund von Schenkung auf den Todesfall oder Vermächtnis in Frage.

Während bei der Nachfolge in Gesellschaften neben dem Erblasser, dem Erben und dem Pflichtteilsberechtigten auch die Mitgesellschafter eine bedeutende Rolle einnehmen, konzentriert sich die Frage der Unternehmensnachfolge beim **Einzelunternehmen** auf den Interessenwiderstreit von Erben und Pflichtteilsberechtigten. Der Erblasser ist in seiner allgemeinen Dispositionsfreiheit nicht eingeschränkt.

[67] Für eine vertiefende Darstellung des Unternehmenserwerbs wird auf das Lehrbuch *Kalss/Schauer/Winner*, Allgemeines Unternehmensrecht und Wertpapierrecht[4] (2022) § 8 Unternehmenserwerb, verwiesen.

1. Gesamtrechtsnachfolge

Bei der **Gesamtrechtsnachfolge** gehen alle Rechtsverhältnisse und Vermögenswerte des Unternehmens **kraft eines Aktes** (uno actu = Einantwortung bei erbrechtlicher Nachfolge; Eintragung im Firmenbuch bei gesellschaftsrechtlichen Gestaltungen) auf den Rechtsnachfolger über. Eine gesonderte **Übertragung der einzelnen Vermögensgegenstände** ist hier **nicht erforderlich**. Bei eintragungspflichtigen Rechten sind die jeweiligen **Register zu berichtigen**, bei dinglichen Rechten an unbeweglichen Sachen wird der Eintragungsgrundsatz durchbrochen.

Dritten Vertragspartnern kommt **kein Zustimmungs- oder Widerspruchsrecht** zu. Bereits vor dem Übertragungsakt begründete Schulden gehen auf den Rechtsnachfolger über, selbst wenn dieser keine Kenntnis vom Bestehen dieser Schulden hat. Bei Dauerschuldverhältnissen kann ein durch Gesamtrechtsnachfolge vollzogener Wechsel des Vertragspartners einen **wichtigen Grund zur vorzeitigen Beendigung** des Vertrags darstellen. Besondere Regelungen gelten für bestimmte Rechtsverhältnisse wie Dienst- und Mietverträge.

Bei **Tod eines Einzelunternehmers** fällt das Unternehmen wie auch sein gesamtes sonstiges Vermögen in die Verlassenschaft. Entsprechend der jeweiligen Erbfolge geht das zur Verlassenschaft gehörende Unternehmen im Weg der (erbrechtlichen) Gesamtrechtsnachfolge auf den bzw die Erben über. Mittels **Einantwortung** tritt der Erbe in alle privaten und unternehmensbezogenen Rechtsverhältnisse des verstorbenen Unternehmers ein. Insoweit besteht kein Unterschied zur Erbfolge am sonstigen Vermögen.

Bei **Fortführung des Unternehmens** bestehen für die Haftung des Erben in **§ 40 UGB** besondere Haftungsregelungen: Der Erbe haftet für die **unternehmensbezogenen Altverbindlichkeiten** gem § 40 Abs 1 UGB grundsätzlich **unbeschränkt**, sofern diese Haftung nicht gem § 40 Abs 2 UGB entfällt. Altverbindlichkeiten sind Verbindlichkeiten, die vor dem Tod des Erblassers bzw während des Verlassenschaftsverfahrens im Rahmen des Unternehmens begründet wurden. Zu einem **Entfall der Haftung gem § 40 Abs 2 UGB** kommt es einerseits, wenn die **Fortführung** des Unternehmens **spätestens drei Monate nach Einantwortung** endgültig (nicht bloß vorübergehend) **eingestellt** wird. Diese Frist verlängert sich, wenn der Erbe nicht geschäftsfähig ist. Sie beginnt dann erst mit der Geschäftsfähigkeit bzw der Bestellung eines gesetzlichen Vertreters zu laufen. Andererseits kann die Haftung durch (unverzügliche) **Eintragung eines Haftungsausschlusses im Firmenbuch**, durch **verkehrsübliche Bekanntmachung** eines Haftungsausschlusses oder durch die **Mitteilung an Dritte** ausgeschlossen werden (§ 40 Abs 2 iVm § 38 Abs 4 UGB).

Die **unternehmensrechtliche Erbenhaftung** gem § 40 UGB und die **zivilrechtliche Haftung** des Erben gem §§ 801 f ABGB bestehen **unabhängig** voneinander. Bei Entfall der unternehmensrechtlichen Haftung haftet der Erbe daher für die unternehmensbezogenen Altverbindlichkeiten nach den allgemeinen zivilrechtlichen Vorschriften des §§ 801 f ABGB, also je nach Art seiner Erbantrittserklärung entweder unbeschränkt oder beschränkt (siehe S 127).

Auf Verbindlichkeiten, die **nach der Einantwortung** (ggf auch nur bis zur Einstellung des Unternehmens) neu entstehen, ist § 40 UGB nicht anzuwenden. Der Erbe haftet für diese als schlichter Schuldner unbeschränkt.

Ist der **Unternehmensträger keine natürliche Person**, kommen für einen Unternehmenserwerb durch **Gesamtrechtsnachfolge** verschiedene gesellschaftsrechtliche Gestaltungsmöglichkeiten in Frage, insbesondere die **Verschmelzung**, die **übertragende Umwandlung** nach dem UmwG und die **Spaltung**. Die Spaltung ist dadurch gekennzeichnet, dass die das Vermögen übertragende Gesellschaft nicht unbedingt untergehen muss, weil sie auch nur einen Teil des Vermögens abspalten und übertragen kann (Abspaltung). Bei all diesen gesellschaftsrechtlichen Gestaltungen wird Vermögen im Weg der Gesamtrechtsnachfolge auf einen anderen Rechtsträger übertragen. Die gesetzlichen Sonderbestimmungen **erleichtern Umstrukturierungsmaßnahmen**, die sonst auf andere Weise – in mehreren Schritten– verwirklicht werden müssten.

2. Einzelrechtsnachfolge

Dem **lebzeitigen Unternehmenserwerb** durch Einzelrechtsnachfolge liegt grundsätzlich ein **schuldrechtliches Verpflichtungsgeschäft** (Kauf, Tausch, Schenkung, Einbringung) zugrunde. Auf Basis dieses Verpflichtungsgeschäfts (Titel) werden die einzelnen zum Unternehmen gehörigen Gegenstände unter Setzung des jeweils erforderlichen **Übertragungsaktes** (Modus = Eintragung in das Grundbuch, Übergabe etc) vom bisherigen Unternehmensträger auf einen anderen Unternehmensträger übertragen. Den Übergang der unternehmensbezogenen Rechtsverhältnisse und die Haftung für unternehmensbezogene Schulden regeln verschiedene unternehmens- und zivilrechtliche Normen.

Für die **Übertragung eines Unternehmens von Todes wegen** im Weg der Einzelrechtsnachfolge kommen das **Vermächtnis** und die **Schenkung auf den Todesfall** in Frage. Der Vermächtnisnehmer bzw der Beschenkte ist nicht Erbe und wird daher auch nicht Gesamtrechtsnachfolger des bisherigen Unternehmers. Vielmehr hat er bloß einen schuldrechtlichen Anspruch auf Übergabe des Unternehmens gegenüber den Erben.

A. Haftung nach § 38 UGB

§ 38 Abs 1 UGB ordnet für Unternehmensübertragungen durch Einzelrechtsnachfolge den Übergang der unternehmensbezogenen Rechtsverhältnisse auf den Erwerber unter **folgenden Voraussetzungen** an:

- **Fortführung des Unternehmens**: Das Unternehmen soll nach der planmäßigen Absicht des Erwerbers fortbetrieben werden und wird auch tatsächlich zumindest für einen relativ kurzen Zeitraum fortbetrieben. Wird das Unternehmen unmittelbar nach Erwerb eingestellt, liegt keine Fortführung vor.

- Grundgeschäft ist ein **Erwerb unter Lebenden**, das zu einem Eigentümerwechsel führt (Kauf, Tausch, Schenkung, Vergleich, Einbringung), aber auch Schenkung auf den Todesfall und Vermächtnis.
- Übertragen werden die **unternehmensbezogenen Rechtsverhältnisse**, dh schuldrechtliche Beziehungen (Vertragsverhältnisse, gesetzliche Schuldverhältnisse, schuldrechtlich begründete selbständige Forderungen und Verbindlichkeiten), die **zum Betrieb des Unternehmens** gehören. Dingliche Rechtspositionen sowie private und höchstpersönliche Rechtsverhältnisse des Veräußerers werden davon nicht erfasst.
- **Übertragung eines Unternehmens oder eines Unternehmensteils** (selbständige Betriebe, Zweigniederlassungen) in seinem **„Wesenskern“**: Die Unternehmensidentität muss bestehen bleiben. Einzelne Assets können beim Veräußerer verbleiben (oder – bei Erwerb durch Vermächtnis/Schenkung auf den Todesfall – letztwillig einem Dritten zugedacht werden). Wird bloß ein Unternehmensteil übertragen, werden auch nur die Rechtsverhältnisse einbezogen, die **diesem Unternehmensteil zugeordnet** sind.

Die betroffenen **Rechtsverhältnisse gehen** zum Zeitpunkt des Unternehmensüberganges mit allen bis dahin begründeten Rechten und Verbindlichkeiten auf den Erwerber **mit Wirkung ex tunc über, ohne** dass die **Zustimmung** der in den Rechtsverhältnissen verbleibenden Dritten (Vertragspartner) erforderlich wäre.

§ 38 Abs 1 UGB ist dispositiv, dh Veräußerer und Erwerber können anderes vereinbaren. Sie können zB den Übergang bestimmter Rechtsverhältnisse ausschließen oder festlegen, dass bestimmte Rechtsverhältnisse nur mit Wirkung für die Zukunft übergehen.

Für **Vertragsverhältnisse** sieht **§ 38 Abs 2 UGB** ein **Widerspruchsrecht des Vertragspartners** vor. Ein Vertragspartner kann dem Übergang seines Rechtsverhältnisses binnen **drei Monaten** ab Mitteilung über die Vertragsübernahme (formlose, zugangsbedürftige Mitteilung durch Erwerber oder Veräußerer) durch **formlose, zugangsbedürftige Erklärung** gegenüber Veräußerer oder Erwerber widersprechen. Der Widerspruch bewirkt, dass das betroffene Vertragsverhältnis **rückwirkend nicht** auf den Erwerber **übergegangen** ist. Das Widerspruchsrecht des dritten Vertragspartners ist disponibel und kann mit dessen Zustimmung abgeändert werden, sodass es zB beschränkt (Formvorschrift, Fristverkürzung) oder ausgeschlossen werden kann. Der Widerspruch kann auch bereits vorweg erklärt werden.

Für unternehmensbezogene Verbindlichkeiten bestellte **Sicherheiten** bleiben gem **§ 38 Abs 1 Satz 2 UGB** trotz Übergang auf den Erwerber bestehen. Der **dritte Sicherheitenbesteller** hat gem § 38 Abs 2 S 2 UGB ebenfalls ein auf die Verbindlichkeit bezogenes **Widerspruchsrecht**, sodass bei wirksamem Widerspruch (innerhalb von drei Monaten ab Verständigung des Sicherheitenbestellers vom Rechtsübergang) die betroffene Verbindlichkeit nicht übergeht.

Für bestimmte Vertragsverhältnisse (zB Mietverträge, Arbeitsverträge) sehen **sondergesetzliche Bestimmungen** (§ 12a MRG, § 3 AVRAG) aufgrund besonderer Interessenlagen Spezialregelungen für den Vertragsübergang vor, die zu einer Verdrängung der entsprechenden Bestimmungen des § 38 UGB führen.

Der **Erwerber haftet** einerseits für alle Verbindlichkeiten, die aufgrund § 38 Abs 1 UGB auf ihn übergegangen sind, und andererseits für alle Verbindlichkeiten, die nach dem Übergang des Unternehmens begründet werden. Darüber hinaus trifft ihn aber auch die **Erwerberhaftung gem § 38 Abs 4 UGB**: Danach haftet der Erwerber unbeschränkt für alle unternehmensbezogenen Altverbindlichkeiten, die insbesondere aufgrund einer Vereinbarung zwischen Veräußerer und Erwerber oder aufgrund des Widerspruchs eines Dritten **nicht** auf den Erwerber **übergegangen sind**.

Diese Erwerberhaftung kann jedoch durch **Vereinbarung** zwischen Veräußerer und Erwerber und Setzung eines entsprechenden **Publizitätsaktes ausgeschlossen** werden. Der **Haftungsausschluss** ist durch Eintragung im Firmenbuch, verkehrsübliche Bekanntmachung oder unmittelbare Verständigung des bzw der Dritten in unmittelbarer zeitlicher Nähe zum Unternehmensübergang (ein bis zwei Monate sind schon zu spät) bekannt zu machen. Eine Haftung nach anderen Bestimmungen – insbesondere nach § 1409 ABGB (dazu sogleich) – wird davon nicht berührt. Dem Erwerber steht im Fall seiner Inanspruchnahme aufgrund der Erwerberhaftung grundsätzlich (Vorrang vertraglicher Vereinbarungen zwischen Veräußerer und Erwerber) ein **Regressanspruch gegen den Veräußerer** zu.

B. Nachhaftung des Veräußerers gem § 39 UGB

Gem § 38 Abs 1 S 3 iVm § 39 UGB haftet der Veräußerer für die vom Erwerber übernommenen unternehmensbezogenen Altverbindlichkeiten **weiter**. Diese **Nachhaftung des Veräußerers** ist **zweifach beschränkt**: Der Veräußerer haftet nur für Altverbindlichkeiten, die **innerhalb von fünf Jahren** nach Unternehmensübergang **fällig** werden und die Ansprüche **verjähren** (zugunsten des Veräußerers!) **längstens nach drei Jahren**. Die Verjährungsfrist läuft ab dem Unternehmensübergang bzw bei späterer Fälligkeit ab diesem Zeitpunkt. Die Haftungsdauer des Veräußerers beträgt daher **maximal acht Jahre**. Mit Zustimmung des Dritten kann die Nachhaftung des Veräußerers ausgeschlossen werden. Dem Veräußerer steht im Fall seiner Inanspruchnahme aufgrund der Nachhaftung grundsätzlich (Vorrang vertraglicher Vereinbarungen zwischen Veräußerer und Erwerber) ein **Regressanspruch gegen den Erwerber** zu.

C. Weitere Haftungstatbestände (insbesondere § 1409 ABGB)

Sonstige gesetzliche Haftungstatbestände, die im Zusammenhang mit einem Unternehmenserwerb eine Haftung des Veräußerers oder Erwerbers anordnen (zB § 14 BAO, § 6 AVRAG, § 67 ASVG), bestehen neben den Haftungstatbeständen des § 38 UGB. Von besonderer Bedeutung ist die **zwingende**, dh nicht ohne Zustimmung des

Dritten abänderbare **Erwerberhaftung gem § 1409 ABGB**: Danach haftet der Erwerber neben dem Veräußerer für Verbindlichkeiten unter folgenden Voraussetzungen:

- Dem Erwerb liegt ein **Rechtsgeschäft unter Lebenden** (Kauf, Tausch, Schenkung, Einbringung – auch Schenkung auf den Todesfall) zugrunde. **Achtung:** Auf **Vermächtnisse** ist § 1409 ABGB **nicht** anwendbar!
- **Übertragung eines Vermögens** oder eines Unternehmens in dem Sinne, dass dieses dem exekutiven Zugriff des Gläubigers entzogen wird (nicht Pacht, Gebrauchsüberlassung etc). Die Übernahme eines Unternehmens liegt vor, wenn seine **wesentlichen Teile**, die Substanz und Charakter des Unternehmens bilden, übergehen (insbesondere Kundenstock, Know-how, Ausstattung, Standort). Bei Übertragung eines Unternehmensteils kommt es darauf an, ob dieser das im Wesentlichen einzige Vermögen des Veräußerers darstellt und ob dies der Erwerber zum Zeitpunkt des Abschlusses des Verpflichtungsgeschäftes wusste oder hätte wissen müssen.
- **Kennen oder Kennenmüssen der Verbindlichkeit** zum Zeitpunkt des sachenrechtlichen Erwerbs, wobei leichte Fahrlässigkeit bereits zur Haftung führt. Die **Beweislast** liegt grundsätzlich beim Gläubiger, sie wird jedoch **umgekehrt** vermutet, wenn der Erwerber ein **naher Angehöriger** iSd § 32 IO des Veräußerers ist. Nahe Angehörige des Veräußerers müssen daher beweisen, dass sie die Schulden bei der Übergabe weder kannten noch kennen mussten.
- Es muss sich um **unternehmensbezogene** Verbindlichkeiten handeln. Stellt das Unternehmen jedoch im Wesentlichen das gesamte Vermögen des Veräußerers dar, ist dies nicht erforderlich.
- Es muss sich um **Geldschulden** handeln.
- Die Verbindlichkeiten müssen **zum Zeitpunkt der Übergabe bereits begründet** sein, dh zumindest bedingt oder betagt bestanden haben.

Die Haftung gem § 1409 ABGB ist ein **gesetzlicher Schuldbeitritt**. Sie ist betraglich **mit dem Wert der übernommenen Aktiva beschränkt**. Zweck des § 1409 ABGB ist es, den Gläubiger vor einer Entziehung seines Haftungsfonds zu schützen. Da es aber durch ein vom Erwerber geleistetes Entgelt zu einer Verdoppelung des Haftungsfonds kommen kann, wird die Bestimmung einschränkend so interpretiert, dass sie **nur angewendet** wird, wenn und soweit es zu einer **messbaren Verringerung des Haftungsfonds** kommt. Dies liegt vor, wenn kein äquivalenter Kaufpreis vereinbart wurde, die Kaufpreisforderung nicht einbringlich ist oder über die Kaufpreisforderung zugunsten Dritter verfügt wird. Besteht die Gegenleistung des Veräußerers in Geld, liegt auch bei Wertäquivalenz eine Verminderung vor, soweit der Kaufpreis nicht tatsächlich zur Befriedigung der Gläubiger verwendet wird. Im Ergebnis werden daher Zahlungen aus dem Kaufpreis an die Gläubiger auf die Haftung des Erwerbers gem § 1409 ABGB angerechnet.

3. Beachtung von Pflichtteilsansprüchen nach dem Tod des Einzelunternehmers

Häufig treffen Einzelunternehmer **Verfügungen** (Testamente oder sonstige letztwillige Verfügungen, Schenkungen auf den Todesfall), in denen sie **festlegen, wer** nach ihrem Tod das **Unternehmen erwerben und fortführen** soll, um den Fortbestand ihres Unternehmens über ihren Tod hinaus zu sichern. Zugleich ist aber dafür Sorge zu tragen, dass **die Ansprüche sonstiger pflichtteilsberechtigter Personen**, die vom Unternehmen ferngehalten werden sollen, durch geeignete Schenkungen unter Lebenden und Zuwendungen auf den Todesfall **gedeckt** werden.

Häufig ist das **Hauptvermögen** des Erblassers aber gerade sein Einzelunternehmen, sodass eine Deckung der Pflichtteilsansprüche durch andere Vermögenswerte nicht möglich ist. Mangels ausreichender Pflichtteilsdeckung haben die Pflichtteilsberechtigten dann einen auf Geld lautenden **Pflichtteils(ergänzungs)anspruch gegen den Erwerber** des Unternehmens. Die Befriedigung dieser Ansprüche kann sich der Erwerber aber oft nicht leisten, ohne auf das Unternehmensvermögen zurückzugreifen. Mangels Einigung mit den Pflichtteilsberechtigten muss der Erbe in weiterer Folge das **Unternehmen verkaufen**, um die Pflichtteilsberechtigten aus dem Erlös befriedigen zu können. Kann kein Käufer gefunden werden, muss das Unternehmen **zerschlagen** werden. Beides führt zur Vernichtung erheblicher Werte und zur **Vereitelung der Unternehmensfortführung** durch den Erwerber. Dem Erblasserwillen wird dann gerade nicht entsprochen. Die mit der Erbrechtsreform 2015 eingeführten gesetzlichen **Stundungsmöglichkeiten** mildern diese Problematik etwas ab (siehe im Detail S 108 ff).

Um derartige **negative Konsequenzen** bereits **im Vorhinein zu vermeiden**, kann der Erblasser den Pflichtteilsberechtigten etwa **letztwillig Fruchtgenussrechte** am Unternehmen einräumen, sodass bestimmte Erträge für eine bestimmte Zeit oder von bestimmten Unternehmensteilen an sie zu leisten sind. Mangels letztwilliger Vorsorge kann ein Unternehmensverkauf bzw die Zerschlagung des Unternehmens auch durch **vertragliche Vereinbarungen** zwischen den Pflichtteilsberechtigten und dem Erwerber abgewendet werden. Die Pflichtteilsberechtigten können dem Erwerber etwa die Möglichkeit der Ratenzahlung gewähren oder ihm die Zahlung des Pflichtteilsanspruchs stunden.

IV. Unternehmensnachfolge durch share deal

1. Kapitalgesellschaften

A. Allgemeines zur Anteilsübertragung

Anteile an Kapitalgesellschaften (AG, GmbH, FlexCo, SE) können **frei übertragen** und **vererbt** werden; dies **freie Übertragbarkeit und Vererblichkeit** kann grundsätzlich nicht ausgeschlossen werden. Die freie Übertragbarkeit (zur Vererblichkeit siehe sogleich) ist aber insofern relativiert, als einerseits **Formvorschriften** und andererseits **vertragliche Übertragungsbeschränkungen** zu beachten sind:[68]

- **Aktien** können grundsätzlich formlos durch einfache Übergabe erworben werden. Die Übertragung von **Namensaktien** (nicht Inhaberaktien!) kann gemäß § 62 AktG an die Zustimmung der Gesellschaft gebunden werden (**Vinkulierung**). Zudem können in der Satzung einer nicht börsenotierten AG mit vinkulierten Namensaktien auch **Vorkaufs- und Aufgriffstatbestände** normiert sein.
- Die Übertragung eines **GmbH-Geschäftsanteils** bedarf gemäß § 76 GmbHG eines **Notariatsakts**, wenn dieser aufgrund eines **Rechtsgeschäftes unter Lebenden** (zB Kauf oder Schenkung) übergeht. Nicht anwendbar ist dieses Formerfordernis auf Übertragungen im Weg der Gesamtrechtsnachfolge; für eine Übertragung aufgrund eines Vermächtnisses bejaht die hL die Notariatsaktspflicht. Die Übertragung von GmbH-Geschäftsanteilen kann gemäß § 76 GmbHG an die Zustimmung der Gesellschaft oder einzelner Gesellschafter gebunden werden (**Vinkulierung**). Darüber hinaus sind gesellschafts- oder syndikatsvertraglich vereinbarte **Vorkaufs- und Aufgriffsrechte** zu beachten (siehe S 156).
- Für die rechtsgeschäftliche Übertragung eines Anteils an einer **FlexCo** gelten gem § 1 Abs 2 FlexKapGG grundsätzlich die Bestimmungen des GmbHG. Allerdings kann die Übertragung gem **§ 12 FlexKapGG** alternativ zur Form des Notariatsakts auch in Form einer **notariellen oder anwaltlichen Urkunde** (rechtsberufliche Privaturkunde) geschehen. Es handelt sich um eine Alternative zur Formvorschrift des § 76 GmbHG, die die Anteilsübertragung erleichtern soll.

Bestehende Rechtsverhältnisse, an die der Unternehmensträger (die Gesellschaft) gebunden ist, bleiben grundsätzlich durch die Veräußerung von Anteilen **unberührt**, da sich das **Zurechnungssubjekt** für die Rechtsverhältnisse, dh der Unternehmensträger, **nicht ändert**. Es wechseln nur die Gesellschafter. Dies gilt nicht bloß für privatrechtliche Verträge (Lieferverträge, Gebrauchsüberlassungen, Dienst- und Arbeitsverträge), sondern auch für öffentlich-rechtliche Rechtsverhältnisse (dingliche Rechtsverhältnisse wie die Flächenwidmung, Betriebsanlagengenehmigungen oder persönliche Rechtsverhältnisse wie zB Gewerbeberechtigungen). Für den Fall eines maßgeblichen **Wechsels der Eigentümerstruktur** („Kontroll-/Machtwechsel") infolge eines share deals sehen sondergesetzliche Bestimmungen (zB § 15a Abs 3 MRG) oder vielfach auch längerfristige Verträge vorzeitige Kündigungs- oder Vertragsanpassungsklauseln (**„Change-of-Control-Klauseln"**) vor.

Der schlichte Wechsel der Gesellschafter lässt daher auch die **Verbindlichkeiten** der Gesellschaft **unberührt**. Die Verbindlichkeiten der Gesellschaft bleiben auch nach dem share deal Verbindlichkeiten der Gesellschaft. Den Gläubigern **haftet** daher auch weiterhin **nur das Vermögen der Gesellschaft**. Eine Haftung des Gesellschafters für die Verbindlichkeiten des Unternehmens richtet sich nach den jeweiligen gesellschaftsrechtlichen Bestimmungen. Bei Kapitalgesellschaften findet ein derartiger Haftungsdurchgriff auf die (auch: neu eintretenden) Gesellschafter grundsätzlich nicht statt.

[68] *Kalss/Probst*, HB Familienunternehmen² Rz 5.74 ff.

Für **Schulden des Veräußerers** haftet der Erwerber der Gesellschaftsanteile grundsätzlich nicht. Eine Haftung gemäß **§ 1409 ABGB** besteht nur in dem **Ausnahmefall**, dass die Gesellschaftsanteile das **wesentliche Vermögen des Veräußerers** darstellen, und der **Erwerber weiß bzw wissen musste**, dass er mit den Anteilen nahezu das gesamte Vermögen des Veräußerers übernimmt; in diesem Fall haftet der Erwerber aber auch für alle privaten (dh auch nicht unternehmensbezogenen) Schulden des Veräußerers, da bei Übertragung des im wesentlichen gesamten Vermögens des Übertragenden das Erfordernis des wirtschaftlichen Zusammenhangs zwischen Schulden und übertragenem Vermögen entfällt.

B. Vererbung der Anteile

Der **Tod** eines Gesellschafters **berührt den Fortbestand einer Kapitalgesellschaft** grundsätzlich **nicht**. Der Gesellschaftsvertrag einer GmbH kann gem § 84 Abs 2 GmbHG anordnen, dass der Tod eines Gesellschafters die Auflösung der Gesellschaft bewirkt. Für eine AG wird die Wirksamkeit einer derartigen Klausel verneint; im Lichte der vom OGH anerkannten Gestaltungsfreiheit für nicht börsenotierte AGs mit vinkulierten Anteilen ist die Anerkennung einer Auflösungsklausel aber überlegenswert.

Die **freie Vererbbarkeit von Anteilen an Kapitalgesellschaften** kann nicht beschränkt, ausgeschlossen oder an die Zustimmung anderer Gesellschafter gebunden werden; nach dem Tod des Gesellschafters fallen seine **Anteile zwingend in die Verlassenschaft** und gehen mit der Einantwortung im Weg der Gesamtrechtsnachfolge auf den bzw die Erben über, ohne dass es eines weiteren Übertragungsaktes bedarf. Aktien und GmbH-Anteile können daher durch gesellschaftsvertragliche Regelungen **nicht an der Verlassenschaft vorbeigesteuert** und einer unmittelbaren gesellschaftsrechtlichen Nachfolge zugeführt werden. Zulässig ist es allerdings, in bestimmtem Ausmaß **gesellschafts- oder syndikatsvertragliche Regelungen** vorzusehen, die den Erben zur Übertragung berechtigen oder verpflichten (siehe S 154 ff).

Bei der **GmbH** sind sowohl der Anteilsübergang auf die Verlassenschaft als auch die Übertragung auf den Erben durch den Geschäftsführer durch Vorlage einer aktuellen Gesellschafterliste unverzüglich **zum Firmenbuch anzumelden**; in der Praxis wird nur der **Übergang auf den Erben** angemeldet. Gegenüber der Gesellschaft hat sich der Erbe mit der Einantwortungsurkunde zu legitimieren. Ist der Nachweis unzweifelhaft, kann der Erbe die **Gesellschafterrechte sofort ausüben**, auch wenn er noch nicht im Firmenbuch gem § 78 GmbHG als Gesellschafter eingetragen ist. Bei **mehreren Erben** wird der Geschäftsanteil grundsätzlich **im Verhältnis der Erbquoten** unter den Erben **aufgeteilt** (unter Lebenden kann ein Geschäftsanteil gem § 79 GmbHG nur geteilt werden, wenn dies im Gesellschaftsvertrag ausdrücklich zugelassen ist). Einerseits kann jedoch **anderes letztwillig angeordnet** sein, andererseits kann der **Gesellschaftsvertrag die Teilbarkeit** von Geschäftsanteilen im Fall erbrechtlicher Gesamtrechtsnachfolge an die Zustimmung der Gesellschaft binden oder auch **ausschließen**. Weiters dürfen die neu entstehenden Geschäftsanteile durch die Teilung nicht unter die gesetzliche Mindeststammeinlage von EUR 70 herabsinken. Kommt es daher nicht zu einer Teilung des Geschäftsanteils, entsteht mit der Einantwortung eine **Miteigentums- und Rechtsgemeinschaft** der Erben iSd **§ 80 GmbHG** an dem Geschäftsanteil.

Auch gegenüber der **AG** hat sich der Erbe mit der Einantwortungsurkunde zu legitimieren. Nur wenn eine Person alle Aktien der Gesellschaft erwirbt, ist sie gem § 35 AktG in das Firmenbuch einzutragen. Bei Inhaberaktien ist keine weitere Eintragung vorzunehmen. Erwirbt der Erbe hingegen Namensaktien, so ist er auch im Aktienbuch einzutragen. Gem **§ 61 Abs 2 AktG** gilt er erst **mit der Eintragung in das Aktienbuch** gegenüber der Gesellschaft als Aktionär und ist zur **Ausübung der Aktionärsrechte** berechtigt. **Aktien** sind gem § 8 Abs 5 AktG **unteilbar**; sie können daher nicht auf mehrere Erben aufgeteilt werden. Wird ein Aktienpaket an mehrere Erben vererbt, entsteht aufgrund der Unteilbarkeit der einzelnen Aktien mit der Einantwortung eine **Miteigentums- und Rechtsgemeinschaft** der Erben iSd **§ 63 AktG** an jeder einzelnen Aktie. Eine Aufhebung der Rechtsgemeinschaft und eine Zuweisung der Aktien in das Alleineigentum eines Erben bzw der einzelnen Erben setzen ein **Erbteilungsübereinkommen** der Erben oder eine **Teilungsklage** gemäß § 841 ABGB voraus. Eine Aufteilung nach der Einantwortung bewirkt eine schuldrechtliche Einzelrechtsnachfolge. Um einer solchen nachträglichen, im Einzelfall „mühsamen" Aufteilung vorzubeugen, kann der Einantwortung gegebenenfalls eine **letztwillige Teilungsanordnung** des Erblassers oder ein Erbteilungsübereinkommen der Erben zugrunde gelegt werden, sodass die Aktien nach Maßgabe der jeweiligen Aufteilungsregelung in erbrechtlicher Gesamtrechtsnachfolge in das Alleineigentum der Erben übergehen.

Für die AG wird vertreten, dass die **Vereinbarung der Unteilbarkeit eines Aktienpakets** in der Satzung **nicht möglich** ist. Im Lichte der vom OGH anerkannten Gestaltungsfreiheit für nicht börsenotierte Gesellschaften mit vinkulierten Namensaktien ist in diesen Gesellschaften die Unteilbarkeitsklausel aber anzuerkennen.

C. Berücksichtigung von Pflichtteilsansprüchen und Gewährleistung des Zusammenhalts der Beteiligung

a) Ausgangslage

Verfügt der Erblasser über Anteile an Kapitalgesellschaften, bestehen regelmäßig **zwei grundsätzliche Ziele:**

- Einerseits sollen die Anteile **nicht durch den Erbgang zersplittert** werden, sodass die mit dem Anteil verbundenen Rechte weiterhin einheitlich ausgeübt werden und der bestehende **Einfluss** auf die Gesellschaft (Mehrheitsbeteiligungen!) **gewahrt** bleibt.
- Andererseits möchte der Erblasser **bestimmten Personen den Anteil vermachen**, andere Personen jedoch – bspw aufgrund geringer fachlicher Qualifikation – vom Eigentum an dem Anteil und von der Verfügungsbefugnis darüber sowie von der Ausübung der Anteilsrechte **ausschließen**.

Zusätzlich hat der Erblasser die **Pflichtteilsansprüche** der pflichtteilsberechtigten Personen zu berücksichtigen. Möglicherweise kann der Erblasser die **Deckung** der Pflichtteile durch **Zuwendungen auf den Todesfall** (zB durch ein Vermächtnis) oder durch hinzu- und anrechenbare **Schenkungen unter Lebenden** (zB Schenkung auf den Todesfall), die nicht auf das Eigentum an den Beteiligungen gerichtet sind, sicherstellen. Eine andere Variante ist der Abschluss eines **Pflichtteilsverzichtsvertrags** mit dem Pflichtteilsberechtigten zu Lebzeiten des Erblassers, ggf auch gegen eine Abfindung (siehe S 89), sodass keine Pflichtteilsansprüche mehr geltend gemacht werden können.

Hinzuzufügen ist, dass die **Gesellschaft selbst nicht** durch Pflichtteilsansprüche unmittelbar **belastet** werden kann. Zulässig ist es aber, eine **Sonderausschüttung** zugunsten des belasteten Erben unter Verzicht der anderen Gesellschafter vorzunehmen, der die ausgeschüttete Summe dann dem Pflichtteilsberechtigten zukommen lässt.

b) Gestaltungsvarianten zur Verhinderung der Zersplitterung

Dem Erblasser stehen verschiedene Möglichkeiten zur Verfügung, einerseits den Zusammenhalt der Beteiligung zu sichern und andererseits mögliche Pflichtteile zu befriedigen.

- **Miteigentumsgemeinschaft**

Die Miteigentumsgemeinschaft ist das **sicherste Mittel**, eine **einheitliche Verwaltung** und **Ausübung der Rechte** aus einer Beteiligung und daher einen entsprechenden Einfluss zu gewährleisten. Nachteilig sind die **mangelnde Flexibilität** und die auf Dauer womöglich unerwünschte **enge Verbindung** der Beteiligten. Die Berechtigten können die Rechte aus dem Anteil **nur gemeinschaftlich** ausüben, dh nicht allein über den Anteil verfügen oder Gesellschafterrechte ausüben. Für Verpflichtungen aus dem Gesellschaftsverhältnis haften die Miteigentümer solidarisch. Sie bilden eine **Rechtsgemeinschaft** gem § 80 GmbHG bzw § 63 AktG.

- **Unterbeteiligung**

Die Unterbeteiligung ist eine **interne Beteiligung** einer Person am **Anteil eines Gesellschafters**, sie besteht nur zwischen dem Hauptbeteiligten, somit zwischen dem Gesellschafter und dem Unterbeteiligten. Sie ist als **Gesellschaft bürgerlichen Rechts** mit primär vermögensrechtlichem Inhalt zu qualifizieren. Nach dem Zweck der Unterbeteiligung besteht sie im Regelfall **für die Dauer der Gesellschaftsbeteiligung**. Der Hauptbeteiligte muss die **Interessen** der Unterbeteiligten **wahren**, widrigenfalls er haftet. Der Erblasser kann dem Erben der Beteiligung die **Pflicht auferlegen**, einer bestimmten Person (etwa einem Pflichtteilsberechtigten zur Deckung seines Pflichtteilsanspruchs) eine **Unterbeteiligung** an den vererbten Anteilen **einzuräumen**. Der Unterbeteiligte hat dann – insbesondere zur Befriedigung seines Pflichtteils – einen Anteil am Jahresgewinn und am Liquidationserlös. Der Erbe ist Gesellschafter und übt die Gesellschafterrechte aus.

- **Fruchtgenussrecht**

  Durch Belastung einer Beteiligung mit einem Fruchtgenussrecht können **einer Person die Gesellschafterstellung** (Ausübung der Gesellschafterrechte) und die **Substanz** (Wertsteigerungen des Anteils) und einer **anderen Person die vermögensrechtlichen Vorteile** (gewöhnlicher und außergewöhnlicher Ertrag) aus dem Anteil eingeräumt werden. Das Fruchtgenussrecht ermöglicht die **funktionale Trennung** der rechtlichen Verfügungsbefugnis vom wirtschaftlichen Nutzen. Der Anteil kann so in einer Hand verbleiben, während die vermögenswerten Vorteile auf verschiedene Personen verstreut werden (**Quotenfruchtgenuss**). Das Fruchtgenussrecht erfüllt daher eine vergleichbare Funktion wie die Unterbeteiligung, ist aber ein **dingliches Recht**. Das Recht kann bloß **vorübergehend oder dauerhaft** eingeräumt werden. Beim **Vorbehaltsgenuss** überträgt der Gesellschafter den Anteil zu Lebzeiten an eine andere Person (seinen Nachfolger), behält sich aber bis zu seinem Tod das Fruchtgenussrecht vor. Beim **Zuwendungsgenuss** geht der Anteil auf eine bestimmte Person über, während andere Personen – eben die Fruchtgenussberechtigten (zB Pflichtteilsberechtigte) – an den Vermögensvorteilen partizipieren.

- **Holding**

  Die **Beteiligungen** können **in eine Holding eingebracht** werden, dh die Gesellschaftsanteile werden kraft einer eigenen Gesellschaft (Holding) zusammengehalten. Die einzelnen Personen (Erben, Pflichtteilsberechtigte) nehmen dann entsprechend der gesellschaftsvertraglichen Gestaltung an der Entscheidungsfindung dieser **Familienholding** teil. Die Beteiligungen können auch **in eine Privatstiftung** eingebracht werden, sodass durch entsprechende, abgestufte Gestaltung der Einfluss- und Vermögensposition der einzelnen Begünstigten (Begünstigtenstellung, siehe dazu S 186 ff) ein **Ausgleich** unter den Erben und Pflichtteilsberechtigten gefunden werden kann.

D. Vertragliche Gestaltungsmöglichkeiten für die Anteilsübertragung

Das **automatische Ausscheiden der Erben** kann im Kapitalgesellschaftsrecht **nicht** gesellschaftsvertraglich vorgesehen werden, da die **freie Vererblichkeit** der Anteile, dh ihr Übergang auf die Verlassenschaft und mit Einantwortung auf die Erben, **zwingend** ist.[69] Zulässig sind aber vertragliche Gestaltungen, mit denen **faktisch das gleiche wirtschaftliche Ergebnis** erzielt werden kann.

a) Gestaltungsmöglichkeiten in der GmbH

Bei der **GmbH** unterliegt die Übertragbarkeit der Geschäftsanteile der Disposition der Gesellschafter, sodass im Gesellschaftsvertrag **Übertragungsgebote, Nachfolgeklauseln** bzw **Verkaufs-, Rückkaufs- und Aufgriffsrechte** sowie **Aufgriffspflich-**

[69] OGH 7.8.2008, 6 Ob 150/08i; *Kalss/Probst*, HB Familienunternehmen² Rz 5/198.

ten der übrigen Gesellschafter festgelegt werden können. Ihnen kommt **dingliche Wirkung** im Sinne einer **Veräußerungssperre im Verhältnis zu Dritten** zu und sie erlöschen erst durch Verzicht oder mangelnde Ausübung im Auslösungsfall. Die Regelungen im Gesellschaftsvertrag bieten den Mitgesellschaftern abgesehen von der firmenbuchrechtlichen Publizität auch die Sicherheit vor einer einseitigen oder geheimen Änderung. Sowohl die jeweilige Vertragsklausel über die Weiterübertragung bzw Verpflichtung als auch die Übertragung selbst unterliegen der **Notariatsaktspflicht**. Zulässig sind auch Nachfolgeregelungen **außerhalb des Gesellschaftsvertrags**, die allerdings nicht dinglich, somit gegenüber Dritten, sondern nur unter den Vertragsparteien **schuldrechtlich** wirken. Gegen den Vertrag verstoßende Anteilsübertragungen sind daher **wirksam** und berechtigten lediglich zu **Schadenersatzansprüchen**.

b) Gestaltungsmöglichkeiten in der AG

Im **Aktienrecht** wird zwischen **börsenotierten** Gesellschaften und **nicht börsenotierten** Gesellschaften unterschieden:[70]

- Für **börsenotierte** AG können Nachfolgeregelungen (Aufgriffsrechte, Aufgriffspflichten etc) **nicht in die Satzung** aufgenommen werden, da die freie Übertragbarkeit sichergestellt werden soll.
- Bei **nicht börsenotierten** AG mit vinkulierten Namensaktien **können** derartige Nachfolgeregelungen hingegen auch in der Satzung und daher mit dinglicher Wirkung festgelegt werden.

In schuldrechtlichen Vereinbarungen (zB in Syndikatsverträgen) können derartige Regelungen jedenfalls getroffen werden, sie wirken aber nur unter den Vertragsparteien.

c) Arten von Nachfolgeklauseln in Kapitalgesellschaften

Die **folgenden Klauseln** können in Kapitalgesellschaften gesellschaftsvertraglich normier werden. Sie ermöglichen es den Gesellschaftern, auf den **Gesellschafterwechsel** nach dem Tod eines Gesellschafters **Einfluss** zu nehmen.

- **Übertragungspflicht des Erben – Nachfolgeklausel**

Der **Erbe** eines Gesellschaftsanteils wird im Gesellschaftsvertrag **zur sofortigen Weiterübertragung verpflichtet**. Die Klausel muss den Kreis der begünstigten Personen bereits im Vorhinein festlegen. Der Anteil muss dann vom Erben auf bestimmte andere Gesellschafter übertragen werden.

[70] OGH 8.5.2013, 6 Ob 28/13f.

- **Aufgriffsrecht/Aufgriffspflicht der anderen Gesellschafter**

  Korrespondierend zur Verpflichtung des Erben, den Anteil den anderen Gesellschaftern zum Erwerb anzubieten (**Andienungspflicht**), kann der Gesellschaftsvertrag – mit dem Tod eines Gesellschafters als Auslösungsfall – entweder eine **Pflicht** der anderen Gesellschafter oder einzelner Gesellschafter zum Erwerb des vererbten Anteils (**Aufgriffspflicht**) oder das **bloße Recht zu seinem Erwerb** binnen einer bestimmten Frist (**Aufgriffsrecht**) vorsehen.[71] Aufgriffsrechte kommen in der Praxis häufig vor. Sie gehen mit einer **Übertragungspflicht** des Erben einher. Weigert sich ein übertragungspflichtiger Erbe, kann er auf den Abschluss einer entsprechenden Vereinbarung zur Übertragung auf den Berechtigten geklagt werden.

  Im Zusammenhang mit Aufgriffsrechten stellt sich die Frage nach der **Höhe des Entgeltsanspruchs des Erben**. Grundsätzlich hat der übertragungspflichtige Erbe Anspruch auf den **vollen Wert des Anteils**. Bei einer gesellschaftsvertraglichen Regelung für den Todesfall ist es aber zulässig, die Übertragung des Anteils an die Mitgesellschafter zu einem **im Vorhinein festgesetzten Preis**, etwa die **Buchwertklausel**, vorzusehen. Auch hier ist das Pflichtteilsrecht zu beachten.

- **Vinkulierung**

  Die **Übertragbarkeit** von Gesellschaftsanteilen kann von der Zustimmung der Gesellschaft oder einzelner Gesellschafter abhängig gemacht werden („**Vinkulierung**"). Die Vinkulierung ist bei Geschäftsanteilen der **GmbH** und der **FlexCo** und bei Namensaktien **nicht börsenotierter AGs** möglich. Dadurch kann die **Weitergabe** von Gesellschaftsanteilen erschwert und **kontrollierbar** gemacht werden. Verhindert werden kann eine Übertragung – zB an eine familienfremde Person – jedoch nur bei **Vorliegen eines wichtigen Grundes**. Durch die Vinkulierung kann auch der **Zusammenhalt** einer Beteiligung gesichert werden. Die Übertragbarkeit von GmbH-Anteilen unter Lebenden kann im Gesellschaftsvertrag gem **§ 76 Abs 2 GmbHG** von **weiteren Voraussetzungen**, insbesondere von der Zustimmung der Gesellschaft oder aller bzw einzelner Gesellschafter, abhängig gemacht werden. Vinkulierungen kommen in der Praxis sehr **häufig** vor. Welches Organ der Gesellschaft seine Zustimmung zu erteilen hat, bestimmt sich nach dem Gesellschaftsvertrag. Im Zweifel entscheiden die Gesellschafter. Die **Zustimmung** der Gesellschaft **darf nur aus wichtigem Grund verweigert** werden. Das **Gericht** hat gem **§ 77 GmbHG** bei Verweigerung auf Antrag eines Gesellschafters zu entscheiden, ob ein wichtiger Grund vorliegt. Wird die Zustimmung nicht erteilt, ist eine dennoch vorgenommene Übertragung unwirksam. Wird die gerichtliche Zustimmung erteilt, kann die Gesellschaft innerhalb eines Monats ab Rechtskraft beschließen, den **Anteil zu gleichen Bedingungen zu übernehmen** und so eine Übertragung auf einen nicht gewünschten Gesellschafter in letzter Konsequenz verhindern.

  Gesellschaftsvertraglich vereinbarte Vinkulierungen **gelten auch für Vermächtnisse**. Der Übergang des Geschäftsanteils an Erben im Rahmen der **Einantwortung**

[71] OGH 12.4.2016, 2 Ob 55/15z.

stellt **keine genehmigungspflichtige Übertragung** dar, da es sich dabei nicht um einen Rechtsübergang unter Lebenden handelt. Übertragungen im Rahmen von Nachfolgeklauseln sind hingegen zustimmungspflichtig. Vinkulierungsbestimmungen im Gesellschaftsvertrag sind **gestaltbar**, sodass insbesondere für Übertragungen **innerhalb der Familie** Sonderregelungen geschaffen werden können. Die Abtretung an nahe Angehörige und Mitgesellschafter kann bspw von der allgemeinen Zustimmungspflicht ausgenommen werden.

Für **Namensaktien einer AG** normiert **§ 62 Abs 2 AktG** ebenfalls die Möglichkeit einer Vinkulierung durch Satzungsbestimmung (zur gerichtlichen Substituierung der verweigerten Zustimmung parallel zu § 77 GmbHG vgl § 62 Abs 3 AktG). Im Zweifel **entscheidet der Vorstand** über die Zustimmung zur Übertragung; die **Befugnis** zur Entscheidung kann nur an **Organe der Gesellschaft** (Hauptversammlung, Aufsichtsrat) übertragen werden, nicht jedoch an Aktionäre oder Dritte.

- **Syndizierung**

Syndikatsverträge sind **Verträge unter den Gesellschaftern** der GmbH, FlexCo oder AG zu dem Zweck, das **Stimmverhalten** und bzw oder die **Übertragung** der Anteile wechselseitig zu koordinieren und zu regeln.[72] Im Regelfall handelt es sich bei einem Syndikatsvertrag um eine **Gesellschaft bürgerlichen Rechts** (GesbR) mit den Syndikatsmitgliedern als Gesellschafter. Sowohl die Ausübung von Gesellschafterrechten als auch die Innehabung und Übertragung der Beteiligung sind Gegenstand derartiger Verträge. Die Gesellschafter können sich dabei verpflichten, entsprechend ihrer wechselseitigen Abrede zu stimmen, sich der Stimme zu enthalten, Versammlungen fernzubleiben und die Anteile nur unter bestimmten Bedingungen zu veräußern. Da Syndikatsverträge **nur schuldrechtlich wirken**, sind **syndikatswidrig** abgegebene Stimmen in der Gesellschafterversammlung bzw Anteilsübertragungen **grundsätzlich gültig**, machen den Gesellschafter aber gegenüber den Syndikatspartnern **schadenersatzpflichtig**.

Bei Gesellschaften mit personalistischem Charakter (Familiengesellschaften) kann ein Syndikatsvertrag, der **von allen Gesellschaftern** abgeschlossen wird (omnilaterialer Syndikatsvertrag), auch die Wirkung entfalten, dass syndikatswidrige Gesellschafterbeschlüsse wegen **Treuepflichtverletzung** anfechtbar sind. Verstöße gegen syndikatsvertragliche Übertragungsbeschränkungen können einen **Dritten, dem der Syndikatsvertrag bekannt war** und der daher in ein fremdes Recht eingegriffen hat, **schadenersatzpflichtig** machen und im Sinne einer Wiederherstellung des vorigen Zustandes zur **Rückübertragung** des Anteils verpflichten.

Werden Anteile übertragen, muss zur Aufrechterhaltung der Bindungswirkung **auch der Syndikatsvertrag überbunden** werden. Erben können durch Gesamtrechtsnachfolge mit der Einantwortung in die bestehenden Syndikatsverträge eintreten. Allerdings ist zu berücksichtigen, dass der Syndikatsvertrag im Regelfall eine **GesbR** ist und eine solche gemäß § 1208 Z 5 ABGB **durch den Tod** eines Gesellschafters **aufgelöst**

[72] *Kalss/Probst*, HB Familienunternehmen² Rz 4/1 ff.

wird, sofern sich aus dem GesbR-Gesellschaftsvertrag (dem Syndikatsvertrag) nichts anderes ergibt. Es kann daher etwa vereinbart werden, dass die GesbR mit dem Tod eines Syndikatsmitglieds nicht aufgelöst, sondern **mit den Erben** (einfache Nachfolgeklausel) oder (einem) **bestimmten Erben** (qualifizierte Nachfolgeklausel) **fortgesetzt** wird. Es kann auch einem Dritten ein Eintrittsrecht eingeräumt werden. Die Rechtslage für die GesbR entspricht mit Blick auf die Rechtsfolgen und Gestaltungsmöglichkeiten im Todesfall daher im Wesentlichen der Rechtslage für die OG (siehe S 160 ff). Bei **Einzelrechtsnachfolge** (zB bei der Ausübung von Aufgriffsrechten) wird die Rechtsposition aus dem Syndikatsvertrag **nicht automatisch übernommen**. In diesen Fällen muss der Syndikatsvertrag **überbunden** werden.

E. Verwaltung der Verlassenschaft

Bei Tod eines Gesellschafters fällt der **Anteil in die Verlassenschaft**. **Erbantrittserklärte** Erben sind gemäß **§ 810 ABGB** gesetzlich zur **Benützung, Verwaltung und Vertretung** der Verlassenschaft berechtigt. Als Vertreter der Verlassenschaft kommt dem erbantrittserklärten Erben auch die **Ausübung der Gesellschafterrechte** für die in der Verlassenschaft befindlichen Anteile zu. Der Erbe kann die Gesellschafterrechte, insbesondere das **Stimmrecht**, ohne Genehmigung des Verlassenschaftsgerichts ausüben, soweit es sich nicht um ein außergewöhnliches Geschäft handelt.

Sobald **Erbantrittserklärungen zur gesamten Verlassenschaft** vorliegen, bedürfen nur noch Veräußerungen von Gegenständen aus der Verlassenschaft, die nicht zum ordentlichen Wirtschaftsbetrieb gehören, der Genehmigung durch das Verlassenschaftsgericht. Diese Genehmigung ist zu versagen, wenn die Veräußerung für die Verlassenschaft **offenbar nachteilig** ist. Die **Veräußerung** einer Beteiligung (eines GmbH-Geschäftsanteils oder eines Aktienpakets), die **nicht bloß eine geringfügige Wertanlage** darstellt, bedarf vor der Einantwortung daher der **Zustimmung des Verlassenschaftsgerichts**.

Mehrere Erben bilden eine **Verwaltungsgemeinschaft**. Mit Zustimmung der Miterben kann bereits vor der Einantwortung einem im Gesellschaftsvertrag vorgesehenen **Nachfolger** bzw einem Vermächtnisnehmer die Verwaltung des Anteils und damit die **Ausübung der Gesellschafterrechte eingeräumt** werden.

F. Rechtsfolgen bei Tod eines Gesellschafters mit Organfunktion

Oft nehmen **Gesellschafter auch Organfunktionen** in einer GmbH, einer FlexCo oder einer AG ein. Nach dem **Tod** eines derartigen Gesellschafters stellt sich die Frage nach den **Rechtsfolgen**, bei denen zwischen den **gesetzlichen** und den möglichen **vertraglichen** Regelungen zu unterscheiden ist.

a) Gesetzliche Ausgangslage

Die gesetzlichen Regelungen beschränken sich auf die **Sicherstellung der Funktionsfähigkeit** der Gesellschaft bzw des entsprechenden Organs. Die Gewährleistung der zahlenmäßigen **Vollständigkeit eines Gremiums** liegt in der Verantwortung der jeweils gesellschaftsrechtlich Zuständigen (Gesellschafter, Belegschaftsorgan, Aufsichtsrat).

- **Vertretungs- und Leitungsorgan**

  Für das **Vertretungs- und Leitungsorgan** der Gesellschaft (GmbH-Geschäftsführer, AG-Vorstand) sieht das Gesetz in **§ 15a GmbHG** bzw **§ 76 AktG** zur Sicherstellung der Funktionsfähigkeit der Gesellschaft auf Antrag die **gerichtliche Bestellung** eines Notgeschäftsführers bzw der erforderlichen Anzahl an Vorstandsmitgliedern vor. **Antragsberechtigt** ist jeder, der ein **rechtliches Interesse** an der ordnungsgemäßen Organzusammensetzung hat (jedenfalls die Gesellschafter). Voraussetzung ist jeweils das **Fehlen** der zur Vertretung der Gesellschaft erforderlichen Geschäftsführer bzw Vorstandsmitglieder sowie das Vorliegen einer **Dringlichkeit**. Dringlichkeit ist gegeben, wenn der Gesellschaft etwa ohne unverzügliche Abhilfe ein erheblicher Schaden droht. Die **Funktion** des Notgeschäftsführers bzw des gerichtlich bestellten Vorstandsmitglieds **endet automatisch** mit der **Behebung des Vertretungsmangels**.

- **Aufsichtsrat**

  Für den **Aufsichtsrat** ordnen **§ 30d GmbHG** bzw **§ 89 AktG** an, dass bei mangelnder Beschlussfähigkeit des Aufsichtsrats über **drei Monate** hinweg das **Gericht eine ergänzende Bestellung** vorzunehmen hat. Führt der Tod eines Mitglieds zur Beschlussunfähigkeit, sind § 30d GmbHG bzw § 89 AktG anwendbar. Die Regelungen zielen nur auf die **Sicherung der Beschluss- und damit der Arbeitsfähigkeit** des Gremiums ab, nicht hingegen auf dessen zahlenmäßige Vollständigkeit. Für die **Vollständigkeit** der Zusammensetzung des Aufsichtsrats haben die **Gesellschafter** (dh die Hauptversammlung in der AG oder die Generalversammlung in der GmbH) zu sorgen. **Stirbt der Vorsitzende** bzw dessen **Stellvertreter**, ist unverzüglich vom Aufsichtsrat selbst ein neuer Vorsitzender zu wählen.

b) Vertragliche Gestaltungsmöglichkeiten

Gesellschaftsvertraglich oder auch syndikatsvertraglich können für diese Fälle etwa **Entsendungsrechte** in den Aufsichtsrat, **Nominierungsrechte** für eine Geschäftsführerposition, bestimmte **Qualifikationen** (zB Familienzugehörigkeit, fachliche Ausbildung) oder **Zustimmungs- und Vorschlagsrechte** verbindlich **vereinbart** werden.

2. Personengesellschaften

A. Allgemeines zur Übertragbarkeit der Gesellschaftsanteile

Gesellschaftsanteile an einer OG oder einer KG sind grundsätzlich **übertragbar**. **§ 124 Abs 1 UGB** ordnet jedoch für Übertragungen im Weg der Einzelrechtsnachfolge eine **gesetzliche Vinkulierung** an, sodass eine Verfügung über den Gesellschaftsanteil **nur mit Zustimmung aller Gesellschafter wirksam** möglich ist. Solange die Zustimmung nicht erteilt wird, ist die Übertragung **schwebend unwirksam** und wirkt wie eine Unterbeteiligung. Eine Ersetzung der Zustimmung der Gesellschafter durch das Gericht analog zu § 62 Abs 3 AktG bzw § 77 GmbHG ist nicht möglich. Das gesetzliche Zustimmungserfordernis ist jedoch **nicht zwingend**, sodass der Gesellschaftsvertrag etwa einen Mehrheitsbeschluss für die Zustimmung vorsehen oder Übertragungen auch ohne Zustimmung (ggf bei Vorliegen bestimmter Voraussetzungen wie die Übertragung an Familienangehörige) gestatten kann. Sofern der Gesellschaftsvertrag nichts anderes anordnet, besteht für die Übertragung des Gesellschaftsanteils **keine besondere Formpflicht**. Als Titel kommen insbesondere Kauf, Schenkung (auch Schenkung auf den Todesfall) oder Vermächtnis in Frage (beachte aber die Rechtsfolgen bei Tod des Gesellschafters, siehe dazu gleich).

B. Rechtsfolgen bei Tod eines unbeschränkt haftenden Gesellschafters

a) Gesetzliche Rechtsfolgen

Der **Tod eines unbeschränkt haftenden Gesellschafters** (Gesellschafter einer OG, Komplementär einer KG) bewirkt gem **§ 131 Z 4 UGB** grundsätzlich die **Auflösung** der Gesellschaft; dem Tod eines Gesellschafters wird die Auflösung einer juristischen Person, die Gesellschafterin ist, gleichgehalten. Die durch den Tod eines Gesellschafters aufgelöste Gesellschaft ist **abzuwickeln**. Die übrigen Gesellschafter können jedoch weiterhin zur einstweiligen Fortführung der zu besorgenden Geschäfte verpflichtet sein, sofern die Gesellschaft andernfalls einen Schaden erleiden würde (§ 136 UGB).

Mit dem Tod des Gesellschafters fällt dessen **Mitgliedschaft in die Verlassenschaft**. Nach der Einantwortung geht sie auf den (bzw die) Erben über. Die Verlassenschaft bzw der Erbe nimmt die Rechtsstellung eines Gesellschafters einer **Gesellschaft in Liquidation** (eines Liquidationsgesellschafters) ein. Aufgrund des Eintritts in die abzuwickelnde Gesellschaft haftet die Verlassenschaft bzw der Erbe als Liquidationsgesellschafter grundsätzlich persönlich mit seinem gesamten Vermögen für alle bis zu diesem Zeitpunkt bereits begründeten und für die bis zur Vollbeendigung noch entstehenden Gesellschaftsverbindlichkeiten **unbeschränkt**. Durch die Abgabe einer **bedingten Erbantrittserklärung** kann der Erbe diese Haftung jedoch nach hM betragsmäßig mit dem Wert der ihm zugekommenen Verlassenschaftsaktiva **beschränken** (siehe S 127 f).

Die Gesellschafter können während des Liquidationsverfahrens durch einen **Fortsetzungsbeschluss** die Fortsetzung der Gesellschaft beschließen; die Verlassenschaft bzw der Erbe nimmt an diesem Beschluss nicht teil. Der Fortsetzungsbeschluss führt zur Fortsetzung der Gesellschaft durch die übrigen Gesellschafter **bei gleichzeitigem Ausscheiden** der Verlassenschaft bzw **des Erben**. Die Verlassenschaft bzw der Erbe hat dann bloß gem **§ 137 Abs 2 UGB** einen Anspruch auf das **Abfindungsguthaben**. Der Anspruch auf das Abfindungsguthaben kann allerdings im Gesellschaftsvertrag (mittels Abfindungsklauseln) bestimmt, daher im Verhältnis zum Verkehrswert des Anteils **verringert oder sogar ausgeschlossen** werden. Der Ausschluss kann zu Lasten der Erben jedes Gesellschafters (wechselseitiger Abfindungsausschluss) oder bloß zu Lasten der Erben eines bestimmten Gesellschafters gesellschaftsvertraglich festgelegt werden.

Verstirbt der **vorletzte Gesellschafter** und erklärt der überlebende Gesellschafter seinen **Fortsetzungswillen** (eine förmliche Beschlussfassung ist in diesem Fall nicht erforderlich), scheidet die Verlassenschaft aus der Gesellschaft aus und **erlischt die Gesellschaft ohne Liquidation**, da eine Personengesellschaft über mindestens **zwei Gesellschafter** verfügen muss. Das Vermögen der Gesellschaft geht in diesem Fall durch Gesamtrechtsnachfolge auf den überlebenden Gesellschafter durch **Anwachsung gem § 142 Abs 1 UGB** über.

b) Gesellschaftsvertragliche Regelungen

§ 131 Z 4 UGB ist **dispositiv**. Die **Auflösung** der Gesellschaft kann daher durch gesellschaftsvertragliche Regelungen **abbedungen** werden.[73] Folgende Vertragsgestaltungen spielen in der Praxis eine wesentliche Rolle:

- **Fortsetzungsklausel**

  Mit der Fortsetzungsklausel werden gesellschaftsvertraglich die **Rechtsfolgen eines Fortsetzungsbeschlusses** herbeigeführt, sodass dass bei Tod eines Gesellschafters die **übrigen Gesellschafter die Gesellschaft untereinander fortführen**. Der Anspruch des verstorbenen Gesellschafters auf das **Abfindungsguthaben fällt in die Verlassenschaft**. Verbleibt nach dem Tod eines Gesellschafters nur noch ein Gesellschafter, so ist die Fortsetzungsklausel idR so zu verstehen, dass das Vermögen der Gesellschaft auf den verbleibenden Gesellschafter im Wege der Gesamtrechtsnachfolge gem § 142 Abs 1 UGB übergehen soll.

- **Einfache Nachfolgeklausel**

  Mit der Nachfolgeklausel wird gesellschaftsvertraglich festgelegt, dass im Falle des Todes eines Gesellschafters die Gesellschaft nicht aufgelöst, sondern **mit den Erben des Verstorbenen fortgeführt** wird. Aus Sicht der Mitgesellschafter ist – trotz der ursprünglichen vertraglichen Zustimmung – die einfache Nachfolgeklausel insofern

[73] Vgl OGH 14.11.1991, 8 Ob 534/91.

problematisch, als dass sie **keinerlei Einflussmöglichkeit auf die konkrete Person** des Rechtsnachfolgers haben. Wer Erbe und damit (neuer) Gesellschafter der OG werden soll, legt der Erblasser mittels letztwilliger Verfügung selbst fest bzw bestimmt sich – mangels einer solchen Verfügung – nach der gesetzlichen Erbfolge. Sind **mehrere Erben** zur Nachfolge berufen, kann es überdies zu einer **Aufspaltung** des vom verstorbenen Gesellschafter hinterlassenen Gesellschaftsanteils kommen.

Zunächst erwirbt die Verlassenschaft und mit der Einantwortung der Erbe den Gesellschaftsanteil. Die **Rechtsstellung** der Verlassenschaft bzw des Erben **entspricht** grundsätzlich **derjenigen des Erblassers**; der Gesellschaftsvertrag kann aber anderes festlegen. So kann zB bestimmt werden, dass der Nachfolger eines verstorbenen Gesellschafters nicht geschäftsführungsbefugt ist. Die Verlassenschaft bzw der Erbe **haftet für** alle zum Nachfolgezeitpunkt bereits bestehenden bzw künftigen entstehenden **Gesellschaftsverbindlichkeiten unbeschränkt** (§§ 128, 130 UGB). Diese gesellschaftsrechtliche Haftung besteht neben und unabhängig von einer erbrechtlichen Haftung nach allgemeinem Zivilrecht.

- **Qualifizierte Nachfolgeklausel**

Die qualifizierte Nachfolgeklausel unterscheidet sich von der einfachen Nachfolgeklausel dadurch, dass bei Tod eines Gesellschafters die übrigen Gesellschafter die Gesellschaft nicht mit jedem, sondern **nur mit bestimmten Erben** des Verstorbenen **fortsetzen**. Bereits im Gesellschaftsvertrag wird **festgelegt, mit welchem potenziellen Erben** eine Fortsetzung der Gesellschaft gewünscht wird. Der Nachfolger kann im Gesellschaftsvertrag **konkret namentlich** bezeichnet oder auch nur **nach allgemeinen Merkmalen** definiert werden (zB das älteste Kind). Wird der im Gesellschaftsvertrag bestimmte Nachfolger Erbe des verstorbenen Gesellschafters, **erwirbt** er – ohne Rücksicht auf seine Erbquote – **den Gesellschaftsanteil als Ganzes**. Allfällige Miterben haben dann gegen ihn einen **Ausgleichsanspruch**. Die Haftung des qualifizierten Nachfolgers entspricht jener des einfachen Nachfolgers. Wird der Nachfolger nicht Erbe des verstorbenen Gesellschafters, scheitert die qualifizierte Nachfolgeklausel, die dann **in eine Eintrittsklausel umgedeutet** werden kann.

- **Eintrittsklausel**

Gibt eine Vereinbarung im Gesellschaftsvertrag **einem Dritten** (und nicht einem Erben des verstorbenen Gesellschafters) das **Recht**, nach dem Tod eines Gesellschafters an dessen Stelle **in die Gesellschaft einzutreten**, spricht man von einer Eintrittsklausel. Auch durch diese Vereinbarung wird die gesetzliche **Auflösung ausgeschlossen**, sofern der Berechtigte **von seinem Eintrittsrecht Gebrauch** macht. Für das Eintrittsrecht kommt es – im Unterschied zur Nachfolgeklausel – nicht darauf an, ob der Berechtigte Erbe des verstorbenen Gesellschafters wird oder nicht. Die Regelung begünstigt den Eintretenden stark und ist für die anderen Gesellschafter mit **hoher Ungewissheit** verbunden.

Klauseln, die etwa **Töchter** im Unterschied zu Söhnen **pauschal** von der Nachfolge oder dem Eintritt ohne sachliche Rechtfertigung ausschließen, sind **wegen Sittenwidrigkeit unwirksam.**[74]

c) Wahlrecht des Nachfolgeberechtigten

Durch die einfache bzw die qualifizierte **Nachfolgeklausel** wird der Erbe des Gesellschaftsanteils der **unbeschränkten gesellschaftsrechtlichen Haftung** für Gesellschaftsverbindlichkeiten ausgesetzt. Um dieser Belastung zu entgehen, kann er die Erbschaft **ausschlagen**, verliert aber dann die gesamte Verlassenschaft. Als Alternative gewährt **§ 139 UGB** dem Erben das **Recht, innerhalb von drei Monaten** nach Einantwortung von den Mitgesellschaftern zu verlangen, dass die Beteiligung des verstorbenen Gesellschafters **in eine Kommanditbeteiligung umgewandelt** wird. Stimmen die übrigen Mitgesellschafter zu, wird der Erbe Kommanditist (und die OG zur KG); **lehnen** die übrigen Gesellschafter die Umwandlung **ab**, wobei die Ablehnung durch einen einzigen Gesellschafter ausreicht, kann der Erbe innerhalb dieser Frist **sein Ausscheiden** aus der Gesellschaft **erklären**. Scheidet der Erbe innerhalb der Dreimonatsfrist aus der Gesellschaft aus bzw wird er innerhalb dieser Frist Kommanditist, so haftet er gem **§ 139 Abs 4 UGB** für die bis dahin entstandenen Gesellschaftsverbindlichkeiten **nach Maßgabe seiner Erbantrittserklärung**.

d) Erbrechtliche Ansprüche

Selbst wenn aufgrund der Eintrittsklausel oder der Nachfolgeklausel nur einer der Erben oder ein Dritter den Gesellschaftsanteil übernimmt und die Rechtsnachfolge für diesen Vermögensgegenstand antritt, **bleiben die erbrechtlichen Ansprüche** der anderen Erben oder Pflichtteilsberechtigten **aufrecht** und sind grundsätzlich **aus der sonstigen Verlassenschaft zu befriedigen**. Ist dies mangels ausreichender Vermögenswerte in der Verlassenschaft nicht möglich, sind Ausgleichszahlungen zu leisten.

C. Rechtsfolgen bei Tod eines Kommanditisten

Der **Tod eines Kommanditisten** führt gem **§ 177 UGB nicht zur Auflösung** der Gesellschaft. Vielmehr wird die KG vor Einantwortung mit der Verlassenschaft bzw nach Einantwortung **mit den Erben** des verstorbenen Gesellschafters **fortgesetzt**. Gibt es **mehrere** Erben, so wird **jeder** von ihnen **Kommanditist**. § 177 UGB ist **dispositiv**, sodass es möglich ist, bei Tod eines Kommanditisten die Auflösung der Gesellschaft oder – im Sinne einer Fortsetzungsklausel – das Erlöschen der Mitgliedschaft und die Fortführung der Gesellschaft unter den übrigen Gesellschaftern vorzusehen.

---

[74] OGH 24.1.2019, 6 Ob 55/18h.

V. Unternehmensnachfolge in der Praxis am Beispiel von Familienunternehmen

1. Allgemeines

Der **Tod eines Gesellschafters** im Familienunternehmen trifft nicht nur seine Familie, sondern auch das Unternehmen in vielfältiger Weise.[75] Ist in einem Familienunternehmen **keine Vorsorge** für den Tod eines Gesellschafters getroffen worden, greifen die **allgemeinen gesetzlichen** gesellschaftsrechtlichen und erbrechtlichen **Bestimmungen**.

Das **Erbrecht** konzentriert sich auf das Vermögen des jeweiligen Erblassers. Es regelt, wer die Verlassenschaft und damit auch die gesellschaftsrechtliche Mitgliedschaft erhält. Das Erbrecht hat **Verteilungs- und Versorgungsfunktion**. Die Mitglieder ein- und derselben Familie sollen **möglichst gleich** an dem Vermögen des verstorbenen Erblassers beteiligt werden. Ihr **Lebensunterhalt** soll besorgt werden. Das Erbrecht regelt, wer das Vermögen einer Person nach ihrem Tod erhalten soll.

Das **Gesellschaftsrecht** ist generell darauf ausgerichtet, die unterschiedlichen Interessen aller Beteiligten zu einem Ausgleich zu bringen und zugleich den kontinuierlichen Bestand des Unternehmens zu sichern. Das Gesellschaftsrecht hat insofern **Bestands- und Ausgleichsfunktion**. Welche Rechte, Vermögensgegenstände und Rechtsverhältnisse aber überhaupt vererblich sind und im Erbweg übertragen werden können, ist nicht Gegenstand des Erbrechts, sondern folgt den allgemeinen gesetzlichen Bestimmungen oder bestimmten rechtsgeschäftlichen Vorkehrungen. Daher sind die **gesellschaftsrechtlichen Regelungen** im Familienunternehmen von herausragender Bedeutung auch für die Erbfolge. Gesellschaftsrechtlich kann insbesondere die Vererblichkeit bei Personengesellschaften (siehe S 160 ff) und in bestimmtem Ausmaß auch bei Kapitalgesellschaften (siehe S 154 ff) bestimmt werden.

Fragen der Unternehmensnachfolge im Familienunternehmen sind daher sowohl unter **erb- rechtlichen** als auch **gesellschaftsrechtlichen** Bestimmungen zu beurteilen. Bestehen im Unternehmen weder gesellschaftsrechtliche noch erbrechtliche Vorkehrungen, kommt es zum Übergang des Vermögens kraft gesetzlicher Erbfolge. Da das **gesetzliche Erbrecht** vom **Prinzip der Verteilung und Gleichberechtigung** der Familienmitglieder in gleicher Generation geprägt ist, steht dieser Mechanismus vielfach dem **dauerhaften Bestand** eines Familienunternehmens entgegen. Einerseits kommt es zur Aufteilung von Gesellschaftsanteilen und damit zur **Zersplitterung von Beteiligungen**, andererseits kommt es zu einer **Erhöhung der Zahl** der entscheidungsbefugten Personen. Durch die Teilung werden der vermögensmäßige Anteil und damit auch das Interesse und die **Bereitschaft geringer**, für die Gesamtheit der Gesellschafter und den dauerhaften Erhalt des Unternehmens **Eigeninteressen zurückzustellen**. Die Größe des Gesellschafterkreises **steigert die Komplexität** der Entscheidungs- und

---

75 Siehe im Detail zur Unternehmensnachfolge im Familienunternehmen *Kalss/Probst*, HB Familienunternehmen[2] Rz 24/1 ff.

Konsensfindung. Die Verteilungsfunktion des Erbrechts führt oft zu ungeeigneten Lösungen für das Unternehmen. Da die **Kinder** – neben dem Ehepartner bzw eingetragenen Partner – **gleichberechtigt beteiligt** werden, erhalten sie Gesellschaftsanteile **unabhängig von** ihrer **Volljährigkeit**, ihrem **Alter**, ihrer **Eignung** oder ihrem **Willen**, überhaupt in das Unternehmen einzutreten und es fortzuführen. Erbfälle nach dem gesetzlichen Erbrecht verkomplizieren sich, wenn die Kinder aus unterschiedlichen Ehen oder sonstigen Beziehungen stammen. Der **Übergang** des Unternehmens oder der Gesellschaftsanteile **kraft gesetzlichen Erbrechts** mag zwar im Ergebnis durchaus dem Willen des Erblassers entsprechen und sich im Einzelfall als geeignete Lösung erweisen. Er ist aber angesichts der möglichen Komplikationen für das Familienunternehmen **nur als Notlösung** zu sehen.

Die beiden anderen Varianten für die Unternehmensnachfolge im Familienunternehmen sind

- die **vorweggenommene Übergabe unter Lebenden**,
- die **Übergabe von Todes wegen** durch erbrechtliche Verfügungen, insbesondere durch ein Testament („Unternehmertestament“).

Die Übergabe unter Lebenden ist die bestmögliche Gestaltung; die Übergabe von Todes wegen kraft letztwilliger Verfügung die zweitbeste Lösung.

2. Vorweggenommene Übergabe unter Lebenden

Die vorweggenommene Übergabe erfolgt durch **Rechtsgeschäfte unter Lebenden**. Grundsätzliche Voraussetzung ist das Vorhandensein eines **geeigneten Nachfolgers** im Familienkreis. Ist dies nicht der Fall, ist primär der Verkauf des Unternehmens im Sinne einer geordneten Verwertung der Unternehmensassets anzustreben.

Gibt es einen oder mehrere potenzielle familieninterne Nachfolger, ist die vorweggenommene Erbfolge die **vorzugswürdige Gestaltungsalternative** für die Unternehmensnachfolge. Die im Unternehmen nachfolgenden Kinder können **frühzeitig und schrittweise** an das Unternehmen herangeführt werden und notwendige Erfahrungen sammeln. Allfällige Fehlentwicklungen können noch unter Anleitung des Übergebers korrigiert werden. Unerwünschtes Verhalten des Übernehmers kann mit verbindlichen rechtlichen Gestaltungen gemildert oder überhaupt hintangehalten werden. Schließlich kann die Übergabe im äußersten Fall sogar **rückgängig gemacht** werden.

Kernelement der Unternehmensnachfolge unter Lebenden ist der **Übergabevertrag** zwischen dem **Übergeber**, dh dem aktuellen Gesellschafter und dem späteren Erblasser, und seinen oder seinem Rechtsnachfolger(n), dh seinen(m) potenziellen Erben und **Übernehmer(n)** des Unternehmens. Der Übergabevertrag dient als **schuldrechtlicher Titel** für den rechtsgeschäftlichen Übergang der Gesellschaftsanteile und ist – im Gegensatz zu einer letztwilligen Verfügung – ein **zweiseitiges Rechtsgeschäft**.

Die Übergabevereinbarung regelt aber nicht nur den Anteilsübergang, sondern sollte im Sinne eines umfassenden Nachfolgekonzepts insgesamt **folgende Elemente** abdecken. Streng genommen liegen dann idR mehrere Verträge vor, die aber wechselseitig voneinander abhängen und zusammengehören; sie werden unter dem Begriff „Familienvereinbarung" zusammengefasst:[76]

- **Übergabe** des Unternehmens bzw der Gesellschaftsanteile;
- **Versorgungsmaßnahmen** zugunsten des Übergebers und dessen Ehepartners bzw eingetragenen Partners;
- **Sicherungsmechanismen** zugunsten des Übergebers bei Fehlentwicklungen;
- **Wirtschaftlicher Ausgleich für die weichenden Erben**: Die Interessen von Pflichtteilsberechtigten und sonstigen Angehörigen (zB Geschwister), die nicht in das Unternehmen eintreten, müssen durch Versorgungs- oder Abfindungsleistungen befriedigt werden;
- **Ergänzende Maßnahmen** zur Stabilisierung der Vereinbarung.

Die sich aus diesen Anforderungen ergebenden **Belastungen** für den Übernehmer **dürfen aber nicht so hoch sein**, dass sie für ihn nicht mehr leistbar sind und eine Verbesserung seiner wirtschaftlichen Situation verhindern. Der Übernehmer hätte dann kein Interesse an der Übernahme und es würde als Option nur der Verkauf des Unternehmens bleiben.

A. Übergabe des Unternehmens bzw der Anteile

Als **Übergabevertrag** kommt insbesondere eine **Schenkung** oder ein **Kauf** in Frage. Oftmals beruht die Unternehmensnachfolge auf einer **gemischten Schenkung**. Je nach konkreter Gestaltung der Anteilsübertragung als **entgeltliches oder unentgeltliches** Geschäft sind die Versorgungsleistungen und Sicherungsmaßnahmen zugunsten des Übergebers sowie die Ausgleichsleistungen zugunsten der weichenden Erben zu gestalten. Während beim Kauf die Versorgungs- und Ausgleichsleistungen aus dem **Entgelt der Gegenleistung** für die Übergabe des Anteils zu bedienen sind, werden bei einer Schenkung diese erforderlichen Leistungen entweder durch **Auflagen oder unmittelbare Einräumung eines Fruchtgenussrechts** oder einer Unterbeteiligung erbracht.

Die **Wahl des Rechtsgeschäfts** und seine konkrete Ausgestaltung hängen von zahlreichen Umständen des Einzelfalls ab: Insbesondere spielen

- die **wirtschaftliche Leistungskraft** des Übernehmers (kann er den Kaufpreis zahlen?);
- das **Vorhandensein sonstigen privaten Vermögens** auf der Seite des Übergebers (Einfluss auf die Höhe notwendiger Versorgungsleistungen) sowie
- die **wirtschaftliche und rechtliche Situation der weichenden Erben** (Pflichtteilsberechtigungen?) eine wesentliche Rolle.

Der Kaufpreis bei einem Kaufvertrag kann zB sowohl der **einmalig oder ratenweise** vorgenommenen **Versorgungsabgeltung** des Übergebers und der Abfindung der

[76] *Kalss/Probst*, HB Familienunternehmen² Rz 26/33 ff, Rz 3/39.

weichenden Erben dienen. Teile des Kaufpreises können auch als **Abfindung** für den **Abschluss von Pflichtteilsverzichtsverträgen** zwischen den weichenden Erben und dem Übergeber dienen. Im Regelfall wird der Übernehmer nicht in der Lage sein, die Gegenleistung sofort zu erbringen. Um dem Übernehmer die Finanzierung des Kaufpreises zu erleichtern, sind insbesondere **Ratenzahlungsvereinbarungen** oder eine **Stundung** des gesamten Kaufpreises zu überlegen. Solche Erleichterungen der Kaufpreisfinanzierung zugunsten des Übernehmers sind aufgrund der damit einhergehenden Risiken mit **zusätzlichen Absicherungen** für den Übergeber zu verbinden. Zu diesem Zweck können **persönlichen Sicherheiten** des Übernehmers, insbesondere eine Bankgarantie oder eine Bürgschaft, oder **grundbücherliche Sicherungen** an Liegenschaften, die ggf mitübertragen werden, begründet werden. Gehören die Liegenschaften der Gesellschaft, muss diese der Verpfändung zustimmen; bei Kapitalgesellschaften ist dabei aber das **Verbot der Einlagenrückgewähr** im Verhältnis zum übernehmenden Gesellschafter zu berücksichtigen.

Der Übergabevertrag kann auch die Form eines **Leibrentenvertrages** einnehmen; die Unternehmensübergabe erfolgt in diesem Fall **gegen Zusage einer lebenslangen Rente**.

Mit der Übertragung der Anteile auf den Übernehmer stellt sich gerade beim Familienunternehmen oftmals auch die Frage des **Übergangs der Leitungsfunktion** (Vorstandsmandat, Geschäftsführerposition). Daher ist nicht nur der Anteilsübergang zu regeln, sondern ist ergänzend auch die **Weitergabe einzelner Organträgerfunktionen** festzulegen. Der Übergang kann dabei unterschiedlich gestaltet werden; so kann etwa ein gleichzeitig mit dem Anteilsübergang erfolgendes Ausscheiden aus allen Funktionen oder ein **schrittweises Ausscheiden** (Abtreten der Funktion des Vorstandsvorsitzenden an den Übernehmer bei Verbleib als einfaches Vorstandsmitglied, Annahme eines Aufsichtsrats- oder Beiratsmandats) vorgesehen werden.

B. Versorgung des Übergebers

Zum Zweck der **lebenslangen Versorgung des Übergebers** (bzw auch dessen Ehegatten, eingetragenen Partners oder Lebensgefährten) stehen verschiedene Möglichkeiten zur Verfügung.

a) Zeitlich verzögerte, lineare Anteilsübertragung

Der Übergeber kann sich **über einen längeren Zeitraum** aus dem Unternehmen zurückziehen und seine **Anteile in Tranchen** an den Übernehmer **übertragen**. Er kann zu diesem Zweck die einzelnen Anteilsübertragungen an das **Erreichen bestimmter** unternehmerischer **Ziele** oder an **zeitliche Abstände** im Rahmen eines **geplanten Gesamtübergangszeitraums** knüpfen. Die 80 %-Beteiligung des Übergebers soll etwa in vier oder fünf Tranchen innerhalb eines Zeitraums von 3 bis 5 Jahren übertragen werden. Die stufenweise Übertragung ist bei Aktienpaketen eher möglich als bei einem Geschäftsanteil an einer GmbH. Bei der GmbH ist wegen des Formgebots und der Begrenzung auf einen Geschäftsanteil für einen Gesellschafter ein höherer Gestaltungsaufwand notwendig.

Der **länger gezogene Übergangsprozess** belässt dem Übergeber weiterhin Anteile und Ertragsmöglichkeiten, vor allem aber auch Einfluss über die Ausübung von Stimmrechten. Zugleich gibt er dem Übernehmer die Möglichkeit, **an der Seite des Übergebers** die Gesellschafterrolle auszuüben und in sie **hineinzuwachsen**. Es ist aber auch die **Gefahr von Konflikten** aus diesem Nebeneinander zu bedenken. Jedenfalls sind Regelungen für ein intern abgestimmtes Vorgehen sowie für die Versorgung und Absicherung des Übergebers nach Abschluss des gestreckten Anteilsübergangs zu treffen.

b) Fruchtgenussrecht

Durch das Fruchtgenussrecht wird dem Begünstigten (dem Übergeber) **wirtschaftliches Eigentum am belasteten Vermögen** eingeräumt. Dem Übernehmer wird die Pflicht auferlegt, den Übergeber mit dem geschenkten Unternehmensanteil bzw den Erträgnissen daraus zu versorgen. Das Fruchtgenussrecht kann etwa im Rahmen einer **Schenkung unter Auflage** gem § 938 ABGB iVm §§ 709 ff ABGB vorgesehen werden.

Das Fruchtgenussrecht gibt dem Übergeber das Recht, **weiterhin wirtschaftlichen Nutzen** aus dem übertragenen Unternehmensanteil zu ziehen. Das Fruchtgenussrecht hat auch **Absicherungsfunktion gegen einen Verkauf** durch den Übernehmer. Auch in einer letztwilligen Verfügung kann eine **Auflage gem § 709 ABGB** formuliert werden, wenn das unternehmerische Vermögen auf die Kinder oder einen bestimmten Nachfolger übergehen soll, aber noch die Versorgung des überlebenden Ehepartners, eingetragenen Partners oder Lebensgefährten sichergestellt werden soll (**Unterhaltsfruchtgenuss**).

Das Fruchtgenussrecht schafft die Möglichkeit der **Spaltung von rechtlichem und wirtschaftlichem Eigentum**. Je nach Bedarf kann diese Trennung **vorübergehend** oder **dauerhaft** ausgestaltet werden. Das Fruchtgenussrecht ermöglicht es, die vermögensrechtlichen Vorteile, insbesondere den Dividendenzufluss, von der Gesellschafterstellung, dh von der Einflussnahme, zu trennen. Dem **Übergeber** bleiben die **wirtschaftlichen Vorteile** aus den übertragenen Vermögenswerten (Dividenden), der **Übernehmer** erhält **rechtliches Eigentum** an dem Anteil, wird daher Gesellschafter und kann somit die Gesellschafterrechte ausüben. Veränderungen und Wertsteigerungen an der Substanz vollziehen sich bereits beim Übernehmer.

Das Fruchtgenussrecht verlangt als **dingliches Recht** ein Verpflichtungs- und ein Verfügungsgeschäft. Verpflichtungsgeschäft ist die **Fruchtgenussabrede**. Diese ergänzt das der Anteilsübertragung zugrundeliegende Titelgeschäft. Als Verfügungsgeschäft kommt bei einem Gesellschaftsanteil die **Verständigung der Gesellschaft** bzw die Übermittlung der Fruchtgenussabrede an die Gesellschaft in Frage.

- In der **GmbH** und in der **FlexCo** ist die Einräumung eines Fruchtgenusses an einem Geschäftsanteil grundsätzlich **allgemein möglich**, da die Anteile frei übertragbar sind. Ein Notariatsakt ist dafür nicht erforderlich. Da in einem Familienunternehmen die Anteile **typischerweise vinkuliert** sind, bedarf auch die Einräumung des Fruchtgenussrechts im Zweifel der **Zustimmung der Gesellschafter**.
- In der **Aktiengesellschaft** ist die Einräumung eines Fruchtgenussrechts an der Aktie ebenfalls **zulässig**, zumal sowohl die Inhaber- als auch die Namensaktie frei übertragbar sind. Sofern die Übertragung der Namensaktie **an die Zustimmung** der Gesellschaft **gebunden** ist, ist auch die Einräumung des Fruchtgenussrechts **im Zweifel nur zulässig**, wenn die Gesellschaft ihre Zustimmung erteilt. Gleich wie im GmbH-Recht ist die Einräumung in **formloser** Weise rechtswirksam. Es muss aber ein sachenrechtlicher Publizitätsakt gesetzt werden, der wiederum in der Verständigung der Gesellschaft besteht.
- Im Bereich des **Personengesellschaftsrechts** muss ein Fruchtgenussrecht im **Gesellschaftsvertrag** selbst vorweg zugelassen sein oder die **Mitgesellschafter** müssen der Einräumung des Fruchtgenusses für einen Gesellschaftsanteil **zustimmen**. Die konkrete Gestaltung des Fruchtgenussrechts hängt auch von der gesellschaftsrechtlichen **Ausgestaltung des Gesellschaftsanteils** ab, nämlich von der gesetzlichen Vorgabe und der konkreten Ausformung im Gesellschaftsvertrag. Die Einräumung des Fruchtgenussrechts für einen Anteil an einer Personengesellschaft unterliegt **keiner besonderen Formvorschrift**.

Als **Gesellschafter** übt der **Übernehmer** die gesellschaftsrechtlichen Verwaltungs- und Mitgliedschaftsrechte, insbesondere das Stimmrecht und das Recht zur Teilnahme an den Gesellschafterversammlungen aus. Bei der Ausübung der Gesellschafterrechte trifft den Übernehmer allerdings eine **Interessenwahrungspflicht** gegenüber dem fruchtgenussberechtigten Übergeber. **Verstößt** der Fruchtgenussverpflichtete (der Übernehmer) gegen den Grundsatz der Interessenwahrung, indem er etwa die Ausschüttungen verkürzt oder operativ in die Gesellschaft eingreift und einen Gewinn so gar nicht entstehen lässt, kann der Fruchtgenussberechtigte gegenüber dem Übernehmer **Schadenersatz- und Unterlassungsansprüche** geltend machen.

Der **Fruchtgenussberechtigte** ist mangels Eigentümerstellung **nicht mehr Gesellschafter** und wird daher auch nicht im Firmenbuch eingetragen. Er hat aber **Informations- und Kontrollrechte** neben dem Gesellschafter. Diese sind **funktional beschränkt**, dh sie müssen sich auf **Ertragsangelegenheiten** aus der Beteiligung beziehen. Möglich und in einer Übergangsphase oft sinnvoll ist auch die Einräumung einer **Stimmrechtsvollmacht** für den fruchtgenussberechtigten Übergeber. Der Übergeber kann dann weiterhin die Gesellschafterrechte ausüben. Sachgerecht ist auch eine **interne Stimmrechtsabsprache** zwischen dem Fruchtgenussberechtigten und dem Gesellschafter zum Zweck der Absicherung der wechselseitigen Interessen.

Die **inhaltliche Ausgestaltung** des Fruchtgenussrechts ist Gegenstand der **freien vertraglichen Vereinbarung** zwischen dem fruchtgenussberechtigten Übergeber und dem belasteten Übernehmer. Das Fruchtgenussrecht kann **auf Lebenszeit** des Übergebers oder dessen Partners eingeräumt werden. Möglich ist auch eine **kürzere Frist**, je nach sonstiger Abgeltung für die Anteilsübertragung.

Die dem Fruchtgenussberechtigten zustehenden **Früchte aus einem Gesellschaftsanteil** sind die **Erträge**, die die Beteiligung entsprechend den gesetzlichen Vorgaben und der vertraglichen Gestaltung gewährt.

- In der **GmbH** entsteht der Gewinnanspruch erst mit dem entsprechenden **Gewinnverwendungsbeschluss** der Generalversammlung gem **§ 35 GmbHG**. Der Fruchtgenussberechtigte hat daher einen Gewinnanspruch gegenüber der Gesellschaft, wenn und soweit die Generalversammlung die Ausschüttung des Bilanzgewinns beschlossen hat und soweit dieser Bilanzgewinn auf das aufrechte Bestehen des Fruchtgenusses fällt.
- In der **Aktiengesellschaft** hängt der Fruchtgenuss ebenfalls gem **§ 104 AktG** vom Gewinnverwendungsbeschluss der Hauptversammlung ab. Die gesetzliche Zuteilung zwischen dem Fruchtgenussbelasteten und dem Fruchtgenussberechtigten folgt dem gleichen Regime wie in der GmbH.
- In **Personengesellschaften** bestehen die Erträge der Beteiligung nur in den auf Grundlage der Unternehmensbilanz **entnahmefähigen Erträgen**.

Sobald der Gewinnanspruch des Fruchtnießers besteht, hat er einen **unmittelbaren Leistungsanspruch gegen die Gesellschaft selbst** und nicht nur gegen den belasteten Gesellschafter. Der Fruchtgenussberechtigte hat einen direkten Anspruch **nach entsprechender Beschlussfassung** auf Gewinnausschüttung. Die Gesellschaft wird durch die Leistung an den Fruchtgenussberechtigten von ihrer Zahlungspflicht frei. Dies setzt naturgemäß voraus, dass der Gesellschaft die **Fruchtgenussberechtigung bekannt** gegeben wird. Dies ist aber ohnehin eine sachenrechtliche Wirksamkeitsvoraussetzung.

Die **Ertragszuteilung** aus dem Gesellschaftsanteil kann **vertraglich** auch anders gestaltet werden. Es ist jedenfalls empfehlenswert, eine klare vertragliche Abgrenzung vorzunehmen. Klarzustellen ist, auf welche Erträge der Fruchtgenussberechtigte tatsächlich Anspruch hat und ob er diese Erträge von der Gesellschaft beziehen kann. Da gerade in der **Aufteilung und Lenkung der Erträge** ein **zentraler Interessenkonflikt** zwischen Fruchtgenussberechtigtem und Fruchtgenussbelasteten herrührt, ist es empfehlenswert, vertraglich einen angemessenen **Interessenausgleich** herbeizuführen. Das Fruchtgenussrecht soll daher so gestaltet werden, dass dem Übergeber nicht die gesamten Erträge zukommen, sondern nur ein Teil davon. Die **Ausschüttungen** sollen zwischen dem Übergeber und dem Übernehmer nach einem **klaren Schlüssel aufgeteilt** werden. Derart kann der **strukturelle Interessenwiderstreit** zwischen dem Fruchtgenussberechtigten, der an **möglichst hohen Ausschüttungen** interessiert ist, und dem Gesellschafter, der von einer **Thesaurierung der Gewinne** profitiert, ausgeglichen werden. Der fruchtgenussberechtigte Übergeber und der fruchtgenussbelastete Übernehmer haben dann beide ein Interesse daran, dass Erträge ausgeschüttet werden. Das Fruchtgenussrecht ist dann eine **gute Gestaltungsmöglichkeit**, um den Übergeber oder den Partner des Übergebers aus den Erträgen des Unternehmens oder des Gesellschaftsanteils zu versorgen, wenn die Vermögenssubstanz bereits auf die Übernehmergeneration übertragen wird.

c) Sonstige Gestaltungsmöglichkeiten

Die **Versorgung des Übergebers** und dessen Partners kann auch noch durch andere Instrumente gestaltet werden. Alle sind dadurch gekennzeichnet, dass dem Übergeber **aus dem Ertrag** des Unternehmens ein bestimmter Betrag zukommen soll, um seinen Lebensunterhalt zu finanzieren. Je nach Gestaltung kann eine **stille Beteiligung**, eine **Unterbeteiligung** oder eine **Rente** ausschließlich **ertragsabhängig** gestaltet werden oder kann eine **Fixkomponente** mit einer Ertragskomponente kombiniert werden.

Diese Gestaltungsmöglichkeiten können als **Ergänzung** der Anteilsübertragungsvereinbarung unmittelbar geregelt werden. Vorstellbar ist es aber auch, dass im Anteilsschenkungsvertrag eine **Auflage gemäß § 709 ABGB** (siehe S 62 f) zur Schaffung einer derartigen Versorgungsgestaltung formuliert wird. Die Auflage bewirkt eine **Zweckbindung** des geschenkten Anteils und verpflichtet den beschenkten Übernehmer, zB eine **Fruchtgenussvereinbarung** mit den Berechtigten (dem Übergeber und dessen Partner) abzuschließen oder an diese **bestimmte Unterhaltsleistungen** zu erbringen (Rentenzahlungen). Die Auflage kann so gestaltet werden, dass der Übernehmer bei mangelnder Einhaltung seinen **Anteil verliert**. Dem Widerrufenden (dem Übergeber) obliegt aber bei Nichteinhaltung der Auflage die Beweislast. Deshalb sind Auflagen **genau zu formulieren**. Sie sollen bei künftigen wirtschaftlichen und rechtlichen Veränderungen **automatische Anpassungsregelungen**, wie etwa Wertanpassungen oder äquivalente Wertzuwendungen bei eintretender Unmöglichkeit einer auferlegten Leistungspflicht, vorsehen.

Ein wichtiger Aspekt der wirtschaftlichen Versorgung des Übergebers liegt in seiner **Haftungsbefreiung**. Vielfach müssen Gesellschafter für die Gesellschaft auch eine **persönliche Haftung zu Finanzierungszwecken** eingehen. Die Befreiung von einer solchen persönlichen Haftung ist eine **wesentliche Bedingung für die Übergabe**, widrigenfalls der Übergeber in die Situation gerät, nicht mehr selbst zu entscheiden, aber voll im Risiko zu stehen. Vielfach ist bei Bestehen persönlicher Haftungen ein **schrittweiser Abbau** (zB in Jahresschritten) mit den finanzierenden Banken möglich.

C. Absicherung des Übergebers

Damit der Übergeber, der seinen Anteil **oft unentgeltlich** in Form einer Schenkung übergibt, entsprechend abgesichert ist und seine **Versorgung gewährleistet** ist, bedarf es für den Fall einer **Fehlentwicklung** vertraglicher **Sicherungsmechanismen**, die sich auf die Anteilsübertragung beziehen, um nicht auf die gesetzlichen Rückforderungs- und Widerrufsrechte beschränkt zu sein. Zusätzlich soll ein Sicherungsmechanismus **gegen den Zugriff Dritter** auf die schenkungsweise übertragenen Vermögensgegenstände eingebaut werden. Gemeint sind damit absichernde Regelungen **für den**

Fall des Verkaufs des Unternehmensanteils durch den Übernehmer innerhalb kurzer Frist nach vollzogener Unternehmensnachfolge. Schließlich ist auch ausreichend Vorsorge für **unvorhergesehene Geschehensabläufe** zu treffen.

Nachstehend werden **einige Möglichkeiten** geschildert, die geeignet sind, um den Übergeber abzusichern.

a) Vertragliches Recht zum Widerruf des Übergabevertrags

Neben den gesetzlichen Widerrufsgründen für Schenkungen gemäß den §§ 947 ff ABGB können weitere **vertragliche Widerrufsgründe** vorgesehen werden. Alternativ kann auch eine **auflösende Bedingung** formuliert werden, deren Eintritt den Rückfall des Vermögens an den Übergeber bewirkt. Aus gesellschaftsrechtlicher Sicht handelt es sich bei einem solchen vertraglichen Widerrufsrecht um ein **einseitiges Ausschlussrecht** eines anderen Gesellschafters bzw eines Nichtgesellschafters (des Übergebers). Ein allgemeines, **umfassendes, voraussetzungsloses**, einseitiges Ausschlussrecht ist kapitalgesellschaftsrechtlich grundsätzlich **unzulässig**. Im Zusammenhang mit einer Unternehmensübergabe ist die einseitige Beendigungsmöglichkeit aber ausnahmsweise zulässig, da sie aus der vorweggenommenen Erbfolge herrührt und die **notwendige sachliche Rechtfertigung** aufweist.

b) Belastungs- und Veräußerungsverbot

Um zu gewährleisten, dass der übertragene Gesellschaftsanteil, von dem idR auch die lebenslange Versorgung des Übergebers abhängig ist, vom Übernehmer **nicht gegen den Willen des Übergebers verkauft oder belastet** wird, bietet sich die rechtsgeschäftliche Vereinbarung eines Veräußerungs- und Belastungsverbots an.[77] Dieses kann neben gesellschaftsrechtlichen Vinkulierungen und Aufgriffsrechten ein **zusätzlicher Sicherungsmechanismus** für den Übergeber sein. Das Veräußerungs- und Belastungsverbot zwischen Übergeber und Übernehmer kann etwa im **Syndikatsvertrag** oder durch sonstige bilaterale **schuldrechtliche Vereinbarung** vereinbart werden. Allerdings kommt einer derartigen Vereinbarung nur **obligatorische** Wirkung zu, dh sie wirkt nur zwischen den Vertragsparteien. Eine verbotswidrige Verfügung ist daher Dritten gegenüber zwar wirksam, macht den Übernehmer aber gegenüber dem Übergeber **schadenersatzpflichtig**. Ein **im Gesellschaftsvertrag** vereinbartes Veräußerungsverbot hat grundsätzlich **absolute** Wirkung, gilt aber nur als zulässig, wenn es mit einer Kündigungsmöglichkeit des Gesellschafters kombiniert oder zeitlich beschränkt ist.

---

[77] *Kalss/Probst*, HB Familienunternehmen^2 Rz 26/92.

c) Einfluss auf die Beschlussfassung in der Gesellschaft

Über **Stimmrechtsgestaltungen** kann sich der Übergeber unmittelbaren Einfluss auf die Beschlussfassung in der Gesellschaft vorbehalten.[78] Zu diesem Zweck bietet sich die Einräumung einer **Stimmrechtsvollmacht für den Übergeber** an. Zu beachten ist, dass der Vollmachtgeber (Übernehmer) die Vollmacht **nach seinem Belieben widerrufen** kann. Zulässig ist aber eine Vereinbarung, wonach der Vollmachtgeber auf den Widerruf der Vollmacht für eine angemessene und ausreichend bestimmte Frist verzichtet.

Der Übergeber kann sich auch einen **geringen Gesellschaftsanteil** (einen abgeteilten GmbH-Geschäftsanteil oder ein Aktienpaket) **zurückbehalten**. Auf Grundlage dieser Beteiligung kann ihm dann im Gesellschaftsvertrag ein Mitwirkungsrecht im Sinne eines **Zustimmungsrechts zu bestimmten Maßnahmen** eingeräumt werden. In der GmbH ist dies aufgrund der Gestaltungsfreiheit im GmbH-Recht ohne weiteres möglich. In der AG ist ein Zustimmungsrecht jedenfalls zu einzelnen Maßnahmen, wie insbesondere zu einer Satzungsänderung, einer Kapitalerhöhung oder zu Umstrukturierungen, zulässig.

Wichtig ist, vertraglich **genau festzulegen, wie lange** der maßgebliche Einfluss noch beim Übergeber bleiben soll. Bei dieser Gestaltung ist darauf zu achten, einerseits die Absicherung des Übergebers zu gewährleisten, umgekehrt aber auch die Gestaltungsmöglichkeiten des Übernehmers nicht zu sehr einzuschränken.

Alternativ zu Rechten, die dem Übergeber **unmittelbar gegenüber der Gesellschaft** zustehen wie eine Stimmrechtsvollmacht oder ein Zustimmungsrecht kann für die Stimmrechtsausübung durch den Übernehmer eine **schuldrechtliche Vereinbarung** zwischen Übergeber und Übernehmer getroffen werden. Es kommt dann zu einer **Syndizierung der Stimmrechte** zwischen Übergeber und Übernehmer. Der Übergeber kann über schuldrechtlich eingeräumte **Zustimmungs- und Vetorechte** zumindest **intern** auf die Stimmrechtsausübung des Übernehmers Einfluss nehmen.

d) Vorbehalt eines Organmandates

Eine weitere Möglichkeit, Einfluss auf die Unternehmensführung auch nach erfolgter Unternehmensnachfolge ausüben zu können, ist der **Vorbehalt bestimmter Aufsichtsrats- oder Beiratsfunktionen**. Neben der Kontrollfunktion steht der Übergeber mit entsprechender **Erfahrung** dem Familienunternehmen weiterhin zur Seite, wodurch ein **Know-how-Verlust vermieden** werden kann und auch nach außen hin Kontinuität der Unternehmensführung vermittelt wird.

---

[78] *Kalss/Probst*, HB Familienunternehmen[2] Rz 26/102 ff.

D. Wirtschaftlicher Ausgleich für die weichenden Erben

Bei der Regelung der Unternehmensnachfolge unter Lebenden ist zugunsten der weichenden Erben (insbesondere Pflichtteilsberechtigte, aber auch sonstige Nichteintretende wie zB Geschwister) ein **wirtschaftlicher Ausgleich** dafür vorzusehen, dass das Unternehmen (oder Anteile daran) an den Übernehmer fällt. Als Gestaltungsinstrumente stehen – parallel zu den Versorgungsleistungen für den Übergeber und dessen Ehegatten – insbesondere folgende Varianten zur Verfügung, die in der Übergabevereinbarung über eine **Auflage** für den Übernehmer oder durch **unmittelbare Einräumung** umgesetzt werden können:

- Fruchtgenussrechte,
- Unterbeteiligungen,
- Rentenvereinbarungen oder
- stille Beteiligungen.

Grundgedanke ist, dass das **Interesse** der weichenden Personen, weiterhin am Familienvermögen teilzuhaben, **gewahrt** wird, **ohne** dass ihnen **Einfluss** auf die Unternehmensführung zukommt.

Im Rahmen der Übergabevereinbarung treten neben die Gegenleistung an den Übergeber daher vielfach auch **Leistungen an Dritte**. Die Vereinbarung zwischen dem Übergeber und dem Übernehmer zur Erbringung bestimmter Leistungen (zB Abfindungszahlungen) an die anderen Geschwister oder sonstige bestimmte Personen ist als **Vereinbarung zugunsten Dritter gemäß § 881 ABGB** anzusehen. Vielfach sind die zu begünstigenden Personen aber auch selbst unmittelbar Parteien des mehrseitigen Übergabevertrags.

E. Ergänzende Maßnahmen

Die vorweggenommene Unternehmensnachfolge kann **erb- und pflichtteilsrechtliche Konsequenzen** haben, da lebzeitige Vermögensverfügungen des Übergebers im Rahmen der Anrechnung auf den gesetzlichen Erbteil und im Rahmen der pflichtteilsrechtlichen Hinzu- und Anrechnung berücksichtigt werden können. Um diese Konsequenzen zu vermeiden, ist der Abschluss entsprechender **Verzichtsverträge** zu empfehlen.

Erb- und Pflichtteilsverzichte gemäß **§ 551 ABGB** sind Verträge zwischen dem Erblasser und den künftigen Pflichtteilsberechtigten. Sie führen dazu, dass der Erblasser bei der Verteilung seines Vermögens – sowohl unter Lebenden als auch von Todes wegen – **auf die Pflichtteilsansprüche der Verzichtenden keine Rücksicht** mehr zu nehmen braucht. Der Erblasser kann dann eine geordnete Vermögensnachfolge ohne Einschränkungen planen und durchführen. Der durch Verzichtsvereinbarungen herbeigeführte Entfall von Pflichtteilsansprüchen und damit einhergehenden Hinzu- und Anrechnungsthematiken ist dem **Familienfrieden** zuträglich. Das Unternehmen wird so vor langen und schädigenden Auseinandersetzungen zwischen Familienmitgliedern nach dem Tod des Übergebers geschützt.

Gerade der **Pflichtteilsverzicht gegen Abfindung** ist ein geeignetes Mittel für eine vorweggenommene, einvernehmliche Erbfolgeregelung. Der Verzichtende kann keine Pflichtteilsansprüche geltend machen; gleichzeitig dient die **Abfindung als wirtschaftlicher Ausgleich** für den Verzichtenden. Zu berücksichtigen ist allerdings, dass die Abfindung für einen Pflichtteils- bzw Erbverzicht **gemäß § 781 Abs 2 Z 3 ABGB als Schenkung unter Lebenden** anzusehen ist und daher bei der Ermittlung der (sonstigen) Pflichtteile einer Hinzurechnung unterworfen werden kann.

Eine **einvernehmliche Lösung** kann nur erreicht werden, wenn **alle Beteiligten** an der Umsetzung des Nachfolgekonzepts **teilnehmen**, dh entsprechende Verzichte vereinbaren und ihren wirtschaftlichen Ausgleich – wie auch immer dieser konkret ausgestaltet ist – als fair wahrnehmen und diesen annehmen.

Eine wichtige Voraussetzung einer solchen **Gesamtlösung** ist, dass bei allen Beteiligten **Klarheit über den Wert** des Familienunternehmens und daher auch über die potenziellen Pflichtteilsansprüche besteht. Nur dann können künftige **Anfechtungen** (bspw wegen Irrtums) **vermieden** werden. Zu diesem Zweck ist zu empfehlen, den Unternehmenswert durch einen von allen Beteiligten akzeptierten **Sachverständigen** ermitteln zu lassen. Dieser Wert kann dann als Grundlage für die wirtschaftlichen Ausgleichsgestaltungen dienen.

3. Übergabe von Todes wegen – Unternehmertestament

Das **Unternehmertestament** soll **Vorsorge** für den Fall des Versterbens des Unternehmers bieten, **bevor eine geordnete Übergabe unter Lebenden vollzogen** werden konnte.[79] Es ist daher eine unerlässliche Komponente eines sicheren Nachfolgekonzepts. Der Unternehmer muss sich frühzeitig der Frage der Unternehmensnachfolge stellen und den aus seiner Sicht geeigneten **Nachfolger benennen**. Zugleich sind – wie auch bei der Unternehmensnachfolge unter Lebenden – Anordnungen für die **Versorgung des Partners** und für den **wirtschaftlichen Ausgleich** für die weichenden Erben zu treffen.

Gibt es noch keinen geeigneten Nachfolger, kann für die Zeit der Überbrückung ein **Testamentsvollstrecker mit eingeräumter Vollmacht** zur Verwaltung und Vertretung der Verlassenschaft, insbesondere der Unternehmensanteile, vom Erblasser in einer letztwilligen Verfügung eingesetzt werden. Eine solche Vollmacht kann zwar grundsätzlich **durch die erbantrittserklärten** (und daher gemäß § 810 ABGB selbst zur Verwaltung berufenen) **Erben widerrufen** werden; der Wille des Erblassers, dem Testamentsvollstrecker die Verwaltung für einen bestimmten Zeitrahmen zu übertragen, kann aber durch die letztwillige Anordnung von **Auflagen und Bedingungen** abgesichert werden. So kann der Erblasser den Widerruf der Vollmacht durch die Erben zwar nicht verhindern, aber mit dem Verlust von Zuwendungen **sanktionieren**. Im Ergebnis verdrängt die Verwaltungs- und Vertretungsbefugnis des Testamentsvollstreckers für

[79] *Kalss/Probst*, HB Familienunternehmen² Rz 25/1 ff.

den vorgesehenen Zeitraum die Verwaltungs- und Vertretungsbefugnis der Erben. Die **Beendigung der Vollmacht** des Testamentsvollstreckers kann an Altersklauseln (zB bei Erreichen des 28. Lebensjahres des Nachfolgers), an den Abschluss einer einschlägigen Ausbildung oder den Erwerb entsprechender Berufserfahrung (zB nach drei Jahren im Management des Unternehmens) gebunden werden.

Zweiter wichtiger Punkt ist die **Versorgung des überlebenden Partners** (wenn dieser nicht als Nachfolger vorgesehen ist) und der nicht eintretenden sonstigen **Familienangehörigen**. Geeignet sind Anordnungen (Auflagen, Bedingungen) im Testament, die dem Rechtsnachfolger bestimmte Versorgungsleistungen (die Bezahlung eines bestimmten Betrages oder die Erfüllung einzelner konkreter Dienstleistungen) auferlegen. Eine Auflage kann etwa darin bestehen, dem überlebenden Ehepartner ein **Fruchtgenussrecht** an den übernommenen Gesellschaftsanteilen oder an einem sonstigen bestimmten Vermögensgegenstand (etwa an einer Liegenschaft) einzuräumen. Pflichtteile können auch unmittelbar durch die Anordnung von **Vermächtnissen** gedeckt werden.

Weitere Gestaltungselemente zur Absicherung einer geordneten Unternehmensnachfolge von Todes wegen sind **Ersatz- und Nacherbschaften**. Die Ersatzerbschaft dient dazu, für den Fall, dass der ersteingesetzte Erbe die Erbschaft nicht erlangt, vorzusorgen. Mit der Nacherbschaft bestimmt der Erblasser, wer sein Vermögen nach seinem unmittelbaren Erben erhalten soll.

6. EINHEIT
Privatstiftung

I. Einleitung

Die Vermögensweitergabe über eine Stiftung kann als **Alternative zur erbrechtlichen Vermögensweitergabe** gesehen werden. Der Erbe als Rechtsnachfolger des Verstorbenen findet sich in der Rolle des Begünstigten sowie gegebenenfalls auch als Mitstifter oder Mitglied eines Beirats oder Bestellberechtigten in der Stiftung wieder.[80] Aus diesem Grund wird die Stiftung, insbesondere die Privatstiftung, hier genauer dargestellt.

Umgangssprachlich verbindet man mit dem Wort „Stiftung" eine **Vermögenshingabe**, damit ein gemeinnütziger, religiöser oder karikativer Zweck verfolgt wird. Diese Vorstellung findet sich auch im Wort „Stift" wieder. Eine Vermögenssumme wurde zum Bau eines Klosters mit dem Zweck seelsorglicher oder sonstiger kirchlicher Tätigkeiten verwendet.

Der Begriff der Stiftung hat eine breitere Bedeutung. Das Stiftungsrecht ist in Österreich **zweigeteilt**.

- Das **Bundesstiftungs- und Fondsgesetz (BStFG)** und parallele landesgesetzliche Bestimmungen regeln ausschließlich Stiftungen und Fonds, die **gemeinnützigen oder mildtätigen Zwecken** dienen. Im Rahmen des Gemeinnützigkeitsgesetzes 2015 (BGBl I 160/2015) wurde das BStFG neu gefasst (BStFG 2015), die neuen Regelungen sind mit 1.1.2016 in Kraft getreten. Sie sind eng mit dem steuerrechtlichen Gemeinnützigkeitsbegriff verbunden.
- Seit 1993 bietet das **Privatstiftungsgesetz (PSG)** eine eigenständige Rechtsgrundlage. Das PSG enthält Bestimmungen für Privatstiftungen, die entweder **gemeinnützigen oder sonstigen, dh eigennützigen, Zwecken** dienen.

Derzeit bestehen knapp 3.000 aktive Privatstiftungen (Stand 2024)[81] sowie 235 Stiftungen (Stand 2023), die nach dem Bundesstiftungs- und Fondsgesetz gegründet und organisiert sind.[82] Schließlich bestehen über 250 Landesstiftungen. Österreichische Stiftungen verwalten ein geschätztes Vermögen von rund EUR 70 Mrd (Stand 2021).

Stiftungen, vor allem Privatstiftungen, dienen dazu, die **Vermögensordnung einer Familie**, insbesondere die Eigentumsverhältnisse an einem Unternehmen, **dauerhaft** festzulegen. Die Ausschaltung bzw Modifizierung der gesetzlichen Erbfolge, die Vermeidung der Vermögensaufsplitterung, die **Erhaltung eines Unternehmens** und die Vorwegregelung ehe- und scheidungsrechtlicher Vermögensansprüche sind die wichtigsten Motive für die Gründung einer Privatstiftung. Die Förderung der Wissenschaft,

---

[80] *Kalss/Probst*, HB Familienunternehmen^2 Rz 7/1 ff.

[81] https://www.stiftungsverband.at/ (aufgerufen am 30.7.2025).

[82] *Millner, R.*, Der Stiftungssektor in Österreich im Überblick, in R. Williams/R. Millner (Hrsg), Stiftungsreport 2023 – Gemeinnützige Stiftungen in und für Österreich (2023) 4.

der Forschung oder von karikativen Zwecken bilden weitere Zwecke; jedoch sind sie deutlich seltener als eigennützige Ziele. Vielfach werden sie auch neben oder zusätzlich zu eigennützigen Zwecken festgelegt.

Das Besondere der **Privatstiftung** liegt darin, dass sich der Stifter selbst noch **weitreichende Einflussrechte** (= verlängerte Eigentümerinteressen) erhalten, die Zielrichtung individuell gestalten und die Begünstigten frei auswählen kann. In der Bundesstiftung hingegen sind die Einflussrechte des Stifters deutlich eingeschränkt.

II. Bundesstiftung nach dem BStFG

Eine Stiftung nach dem BStFG ist ein durch eine Anordnung des Stifters („**Gründer**") dauernd gewidmetes Vermögen mit Rechtspersönlichkeit, dessen Erträgnisse der **Erfüllung gemeinnütziger oder mildtätiger Zwecke** dienen. Gemeinnützigkeit bedeutet, dass die Allgemeinheit oder ein bestimmter Personenkreis auf geistigem, kulturellem, sittlichem, sportlichem oder materiellem Gebiet gefördert wird. Mildtätig sind Zwecke, die darauf gerichtet sind, hilfsbedürftige Personen zu unterstützen.

Einer Bundesstiftung muss bei Gründung ein **Mindestvermögen von EUR 50.000** zur Verfügung stehen. Das Vermögen einer Stiftung darf diesen Betrag zu keiner Zeit unterschreiten. Es ist daher zulässig, nicht nur Erträgnisse des Stiftungsvermögens, sondern auch die Vermögenssubstanz der Stiftung zur Verfolgung der Stiftungszwecke zu verwenden, sofern das Mindestvermögen unangetastet bleibt. Hingegen dürfen bei einem Fonds sowohl die Erträgnisse als auch das gesamte Stammvermögen zur Zweckverfolgung verwendet werden. Während somit eine Stiftung auf den **dauerhaften Bestand** gerichtet ist, kann das Vermögen eines Fonds zur Verfolgung des Zwecks vollständig verbraucht werden. Eine Stiftung darf **jede Tätigkeit** ausüben, soweit sie nicht gegen zwingende gesetzliche Vorschriften verstößt, insbesondere darf sie – anders als die Privatstiftung – auch Unternehmen führen, solange die Stiftung auf einen gemeinnützigen oder mildtätigen Zweck gerichtet ist.

Die Stiftung unterliegt der **verwaltungsbehördlichen Aufsicht**. Die Gründung ist einem – dem Vereinsrecht angenäherten – **(Nicht-)Untersagungssystem** unterworfen: Die Errichtung der Stiftung ist gem § 9 BStFG vom Gründer dem Finanzamt für Großbetriebe anzuzeigen, das nach Prüfung per Bescheid festzustellen hat, ob die Gründungserklärung den Voraussetzungen für die Gemeinnützigkeit bzw Mildtätigkeit nach § 41 BAO entspricht. Sind Zweck, Name oder Organisation der Stiftung gesetzeswidrig, hat die zuständige Stiftungs- und Fondsbehörde per Bescheid zu erklären, dass die Errichtung nicht gestattet ist (§ 10 BStFG).

Zuständige Behörde für die Stiftung ist gem § 14 BStFG der Landeshauptmann bzw Landeshauptfrau oder der Bundesminister bzw die Bundesministerin, der oder die nach dem Stiftungszweck zuständig ist. Im Bundesministerium für Inneres wird das **Stiftungs- und Fondsregister** geführt, das öffentlich zugänglich ist.

Die Stiftung **entsteht** schließlich als **Rechtsperson** mit ihrer **Eintragung** in das Stiftungs- und Fondsregister. Grundlage einer Stiftung ist gem § 7 BStFG eine **Gründungserklärung** des Gründers, die das genaue Organisationsstatut der Stiftung enthält.

III. Privatstiftungen nach dem PSG

1. Allgemeines

Die Privatstiftung steht für **eigen- und gemeinnützige Zwecken** offen. Es lassen sich daher in der Praxis völlig verschiedene Typen von Privatstiftungen finden. Die Stiftungen, die eigennützigen Zwecken dienen, dominieren in der Praxis, insbesondere sollen häufig Familienangehörige versorgt werden. Gemeinnützige Zwecke werden nur in eingeschränktem Maß als ausschließlicher Zweck festgelegt; vielfach dienen sie der Ergänzung eigennütziger Zwecke.

Die **Offenheit des Privatstiftungsrechts** erlaubt es, dass die Privatstiftung nicht vollkommen losgelöst vom Stifter existiert, vielmehr liegt es in der Hand des Stifters, die Stiftung auszugestalten. In der Praxis findet sich sehr häufig die **stifterdominierte** Stiftung, dh eine Stiftung, in der sich der Stifter weitgehende **Mitwirkungsbefugnisse** in Form von Änderungs- Widerrufs- oder sonstigen Einflussrechten vorbehält; vielfach nimmt aber nach dem Tod des Stifters oder der Stifterin der **Einfluss des Vorstands** zu (vorstandsdominierte Stiftung).

In bestimmtem Maß ist es auch zulässig, die **Begünstigten an der Verwaltung mitwirken** zu lassen, selbst wenn das Vorstandsamt und die Rolle des Begünstigten nicht vereinbar sind. Je nach Einfluss der Begünstigten lassen sich verschiedene Formen der **Begünstigtendeterminierung** unterschieden (je nachdem, ob und wie weit die Begünstigten an den Entscheidungen mitwirken dürfen).

Schließlich lassen sich Unterscheidungen der **Stiftungstypen** nach ihrer Ausrichtung, Verwendung und nach dem ihnen zugewiesenen Vermögen finden.

2. Rechtsnatur der Privatstiftung

Eine Privatstiftung ist gem § 1 Abs 1 PSG ein **Rechtsträger mit Rechtspersönlichkeit**, dem vom Stifter ein Vermögen gewidmet ist, um durch dessen Nutzung, Verwaltung und Verwertung der Erfüllung eines erlaubten, vom Stifter bestimmten **Zwecks** zu dienen. Die Stiftung genießt Rechtspersönlichkeit und muss ihren **Sitz im Inland** haben. Unscharf wird davon gesprochen, dass die Stiftung „sich selbst gehört". Korrekt ist es aber, davon zu sprechen, dass der Privatstiftung als **eigentümerlosem Vermögen** Rechtspersönlichkeit zuerkannt wird. Dies dient der Verselbständigung des Vermögens. Die Privatstiftung ist Ausdruck des in der Stiftungsurkunde niedergelegten **Stifterwillens**. Der Stifter verliert mit der Errichtung der Stiftung den Zugriff auf das gewidmete Vermögen; es gehört ihm ab diesem Zeitpunkt nicht mehr. Hat er sich aber das Änderungsrecht, das Widerrufsrecht oder sonstige Einflussrechte in der Stiftungserklärung vorbehalten, dauert sein Zugriff auf das der Privatstiftung gewidmete Vermögen fort.

Die Privatstiftung hat keine Firma, sondern nur einen **Namen**. Der Name der Privatstiftung muss sich deutlich von anderen Namen für Privatstiftungen unterscheiden, er darf nicht irreführend sein und muss den **Zusatz „Privatstiftung" ohne Abkürzung** enthalten. Das Namensrecht der Privatstiftung folgt dem allgemeinen Firmenrecht.

3. Vermögen der Privatstiftung

Der Privatstiftung ist gem § 4 PSG ein **Mindestvermögen von EUR 70.000** zu widmen. Die Mindestsumme für die Kapitalaufbringung bildet eine **Seriositätsschwelle**. Das Gesetz kennt keine Kapitalerhaltungsregeln, vielmehr kann auch dieses Mindestvermögen zur Verfolgung des Stiftungszwecks verbraucht werden (**Verbrauchsstiftung**).

Die einzige Grenze bildet die **Zuwendungssperre gem § 17 Abs 2 S 2 PSG** zum Schutz der Gläubiger, wonach Zuwendungen an Begünstigte nicht vorgenommen werden dürfen, sofern dadurch **Gläubigerinteressen** gefährdet würden.

Grundsätzlich darf der **Vorstand** der Privatstiftung **frei** über das der Stiftung gewidmete Vermögen disponieren. Allein der Stifter kann in der Stiftungsurkunde eine Grenze für die Verfügung über einzelne Vermögenswerte setzen. Eine allgemeine Erhaltungspflicht über das der Stiftung gewidmete Vermögen kennt das PSG nicht. Der Stifter kann aber gem **§ 9 Abs 2 Z 11 PSG** einen **Mindestvermögensstand** in der Stiftungserklärung festlegen. Missachtet der Vorstand diesen Mindestvermögensstand, haftet er der Privatstiftung.

Das Mindestvermögen nach § 4 PSG kann sowohl durch **Sachwerte** als auch durch **Barvermögen** aufgebracht werden. Ist das Mindestvermögen jedoch nicht in Geld inländischer Währung vorhanden, muss eine **Gründungsprüfung gem § 11 PSG** durchgeführt werden. Diese Gründungsprüfung ist der aktienrechtlichen Gründungsprüfung nach den §§ 25 – 27 AktG nachgebildet.

4. Zweck und Gegenstand einer Privatstiftung

A. Zweck

Das Vorhandensein eines **Zwecks** ist eine unabdingbare Voraussetzung für die Gründung einer Privatstiftung. Die Privatstiftung steht für **jeden erlaubten Zweck** – sowohl **gemeinnütziger** als auch **eigennütziger** Natur – offen. Zur Erfüllung des Zwecks dürfen nicht nur die Erträgnisse des Stiftungsvermögens, sondern darf auch das gestiftete Stammvermögen herangezogen werden (Verbrauchsstiftung).

Abgesehen von der Unzulässigkeit einen verbotenen Zweck zu verfolgen (zB Förderung der Begehung von Suchtgiftdelikten), ist eine **Selbstzweckstiftung verboten**.

Eine Selbstzweckstiftung ist eine Stiftung, deren einziger Zweck darin liegt, **sich selbst zu erhalten** und für den eigenen Bestand vorzusorgen. Davon zu unterscheiden ist die Erhaltung des Unternehmens oder des Stiftungsvermögens zur Verfolgung eines weitergehenden Zwecks. Die Privatstiftung **muss daher Begünstigte haben**. Die Allgemeinheit kann dies ebenso sein, wie einzelne ausgewählte Personen. Für die Festlegung der Begünstigten darf kein zu strenger Maßstab angelegt werden.

Der Zweck **ergibt sich vielfach aus der Tätigkeit** der Privatstiftung. Bereits durch die Zweckverfolgung der Stärkung einer Region oder des Städtebaus wird ein bestimmter gemeinnütziger Zweck verfolgt. Die Allgemein ist etwa bei Stiftungen begünstigt, deren Zweck im Erwerb und Erhalt bestimmter Vermögensgegenstände (wie Kunstwerke oder Liegenschaften) liegt.

Verfolgt eine Privatstiftung einen **unzulässigen Zweck** und kommt sie innerhalb angemessener Frist einer rechtskräftigen **Unterlassungsanordnung** nicht nach, so hat das Gericht die Stiftung gem § 35 Abs 3 PSG aufzulösen.

B. Gegenstand

Vom Zweck der Privatstiftung ist ihr **Gegenstand**, dh ihre konkrete Tätigkeit, zu unterscheiden. Der Gegenstand der Privatstiftung ist eingeschränkt. Gem **§ 1 Abs 2 PSG** darf die Privatstiftung nicht eine über eine bloße Nebentätigkeit hinausgehende **gewerbsmäßige Tätigkeit** ausüben, die Geschäftsführung einer Handelsgesellschaft übernehmen oder persönlich haftende Gesellschafterin einer eingetragenen Personengesellschaft sein. Sie darf daher aber wissenschaftlich oder künstlerisch (Museum, Musikfestival, Konferenz) tätig sein. Als Handelsgesellschaft sind unternehmerisch tätige Personengesellschaften gemeint. Die Stellung eines OG-Gesellschafters oder eines Komplementärs ist jedenfalls ausgeschlossen. Der Erwerb von Liegenschaften (bspw von Zinshäusern) und deren Verwaltung sind nach der Rsp nicht als unzulässige gewerbsmäßige Tätigkeit zu qualifizieren, sofern die Verwaltung des eigenen Stiftungsvermögen weiterhin im Vordergrund steht.[83] Übt eine Privatstiftung eine dieser **untersagten Tätigkeiten** aus, muss das Gericht gem **§ 35 Abs 3 letzter Satz PSG** die Privatstiftung **auflösen**, wenn diese einer rechtskräftigen Unterlassungsanordnung nicht binnen angemessener Frist nachgekommen ist.

Das Gesetz **verbietet** eine unmittelbare **Unternehmensträgerstiftung**. Die Privatstiftung **darf aber Anteile an Unternehmen halten** und darf daher auch eine Holding- und Konzernleitungsfunktion ausüben, die aber eine bestimmte Intensität nicht überschreiten darf (**keine straffe Konzernleitung**). Die Privatstiftung darf daher nicht als „Stammhaus-Holding", die im Grunde das Unternehmen selbst betreibt, fungieren.

[83] OGH 27.2.2013, 6 Ob 135/12i.

5. Gründung einer Privatstiftung

Die Privatstiftung wird durch eine **Stiftungserklärung** errichtet. Sie **entsteht mit der Eintragung im Firmenbuch** gem § 7 Abs 1 PSG. Die Stiftungserklärung ist ein einseitiges, nicht annahmebedürftiges und nicht zugangsbedürftiges Rechtsgeschäft. Sie legt – ähnlich der Satzung einer AG oder dem Gesellschaftsvertrag der GmbH – die Grundlage der Privatstiftung für die Dauer ihres Bestehens fest. Sie kann durch **eine Person** oder durch **mehrere Personen** errichtet werden.[84]

Die **Vermögenswidmung** im Rahmen der Stiftungserklärung ist zwar keine Schenkung im eigentlichen Sinn, sondern nur ein der Schenkung vergleichbarer Vorgang, wird aber unter anderem pflichtteilsrechtlich gemäß **§ 781 Abs 2 Z 4 ABGB** als **hinzurechenbare Schenkung** unter Lebenden qualifiziert.

Die Stiftungserklärung ist kein Vertrag des Stifters zugunsten eines Dritten. Die Stiftungserklärung bedarf eines **Notariatsakts**. Die Stiftung kann unter Lebenden oder von Todes wegen (§ 8 PSG) durch letztwillige Stiftungserklärung errichtet werden. Neben dem Notariatsakt ist dabei auch noch die Form für eine letztwillige Verfügung einzuhalten.

Die **Stiftungserklärung** kann aus der **Stiftungsurkunde** und einer **Stiftungszusatzurkunde** bestehen. Die Zusatzurkunde muss dem Firmenbuchgericht nicht offengelegt, sondern nur ihr Bestehen angezeigt werden. Beide Urkunden sind – ebenso wie Satzungen von Kapitalgesellschaften – **objektiv**, dh nach ihrem Wortlaut in ihrem Zusammenhang, **auszulegen**.[85] Dies unterscheidet die Stiftungserklärung vom Testament (zur Auslegung letztwilliger Verfügungen S 53 ff).

Als **Stiftungserklärung** reicht die Errichtung einer **Stiftungsurkunde** aus, die gem § 9 Abs 1 PSG bestimmte Angaben enthalten muss, unter anderem:
- die Widmung des Vermögens (mindestens EUR 70.000);[86]
- den Stiftungszweck;
- die Bezeichnung des Begünstigten oder einer Stelle, die die Begünstigten feststellt;
- den Namen und den Sitz der Privatstiftung;
- den Namen und die für Zustellungen maßgeblich Anschrift des Stifters, bei natürlichen Personen das Geburtsdatum, bei Rechtsträgern, die im Firmenbuch eingetragen sind, die Firmenbuchnummer und
- die Angabe, ob die Privatstiftung auf bestimmte oder unbestimmte Zeit errichtet wird.

Neben den **zwingenden Inhaltsangaben** (Aufzählung in § 9 Abs 1 PSG) kann die Stiftungserklärung weitere **fakultative Regelungen** (Aufzählung in § 9 Abs 2 PSG) enthalten, wie etwa die Einrichtung zusätzlicher Organe oder Vorgaben zur Bestellung und Abberufung von Organträgern. Schließlich kann die Stiftungserklärung auch Rech-

[84] Siehe dazu ausführlich *Kubasta*, Die Stiftermehrheit (2024).
[85] OGH 18.2.2025, 6 Ob 56/24i.
[86] Vgl zu den Inhaltserfordernissen für den Notariatsakt bei der Widmung von Kunstwerken OGH 30.10.2018, 2 Ob 13/18b.

te des Stifters, wie insbesondere das **Änderungsrecht** und das **Widerrufsrecht**, sowie Rechte von Begünstigten normieren. Bestimmte fakultative Bestandteile der Stiftungserklärung können gem **§ 10 Abs 2 PSG** aber **nur in der Stiftungsurkunde** wirksam verankert werden (so auch das Änderungs- und Widerrufsrecht). Die in **§ 9 Abs 2 Z 1 bis Z 8 PSG** genannten Bestimmungen sind daher nicht wirksam, wenn sie lediglich in der Stiftungszusatzurkunde enthalten sind.

Der Stifter kann neben der Stiftungsurkunde eine **Stiftungszusatzurkunde** errichten. Stiftungsurkunde und Stiftungszusatzurkunde bilden dann zusammen die Stiftungserklärung. Die Stiftungsurkunde hat einen **Hinweis auf das Bestehen der Zusatzurkunde** zu enthalten. In der Stiftungszusatzurkunde können fakultative Inhaltselemente der Stiftungserklärung oder auch sonstige Informationen enthalten sein. Vielfach wird in der Stiftungszusatzurkunde etwa die genaue Festlegung der Begünstigten bzw von konkreten Bandbreiten ihrer Zuwendungen vorgenommen oder wird der Stundensatz für die Honorierung von Stiftungsorganen festgelegt. Die Stiftungszusatzurkunde wird **dem Firmenbuch nicht vorgelegt** und daher auch unter stiftungsrechtlichen Aspekten nicht kontrolliert. Die Stiftungszusatzurkunde ist – wie die Stiftungsurkunde – der Finanzbehörde gem § 13 Abs 6 KStG vorzulegen. Gegenüber dem Firmenbuch ist nur das Datum der Errichtung der Zusatzurkunde bzw das Datum jeder Änderung anzumelden und einzutragen.

In der Praxis wird neben der Stiftungszusatzurkunde zum Teil noch eine **dritte Urkunde** errichtet, in der die **Absicht des Stifters erläutert** wird oder **weitere Details** normiert werden. Derartige Urkunden sind nicht Teil der Stiftungserklärung und haben **keine unmittelbare normative Wirkung**; sie sind aber bei der **Auslegung** der Stiftungserklärung zu beachten. Generell ist bei der Auslegung von Stiftungsurkunden ausgehend vom Wortlaut und vom systematischen Zusammenhang der einzelnen Regelungen auch der **subjektive Wille des Stifters** zu berücksichtigen.

Nach der Errichtung der Stiftungserklärung sind für die Gründung einer Privatstiftung noch die **folgenden Schritte** erforderlich:

- Bestellung des ersten Stiftungsvorstands;
- Gründungsprüfung, wenn das Mindestvermögen nicht in EUR, sondern in einer anderen Währung oder in Sachwerten aufgebracht wird;
- Anmeldung zum Firmenbuch durch den ersten Stiftungsvorstand unter Vorlage der Stiftungsurkunde;
- Erklärung der Mitglieder des Vorstands, dass sich das Vermögen in ihrer freien Verfügung befindet;
- allfällig erforderlicher Gründungsbericht und Musterzeichnung;
- Prüfung der Anmeldung durch das Firmenbuch;
- Eintragung in das Firmenbuch bei Erfüllung aller gesetzlichen Voraussetzungen.

Ähnlich wie eine Gesellschaft kann eine Privatstiftung auch bereits **vor ihrer Eintragung**, somit vor ihrer Entstehung, **Verträge abschließen** und wird dabei durch die in der Stiftungserklärung zur Vertretung der Privatstiftung berufenen Organe vertreten. Das Gesetz kennt somit das der Vorgesellschaft vergleichbare **Institut der Vorstiftung** für Handlungen im Namen der Privatstiftung vor ihrer Entstehung. Vor der Eintragung in das Firmenbuch haften die Handelnden. Der Stifter haftet solidarisch dafür, dass im Zeitpunkt der Eintragung der Stiftung das gewidmete Mindestvermögen noch vorhanden ist.

Eine **Nachstiftung** ist eine **nachträgliche Vermögenszuwendung** an die Privatstiftung **durch den Stifter selbst**. Er kann sie außerhalb der Stiftungsurkunde oder Stiftungszusatzurkunde vornehmen. Anders als die Vermögenswidmung anlässlich der Errichtung der Stiftung stellt eine Nachstiftung einen **zweiseitig verbindlichen Vertrag** zwischen dem Stifter und der Privatstiftung dar. Die Privatstiftung muss die Nachstiftung daher annehmen.

Eine **Zustiftung** ist eine nachträgliche Vermögenszuwendung an die **Privatstiftung durch einen Dritten** (der nicht Stifter ist). Das Gesetz normiert ausdrücklich, dass ein Dritter durch die Vermögenswidmung nicht die Stellung eines Stifters erlangt. Einem Zustifter können daher auch keine Stifterrechte zukommen.

Neben der Errichtung der Stiftung durch Abgabe einer Stiftungserklärung ist auch eine **Gründung durch Umgründung** möglich, indem eine Bundesstiftung oder eine Sparkasse oder ein Versicherungsverein auf Gegenseitigkeit in eine Privatstiftung umgewandelt wird (formwechselnde Umwandlung, vgl § 27a SparkassenG, § 66 VAG).

6. Organisation der Privatstiftung

Der Privatstiftung fehlen als eigentümerloses Gebilde – anders als einer Gesellschaft – die Mitglieder oder Eigentümer. Es besteht daher ein **strukturelles Kontrolldefizit**. Das Gesetz räumt weder dem Stifter noch den Begünstigten Organstellung ein. Die gesetzlichen Rechte der Begünstigten sind karg. Die Kontrolle der Privatstiftung wird nach dem gesetzlichen Konzept in die Hände des aus mindestens drei Personen bestehenden Vorstands, des Stiftungsprüfers und des Firmenbuchs gelegt.

Um dieses Kontrolldefizit und die **Gefahr eigennützigen Handelns des Vorstands** zu Lasten der Privatstiftung hintanzuhalten, ermöglicht das Gesetz dem Stifter, durch entsprechende Regelungen in der Stiftungsurkunde angemessene **Kontrollmechanismen** vorzusehen, wie insbesondere **Informations- und Mitwirkungsrechte** zugunsten des Stifters oder zugunsten der Begünstigten sowie die Einrichtung eines zusätzlichen Organs (etwa eines Beirats) gem § 14 PSG zur Wahrung des Stiftungszwecks.

A. Stifter

Der **Stifter** ist die Person, die durch Abgabe der Stiftungserklärung die **Stiftung errichtet** und **in der Stiftungsurkunde genannt** wird. Typischerweise **widmet sie** der Stiftung das notwendige **Mindestvermögen**. Eine Stiftung kann von natürlichen und juristischen Personen, von einer oder mehreren Personen (Stiftermehrheit, siehe sogleich) sowie von in- oder ausländischen Personen errichtet werden. Wird die Stiftung von **mehreren Stiftern** errichtet, so muss nicht jede Person Vermögen zuwenden. Eine **Stiftung von Todes wegen** kann nur von einer **einzelnen natürlichen Person** errichtet werden.

Auch eine **Privatstiftung** kann **als Stifterin** eine andere Privatstiftung gründen. In der Praxis wird dann von **Tochter-** oder **Substiftung** gesprochen. Substiftungen dienen vor allem der Entflechtung von Familienstämmen und der Trennung von Vermögen für einzelne Begünstigte. Die Errichtung von Substiftungen ist zulässig, sofern sie in der Privatstiftung ausdrücklich normiert ist oder jedenfalls mit dem Stiftungszweck vereinbar ist.

Minderjährige Stifter müssen von beiden **obsorgeberechtigten Elternteilen** vertreten werden, zudem bedarf die Stiftungserrichtung der **pflegschaftsgerichtlichen Genehmigung**, unabhängig davon, ob der minderjährige Stifter der Stiftung Vermögen widmet oder nicht.

Die **Stifterstellung ist einmalig**, sie kann **nicht nachträglich** durch Änderung der Stiftungserklärung erlangt werden. Die Stifterstellung kann umgekehrt auch nicht aufgegeben werden, der Stifter kann aber auf seine Rechte, die ihm in der Stiftungsurkunde vorbehalten sind, durch rechtswirksame Änderung der Stiftungsurkunde verzichten.

B. Stiftermehrheit

Bei einer Stiftermehrheit obliegt die **Ausübung der Stifterrechte** mangels abweichender Regelung in der Stiftungserklärung den Stiftern **gemeinsam**, unabhängig davon, ob es sich um die gesetzlichen Rechte oder um in der Stiftungserklärung eingeräumte Rechte handelt.

Den Stiftern steht es aber frei, in der Stiftungserklärung die Zuordnung der Rechte völlig **frei zu gestalten**, insbesondere auch zu **staffeln**. In der Praxis kommt es häufig vor, dass es einen sogenannten **Hauptstifter** gibt, der grundsätzlich den Großteil des Vermögens zuwendet und sich auf Lebenszeit die Rechte vorbehält, und **Nebenstifter**, die erst nach einem bestimmten Zeitraum die Stifterrechte ausüben können (Staffelung der Stifterrechte).

Da die Gestaltungsrechte von einer Stiftermehrheit – ohne spezielle Regelung in der Stiftungserklärung – gemeinsam ausgeübt werden, handelt die Stiftermehrheit in Gestalt eines **Gesamtakts**, dh es müssen alle zu einer gleichlautenden Willenserklärung finden. Bei Bestehen einer Stiftermehrheit ist unter den Stiftern je nach Gestaltung der Rechte der einzelnen Stifter vom Bestehen einer **Rücksichtnahme- und Treuepflicht** auszugehen, etwa bei der Ausübung eines Stifterrechts (zB eines Änderungsrechts oder eines Informationsrechts). Die Treuepflicht kann die Ausübung von Stifterrechten einschränken, umgekehrt aber auch zu bestimmen Handlungen verpflichten, wie etwa zur Zustimmung zu einer Änderung der Stiftungserklärung.

Selbst wenn dem Stifter von Gesetzes wegen keine Rechte zukommen, sondern die Stiftung vom Vorstand im Sinne der besten Zweckverfolgung geführt wird, ist das PSG offen dafür, dass die Stiftungsurkunde dem **Stifter weitgehende Rechte** gewährt.

C. Prinzip der Gestaltungsfreiheit im Stiftungsrecht

Die Rechte des Stifters sind jedenfalls die Rechte auf Ausgestaltung der Stiftungserklärung sowie auf Änderung und Widerruf der Stiftungserklärung **vor Entstehen der Privatstiftung** (durch Eintragung im Firmenbuch).

Darüber hinaus kann sich der Stifter durch **Vorbehalt in der Stiftungsurkunde** die Gestaltungsrechte auf **Änderung** der Stiftungserklärung und auf Widerruf der Privatstiftung **nach Entstehen der Privatstiftung** sowie das Recht auf nachträgliche Errichtung einer Stiftungszusatzurkunde einräumen. Das **Widerrufsrecht** kann sich jedoch nur eine **natürliche Person** als Stifter vorbehalten. Die Gestaltungsrechte des Stifters sind **höchstpersönlich**, dh weder unter Lebenden noch von Todes wegen übertragbar bzw vererbbar. Sie erlöschen daher mit dem Tod des Stifters; jedoch sind sie **nicht vertretungsfeindlich**, dh sie können von einem rechtsgeschäftlich Bevollmächtigten oder von einem Vorsorgebevollmächtigten oder von einem Erwachsenenvertreter grundsätzlich ausgeübt werden.

Neben diesen Gestaltungsrechten kann sich der Stifter in der Stiftungserklärung eine Reihe von weiteren Rechten einräumen, etwa das **Bestellungs- und Abberufungsrecht für den Stiftungsvorstand**, ein **Richtlinienrecht**, das **Recht, eine Geschäftsordnung** für den Vorstand zu erlassen, **Zustimmungsrechte** zu bestimmten Geschäften durch den Stiftungsvorstand, das **Recht, die Begünstigten zu bestimmen**, bestimmte **Informationsrechte**. Letztere kommen einem Stifter mit bestimmten Rechten aber ohnehin zur Sicherung der Ausübbarkeit dieser Rechte stets zu. Die Übertragbarkeit bzw Vererbbarkeit der sonstigen Stifterrechte richtet sich nach der Ausgestaltung in der Stiftungserklärung; **im Zweifel** ist davon auszugehen, dass diese Rechte **mit dem Tod des Stifters erlöschen**.

D. Begünstigte

Begünstigter ist, wer in der Stiftungserklärung als Begünstigter **bezeichnet** wird. Die Stiftungserklärung kann die nähere Bestimmung der Begünstigten auch **einer Stelle überlassen**, sonst werden die Begünstigten **vom Vorstand festgestellt**. Begünstigte, die sich nicht unmittelbar aus der Stiftungsurkunde bzw Stiftungszusatzurkunde ergeben, sind unverzüglich nach ihrer Feststellung durch den Stiftungsvorstand bzw durch die dazu berufene Stelle dem Finanzamt (über FinanzOnline) zu melden. Die in der Stiftungserklärung individuell bezeichneten Begünstigten sind dem Finanzamt durch Offenlegung der Urkunden gem § 13 Abs 6 KStG bereits bekannt. Der **Stifter** kann grundsätzlich auch **selbst als Begünstigter** seiner Stiftung eingesetzt werden.

a) Arten von Begünstigten

Begünstigte sind **kein Organ** der Privatstiftung. Das Gesetz nennt die Begünstigten an verschiedenen Stellen, differenziert aber nicht nach den unterschiedlichen Typen und nach der konkreten Ausgestaltung der Begünstigtenstellung. Zu unterscheiden sind:

- Begünstigte **mit Rechtsanspruch**;
- **aktuell Begünstigte**, die in der Stiftungserklärung schon konkretisiert sind und deren Zuwendung nur mehr von der mehr oder weniger formalen Beschlussfassung durch den Vorstand abhängt;
- **potenziell Begünstigte**, die in allgemeiner Umschreibung in der Stiftungserklärung genannt werden, deren Zuwendung aber nicht bloß von einer Vorstandsentscheidung, sondern auch noch von anderen Bedingungen oder von einer Befristung abhängt (zB vom Vorversterben eines anderen Begünstigten, etwa der früheren Generation). Potenziell Begünstigte haben ein **Anwartschaftsrecht** auf Erlangung der aktuellen Begünstigtenstellung bzw einer solchen mit Rechtsanspruch.

Die Differenzierung nach den unterschiedlichen Typen ist im Gesetz zwar angelegt, aber nicht ausgeführt. Sie erlaubt eine **sachgerechte Anwendung der Regelungen** über die Rechte der Begünstigten sowie deren Pflichten. Ein Auskunftsrecht eines potenziell Begünstigten über die Frage des Bestehens oder Nichtbestehens einer Begünstigtenstellung sowie ein Einsichtsrecht in die Stiftungsurkunde und Zusatzurkunde ist insbesondere anzuerkennen, wenn Indizien für die Begünstigtenstellung bestehen.

b) Rechte der Begünstigten

Das Gesetz räumt den Begünstigten nur **wenige Rechte** ein. Folgende Rechte stehen Begünstigten, und zwar Begünstigten mit Rechtsanspruch und aktuell Begünstigten, zu:

- Gem **§ 30 PSG** die **Einholung von Auskünften** über die Erfüllung des Stiftungszwecks sowie die Einsichtnahme in den Jahresabschluss, den Lagebericht, den Prüfungsbericht, die Bücher, die Stiftungsurkunde und die Stiftungszusatzurkunde. Bei Verweigerung kann das Gericht die Einsichtnahme durch einen Buchsachverständigen anordnen. Eine Einsichtnahme durch den Begünstigten selbst kann dieser nicht durchsetzen.

- Antragsstellung bei Gericht auf **Bestellung und Abberufung** von Mitgliedern von Stiftungsorganen gem **§ 27 PSG**:
  Soweit die in der Stiftungserklärung vorgesehene bzw die gesetzlich angeordnete **Anzahl an Organmitgliedern** nicht erreicht wird (der Stiftungsvorstand muss bspw gem § 15 Abs 1 PSG aus mindestens drei Mitgliedern bestehen), hat das Gericht gem § 27 Abs 1 PSG die fehlenden Organmitglieder **von Amts wegen oder auf Antrag zu bestellen**. Das Gericht hat von Amts wegen oder auf Antrag Mitglieder eines Stiftungsorgans abzuberufen, wenn dies in der Stiftungserklärung vorgesehen ist oder wenn ein wichtiger Grund (zB grobe Pflichtverletzung, Unfähigkeit

zur ordnungsgemäßen Erfüllung der Aufgaben)[87] vorliegt. **Antragslegitimiert** sind alle Personen mit einem rechtlichen Interesse an der gerichtlichen Bestellung bzw Abberufung (etwa Gläubiger der Privatstiftung oder aktuell Begünstigte sowie solche mit einem Rechtsanspruch). Ist eine bestellungsbefugte Stelle (meist ein Beirat) in der Stiftungserklärung vorgesehen, kommt dem Gericht die Bestellbefugnis nur bei Säumigkeit der Stelle zu.

- Antragstellung bei Gericht auf **Auflösung der Privatstiftung**:
  Kommt ein **Auflösungsbeschluss** des Stiftungsvorstandes **nicht zustande, obwohl die Voraussetzungen** dafür vorliegen, kann das Gericht die Auflösung der Privatstiftung auf Antrag beschließen (§ 35 Abs 3 PSG). **Antragsberechtigt** ist jedes Mitglied eines (obligatorischen oder fakultativen) Stiftungsorgans, jeder Begünstigte bzw Letztbegünstigte, der bzw die Stifter und andere durch die Stiftungsurkunde legitimierte Personen. Umgekehrt kann ein Begünstigter auch die gerichtliche Aufhebung der vom Vorstand zu Unrecht beschlossenen Auflösung der Privatstiftung beantragen (§ 35 Abs 4 PSG).

c) Zuwendungsansprüche der Begünstigten

Der **Anspruch des Begünstigten auf Zuwendungen** aus der Privatstiftung gründet nicht auf einem vertraglichen Verhältnis zwischen der Stiftung und dem Begünstigten, sondern allein auf dem **Willen des Stifters**. Der Stifter kann den Begünstigten grundsätzlich auch als **Stelle zur Bestimmung** der Begünstigten bzw der konkreten Zuwendung oder deren Höhe einsetzen. Der Vorstand ist an die Entscheidung einer Stelle zur Bestimmung der Begünstigten und der Zuwendungen gebunden. Allerdings ist der Vorstand auch an den Stiftungszweck und die sonstigen gesetzlichen Vorgaben gebunden und hat daher bei einer Entscheidung des Begünstigten, die dem Stiftungszweck, der Stiftungserklärung oder dem Gesetz zuwiderläuft, von einer Umsetzung dieser Entscheidung und Ausschüttung abzusehen. Der Stiftungsvorstand hat daher eine **Kontrollbefugnis für die Begünstigungsentscheidungen** der bestimmenden Stelle. Ist dem Begünstigten ein Zustimmungsrecht zu den Entscheidungen des Stiftungsvorstands über die Bestimmung von Begünstigten und Zuwendungen eingeräumt, muss Vergleichbares gelten, dh dass der Stiftungsvorstand (nur) im Einzelfall von der Zustimmungspflicht befreit ist, und zwar etwa dann, wenn der Begünstigte die Zustimmung entgegen dem Stiftungszweck und sonstigen Vorgaben in der Stiftungserklärung verweigert.

d) Weitere Mitwirkungsrechte der Begünstigten

Der Stifter kann dem Begünstigten auch die Befugnis einräumen, die **Vergütung der Vorstandsmitglieder festzulegen** (§ 19 PSG). Der Stifter kann den Begünstigten

[87] Vgl OGH 16.5.2001, 6 Ob 85/01w.

auch weitere Mitwirkungs- und Kontrollrechte, wie Informationseinsichtsrechte, das Recht zur Einleitung einer Sonderprüfung, weiters auch Einflussrechte im Rahmen der Geschäftsführung der Privatstiftung, wie Bestellungs-, Abberufungs-, Weisungs- und Zustimmungsrechte, gewähren.

Der Stifter kann Begünstigte auch ermächtigen, **Mitglied von bestimmten Organen** zu werden, soweit die gesetzlichen Regelungen (bspw die Inkompatibilität gem § 15 PSG) eingehalten werden. Von besonderer Bedeutung ist die **Mitgliedschaft in einem Beirat**, dem die maßgeblichen Mitwirkungs- und Kontrollrechte in der Privatstiftung zukommen. Diese Mitwirkungs- und Kontrollrechte können etwa die Bestellung und Abberufung des Vorstands sowie Zustimmungs- bzw Weisungsrechte zu einzelnen Geschäftsführungsmaßnahmen sein.

E. Organe der Privatstiftung

Die Privatstiftung hat **von Gesetzes wegen drei Organe**:
- den Stiftungsvorstand;
- den Stiftungsprüfer;
- bei Vorliegen bestimmter Voraussetzungen den Aufsichtsrat.

Dem Stifter steht es offen, in der Stiftungsurkunde **weitere Organe** zur Wahrung des Stiftungszwecks vorzusehen. Das in der Praxis häufigste Organ ist der **Beirat**, dessen Ausgestaltung dem Stifter grundsätzlich freisteht. Stifter und Begünstigte sind nicht Organe der Privatstiftung. Ihnen können aber in der Stiftungserklärung relativ weitgehende Mitwirkungsbefugnisse eingeräumt werden.

a) Vorstand

Vorstandsmitglieder sind **im Firmenbuch einzutragen**. Die Eintragung wirkt nur **deklarativ**, ebenso deren Löschung.

- **Zusammensetzung, Bestellung und Abberufung**

Der Vorstand der Privatstiftung besteht zwingend aus **mindestens drei Mitgliedern**. Der **erste Vorstand** wird gem **§ 15 Abs 4 PSG** zwingend vom Stifter oder dem Stiftungskurator bestellt. Die Stiftungserklärung kann weitere Bestimmungen über die Bestellung und damit zusammenhängende Fragen (zB zur Funktionsdauer, zur Vertretungsbefugnis) normieren. Insbesondere kann die Stiftungserklärung die **Kompetenz zur Bestellung und Abberufung** des Stiftungsvorstands dem Stifter selbst, dem Aufsichtsrat, einem Beirat (Organ gem § 14 PSG) oder einer sonstigen Stelle bzw Person einräumen.

Die **Abberufung** ist jedenfalls nur bei **Vorliegen eines sachlichen Grunds** zulässig. Sachliche Gründe setzen kein Verschulden des Stiftungsvorstandsmitglieds, das abberufen werden soll, voraus, müssen aber **objektiv feststellbar** sein und eine **nicht**

unwesentliche Bedeutung für die Privatstiftung haben. Eine völlig freie, grundlose Abberufungsmöglichkeit der Mitglieder des Stiftungsvorstands wäre daher nicht zulässig.

Bei der **Abberufung durch ein Organ** gem § 14 PSG sind die besonderen Bestimmungen gem **§ 14 Abs 3 und 4 PSG** einzuhalten. Auch eine sonstige Abberufung, etwa durch eine Stelle ohne Organqualität iSv § 14 PSG, ausschließlich oder mehrheitlich durch Begünstigte, deren Angehörige iSv § 15 Abs 2 PSG oder von diesen beauftragte Interessenvertreter ist **nur aus den wichtigen Gründen gem § 27 Abs 2 Z 1-3 PSG** zulässig.

Schließlich ist es auch zulässig, dass der **Vorstand sich selbst ergänzt** (Selbstkooptierungsrecht). Aus Governance-Gründen ist eine derartige Gestaltung aber kritisch zu sehen. Das Gesetz kennt weder eine Höchst- noch eine Mindestdauer für das Vorstandsamt; es wird allerdings angenommen, dass grundsätzlich eine **Mindestfunktionsdauer von drei Jahren**[88] zu beachten ist, da ansonsten die **Unabhängigkeit** des Stiftungsvorstands unterlaufen werden könnte (denn eine Funktionsdauer von jeweils einer Woche käme einer freien Abberufbarkeit gleich).

Das Gericht hat gem **§ 27 Abs 1 PSG** eine **subsidiäre Bestellungskompetenz** für den Fall, dass der Vorstand nicht gesetzmäßig oder gemäß Stiftungserklärung zusammengesetzt ist und die zur Bestellung **berufene Stelle säumig** ist. Das Gericht hat gem § 27 Abs 2 PSG auch eine amtswegig bzw auf Antrag wahrzunehmende **Abberufungskompetenz** bei Vorliegen eines **wichtigen Grundes** (zB grobe Pflichtverletzung, Vorliegen eines Interessenkonflikts). **Antragsberechtigt** ist jeder, der ein **rechtliches Interesse** hat. Neben Gläubigern der Privatstiftung sind dies insbesondere auch Begünstigte mit einem Rechtsanspruch oder aktuell Begünstigte. Die Frage der Wirksamkeit oder Rechtmäßigkeit der Abberufung von Mitgliedern des Stiftungsvorstands ist im streitigen Zivilrechtweg zu klären. Der zunächst abberufene Vorstand verliert bis zu seiner gerichtlichen Wiedereinsetzung das Amt. Trotz Fehlens einer gesetzlichen Regelung können Vorstandsmitglieder auch zurücktreten, wobei sie den **Rücktritt** gegenüber den anderen Vorstandsmitgliedern zu erklären haben oder gegenüber einem dafür notwendigen Kurator.

- **Unvereinbarkeitsbestimmungen**

Zur **Sicherung der Objektivität** bei der Verfolgung des Stiftungszwecks sieht das Gesetz eine weitreichende **Unvereinbarkeitsbestimmung** vor. Gem **§ 15 Abs 2 PSG** sind Begünstigte, deren Ehegatten bzw Lebensgefährten sowie Personen, die mit dem Begünstigten in gerader Linie oder bis zum dritten Grad der Seitenlinie (Großneffe, Großnichte) verwandt sind sowie juristische Personen von der Mitgliedschaft im Stiftungsvorstand **ausgeschlossen**. Dies ist ein **absolutes Bestellungsverbot**, dh es führt zur absoluten Nichtigkeit des Bestellungsbeschlusses. Ein nachträglicher Wegfall der Unvereinbarkeit führt nicht zur Heilung der Bestellung; eine nachträgliche Unvereinbarkeit beendet die Funktion des betroffenen Mitglieds automatisch.

[88] OGH 24.2.2011, 6 Ob 195/10k; *Arnold*, PSG[4] § 15 Rz 107.

Diese **Inkompatibilität** gilt auch für natürliche Personen, die eine begünstigte juristische Person **konzernmäßig iSv § 244 UGB beherrschen** (vgl § 15 Abs 3 PSG). **§ 15 Abs 3a PSG** stellt darüber hinaus klar, dass auch Personen, die von Begünstigten, deren Angehörigen gem § 15 Abs 2 oder von gem § 15 Abs 3 PSG ausgeschlossenen Personen mit der **Wahrnehmung ihrer Interessen beauftragt** worden sind („Hampelmänner" oder „Marionettenvorstände"), der Unvereinbarkeit unterliegen. Umgekehrt wird dadurch klargestellt, dass Vertreter dieses Personenkreises (zB der Familienrechtsanwalt) grundsätzlich wirksam Mitglied im Stiftungsvorstand sein können, solange ihr Mandat nicht auf Interessenwahrung im Stiftungsvorstand gerichtet ist. Mögliche Interessenkonflikte sind jedoch zu vermeiden.

Der **Stifter** fällt nur dann unter die Unvereinbarkeitsbestimmung, wenn er **selbst Begünstigter** ist oder sonst in eigener Person eine der Unvereinbarkeitstatbestände von § 15 Abs 2, 3, 3a PSG erfüllt. Ist dies nicht der Fall, kann sich der Stifter in der Stiftungserklärung auch (zB auf Lebenszeit oder bis zur Erreichung eines bestimmten Alters) als Mitglied des Stiftungsvorstands einsetzen.

- **Aufgaben des Stiftungsvorstands**

Der Vorstand **verwaltet und vertritt die Privatstiftung** und sorgt für die **Erfüllung des Stiftungszwecks**. Er darf gem § 17 Abs 2 PSG Zuwendungen an Begünstigte zur Erfüllung des Stiftungszwecks nur vornehmen, wenn dadurch Ansprüche von Gläubigern der Privatstiftung nicht geschmälert werden. Ein Vorstandsmitglied darf **Zuwendungen** nur tätigen, soweit dies gesetzeskonform und mit dem Zweck der Privatstiftung in Einklang steht.

Dem Stiftungsvorstand kommt die Befugnis zu, die **Privatstiftung zu leiten** und die Geschäfte zu führen. Grundsätzlich gilt **Gesamtgeschäftsführung**. Der Vorstand wählt aus seiner Mitte einen **Vorsitzenden** und fasst die Beschlüsse mit **einfacher Mehrheit** mit Dirimierungsrecht des Vorsitzenden.

Im Zweifel sind die Vorstandsmitglieder **gesamtvertretungsbefugt**. Der Vorstand kann **einzelne Mitglieder** zur Vornahme bestimmter Geschäfte oder bestimmter Arten von Geschäften **ermächtigen**. Vielfach wird aber eine Gesamtvertretungsbefugnis in dem Sinne vorgesehen, dass zwei der drei Stiftungsmitglieder gemeinsam handeln können.

Eine **Ultra-Vires-Beschränkung** in dem Sinn, dass durch den Stiftungszweck die Vertretungsbefugnis beschränkt ist, kennt das PSG **nicht**. Zur Wirksamkeit der Vertretungsbefugnis nach außen bedarf die Vertretungsregelung gem § 3 Z 8 FBG der Eintragung in das Firmenbuch.

- **Selbstkontrahieren gem § 17 Abs 5 PSG**

Das Gesetz sieht für **Geschäfte, die ein Vorstandsmitglied mit der Privatstiftung** selbst tätigt, eine spezielle Regelung (§ 17 Abs 5 PSG) vor, die diesen **Interessenkonflikt** auflöst. Sofern ein **Aufsichtsrat** besteht, hat er die Privatstiftung gegenüber dem Vorstandmitglied zu vertreten. Fehlt ein Aufsichtsrat, so müssen **alle anderen Mitglie-**

der des Vorstandes **zustimmen** und das **Gericht** hat das Geschäft zu **genehmigen.** § 17 Abs 5 PSG deckt nicht nur **Insichgeschäfte** im eigentlichen Sinn ab (das Vorstandsmitglied schließt mit der Privatstiftung einen Vertrag ab), sondern auch Rechtsgeschäfte, die kein Insichgeschäft darstellen, sondern bei denen einerseits das Vorstandsmitglied handelt, die Privatstiftung aber durch ein anderes oder die anderen Vorstandsmitglieder vertreten wird. Beratungsverträge, die Vorstandsmitglieder, die zugleich die Stiftung beraten, mit der Stiftung abschließen, bedürfen daher der Genehmigung des Gerichts. Die Praxis anerkennt die Genehmigung von sogenannten **Rahmenverträgen**, sodass nicht jeder einzelne Beratungsauftrag gerichtlich genehmigt werden muss.

§ 17 Abs 5 PSG greift nur für das Selbstkontrahieren, **nicht aber für die Doppelvertretung** in dem Sinn, dass das Vorstandsmitglied nicht nur die Privatstiftung, sondern auch einen anderen Rechtsträger (zB eine andere Privatstiftung oder eine Gesellschaft) vertritt. In diesen Fällen schließt die Privatstiftung kein Rechtsgeschäft mit einem Vorstandsmitglied, sondern **mit einem sonstigen Rechtsträger** ab.

- **Anforderungen an die Qualifikation und die Unabhängigkeit**

Vorstandsmitglieder müssen die **notwendigen Fähigkeiten und Kenntnisse** für eine effiziente und verantwortungsvolle Ausübung ihrer Tätigkeit besitzen. Sie müssen die Fähigkeiten und Kenntnisse eines redlichen und kompetenten Vorstandsmitglieds gem **§ 17 Abs 2 PSG** haben. Ein Vorstandsmitglied darf daher **kein Eigeninteresse** an der Zweckverfolgung oder Tätigkeit der Privatstiftung haben, es muss adäquat über die Belange der Stiftung **informiert** sein (Verpflichtung einer angemessenen Informationsversorgung) und aus seiner Sicht **nachvollziehbar im besten Interesse der Stiftung** handeln. Angesichts der Vielfältigkeit der Vorstandsaufgaben sollte eine angesprochene Person aufgrund des hohen Sorgfaltsmaßstabs gut überprüfen, ob sie dieses Amt übernehmen kann. Der Vorstand hat seine Aufgaben sparsam und mit der **Sorgfalt eines gewissenhaften Geschäftsleiters** auszuüben. Er ist primär an den Stiftungszweck, somit an die Stiftungserklärung gebunden. In diesem Rahmen kommt ihm unternehmerisches **Ermessen** zu.

Aufgrund der **organschaftlichen Treuepflicht** hat der Vorstand nur im Interesse der Stiftung und im Sinne der Erfüllung des Stiftungszwecks zu handeln und seine eigenen Interessen hintanzustellen. Der **Stiftungszweck** ist die **maßgebliche Handlungsanleitung** für den Vorstand. Er determiniert auch seine organschaftliche Sorgfalts- und Treuepflicht. Der Vorstand hat daher Interessenkonflikte und auch den Anschein einer derartigen Situation zu vermeiden.

Ein Vorstandsmitglied unterliegt unterschiedlichen **Interessenkonflikten**, vor allem in der **Doppelrolle** als **Organmitglied** der Stiftung und als **Berater** der Stiftung. In vielen Fällen wirken Vorstandsmitglieder auch an der Gestaltung der Stiftungsurkunde mit. Aus dem Gebot der sorgfältigen Vermögensverwaltung und der unbedingten Interessenwahrung hat das Vorstandsmitglied Interessenkonflikte zulasten der Stiftung möglichst zu vermeiden oder sie jedenfalls zu bewältigen. Eine **Unvereinbarkeit** kann gem **§ 15 Abs 3a PSG** vorliegen, wenn das Mandat des Vorstandsmitglieds auf die Wahrung der Interessen von konkreten Begünstigten ausgerichtet ist.

- **Vergütung von Vorstandsmitgliedern**

  Die Tätigkeit als Stiftungsvorstand ist grundsätzlich **entgeltlich.** Die Stiftungserklärung kann den Anspruch auf Vergütung aber ausschließen. Die Vergütung des Stiftungsvorstands muss gem **§ 19 Abs 1 PSG** mit den **Aufgaben** des Stiftungsvorstands und der **Lage der Privatstiftung** im Einklang stehen. Sie wird üblicherweise in der Stiftungsurkunde bzw Zusatzurkunde festgelegt. Mangels Festlegung kann der Vorstand mit gerichtlicher Genehmigung selbst eine Entlohnung festlegen. Eine Festlegung eines Stundensatzes oder nach anerkannten Honorarrichtlinien ist üblich.

- **Haftung von Vorstandsmitgliedern**

  Die Mitglieder des Vorstands der Privatstiftung **haften gem § 29 PSG** der Stiftung gegenüber für jeden aus einer **schuldhaften Pflichtverletzung** entstandenen Schaden. Vorstandsmitglieder müssen gem § 17 Abs 2 S 1 PSG mit der Sorgfalt gewissenhafter Geschäftsleiter handeln. Jedes Mitglied des Stiftungsvorstands haftet grundsätzlich nur für eigenes Verschulden, allerdings auch für Pflichtverletzungen aus einer Unterlassung. Leichte Fahrlässigkeit ist bereits haftungsbegründend. Zur Geltendmachung einer Klage ist der **Aufsichtsrat aktivlegitimiert**. In der Praxis ist im Regelfall die Bestellung eines Kollisionskurators durch das Gericht notwendig. Der Stifter selbst ist nicht aktivlegitimiert.

b) Stiftungsprüfer

Jede Stiftung muss einen Stiftungsprüfer haben. Der Stiftungsprüfer wird **vom Gericht**, gegebenenfalls vom Aufsichtsrat, **bestellt**. Die Stiftungserklärung kann auch Regelungen über die Bestellung, die Abberufung und die Funktionsdauer des Stiftungsprüfers festlegen. Die Bestellung des **ersten Stiftungsprüfers** durch das **Gericht** ist zwingend.

Der Stiftungsprüfer hat **ähnliche Funktionen wie der Abschlussprüfer** in der AG, seine Befugnisse und Pflichten gehen aber darüber hinaus. Er hat aber keine permanente und durchgehende Funktion, selbst wenn er als Organ der Privatstiftung gilt. Aus seiner Organstellung ist aber abzuleiten, dass er verpflichtet ist, bestimmte **Kontrollmaßnahmen** zu setzen. Der Stiftungsprüfer hat generell den **Jahresabschluss und Lagebericht** innerhalb von drei Monaten ab Vorlage **zu prüfen**. Bei Verdachtsmomenten hat der Stiftungsprüfer gerichtliche Anträge auf Abberufung von Vorstandsmitgliedern oder auf Bestellung eines Sonderprüfers zu stellen. Der Stiftungsprüfer **haftet als Organ** der Privatstiftung für jede schuldhafte Pflichtverletzung gem § 29 PSG (somit Organhaftung und nicht Vertragshaftung).

c) Aufsichtsrat

Das Gesetz sieht bei Vorliegen bestimmter Voraussetzungen gem **§ 22 PSG** die Einrichtung eines Aufsichtsrats vor. Der Aufsichtsrat kommt in der **Praxis äußerst**

selten vor. Ein Aufsichtsrat ist zu bestellen, wenn die Privatstiftung selbst **mehr als 300 Arbeitnehmer** beschäftigt oder die Privatstiftung inländische Kapitalgesellschaften **einheitlich leitet** oder aufgrund einer unmittelbaren Beteiligung von **mehr als 50% beherrscht** und die Anzahl der Arbeitnehmer im Durchschnitt 300 übersteigt und sich die Tätigkeit der Privatstiftung nicht nur auf die Verwaltung von Unternehmensanteilen der beherrschten Unternehmen beschränkt. Eine Beherrschung durch **indirekte Beteiligung** ist **nicht ausreichend**. Die Leitungsfunktion im Rahmen der einheitlichen Leitung muss **tatsächlich ausgeübt** werden. **Freiwillig** kann die Privatstiftung einen Aufsichtsrat ebenso einrichten.

Der Aufsichtsrat wird **vom Gericht**, der **erste Aufsichtsrat vom Stifter** bestellt. Der Aufsichtsrat ist als allgemeines **Überwachungsorgan** konzipiert, er hat ein allgemeines **Auskunfts- und Einsichtsrecht** sowie ein **Zustimmungsrecht** zu bestimmten Geschäften der Privatstiftung.

Der Aufsichtsrat **vertritt die Privatstiftung** bei der Vornahme von **Rechtsgeschäften mit den Vorstandsmitgliedern**, er kann auch einen Antrag auf Bestellung und Abberufung von Vorstandsmitgliedern bei Gericht stellen und die Durchführung einer Sonderprüfung beantragen. Der stiftungsrechtliche Aufsichtsrat hat gegenüber dem aktienrechtlichen Aufsichtsrat einen **eingeschränkten Wirkungskreis**, insbesondere obliegt ihm von Gesetzes wegen nicht die Bestellung und Abberufung des Vorstands (keine Personalkompetenz).

d) Sonstige Organe (§ 14 PSG)

Der Stifter kann in der Stiftungserklärung **weitere Organe** vorsehen. Er kann diese – sofern er sich ein Änderungsrecht vorbehalten hat – auch nachträglich einrichten. Die Organe **müssen in der Stiftungsurkunde** selbst geregelt werden, widrigenfalls sie gem § 10 Abs 2 PSG iVm § 9 Abs 2 Z 4 PSG als nicht wirksam eingerichtet anzusehen sind. Wegen der fehlenden Publizität reicht auch die Regelung in der Stiftungszusatzurkunde nicht (**Verbot des geheimen Organs**[89]). In einem derartigen Fall werden die Rechte und Pflichten nicht wirksam eingeräumt.

Das PSG ist von einem **materiellen Organbegriff** geprägt. Die Qualifikation als Organ ist daher danach vorzunehmen, ob dieser Stelle aufgrund der in der Stiftungserklärung eingeräumten Kompetenzen maßgebliche **Einflussmöglichkeiten auf die Willensbildung, Leitung oder Überwachung** des Stiftungsvorstands zukommen.

In der Praxis ist das weitaus **häufigste Organ** der **Beirat**. Abgesehen von Honoratioren-Beiräten zum Networking und Prestigegewinn für die Stiftung kommt einem Beirat in der Regel eine **zentrale Kontroll- und Mitwirkungsbefugnis** zu, insbesondere für die Zeit nach dem Tod des Stifters. Der Beirat kann mit verschiedenen Kompetenzen ausgestattet werden, insbesondere können ihm **Organbestellungs- und Abberufungskompetenzen** sowie **Informations-, Einsichts- und Kontrollrechte**

[89] OGH 31.1.2002, 6 Ob 305/01y.

(Rechenschaftspflicht des Vorstands) eingeräumt werden. Dem Beirat kann zwar kein generelles, jedenfalls aber ein **punktuelles Weisungsrecht** und auch ein **Zustimmungsrecht** eingeräumt werden. Dabei ist aber sicherzustellen, dass dem Vorstand jedenfalls ein bestimmtes Ausmaß eigenständiger Geschäftsführung erhalten bleibt.

Das **Bestellungsrecht für den Stiftungsvorstand** kann einem Beirat auch dann eingeräumt werden, wenn dieser **ausschließlich oder überwiegend aus Begünstigten** besteht; eine **Abberufung** ausschließlich oder mehrheitlich durch Begünstigte ist nur bei Vorliegen eines **wichtigen Grundes gem § 27 Abs 2 Z 1 – 3 PSG** zulässig. Bei jeder Abberufung des Stiftungsvorstands durch einen Beirat sind die Beschlussquoren gem § 14 Abs 3 PSG zu beachten, dh es sind zumindest **drei Viertel** der abgegebenen Stimmen erforderlich; bei weniger als vier Mitgliedern muss der Abberufungsbeschluss **einstimmig** erfolgen. Darüber hinaus ordnet **§ 14 Abs 4 PSG** an, dass bei einer Abberufung aus anderen (wichtigen oder zumindest sachlichen – ansonsten jedenfalls unzulässig) Gründen als jenen des § 27 Abs 2 Z 1 – 3 PSG den Begünstigten, deren Angehörigen gem § 15 Abs 2 PSG und Personen, die zur Wahrnehmung der Interessen der Begünstigten bzw Angehörigen in dem betreffenden Organ (Beirat) beauftragt wurden, **nicht die Stimmenmehrheit** zukommen darf. Die Zulässigkeit der Abstimmung kann dann etwa durch eine **Änderung der Stimmengewichtung** für diesen konkreten Fall erreicht werden.

Als weitere Organe in der Privatstiftung kommen etwa die **Begünstigtenversammlung** oder die **Stifterversammlung** in Betracht. Ihre konkrete Ausgestaltung hängt von der Stiftungserklärung ab. Typischerweise kommen der Begünstigtenversammlung nur allgemeine **Informations- bzw Wahlrechte** für den Beirat zu. Die Stifterversammlung wiederum bildet ein Gremium zur erleichterten Meinungs- und Entscheidungsfindung bei einer Mehrheit von Stiftern.

7. Rechnungslegung

Privatstiftungen unterliegen im Wesentlichen den **gleichen Rechnungslegungsvorschriften wie Kapitalgesellschaften**. Das **dritte Buch des UGB** ist gem § 18 PSG sinngemäß anzuwenden. Die Stiftung hat einen Konzernabschluss und einen Konzernlagebericht aufzustellen, wenn die Stiftung mindestens ein anderes Unternehmen einheitlich leitet oder beherrscht. **Innerhalb von drei Monaten** nach Aufstellung des Jahresabschlusses hat der **Stiftungsprüfer** die vorgelegten Unterlagen **zu prüfen**. Besteht ein Aufsichtsrat, so hat der Stiftungsprüfer diesem die geprüften Unterlagen innerhalb von fünf Monaten nach Ende des Berichtsjahres vorzulegen. Der **Jahresabschluss** ist **vom Vorstand** unter Beisetzung des Datums **zu unterzeichnen**. Eine förmliche Feststellung des Jahresabschlusses kennt das PSG nicht.

Anders als Kapitalgesellschaften ist eine Privatstiftung **nicht zur Offenlegung** ihres Jahresabschlusses **verpflichtet**. Fungiert eine Privatstiftung als **Konzernspitze** und stellt einen Konzernabschluss auf, der geprüft und offengelegt wird, sind die Tochtergesellschaften in der Praxis von der Aufstellung eines Teilkonzernabschlusses befreit.

Konzerne mit einer Privatstiftung an der Spitze, haben die **Wahl**, entweder legt die Privatstiftung ihren Konzernabschluss und Konzernlagebericht beim Firmenbuch freiwillig offen und die Tochtergesellschaft braucht keinen Konzernabschluss aufzustellen oder die Tochtergesellschaft stellt einen eigenen Konzernabschluss samt Lagebericht auf, den sie nach allgemeinen Vorschriften beim Firmenbuch offenlegen muss.

8. Gläubigerschutz

Beim Gläubigerschutz ist zu unterscheiden, **welche Gläubiger** geschützt werden sollen, nämlich die Gläubiger des Stifters oder die Gläubiger der Privatstiftung.

- Für **Gläubiger des Stifters** besteht die Möglichkeit, das vom Stifter an die Privatstiftung übertragene und den Gläubigern hierdurch entzogene Vermögen durch die **Pfändung von Stifterrechten** zur Befriedigung zu verwerten; der Stifter soll trotz Einflussnahme sein Vermögen nicht bunkern können.
- Der Gläubigerschutz zugunsten der **Gläubiger der Privatstiftung** ist schwach ausgeprägt. Typischerweise wird die Privatstiftung nicht unternehmerisch tätig, sodass tendenziell ein geringerer Bedarf für gläubigerschützende Maßnahmen besteht als bei Kapitalgesellschaften. Ein Blick in die Praxis zeigt aber, dass Privatstiftungen vielfach Verbindlichkeiten haben, sei es für eigene Vorhaben, sei es für Vorhaben von Beteiligungsgesellschaften. Vertragsgläubiger sind in hohem Maß auf selbstschützende Maßnahmen angewiesen. Die Mindestkapitalschwelle von EUR 70.000 dient nicht dem Gläubigerschutz, sondern bildet eine **allgemeine Seriositäts- und Eintrittsschwelle**. Das PSG kennt keinen Grundsatz der Kapitalerhaltung. Ein solcher kann aber in der Stiftungserklärung festgelegt werden. Das Stiftungsvermögen darf zur Verfolgung des Stiftungszwecks verbraucht werden. Der Stifter kann gem § 9 Abs 2 PSG ein Mindestvermögen festlegen, das durch Zuwendungen an Begünstigte nicht geschmälert werden darf, zudem steht es dem Stifter frei, bestimmte Vermögenswerte der Disposition des Vorstands zu entziehen. Fehlen derartige Regelungen, steht es dem Vorstand zur Verfolgung des Stiftungszwecks frei, über alle Vermögenswerte der Stiftung zu disponieren.

  Gem § 17 Abs 2 PSG hat der Stiftungsvorstand seine Aufgaben **sparsam** und mit der Sorgfalt eines gewissenhaften Geschäftsleiters zu erfüllen. Zuwendungen an Begünstigte zur Erfüllung des Stiftungszwecks dürfen nur dann und insoweit vorgenommen werden, als dadurch Ansprüche von Gläubigern der Privatstiftung nicht geschmälert werden. Der Schutz für Gläubiger ist **zeitlich auf den Zuwendungszeitpunkt beschränkt** und greift somit **nur für aktuelle Gläubiger**. Eine Verletzung dieser Zuwendungssperre berechtigt Gläubiger zu Schadenersatzansprüchen gegenüber den Vorstandsmitgliedern. Mittelbar dienen dem Gläubigerschutz auch die **Rechnungslegungspflicht** sowie die obligatorische und die jährliche **Stiftungsprüfung**. Hingegen verzichtet das PSG auf das maßgebliche Gläubigerschutzinstrument der Offenlegung bzw Publizität des Jahresabschlusses. Selbst das gänzliche Fehlen des Jahresabschlusses wird nicht mit einer Zuwendungssperre sanktioniert.

9. Stifterrechte (Änderungs- und Widerrufsrecht)

Ein maßgebliches Charakteristikum der Privatstiftung liegt darin, dass der Stifter sich ein **Änderungs- und Widerrufsrecht vorbehalten** kann, was ihm eine starke Stellung gegenüber der Stiftung sichert. Bis zur Eintragung der Privatstiftung in das Firmenbuch kann der Stifter seine Stiftungserklärung jederzeit widerrufen oder ändern. Nach Eintragung der Privatstiftung in das Firmenbuch kann eine Änderung nur vorgenommen werden, wenn sich der Stifter dieses Änderungsrecht **ausdrücklich in der Stiftungsurkunde** (nicht: in der Zusatzurkunde) vorbehalten hat.[90] Das Änderungsrecht steht sowohl natürlichen als auch juristischen Personen zu. Das Widerrufsrecht können sich allerdings nur natürliche Personen vorbehalten. Widerrufs- und Änderungsrecht sind **höchstpersönliche Gestaltungsrechte** des Stifters und daher **nicht übertragbar**. Zulässig ist es aber, dass ein Vertreter diese Rechte für den Stifter ausübt (keine Vertretungsfeindlichkeit). Sofern das Gestaltungsrecht bereits ausgeübt wurde, sind die Folgen daraus übertragbar (zB bei Tod zwischen Änderungserklärung und Eintragung). Der **Widerruf bewirkt die Auflösung** der Privatstiftung und gem § 36 Abs 4 PSG im Zweifel die Durchführung eines Abwicklungsverfahrens und die **Rückübertragung** des noch vorhandenen Stiftungsvermögens auf den Stifter (wenn nicht Letztbegünstigte in der Stiftungserklärung vorgesehen sind).

Wird die Privatstiftung nicht von einer, sondern von **mehreren Stiftern** errichtet, so haben die Stifter mangels abweichender Regelung gem § 3 Abs 2 PSG das Änderungs- oder Widerrufsrecht **gemeinsam auszuüben**. Die Stiftungserklärung kann von dieser gemeinsamen und einstimmigen Ausübung der Stifterrechte abgehen und abweichende Regelungen vorsehen, indem etwa nur ein Stifter diese Rechte wahrnehmen kann (Hauptstifter) oder eine **zeitliche Staffelung** für die Ausübung der Rechte vorgesehen wird. Der Stifter ist der Ausübungsberechtigte, allerdings bedarf die **Wirksamkeit** des Widerrufs sowie der Änderung der **Eintragung in das Firmenbuch**. Zur Eintragung in das Firmenbuch ist der Vorstand der Privatstiftung berufen.

Solange dem Stifter ein umfassendes Änderungsrecht und bzw oder das Widerrufsrecht zukommen, die ihm die Möglichkeit geben, seine Vermögenswidmung an die Stiftung **rückgängig** zu machen, gilt das **Vermögensopfer** für diese Vermögenswidmung noch nicht als erbracht. Dies führt dazu, dass bestimmte, an das Vermögensopfer anknüpfende, zivilrechtliche Fristen nicht zu laufen beginnen. Besonders relevant ist dies für die Zweijahresfrist bei der Hinzu- und Anrechnung von Schenkungen unter Lebenden gemäß §§ 781 ff ABGB, siehe S 102 ff).

Fehlt ein Änderungsrecht in der Stiftungsurkunde oder ist der berechtigte Stifter verstorben, kann der **Vorstand gem § 33 Abs 2 S 2 PSG Änderungen zur Anpassung an geänderte Verhältnisse** vornehmen. Eine derartige Änderung ist stets nur unter **Wahrung des Stiftungszwecks** erlaubt. Die Änderung durch den Vorstand bedarf der – inhaltlichen – **Genehmigung des Gerichts**. Je länger die Privatstiftungen bestehen,

[90] Vgl zur Unzulässigkeit einer nachträglichen Ausweitung des Änderungsrechts OGH 24.5.2018, 6 Ob 71/18m.

desto größere Bedeutung erlangt das Änderungsrechts des Vorstands. Sind die änderungsberechtigten Stifter verstorben, bietet es eine Möglichkeit, um Privatstiftungen an geänderte Verhältnisse anzupassen und im Sinne des Stiftungszwecks auszurichten.

10. Auflösung der Privatstiftung

Das Gesetz sieht in **§ 35 PSG** die **Auflösung der Privatstiftung** vor. Eine Privatstiftung wird aufgelöst, wenn sie nur **für eine bestimmte Dauer** errichtet wurde und diese abgelaufen ist, wenn über das Vermögen der Privatstiftung der **Konkurs eröffnet** wird oder der Stiftungsvorstand einen **einstimmigen Auflösungsbeschluss** gefasst hat, schließlich wenn der Stifter die Stiftung zulässigerweise **widerrufen** hat oder der **Stiftungszweck erreicht** wurde oder **nicht mehr erreichbar** ist. Der Vorstand muss eine Auflösung ferner beschließen, wenn eine eigennützige Privatstiftung zur Versorgung der Familie **hundert Jahre gedauert** hat; es sei denn, alle Letztbegünstigten haben eine Fortsetzung der Privatstiftung beschlossen. Die Stiftungserklärung kann **weitere Gründe** für die Auflösung vorsehen.

Das **Gericht** hat eine Privatstiftung von Amts wegen aufzulösen, wenn sie **gegen § 1 Abs 2 PSG**, somit gegen das Verbot, unternehmerisch tätig zu werden, **verstößt** oder wenn sie einen unerlaubten Zweck verfolgt.

Nach der Auflösung der Privatstiftung ist eine Privatstiftung **abzuwickeln**. Mit Ende der Abwicklung ist die Privatstiftung durch entsprechende Eintragung in das Firmenbuch zu **löschen**. Das verbleibende Vermögen fällt dem in der Stiftungserklärung bezeichneten Letztbegünstigten zu. Im Fall eines Widerrufs durch den Stifter ist im Zweifel der Stifter selbst Letztbegünstigter. Hat die Stiftung keinen Letztbegünstigten, so fällt das Vermögen der Republik Österreich zu.

Anhang

I. Übungsfälle

Lösungsskizzen werden absichtlich nicht abgedruckt, vielmehr dienen diese Fälle als Grundlage für die begleitenden Lehrveranstaltungen, in denen das Erlernen der Falllösungstechnik im Vordergrund steht.

Fall 1

Franziska, Gabriele und Heidrun sind Gesellschafterinnen einer OG. Im Gesellschaftsvertrag findet sich folgende Bestimmung: *„Im Falle des Todes einer Gesellschafterin soll die OG mit dem ältesten Kind der verstorbenen Gesellschafterin und den übrigen Gesellschafterinnen fortgesetzt werden.“* Gabriele stirbt und hinterlässt zwei Kinder; ihren erstgeborenen Sohn Hans und dessen jüngere Schwester Wilhelma. 2 Jahre vor ihrem Tod hat Gabriele ein formgültiges eigenhändiges Testament verfasst, indem sie ihren Freund Alfons als Alleinerben eingesetzt hat. Als die Kinder die Wohnung ihrer verstorbenen Mutter aufräumen, finden sie einen von ihrer Mutter kurz vor ihrem Tod verfassten Computerausdruck. Danach sollen Hans und Wilhelma Alleinerben sein.

1. **Um welche gesellschaftsvertragliche Bestimmung handelt es? Was soll sie bewirken?**
2. **Welche anderen gesellschaftsvertraglichen Gestaltungsmöglichkeiten kennen Sie in diesem Zusammenhang? Was sollen diese jeweils bewirken?**
3. **Aus welchen Gesellschaftern setzt sich die OG nach dem Tod Gabrieles zusammen?**

Fall 2

Dietmar hinterlässt seinem einzigen Sohn Arthur testamentarisch sein Unternehmen. Arthur führt das Unternehmen seines verstorbenen Vaters zunächst fort. Vier Monate nach Einantwortung stellt Arthur das Unternehmen mangels Wirtschaftlichkeit ein. Ein Monat danach meldet sich Franz bei Arthur und fordert die Zahlung einer Forderung idHv EUR 1.000.000. Franz kann beweisen, dass er Dietmar kurz vor seinem Tod für dessen Unternehmen Werkstoffe im Wert von EUR 1.000.000 geliefert und dass Dietmar den offenen Betrag nicht mehr beglichen hat. Arthur weigert sich dennoch, die Verbindlichkeit zu bezahlen. Er ist der Meinung, dass er den Betrag nicht bezahlen müsse, da er einerseits das Unternehmen bereits eingestellt und andererseits eine bedingte Erbantrittserklärung abgegeben und zudem bereits soviel an Schulden beglichen habe, wie die ihm zugekommenen Verlassenschaftsgegenstände wert sind.

Wie ist die Rechtslage?

Fall 3

Hannelore ist Alleinerbin nach ihrer verstorbenen Mutter Franziska. Im Nachlass befinden sich ua Namensaktien der CEE Investment AG. Nach Einantwortung teilt Hannelore den Erwerbstatbestand der Gesellschaft unter Vorlage der Einantwortungsurkunde mit. Kurze Zeit später will Hannelore an der Hauptversammlung teilnehmen. Die Teilnahme wird ihr jedoch untersagt. Hannelore sei nicht Gesellschafterin der CEE Investment AG, da nach der Satzung die Übertragung von Aktien der Zustimmung aller übrigen Gesellschafter bedarf, die jedoch noch nicht vorliegt. Außerdem erfordere die Teilnahme an der HV die Eintragung ins Aktienbuch, die ebenfalls noch nicht vorgenommen worden ist.

Ist die Untersagung der Teilnahme an der Hauptversammlung zulässig?

Fall 4

Franz ist Mitglied des fünfköpfigen Aufsichtsrats der Immo Holding AG. Laut Satzung ist die Beschlussfähigkeit des Aufsichtsrats nur dann gegeben, wenn alle Mitglieder an der Sitzung teilnehmen. Da fünf Monate nach dem Tod von Franz noch immer kein Nachfolger bestellt worden ist, wendet sich Christian, Aktionär der AG, an das zuständige Gericht und beantragt die ergänzende Bestellung eines neuen Aufsichtsratsmitglieds. Das Gericht lehnt seinen Antrag ab. Christian sei inhaltlich nicht berechtigt, da der Aufsichtsrat ohnehin über die gesetzlich vorgeschriebene Mindestanzahl von 3 Mitgliedern verfüge. Zudem sei Christian zur Antragstellung nicht legitimiert.

Erfolgte die Antragsablehnung zu Recht?

Fall 5

Stefan ist Gesellschafter der A-GmbH und der B-OG. Aufgrund eines seit langem andauernden Familienstreits will Stefan erreichen, dass sein jüngster Sohn – falls Stefan vor ihm stirbt – nicht mehr als nötig von seinem Vermögen erlangt. Ein Testament will er aber nicht errichten.

Wie kann Stefan schon zu Lebzeiten gesellschaftsvertraglich beeinflussen, was im Falle seines Todes mit seinem Vermögen passiert?

Fall 6

Zwei Jahre vor seinem Tod hat Joseph folgendes formgültiges eigenhändiges Testament errichtet: „Weil meine geliebte Frau verstorben ist, soll mein einziges Kind Alois Erbe sein. Nach seinem Tod soll mein Vermögen an die Gesellschaft zur Förderung des internationalen Wirtschaftrechts gehen.“ Kurz vor seinem Tod rief Joseph – zwar schon an das Bett gefesselt, aber noch im vollen Besitz seiner geistigen Kräfte – Alois zu sich. Vor einem ebenfalls anwesenden Arzt widerrief er lautstark die Bedenkung der Gesellschaft.

Nach Josephs Tod findet Alois bei der Durchsicht der väterlichen Dokumente das Testament und streicht die Bedenkung der Gesellschaft mit einem dunklen Filzstift durch. Noch vor der Einantwortung verunglückt Alois tödlich. Er hinterlässt seine Tochter Julia.

Wie ist die Rechtslage?

Fall 7

Werner, Vater von drei ehelichen (Andreas, Bernhard, Cornelius) und einem unehelichen Kind (Dietmar), stirbt bei einem Flugzeugabsturz. In einem formgültigen eigenhändigen Testament setzt er seine drei ehelichen Kinder als Erben ein. Nach der Einantwortung taucht Dietmar plötzlich auf, der gerade erfahren hatte, dass er der uneheliche Sohn von Werner ist. Dietmar wurde von Werner jedoch nicht im Testament bedacht, weil Werner zwar von Dietmar wusste, ihn aber persönlich nie kennengelernt hatte und jedenfalls unnötige Streitereien vermeiden wollte. Dietmar pocht nun auf sein Recht, will die ganze Verlassenschaftssache wieder aufrollen und einen entsprechenden Anteil vom – nicht unbeträchtlichem Vermögen – des Werner.

1. **Welche Formvorschriften müssen von Werner eingehalten werden, damit ein formgültiges eigenhändiges Testament vorliegt?**
2. **Hat Dietmar überhaupt einen Anspruch?**
3. **Wieso will Dietmar die ganze Verlassenschaftssache wieder aufrollen?**
4. **Nach welchen Vorschriften wird Dietmar die Verlassenschaftssache wieder aufrollen wollen? Wird er Erfolg haben?**

Fall 8

Sabine, Mutter dreier Kinder (Franz, Emma, Gustav), stirbt an den Folgen einer schweren Erkrankung. Sie hinterlässt eine formgültige letztwillige Verfügung, in der ihr Mann Hubert als Alleinerbe eingesetzt ist. Franz hat vor einiger Zeit mit Sabine einen formgültigen Erbverzichtsvertrag abgeschlossen, indem er auf sein Erbrecht verzichtete. Am Sterbebett teilte Sabine Franz mit, dass sie sich wünsche, er solle doch erben, worüber Franz sich freute und sich dankbar zeigte.

1. **Welche Formvorschriften müssen eingehalten werden, damit ein formgültiger Erbverzichtsvertrag vorliegt?**
2. **Kann Franz einen Teil der Erbschaft beanspruchen?**

Fall 9

Irmgard, Mutter von Berta, verfasst am 01.05.2009 eigenhändig ein Testament. Sie setzt ihren einzigen Enkelsohn Felix als Alleinerben ein. Am Schluss des Testamentstextes unterschriebt Irmgard eigenhändig mit ihrem vollständigen Namen (Vor- und Zuname). Auf die Rückseite des Testaments schreibt Irmgard eigenhändig noch folgende Verfügung: „Zwar ist Felix mein Alleinerbe. Dafür muss er aber Berta als seine

Alleinerbin einsetzen!“. Irmgard unterzeichnet diese Verfügung nicht mit ihrem vollständigen Namen, sondern bloß mit ihren Initialen. Ein Monat später – am 01.06.2009 – setzt Irmgard ihre Tochter Berta in einem neuen formgültigen eigenhändigen Testament als Alleinerbin ein. Kurze Zeit später erfährt Irmgard von den beruflichen Misserfolgen ihrer Tochter und ist darüber so sehr enttäuscht, dass sie das Testament – vom 01.06.2009 – zerreißt. Kurz darauf stirbt Irmgard.

Wie ist die Rechtslage?

Fall 10

Der Erblasser Fritz hat zwei uneheliche Kinder – Annika und Monika. Annika, die ein Unternehmen für Damenstrümpfe führt, kommt aufgrund der Turbulenz am Wirtschaftsmarkt in finanzielle Schwierigkeiten. Aus diesem Grund wendet ihr Fritz zur Fortführung des Unternehmens EUR 3.000.000 zu. Kurze Zeit später stirbt Fritz. In einem formgültigen Testament setzt er seinen Freund Moritz zum Alleinerben ein. Der reine Nachlass beträgt EUR 500.000.

1. **Was versteht man unter dem reinen Nachlass?**
2. **Wieviel Geld können die beiden Kinder maximal erhalten?**
3. **Wie kann Monika gegen Moritz vorgehen?**

Fall 11

Peter ist 35 Jahre alt und leidet an einer geistigen Erkrankung. Deshalb wurde ihm ein Erwachsenenvertreter zur Besorgung sämtlicher Angelegenheiten bestellt. Eines Tages verfasst Peter ein eigenhändiges Testament. Peter, der unverheiratet ist, hat drei leibliche Kinder – Anna, Berta und Clara. Peter setzt in seinem Testament Anna mit einer Quote von 50% und Berta mit einer Quote von 1/3 (33,3%) zu Erbinnen ein. Das restliche Sechstel hinterlässt Peter seinem Freund Xaver. Clara hinterlässt Peter letztwillig nichts, da er von ihrer Existenz nichts weiß.

1. **Welche Voraussetzungen müssen grundsätzlich vorliegen, damit eine letztwillige Verfügung Gültigkeit erlangt? Das Vorliegen welcher dieser Voraussetzungen ist bei Peter in erster Linie fraglich? Kann Peter demnach ein gültiges Testament errichten?**
2. **Welche Formvorschriften müssen eingehalten werden, damit ein gültiges eigenhändiges Testament vorliegt? Welche Formvorschriften müssen für ein wirksames fremdhändiges Testament eingehalten werden?**
3. **Welche Nachlassquote erhalten die drei Töchter und Xaver?**

Fall 12

Sabine verfasst ein gültiges Testament mit der Absicht ihr gesamtes Vermögen letztwillig ihren beiden Freunden zuzuwenden. Ihre Freundin Franziska setzt Sabine als

Erbin ein und weist ihr eine Quote von 2/4 des Nachlasses zu. Ihr Freund Hubert soll ein Viertel des Vermögens als Erbe erhalten.

Welche Quote steht Franziska und Hubert zu?

Fall 13

Samuel verfasst folgendes Testament: „Albert, mein Sohn, ist mein Alleinerbe. Er soll die gesamte Erbschaft aber nur bekommen, sofern er sich nach Erreichen der Volljährigkeit nicht verheiratet. Diese Verfügung ist unwiderruflich. Jede spätere Anordnung ist nichtig. Sollte Albert mein Testament bestreiten, so verliert er seine Zuwendung und das Tierschutzheim Viertatzen bekommt meine Erbschaft."

Beurteilen Sie die Verfügungen des Erblassers!

Fall 14

Heinz setzt in seinem eigenhändigen Testament seine beiden Kinder Anna und Berta jeweils zur Hälfte als Erbinnen ein. Zusätzlich trifft er im Testament folgende Verfügungen: „1. Berta soll mein Auto bekommen. 2. Kann bzw will eines meiner Kinder nicht erben, dann soll an dessen Stelle Xaver, der Sohn meines Bruders, mein Erbe sein." Nach Abgabe einer unbedingten Erbantrittserklärung, aber noch vor der beschlussmäßigen Einantwortung des Nachlasses an Anna und Berta, stirbt Berta. Berta hinterlässt ihrerseits einen Sohn namens Wolfgang. Der Nachlass wird schließlich je zur Hälfte an Anna und Xaver gerichtlich eingeantwortet. Als Wolfgang zwei Wochen später von der mittlerweile rechtskräftigen Einantwortung erfährt, wendet er sich sofort an seinen befreundeten Rechtsanwalt, der die Rechtmäßigkeit der Einantwortung prüfen soll.

1. **Welche Formvorschriften müssen von Heinz eingehalten werden, damit tatsächlich ein formgültiges eigenhändiges Testament vorliegt?**
2. **Qualifizieren Sie die zusätzlichen Verfügungen von Heinz?**
3. **Ist die Einantwortung an Anna und Xaver rechtmäßig? Wie kann Wolfgang allenfalls seine Rechte wahren?**

Fall 15

Anton setzt in einem formgültigen Testament seinen Freund Bernd als Alleinerben ein. Zum Zeitpunkt der Errichtung der letztwilligen Verfügung weiß Anton nichts von seinem einzigen Kind namens Alexander, das Jahre zuvor aus einer flüchtigen Beziehung hervorgegangen ist. Schließlich wird Bernd der gesamte Nachlass rechtskräftig eingeantwortet. Bernd erhält ua ein Auto und ein Motorrad eingeantwortet. Das Motorrad hatte sich Anton kurz vor seinem Tod von seiner Bekannten Maria ausgeborgt. Kurze Zeit nach rechtskräftiger Einantwortung erfährt Anton von der Einantwortung an Bernd und bekämpft diese erfolgreich. Bernd hat mittlerweile das Auto und das Motorrad seinem Freund Max geschenkt, der aufgrund der Vorlage des Einantwortungsbeschlusses auf die Berechtigung Bernds vertraut hat.

1. **Weshalb kann Alexander erfolgreich gegen Bernd vorgehen?**
2. **Hat Max Eigentum am Auto erworben?**
3. **Hat Max Eigentum am Motorrad erworben?**

Fall 16

Christiane ist Vorstandsvorsitzende der Titus Feuerfuchs Privatstiftung. Als Christiane in finanzielle Schwierigkeiten gerät, will sie eine Entlohnung für ihre Vorstandstätigkeit erhalten. Die Stiftungserklärung räumt den Mitgliedern des Vorstandes einen Anspruch auf Entlohnung ihrer Tätigkeit ein, wobei die genaue Höhe der Entlohnung die Stiftungsvorstandsmitglieder selbst festzulegen haben. Christiane legt die Höhe der ihr zustehenden Entlohnung kurzer Hand selbst mit € 170.000,- pro Monat fest. Als die Mitglieder des Aufsichtsrats davon Kenntnis erlangen, stellen sie Christiane sofort zur Rede und verlangen von ihr eine Erklärung für ihr Vorgehen. Christiane fackelt nicht lange und entlässt sämtliche Mitglieder des Aufsichtsrats. Sie will sich vor niemanden rechtfertigen müssen. Daraufhin beantragt der Aufsichtsrat beim zuständigen Gericht die Abberufung Christianes.

1. **Hat Christiane einen Anspruch auf Entlohnung idHv € 170.000,- pro Monat?**
2. **Entfaltet die Entlassung der Aufsichtsratsmitglieder Wirksamkeit?**
3. **Wird der Antrag auf Abberufung Christianes Erfolg haben?**

Fall 17

Gilbert ist Kunstmäzen. Er will eine Privatstiftung gründen, deren Zweck in der finanziellen Förderung der „Museums GmbH" liegen soll. Die „Museums GmbH", die ein Museum für moderne Kunst betreibt, soll laut Stiftungsurkunde Begünstigte der „Gilbert Privatstiftung" sein. In der Stiftungsurkunde werden darüber hinaus drei Freunde von Gilbert als Mitglieder des Stiftungsvorstandes vorgesehen: Sepp und Werner leben in Österreich. Rudi lebt in den Niederlanden. Viertes Mitglied des Stiftungsvorstandes soll laut Stiftungsurkunde Wilfried sein, der 10% an der „Museums GmbH" hält. Es wird die Eintragung der Privatstiftung ins Firmenbuch beantragt. Das zuständige Gericht lehnt die Eintragung ab, da Rudi, der nicht in Österreich lebt, und Wilfried, der Gesellschafter der Begünstigten ist, nicht Mitglieder des Stiftungsvorstandes sein können und der Vorstand somit nicht aus mindestens drei Mitgliedern geeigneten Mitgliedern besteht.

1. **Darf die „Gilbert Privatstiftung" zu dem vom Stifter vorgesehenen Zweck gegründet werden?**
2. **Gericht ist für die Eintragung der Privatstiftung ins Firmenbuch sachlich und örtlich zuständig?**

3. **Hat das Gericht mit seiner Ablehnung bezogen auf Rudi Recht?**
4. **Hat das Gericht mit seiner Ablehnung bezogen auf Wilfried Recht?**
5. **Welche der im Sachverhalt genannten Personen kann sich in welcher Rolle gegen die gerichtliche Ablehnung der Eintragung wehren?**

Fall 18

Stifter der „Kinder in Not Privatstiftung" sind Franz und die Kinderspielwaren GmbH. In der Stiftungserklärung ist „zugunsten jedes Stifters" ein Widerrufsrecht eingetragen. Eines Tages erhält der Stiftungsvorstand vom Geschäftsführer der Kinderspielwaren GmbH ein Schreiben, worin dieser mitteilt, dass die Kinderspielwaren GmbH von ihrem Widerrufsrecht Gebrauch macht und die Auflösung der Privatstiftung verlangt. Der Stiftungsvorstand fasst daraufhin einen einstimmigen Auflösungsbeschluss. Als Franz vom Auflösungsbeschluss erfährt, wendet er sich unverzüglich an das zuständige Gericht und verlangt die Aufhebung des Vorstandsbeschlusses.

1. **Wie ist die Rechtslage?**
2. **Welches Gericht ist sachlich und örtlich zuständig?**

Fall 19

Nikolaus ist als Rechtsanwalt ständig mit Fragen zum Stiftungsrecht beschäftigt. Eines Tages wird er von seinem Freund Johannes gebeten den Entwurf einer Stiftungserklärung auf deren Zulässigkeit zu prüfen. Die Stiftungserklärung enthält ua folgende Regelung zum Stiftungsvorstand:

§ 5 – Vorstand

1. *Der erste Vorstand setzt sich aus der XY-GmbH und der geschiedener Ehefrau des Begünstigten zusammen. Die Amtsdauer beträgt fünf Jahre, danach wird der Vorstand vom Stiftungsprüfer bestellt.*
2. *Der Vorstand ist bei der Ausübung seines Amtes in allen Angelegenheiten an die Weisung des Beirats gebunden.*
3. *Die Vorstandsmitglieder haben ihr Amt unentgeltlich auszuüben.*
4. *Die Vorstandsmitglieder haften der Stiftung gegenüber für jeden aus einer Pflichtverletzung entstandenen Schaden. Die Haftung ist verschuldensunabhängig.*
5. *Der Beirat kann den Vorstand jederzeit grundlos abberufen.*

Wie wird Nikolaus die einzelnen Punkte der Regelung beurteilen? Begründen Sie seine Antwort.

II. Muster für letztwillige Verfügungen

Anmerkung: Die Person des Notars ist frei erfunden. Jede Ähnlichkeit mit realen Personen wäre rein zufällig und gänzlich unbeabsichtigt.

Dr. Anton Bertram
öffentlicher Notar

TESTAMENT

Ich, ____________________, geb. _______________, _________________, ______________, errichte hiemit frei von Zwang, Furcht, Irrtum und Betrug, im Vollbesitz meiner Geisteskräfte und völlig unbeeinflusst durch Dritte meinen letzten Willen, wie folgt:

1.)

Ich widerrufe hiemit sämtliche von mir bisher errichteten letztwilligen Anordnungen und hebe diese vollinhaltlich auf.

2.)

Zur Alleinerbin meines gesamten, wie immer Namen habenden beweglichen und unbeweglichen Nachlassvermögens setze ich ________________________________ _____, geb. ______________, wohnhaft in __________________, _____________, ein, dies unbeschadet des Vorhandenseins von pflichtteilsberechtigten Nachkommen.

3.)

Weiters verfüge ich folgende Vermächtnisse:

a) Sämtliche Geschäftsanteile bzw. Aktien an Gesellschaften der „________________" – mit Ausnahme von _____% an der ________________ (vor Umwandlung ____________________, FN __________) – vermache ich der „______________________________" (FN ____________);

b) Meinen Gesellschaftsanteil an der „_______________________", FN ___________, vermache ich zu je _____% in Ansehung des gesamten Gesellschaftsvermögens ____ ______________________________ und ___________________________, geb. _________, sowie zu _____% meiner _____________________, geb. ____________ (____________ jeweils in Anrechnung auf ihren Pflichtteil).

4.)

Weitere letztwillige Anordnungen werden von mir heute nicht getroffen.

Als Testamentszeugen waren anwesend Frau ____________________, geb. __________, Herr ______________________, geb. ____________, Herr ________________________, geb. ____________.

Dieses Testament wurde meinem wahren letzten Willen entsprechend niedergeschrieben, von mir aus meinem wahren letzten Willen entsprechend genehmigt und bestätigt, und sohin heute von mir und den drei gleichzeitig und ununterbrochen anwesend gewesenen Testamentszeugen eigenhändig unterschrieben.

[Platz für eigenhändige Bekräftigung des letzten Willes durch den Erblasser (schriftliche „nuncupatio“) sowie für die eigenhändigen Unterschriften und Zusätze („als Zeuge“) der Zeugen]

[Eigenhändige Unterschrift Erblasser], am ________________.

Dr. Anton Bertram
öffentlicher Notar

<u>TESTAMENT</u>

Ich,______________________, geboren am________, wohnhaft in_____________, _______________, errichte hiemit frei von Zwang, Furcht, Irrtum und Betrug, im Vollbesitz meiner Geisteskraft und völlig unbeeinflusst durch Dritte, meinen letzten Willen, wie folgt:

1.

Ich widerrufe hiemit sämtliche von mir bisher errichteten letztwilligen Anordnungen, insbesondere auch mein Testament vom ______________ samt Nachtrag hiezu vom ___________ und hebe diese vollinhaltlich auf.

2.

Ich setze hiemit _____________, mj. ____________, geboren am ___________, wohnhaft in __________, _____________, zum Alleinerben meines gesamten, wie immer Namen habenden beweglichen und unbeweglichen Verlassenschaftsvermögens ein.

3.

<u>Weiters verfüge ich folgende Vermächtnisse:</u>

a) meinen Gesellschaftsanteil an der im Firmenbuch des Landes- als Handelsgerichtes Graz zu FN _______ registrierten „______________“ vermache ich zu <u>je ___%</u> meinen Kindern _____________, geboren am ___________, und ___________, geboren am ___________, sowie zu <u>___%</u> meinem Sohn mj. __________, geboren am ___________.

Für den Fall des Vorablebens eines der genannten Kinder vor mir fällt der auf dieses Kind entfallende Anteil zu gleichen Teilen auf dessen Nachkommen, wobei unter diesen Anwachsung einzutreten hat.

Sollte eines oder mehrere meiner obgenannten Kinder in diesem Fall ohne Hinterlassung von Nachkommen vorverstorben sein, so hat hinsichtlich dieses Geschäftsanteiles zu gleichen Teilen Anwachsung zugunsten der Überlebenden der Kinder zu erfolgen.

b) Meine Geschäfts- und Gesellschaftsanteile vermache ich der im Firmenbuch des Landes- als Handelsgerichtes Graz zu FN _______ registrierten ________________ Privatstiftung.

4.

Für den Fall, dass die Mutter des mj. ____________, Frau ___________, vor mir oder gleichzeitig mit mir versterben sollte und mein Sohn, _____________, zu diesem Zeitpunkt noch minderjährig sein sollte, so bestimme ich Herrn _____________, geboren am ____________, zum Vormund für mj. ____________.

Solange mein Sohn, mj. ___________, geboren am ____________, noch minderjährig ist, bestimme ich, dass die Liegenschaft bzw. das Objekt „__________________", von der ______________Privatstiftung verwaltet wird und die ___________Privatstiftung auch sämtliche diesbezüglich anfallenden Betriebskosten für das „_________________", zu bezahlen hat.

Zur Vermögensverwalterin für meinen Sohn _____________ bestimme ich die __________________Privatstiftung.

5.

Weitere letztwillige Anordnungen werden von mir heute nicht getroffen.

Als Testamentszeugen waren anwesend Frau ___________________, geb. _________, Herr ___________________, geb. __________, Herr ____________________, geb. __________.

Dieses Testament wurde meinem wahren letzten Willen entsprechend niedergeschrieben, von mir als meinem wahren letzten Willen entsprechend genehmigt und bestätigt, und sohin heute von mir und den drei gleichzeitig und ununterbrochen anwesend gewesenen Testamentszeugen eigenhändig unterschrieben.

[Platz für eigenhändige Bekräftigung des letzten Willes durch den Erblasser (schriftliche „nuncupatio") sowie für die eigenhändigen Unterschriften und Zusätze („als Zeuge") der Zeugen]

[Eigenhändige Unterschrift Erblasser], am ______________.

Dr. Anton Bertram
öffentlicher Notar

LETZTWILLIGE VERFÜGUNG

Ich, ______________________, geboren am __________ (______________ __________), ______________, ____________, errichte hiemit frei von Zwang, Furcht, Irrtum und Betrug, im Vollbesitz meiner Geisteskraft und völlig unbeeinflusst durch Dritte, in Ergänzung meines bereits errichteten Testamentes vom ____________ meinen letzten Willen, wie folgt:

1.

Die mir von ____________ übergebene Liegenschaft Einlagezahl _____ Grundbuch ____________ vermache ich ______________, geboren __________, als Vermächtnis.

Ich ordne an, dass ______________ den von mir ererbten Liegenschaftsbesitz nur mit Zustimmung von ____________, geb. ____________, ____________________, belasten und veräußern darf und ist dieses Recht auch grundbücherlich sicherzustellen.

2.

Im übrigen bleiben die Bestimmungen meines Testamentes vom ____________ beziehungsweise die darin getroffene Erbseinsetzung vollinhaltlich aufrecht.

3.

Weitere letztwillige Anordnungen werden von mir heute nicht getroffen.

Als Testamentszeugen waren anwesend Frau ________________, geb. _________, Herr __________________, geb. ________, Herr ____________________, geb. _________.

Diese letztwillige Verfügung wurde meinem wahren letzten Willen entsprechend niedergeschrieben, von mir als meinem wahren letzten Willen entsprechend genehmigt und bestätigt und sohin von mir und den drei gleichzeitig und ununterbrochen anwesend gewesenen Testamentszeugen eigenhändig unterschrieben.

[Platz für eigenhändige Bekräftigung des letzten Willes durch den Erblasser (schriftliche „nuncupatio“) sowie für die eigenhändigen Unterschriften und Zusätze („als Zeuge“) der Zeugen]

[Eigenhändige Unterschrift Erblasser], am ______________.